AF544564

Wenn du das Glück nicht in dir selbst findest,
findest du es nirgendwo.

Psychologie in der Praxis

Jeden Tag glücklich!

Mit Positiver Psychologie zu mehr Glück und Lebensfreude

220 psychologische Tipps zur praktischen Anwendung im Alltag

von
Dr. Beate Guldenschuh-Feßler
und
Dr. Roman Feßler

Die Deutsche Nationalbibliothek verzeichnet diese Publikation in der Deutschen Nationalbibliografie; detaillierte Daten sind im Internet über http://dnb.de abrufbar. Die Österreichische Nationalbibliothek verzeichnet diese Publikation in der Österreichischen Nationalbibliothek.

www.verlagmensch.com
Lektorat: DOKTORESSA – Dr. phil. Nora Gottbrath, M. A.
Umschlaggestaltung: Pixelcompetence
1. Auflage 2020
ISBN: 978-3-9519-8001-0

Inhaltsverzeichnis

Einleitung ... 10
Stimmen zum Buch ... 10
Weshalb dieser Ratgeber? ... 12
Wie dieser Ratgeber strukturiert ist ... 13
Wie Sie diesen Ratgeber am besten verwenden ... 15

1. Psychologische Fakten zu Glück und Lebensfreude ... 17
Was ist Glück? ... 17
Wie glücklich ist die Welt? ... 19
Macht Geld glücklich? ... 20
Kann man Glück und Lebensfreude trainieren? ... 23
Welchen Nutzen hat das Glücklichsein? ... 25
Was steigert unsere Lebensfreude? ... 26

2. Wie kann ich jeden Tag mit Freude beginnen? ... 28
Strategie 1: Mit einer Gedankenreise aufwachen ... 31
Strategie 2: Mit Dankbarkeit in den Tag ... 32
Strategie 3: Kleine Glücksmomente erleben ... 39
Strategie 4: Mit positiven Affirmationen durchstarten ... 41
Strategie 5: Die Freuden des Tages vor Augen führen ... 48
Strategie 6: Zeit für sich nehmen ... 48
Strategie 7: Sich selbst zulächeln ... 49
Strategie 8: Lieblingsmusik hören ... 53
Strategie 9: Gute Nachrichten suchen ... 56
Strategie 10: Sich Ziele vor Augen führen ... 59

3. Wie kann ich mich auf eine herausfordernde Situation vorbereiten? ... 64
Strategie 11: Erfolge neu erleben ... 64
Strategie 12: Sich selbst bestätigen ... 66
Strategie 13: Den schlimmsten Fall durchdenken ... 69
Strategie 14: Den eigenen Körper einsetzen ... 70
Strategie 15: Innerlich auf Distanz gehen ... 76
Strategie 16: Die Perspektive wechseln ... 81

Strategie 17: Das Gespräch üben 90

4. Was tun bei Ärger oder Wut? 92

Strategie 18: Mit Ärger und Wut richtig umgehen 93

5. Was tun bei Niederlagen? 115

Strategie 19: Mit Rückschlägen oder Niederlagen umgehen 115

6. Was tun, wenn negative Gedanken aufkommen? 128

Strategie 20: Die Macht der Gedanken nutzen 128
Strategie 21: Sich in Achtsamkeit üben 138
Strategie 22: Mit Atemübungen Gedanken lenken 145
Strategie 23: Den Optimismus trainieren 150

7. Was tun, wenn mir die Arbeit über den Kopf wächst? . 159

Strategie 24: Arbeit und Freizeit im Gleichgewicht halten 159
Strategie 25: Zusammenhang von Motivation und Stress 164
Strategie 26: Dauerstress vermeiden 180
Strategie 27: Positiven Stress erleben 189
Strategie 28: Lernen, Nein zu sagen 196

8. Wie kann ich tagsüber entspannen? 215

Strategie 29: Den eigenen Leistungszyklus kennen 215
Strategie 30: Richtig Pausen machen 218
Strategie 31: Multitasking vermeiden 224
Strategie 32: Entspannungsübungen to go anwenden 228

9. Wie komme ich nach einem Stresstag zur Ruhe? 254

Strategie 33: Die Arbeit richtig beenden 254
Strategie 34: Feierabendrituale bilden 256
Strategie 35: Fernseh- und Internetfasten einbauen 262
Strategie 36: Alkohol nur in Maßen genießen 269
Strategie 37: Fünfzehn Wege, sich zu erholen 273
Strategie 38: Gewohnheiten ändern 275

10. Wie finde ich zu einem erholsamen Schlaf? 286

Strategie 39: Den Schlaf analysieren 286
Strategie 40: Dankbar sein 293

Strategie 41: Erfolge nochmals erleben 304
Strategie 42: Glückmomente sammeln 307
Strategie 43: Probleme bearbeiten 314
Strategie 44: Mit Entspannung Energie tanken 318
Strategie 45: Zehn Schlafmythen entlarven 322

11. Wie kann ich meine Lebensträume verwirklichen?....325

Strategie 46: Fähigkeiten und Stärken einsetzen 325
Strategie 47: Eine Lebensvision kreieren................................ 336
Strategie 48: Ziele setzen und erreichen 340
Strategie 49: Die Arbeit als Ressource sehen 368

12. Wie finde ich zu mehr Glück und Lebensfreude? 381

Strategie 50: Wichtige Lebensbereiche stärken 381
Strategie 51: Mein soziales Umfeld nutzen 396
Strategie 52: Mit Heiterkeit durchs Leben 405

13. Wie kann ich häusliche Isolation und Quarantäne gut überstehen? 413

Psychologie der Angst 414
Tipps gegen Ängste und Sorgen 416
Tipps bei häuslicher Isolation und Quarantäne 421

Schlusswort 428

Anhang 429

Anhang 1: Antreiber-Fragebogen 429
Anhang 2: Alle Tests und Fragebogen im Überblick 440

Literaturverzeichnis...441

Die Autoren...460

Weitere Bücher der Autoren 461

EINLEITUNG

Stimmen zum Buch

„Als Arzt für Allgemein- und Familienmedizin begleite ich seit 25 Jahren Menschen auf ihrem Lebensweg. Täglich habe ich mit zahlreichen, teils schweren Schicksalen und Unglück zu tun. In diesem außerordentlich gelungenen Werk mit seinem evidenzbasierten Zugang sehe ich eine große Bereicherung, da das Thema Glück höchst alltagstauglich behandelt wird. Problemstellungen und Ratschläge sind mit wissenschaftlichen Studien belegt und sehr gut verständlich und umfassend dargestellt. Ich kann diesen Ratgeber mit bestem Gewissen wärmstens empfehlen."

Dr. med. Thomas Jungblut, Vizepräsident der Österreichischen Gesellschaft für Allgemein- und Familienmedizin (ÖGAM)

„Im Rahmen meiner psychologischen Tätigkeit begleite ich Menschen, die bestrebt sind, ihre Lebensqualität zu verbessern. Mit dem vorliegenden Buch ist den Autoren ein Werk gelungen, das eine Bereicherung unserer therapeutischen Schatzkiste darstellt und als Ideenpool zur Aktivierung von Ressourcennutzung und zur Initialisierung und Aufrechterhaltung von Veränderungsprozessen dienen kann. Damit empfehle ich diesen Ratgeber sowohl für die fachliche Arbeit als auch allen, die sich individuell mit diesem Thema auseinandersetzen wollen."

Mag. Daniela Burtscher, Klinische und Gesundheitspsychologin

„Bei der Arbeit mit schwerbehinderten Kindern gibt es eine Balanceübung auf dem Reck. Reiche ich dem Kind meinen kleinen Finger, kann es das Gleichgewicht halten. Nehme ich ihn weg, fällt es. Dieses Buch ist wie der stützende Finger. Es hilft, das Gleichgewicht bei dem Balanceakt zu einem glücklichen Leben zu halten. Es werden sehr praktische, alltagsnahe Übungen und Anleitungen vermittelt, die auf erprobten und bewährten psychotherapeutischen Erkenntnissen beruhen. Wenn Sie Inspiration, Glück und Lebensfreude suchen, dann ist dies genau das richtige Buch!"

Dr. Richard Hagleitner, Diplom-Psychologe, Psychologischer Psychotherapeut, Verhaltenstherapeut

---

„Als Psychiaterin bin ich ständig damit konfrontiert, dass Menschen nach Glück, Zufriedenheit und vor allem mehr Gelassenheit streben. Dabei sind einfache und leicht umzusetzende Hilfestellungen eine gute Möglichkeit, neue Verhaltensmuster kennenzulernen, und erleichtern den Weg in eine weiterführende Psychotherapie. Die moderne Aufmachung durch Einsatz von QR-Codes macht dieses Buch in der Praxis breit einsetzbar. Insofern ist dieser Ratgeber für jeden Menschen hilfreich, der seinen Alltag positiver, stressfreier und entspannter gestalten möchte."

Dr. Petra Steger-Adami, Fachärztin für Psychiatrie und Psychotherapeutische Medizin

Weshalb dieser Ratgeber?

In unserer beruflichen Tätigkeit als Psychologin, Psychotherapeutin und Coach beschäftigen wir uns täglich mit den Anliegen und Problemen unserer PatientInnen und KlientInnen. Dabei stellen wir fest, dass die psychischen Belastungen, die durch ungelöste Probleme oder anstehende Herausforderungen (wie z. B. die Corona-Krise) entstehen, auch das Glücksniveau verringern und die empfundene Lebensfreude sinken lassen. Neben der Unterstützung bei der Bewältigung akuter Probleme geht es in der psychologischen und psychotherapeutischen Arbeit somit auch immer **um die Vermittlung von Kenntnissen und Fähigkeiten, die das eigene Glücks- und Zufriedenheitsniveau nachhaltig steigern und die Lebensfreude erhöhen können.** Da das Streben nach Glück in jedem Menschen verankert ist, haben wir uns entschieden, unsere Erfahrungen in dieser Gesamtausgabe zusammenzutragen und einer breiteren Leserschaft zur Verfügung zu stellen.

In den letzten Jahren hat sich die Zahl der Glückratgeber rasant erhöht. So zeigt Amazon nach Eingabe des Doppelbegriffs *„Ratgeber Glück"* im März 2020 über 70.000 Titel an. Viele dieser Ratgeber enthalten jedoch nur allgemein gehaltene Ratschläge, sind esoterisch angehaucht oder stammen von nicht (ausreichend) ausgebildeten Autoren ohne Praxiserfahrung. Zudem entbehren die in diesen Ratgebern angeführten Behauptungen meist jeglicher empirischen Grundlage.

Um uns von solchen Ratgebern klar abzugrenzen, haben wir uns in unserem Buch ganz bewusst für einen anderen Aufbau entschieden: Alle angeführten Tipps und Übungen werden von den Autoren in der psychologischen und psychotherapeutischen Arbeit mit Klienten in der Praxis angewendet. Die Fragebogen und Tests entsprechen wissenschaftlichen Kriterien oder stammen von ausgewiesenen Experten. Sofern einschlägige Studien oder Untersuchungen vorliegen, werden deren Erkenntnisse direkt im Text angeführt. Um den wissenschaftlichen Hintergrund der empfohlenen Strategien, Tipps und Übungen zu untermauern, werden Literaturempfehlungen oder weiterführende Informationen in den Fußnoten angeführt. Das verlangsamt den Lesefluss vielleicht etwas, gibt Ihnen jedoch die Gewissheit, dass die angeführten Inhalte auf Expertenwissen und -erfahrung beruhen.

Wir haben für diese Ratgeberserie ganz bewusst den Titel *„Jeden Tag glücklich!"* gewählt. Wir möchten jedoch darauf hinweisen, dass es uns keineswegs darum geht, an allen 365 Tagen im Jahr im absoluten Glück auf Wolke sieben zu schweben. Weil negative Gedanken oder traurige Gefühle genauso zum Leben gehören, ist es ganz normal, wenn Sie hin und wieder unzufrieden oder unglücklich sind.

Wir möchten mit dem Titel *„Jeden Tag glücklich!"* allerdings sehr wohl darauf hinweisen, dass es je nach Situation und Umstand durchaus jeden Tag Möglichkeiten gibt, sich mental und psychisch in einen positiveren Zustand zu versetzen und so das Glücksempfinden zu stärken und die Lebensfreude zu steigern.

Wie dieser Ratgeber strukturiert ist

Die 220 Tipps und Übungen sind in 12 Kapitel mit 52 Strategien und einem Zusatzkapitel zum Thema Umgang mit häuslicher Isolation und Quarantäne untergliedert. Die Reihenfolge der Kapitel orientiert sich dabei an typischen Herausforderungen und Problemen, die bei jedem Menschen im Laufe eines Tages auftreten (können) und die mentale und psychische Belastbarkeit auf die Probe stellen.

In **Kapitel 1** erfahren Sie zunächst alles Wesentliche über aktuelle wissenschaftliche Erkenntnisse betreffend Glück und Glücksforschung, samt den dazugehörigen Studien und Untersuchungen.

In **Kapitel 2** beschäftigen wir uns mit Techniken, die Sie nach dem Aufwachen motiviert und gut gelaunt in den Tag starten lassen.

Kapitel 3 dreht sich um Strategien und Tipps mit deren Hilfe Sie sich auf eine herausfordernde Situation im (Berufs-) Alltag vorbereiten und diese erfolgreich meistern können.

Da es immer wieder vorkommen kann, dass Sie jemand oder etwas ärgert, behandeln wir in **Kapitel 4** jene psychologischen Möglichkeiten, die Ihnen helfen können, konstruktiv mit Ärger und Wut umzugehen.

In **Kapitel 5** befassen wir uns mit Methoden, die Ihnen helfen sollen, Rückschläge oder Niederlagen gut zu bewältigen.

Wie Sie aufkommende negative Gedanken wieder aus Ihrem Kopf verbannen können, erfahren Sie in **Kapitel 6.**

Was Sie tun können, wenn Ihnen die Arbeit über den Kopf wächst und welche Möglichkeiten es gibt, mit Stress umzugehen, lesen Sie in **Kapitel 7.** Des Weiteren bekommen Sie hier Tipps an die Hand, wie Sie leichter „nein" zu energie- oder zeitraubenden Bitten oder Aufträgen sagen können.

In **Kapitel 8** widmen wir uns Strategien und Methoden, die Ihnen untertags Entspannung bringen und Ihr Energiepotenzial erhöhen können.

Wie Sie nach einem anstrengenden (Arbeits-) Tag zur Ruhe kommen und unliebsame Gewohnheiten verändern können, behandeln wir in **Kapitel 9.**

Schließlich dreht sich in **Kapitel 10** alles darum, welche Möglichkeiten Sie haben, den Tag positiv ausklingen zu lassen und wie Sie zu einem erholsamen Schlaf finden können.

Als Ergänzung zu den Strategien für einen glücklichen Tagesablauf widmen wir uns in **Kapitel 11** den Möglichkeiten, die Sie haben, um Ihre Stärken und Fähigkeiten gezielt einzusetzen. Darüber hinaus betrachten wir, wie Sie eine Vision und Ziele unterstützen können, ein glücklicheres und zufriedeneres Leben zu führen.

In **Kapitel 12** beleuchten wir noch weiteren Strategien und Tipps, die Ihnen helfen können, generell mehr Lebensfreude zu erlangen.

Schließlich widmen wir uns in **Kapitel 13** psychologischen Tipps, die Ihnen helfen sollen, häusliche Isolation oder Quarantäne gut zu überstehen.

Wie Sie diesen Ratgeber am besten verwenden

Sie haben grundsätzlich drei Möglichkeiten, wie Sie sich mit diesem Ratgeber beschäftigen können:

- Sie können ihn einfach von vorn bis hinten durchlesen und jene Tipps und Übungen für sich herauspicken, von deren Anwendung Sie sich den höchsten Zuwachs an Glück oder Zufriedenheit erwarten.

- Da die insgesamt 220 Tipps und Übungen in 52 Strategien untergliedert sind, können Sie sich auch jede Woche eine Strategie mit den betreffenden Tipps durchlesen. Daraus können Sie sich zum Beispiel Ihren Lieblingstipp der Woche auswählen und praktisch anwenden.

- Sie verwenden diese Gesamtausgabe als psychologisches Nachschlagewerk und lesen gezielt die Themenbereiche, die für Sie gerade von Bedeutung sind, und suchen sich aus dem jeweiligen Kapitel die für Sie passenden Tipps und Übungen heraus.

Aus Gründen der Übersichtlichkeit wurden die 220 Tipps und Übungen den am besten dazu passenden Überschriften zugeordnet. Natürlich ist die Anwendung der Tipps und Übungen auch kapitel- bzw. themenübergreifend möglich.

Im Text und in den Fußnoten sind hin und wieder Verweise zu Internetseiten als Quelle oder für weiterführende Informationen angeführt. Wir haben bei jedem Link den Zeitpunkt unseres letzten Zugriffs vermerkt, bitten jedoch um Verständnis, dass wir keinen Einfluss darauf haben, wie lange diese Internetseiten abrufbar sind.

Wir hoffen, dass Sie den einen oder anderen hilfreichen Tipp für sich entdecken werden, und wünschen Ihnen viel Freude bei der Lektüre.

Dr. Beate Guldenschuh-Feßler
Dr. Roman Feßler

1. PSYCHOLOGISCHE FAKTEN ZU GLÜCK UND LEBENSFREUDE

Der Wunsch nach einem zufriedenen, glücklichen Leben ist tief im Menschen verankert. Schon der griechische Philosoph Aristoteles hielt Glück für das höchste Gut, das wir um unser selbst willen anstreben. Auch Willam James, ein Gründervater der wissenschaftlichen Psychologie, bestimmte den Hauptgrund im menschlichen Leben darin, glücklich zu werden. **Selbst neuere Studien belegen, dass das Streben nach Glück nach wie vor das wünschenswerte Lebensziel Nummer eins ist.** So nannten zum Beispiel Studenten in einer international durchgeführten Studie auf die Frage, was ihnen im Leben am wichtigsten sei, „Glück" am häufigsten. Erst danach folgten Gesundheit und Reichtum.[1]

Was ist Glück?

Das Wort Glück wird meist mit vier verschiedenen Bedeutungen verwendet: Als Glücksfall, der häufig und oft unerwartet kommt. Als ein angenehmes Erlebnis von kurzer Dauer. Als ein angenehmes Erlebnis von langfristiger Dauer und als ein stabiles Gefühl der Zufriedenheit. Glück und Zufriedenheit als Ausdrücke werden auch in der Glücksforschung immer wieder synonym verwendet, wobei manche Wissenschaftler den Begriff des Glücks eher vermeiden, da sie ihn für zu unspezifisch und zu ungenau halten. Auch die Bundesbürger differenzieren zwischen Zufriedenheit und Glück: In einer Studie aus dem Jahr 2003 bezeichneten sie sich zu 60 Prozent als „sehr zufrieden", aber nur zu 34 Prozent als „sehr glücklich". Dabei gilt für 60 Prozent: „Ohne Glück keine Zufriedenheit und ohne Zufriedenheit kein

---

[1] Diener, E./Oishi, S. (2004) Are Scandinavians happier than Asians? Issues in comparing nations on subjective well-being. In: Columbus, F. (Ed.), Asian Economic and Political Issues 10, 1-25. Nova Science.

Glück."[2] Aus diesen Gründen hat sich in der Glücksforschung auch anstelle des Ausdrucks Glück der Begriff des subjektiven Wohlbefindens etabliert. Dieser setzt sich aus den folgenden drei Beschreibungen zusammen:[3]

- dem Vorhandensein von häufigen und meist kurzfristigen positiven Gefühlen, wie zum Beispiel Freude, Heiterkeit oder Dankbarkeit,
- der längerfristigen Lebenszufriedenheit
- sowie der Abwesenheit von negativen Aspekten wie Traurigkeit, depressiver Verstimmung, Stress oder Wut.

Der Begriff des subjektiven Wohlbefindens ermöglicht es auch, kurzfristige Glücksaffekte und länger anhaltende Lebenszufriedenheit auseinanderzuhalten. Dabei besteht durchaus ein Zusammenhang zwischen kurzfristigen Glücksepisoden und der längerfristigen Lebenszufriedenheit. So werden als glücklich eingeschätzte Erlebnisse und Zeiten im emotionalen Gedächtnis abgespeichert. Erinnert man sich an die Gesamtheit dieser positiven Lebenserfahrungen, ergibt sich daraus das Maß für die eigene Lebenszufriedenheit. Die Bilanz unserer **Lebenserfahrungen ergibt dann die Lebenszufriedenheit.**[4]

---

[2] Demoskopisches Institut Allensbach (2003) Glücksdefinitionen und -erfahrungen der Bevölkerung, Ergebnisse einer qualitativen und quantitativen Befragung. Allensbach.
[3] Diener et al. (1997) Recent findings on subjective well-being. Indian Journal of Clinical Psychology, 24, 25-41.
[4] Kim-Prieto, C. et al. (2005) Integrating the diverse definitions of happiness: A time-sequential framework of subjective well-being. Journal of Happiness Studies, 6, 261-300.

Wie glücklich ist die Welt?

Der World Happiness Report[5] untersuchte 2019 bereits zum sechsten Mal, wie glücklich die Länder der Erde sind. 2016 war Dänemark an der Spitze, 2017 Norwegen, und seit 2018 ist es Finnland. Dänemark landete dieses Mal auf Platz 2, Norwegen auf Platz 3, gefolgt von Island und den Niederlanden. Die Schweiz liegt auf Platz 6, Österreich auf Platz 10. Für **Deutschland ging es zum ersten Mal seit 2015 wieder abwärts, und zwar von Rang 15 auf 17**. Ganz hinten liegen der Südsudan und die Zentralafrikanische Republik. Die meisten Länder der 30 hintersten Ränge liegen in Afrika. Insgesamt ist laut Bericht das weltweite Glücksgefühl im Vergleich zur letzten Studie gesunken.

Es ist schwer, das Glück in uns zu finden, und es ist ganz unmöglich, es anderswo zu finden.

Nicolas Chamfort

Zwar rangiert Deutschland im internationalen Glückranking nur auf Platz 17, befragt man hingegen die Deutschen selbst zu ihrem Glücksniveau, erhält man positivere Bewertungen. So ist in Deutschland kaum jemand wirklich unzufrieden. Auf einer Skala von 0 bis 10 bewerteten 2018 nur sieben

[5] Für den Bericht haben internationale Forscher 156 Länder untersucht. Download unter: https://worldhappiness.report/ed/2019/#read / (letzter Zugriff: 10.03.2020)

Prozent aller Deutschen ihre Lebenszufriedenheit mit weniger als fünf Punkten. Der Durchschnitt liegt dem Sozio-oekonomischen Panel[6] zufolge bei 7,3.

Was charakterisiert glückliche Länder?

Zumeist sind glückliche Länder reicher. So gehören 13 der 15 glücklichsten Länder zu denjenigen mit den höchsten Einkommen: Norwegen, Dänemark und die Schweiz. Dass sich Geld tatsächlich auf das Glücksempfinden auswirken kann, zeigen jene Länder, in denen massive Einkommenseinbußen hingenommen werden mussten. So sank die Lebenszufriedenheit der Griechen während der Sparmaßnahmen dramatisch. **Generell ist der Zusammenhang zwischen Einkommen und subjektivem Wohlbefinden in reicheren Nationen schwächer als in Entwicklungsländern.** In einem Umfeld, das von Armut geprägt ist, ermöglicht Geld die Befriedigung von mehr Bedürfnissen als in gesättigten Wohlstandsgesellschaften.[7]

Macht Geld glücklich?

Ob Geld überhaupt glücklich macht, ist eine der in der Glücksforschung seit Langem und am intensivsten untersuchten Fragen, mit der sich zahlreiche Studien beschäftigten.[8] Die 400 reichsten Amerikaner erzielten auf einer mit sieben Punkten definierten Glücksskala einen Mittelwert von 5,8. Massai-

[6] Seit 1984 befragen Wissenschaftler rund 30.000 repräsentativ ausgewählte Deutsche, vom Grundschulkind bis zum Greis, über deren Leben. Dabei kommen unter anderem soziale, wirtschaftliche, gesundheitliche, psychologische und demografische Aspekte zur Sprache. An solch umfangreichen Daten können Sozialforscher wichtige Entwicklungen, etwa der Lebensgestaltung und der Zufriedenheit, ablesen.

[7] Bonini, A. N. (2008) Cross-national variation in individual life satisfaction: Effects of national wealth, human development, and environmental conditions. Social Indicators Research, 87, 223-236.

[8] So etwa: Hajek, A. (2013) Der Einfluss von Armut und Reichtum auf die Lebens-zufriedenheit. Eine empirische Analyse mit dem SOEP unter besonderer Berücksichtigung des Capability Approach. Utz-Verlag.

Krieger, ohne Sparbücher und Autos, aber oft laufend, an der Sonne und in frischer Luft, erzielten einen Durchschnittswert von 5,4. Auch Amische, ohne Auto und Kühlschrank, erreichten mit 5,1 einen Wert über der neutralen Mitte.[9] Selbst Menschen, die in Kalkutta in selbstgezimmerten Hütten hausen oder kein Dach über dem Kopf haben, stellten sich als überraschend glücklich heraus. Der Grund: **Gute und intakte Beziehungen zur Familie und zu Freunden hoben trotz ärmlichster Verhältnisse das Glücksniveau.**[10]

Die Natur hat dafür gesorgt, dass es, um glücklich zu sein, keines großen Aufwandes bedarf.

Seneca

Verdient jemand in Deutschland im Monat € 1.000, so liegt sein Mittelwert auf einer zehnteiligen Zufriedenheitsskala bei 6,6 Punkten. Bei jenen, die € 2.000 verdienen, liegt der Wert bei 6,9. Interessant ist, dass Gehaltserhöhungen das Glück nur moderat steigern. Beträgt eine Gehaltserhöhung bei einem Grundgehalt von € 1.500 € 250, steigt der Wert nur um 0,05 Punkte. **Bei höheren Einkommen steigern zusätzliche Einkünfte die Zufriedenheit überhaupt nicht mehr.** Dies ist bei Männern ab € 5.000 und bei Frauen ab € 3.000 der Fall.[11] Die Erklärung: Wenn Nahrung, Wohnen und notwendige Gebrauchsgüter gewährleistet sind, treten nichtmaterielle

---

[9] Bieswas-Diener, R./Vitterso, J./Diener, E. (2005) Most people are pretty happy, but there is cultural variation: The Inughiti, the Amish, and the Massai. Journal of Happiness Studies, 6, 205-226.

[10] Bieswas-Diener, R./Diener, E. (2001) Making the best of a bad situation: Satisfaction in the slums of Calcutta. Social Indicators Research, 55, 329-352.

[11] Köcher, R./Raffelhüschen, B. (2011) Glücksatlas Deutschland 2011. Knaus.

Sehnsüchte, wie etwa der Wunsch nach Selbstverwirklichung, in den Vordergrund.[12]

Auch ein unerwarteter Geldsegen erhöht nicht zwangsläufig das Glücksniveau. In einer Studie wurde beobachtet, wie 191 britische Toto-Gewinner mit ihrem unverhofften Geldsegen umgingen. Die meisten beteuerten, glücklicher geworden zu sein, und mehr als zwei Drittel gaben ihren Beruf auf. Aber viele verstrickten sich in Probleme, wurden betrogen, zerstritten sich mit ihren Familien oder vermissten frühere Arbeitskollegen.[13] Auch niederländische Lotteriegewinner waren nach sechs Monaten wieder ebenso zufrieden wie vorher.[14]

Unglücklich hingegen macht zu wenig Geld. So sind Armutsgefährdete in den USA nur zu 13 Prozent glücklich, Topverdiener hingegen zu 50 Prozent.[15] Glücksmindernd wirkt selbst die Befürchtung, in Armut abzurutschen, etwa durch Jobverlust.[16]

Fazit: Der Zusammenhang von Glück und Geld ist viel stärker, wenn von letzterem wenig da ist. Die gute Nachricht für alle mit niedrigerem Einkommen: **Andere Glücksfaktoren können trotz wenig Geld das Glücksniveau hochhalten.** Je höher das Einkommen, desto mehr flacht die Glückskurve ab. Und mit mehr Geld steigen auch die materiellen Ansprüche, was wiederum die Lebenszufriedenheit mindert.

---

[12] Delhey, J. (2010) From materialist to post-materialist happiness? National affluence an determinants of life satisfaction in cross-national perspective. Social Indicators Research, 97, 65-84.

[13] Smith, S./Razell, P. (1975) The pools winners. Caliban.

[14] Kuhn, P. et al. (2010) The effects of lottery prizes on winners and their neighbors: Evidence from the Dutch postcode lottery. IZA Paper 4950.

[15] Pew Research (2006) Are we happy yet?

[16] Caria, S. A./Falco, P. (2013) Does the risk of poverty reduce happiness? University of Oxford: Developmental Studies Working Papers, 363.

Kann man Glück und Lebensfreude trainieren?

Mancher mag sich als notorisch unzufrieden bezeichnen, andere wiederum sehen sich auf der Sonnenseite des Lebens. Die gute Nachricht für die Unzufriedenen: **Glücklich sein kann man trainieren!** Sogar kranke oder gehandicapte Menschen können glücklich sein. Eine Studie mit 675 Patienten bestätigte dies.[17] So schätzten sich Blinde zu 86 Prozent als sehr zufrieden ein, schwer Gehbehinderte zu 68 Prozent. Glücksmindernd wirkten jedoch mehrfache Beeinträchtigungen, die das Führen des Haushalts unmöglich und von Pflege abhängig machen. Dennoch beteuerte mehr als die Hälfte dieser Personen, glücklich zu sein.

Seit der *Happiness Twin Studie*[18], die von Professor Lykken in den 1980er Jahren in Minnesota durchgeführt wurde, wissen wir aufgrund umfangreicher Untersuchungen an eineiigen Zwillingen, dass die Fähigkeit, anhaltendes Glück zu empfinden, zu einem bestimmten Teil genetisch bedingt ist. **Die Erkenntnis: Jeder von uns hat einen bestimmten Glücksausgangspunkt, einen sogenannten Glücksfixpunkt, geerbt.** Dieser genetische Fixpunkt ist eine Art Nullpunkt, zu dem wir nach großen Enttäuschungen oder großen Triumphen immer wieder zurückkehren. Dass die Gene mitbestimmen, wie glücklich sich Menschen fühlen, wurde mittlerweile in weiteren Studien belegt.[19] Im Jahre 2012 hat die US-Psychologin und weltweit anerkannte Glücksforscherin Sonja Lyobomirsky daraus folgendes Diagramm entwickelt:

---

[17] Mehnert et al. (1990) Correlates of life satisfaction in those with disabling conditions. Rehabilitation Psychology, 35, 3-17.

[18] Lykken, David T. (1999) Happiness: What Studies on Twins Show Us about Nature, Nurture, and the Happiness Set Point. Golden Books.

[19] Etwa: Roysamb, E./Nes, R. B./Vitterso, J. (2014) Wellbeing: heritable and changeable. In: Sheldon, K. M./Lucas, R. E. (Eds.), Stability of happiness. Theories and evidence on whether happiness can change, 9-36.

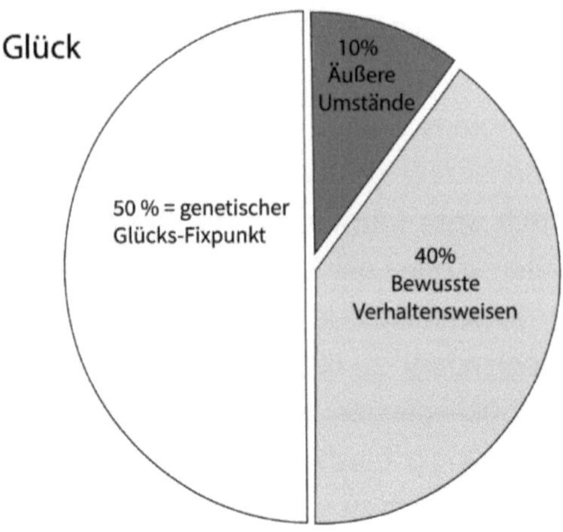

Lyobomirskys Forschungsergebnisse zeigen, dass ungefähr 50 Prozent unseres Glücksempfindens von unseren Genen abhängen. Weitere 10 Prozent unseres Glücksniveaus sind von äußeren Lebensumständen wie Geld oder Arbeit abhängig, und ganze 40 Prozent werden durch unsere alltäglichen Verhaltensmuster, Handlungen und Gedanken beeinflusst. Hier wird deutlich, welch enormes Potenzial zur Steigerung des persönlichen Glückniveaus besteht: **Rund 40 Prozent Ihres persönlichen Glücksniveaus haben Sie selbst in der Hand!** Es ist also möglich, Ihr subjektives Wohlbefinden über Ihren genetischen Fixpunkt hinaus zu steigern und dauerhaft erhöht zu halten. Allerdings können Sie genauso unter Ihren Glückswert fallen, wenn Sie sich schädliche Gewohnheiten aneignen.[20]

Auch wenn äußere Einflüsse und genetische Veranlagung nicht optimal sind, können Sie trotzdem glücklich werden. Demnach sind auch von Natur aus eher unglückliche Personen in der Lage, ihr subjektives Glücksempfinden zu einem gewissen Grad zu steigern und das Glücklich-sein regelrecht zu

---

[20] Siehe etwa: Sheldon, K. M./Lyobomirsky, S. (2006) Achieving sustainable gains in happiness: Change your actions not your circumstances. Journal of Happiness Studies, 7, 55-86.

trainieren. An dem Sprichwort *„Jeder ist seines Glückes Schmied"* ist also tatsächlich etwas dran.

Wenn man das Glücksniveau erhöhen möchte,
gilt es, die Menge der positiven Gefühle
und Gedanken deutlich zu vergrößern,
diese bewusst zu erleben und zu genießen.

Beate Guldenschuh-Feßler

Welchen Nutzen hat das Glücklichsein?

Glücklich sein lohnt sich. Das zeigen die Studien der Positiven Psychologie und der Glücksforschung.[21] In glücklichen Stimmungen sinkt der Cortisolspiegel, weiten sich die Blutgefäße, schärft sich das Spektrum der Sinne, erweitert sich das Repertoire der Ideen, wird es wahrscheinlicher, anderen Menschen Gefälligkeiten zu erweisen, und unwahrscheinlicher, anderen gegenüber neidisch oder feindselig zu werden.[22]

---

[21] Jacobs Bao, K./Lyubomirsky, S. (2013) The rewards of happiness. In David, S. A./Boniwell, I./Conley Ayers, A. (Eds.), The Oxford handbook of happiness, 119-133, Oxford University Press. Weitere Studien dazu sind angeführt in: Bucher, Anton (2018) Psychologie des Glücks, 15. Beltz Verlag.

[22] Siehe dazu: Bucher, Anton (2018) Psychologie des Glücks. Beltz Verlag.

Glückliche Menschen

- leben länger und haben ein leistungsfähigeres Immunsystem
- verdienen mehr
- verursachen weniger Verkehrsunfälle
- sind effizienter bei der Arbeit und erfolgreicher im Beruf
- lernen leichter, schneller und nachhaltiger
- sind weiser und kreativer
- haben vielfältigere Sozialbeziehungen
- zahlen ihre Steuern lieber

Was steigert unsere Lebensfreude?

- Soziale Unterstützung, Wertschätzung und das Gefühl, geliebt zu werden
- Optimismus und Zufriedenheit mit dem, was gerade da ist
- Leistungsfähigkeit und Freiheit
- Mentale Stärke und Persönlichkeitseigenschaften wie Willenskraft und Liebenswürdigkeit
- (finanzielle) Sicherheit
- Persönliche Vorzüge, unter anderem Intelligenz und Attraktivität

[23] Siehe etwa: Furnham, A./Cheng, H. (2000) Lay theories of happiness. Journal of Happiness Studies, 1, 227-240. Oder: Lee, D. Y. et al. (1999) What makes you happy? A comparison of self-reported criteria for happiness between two cultures. Social Indicators Research, 50, 351-362.

Diese „Laientheorien" der Glücksfaktoren decken sich im Großen und Ganzen mit den Ergebnissen der Glücksforschung. Auch diese besagt, dass Nahbeziehungen und Alltägliches wie die Arbeit glücksrelevanter sind als Geld oder Bildung. Einzig die Gene wurden von der Glücksforschung als wichtiger betont, als sie den Befragten erschienen.

2. WIE KANN ICH JEDEN TAG MIT FREUDE BEGINNEN?

Manchmal wird ein Tag nur so gut wie der Morgen. Startet man schlecht gelaunt in die ersten Stunden, wird der Rest des Tages meist nicht viel besser. Im folgenden Kapitel finden Sie Tipps und Übungen samt Downloadmaterialien, die Ihnen die Möglichkeit bieten, den Tag mit Lebensfreude und möglichst vielen Glücksgefühlen zu beginnen.

Morgenroutinen

Die Macht der Gewohnheit prägt unseren Alltag – sei es unsere Arbeit, unser Konsumverhalten oder der Kontakt mit anderen Menschen. **Ungefähr die Hälfte des täglichen Verhaltens von uns Menschen ist durch Gewohnheiten geprägt.**[24] Insbesondere in der Frühe bestimmen Gewohnheiten den Ablauf unserer Tätigkeiten. Die meisten von uns beginnen den Tag mit einer Abfolge der immergleichen Tätigkeiten: Rund 75 Prozent checken unmittelbar nach dem Aufwachen im Bett ihr Smartphone auf E-Mails oder Nachrichten. Circa 55 Prozent duschen oder baden dann an einem Werktagmorgen, 40 Prozent der Männer rasieren sich, und 75 Prozent putzen sich die Zähne. Dann folgt für 60 Prozent das Frühstück, während dessen sich ca. 30 Prozent mit anderen Mitgliedern des Haushalts unterhalten.[25] Gewohnheiten sind dann hilfreich und entsprechend häufig anzutreffen, wenn Herausforderungen bzw. Aufgaben bekannt und stets sehr ähnlich

[24] Schnauber, Anna (2017) Medienselektion im Alltag: Die Rolle von Gewohnheiten im Selektionsprozess. Springer Verlag.

[25] Studie: Die Morgenroutinen der Deutschen. https://www.splendid-research.com/de/studie-morgenrituale.html (letzter Zugriff: 05.03.2020), Mobile Communications Report 2018, MMA Austria. https://www.mmaaustria.at/studien (letzter Zugriff: 05.03.2020), Lee, Paul/Caluga-Pop, Cornelia (2015): Global Mobile Consumer Survey. Insights into global consumer trends. www2.deloitte.com/global/en/pages/technology-media-and-telecommunications/articles/global-mobile-consumer-survey.html (letzter Zugriff: 05.03.2020)

sind. Ein typischer Morgen ist genauso aufgebaut. Er ist von sehr ähnlichen, wiederkehrenden Aufgaben geprägt, die wir mithilfe von Gewohnheiten und Routinen bewältigen.

Damit Sie entspannt und motiviert in den Tag starten können, empfehlen wir Ihnen, sich solche Gewohnheiten anzueignen, die Sie in positive Stimmung versetzen. Die Morgenroutine ist dabei die wichtigste aller Tagesroutinen, da sie den Grundstein für den gesamten Tag legt. Aus diesem Grund pflegen erfolgreiche Menschen auch bestimmte Morgenrituale. Hier ein paar Beispiele:

- **Barack Obama:** Als US-Präsident begann er den Tag nicht mit dem Lesen von E-Mails oder dem Blick in die Zeitung. Er startete sein Morgenritual zwei Stunden vor seinem ersten Termin und ließ bis dahin keinerlei Einfluss durch Medien oder Nachrichten zu. Er begann mit einer 45 Minuten langen Sporteinheit, und nach dem Training frühstückte er gemeinsam mit seiner Familie. Über seinen Morgen sagte er: *„Mein restlicher Tag ist sehr viel produktiver, wenn ich meiner morgendlichen Routine gefolgt bin."*[26]

- Der verstorbene Apple-Gründer **Steve Jobs** verriet sein Morgenritual 2005 in einer Rede an der US-Elite-Universität Stanford: *„Die vergangenen 33 Jahre habe ich jeden Morgen in den Spiegel geschaut und mich gefragt: Wenn heute der letzte Tag meines Lebens wäre, würde ich dann das tun wollen, was ich heute vorhabe, zu tun? Und immer, wenn die Antwort NEIN zu viele Tage hintereinanderkam, wusste ich, dass ich etwas ändern muss."*[27]

---

[26] https://www.newsweek.com/qa-obama-dick-cheney-war-and-star-trek-79715 (letzter Zugriff 09.03.2020)

[27] https://news.stanford.edu/news/2005/june15/jobs-061505.html (letzter Zugriff 09.03.2020)

- **Claus Hipp,** der mittlerweile über achtzigjährige Gründer des Babynahrungsherstellers Hipp, schloss jeden Morgen auf dem Weg zur Arbeit die Wallfahrtskapelle an seinem Firmensitz in Pfaffenhofen auf und sprach dort sein Morgengebet.

Morgenrituale können einen positiven Effekt auf Motivation, Ausstrahlung und Leistungsfähigkeit haben, wenn wir sie mit positiven Emotionen verknüpfen. Nutzen Sie daher die ersten Minuten und Stunden des Tages, um positive Energie zu tanken. **Laut dem US-Psychologen Ron Friedmann entscheiden nämlich die ersten drei Stunden Ihres Tages darüber, wie produktiv dessen Rest verlaufen wird.**[28]

Die erste Morgenstunde ist das Steuerruder des Tages.

Aurelius Augustinus

Das Gefühl, mit dem man schon morgens den Tag beginnt, ob positiv oder negativ, begleitet uns meist bis in den Abend hinein. Die gute Nachricht: Sie können Ihre eigene Grundstimmung beeinflussen und ihr mit einiger Übung eine positive Richtung geben. Der Morgen eignet sich besonders gut dazu, weil der Geist zu dieser Tageszeit noch offen und aufnahmefähig ist. Es gibt verschiedene Möglichkeiten, Energie für den Tag zu gewinnen. Im Folgenden finden Sie zehn Strategien für morgendliche Rituale, die Ihnen bei regelmäßiger Anwendung helfen, gut gelaunt, entspannt und motiviert in den Tag zu starten. Wählen Sie für sich diejenigen aus, von denen sie glauben, dass Sie zu Ihnen passen und sich gut in Ihre Morgenroutine einbauen lassen.

---

[28] https://www.ignite80.com/articles/2018/1/26/your-brains-ideal-schedule (letzter Zugriff: 20.02.2020)

Wichtiger Hinweis: Verspüren Sie länger als zwei Wochen in den Morgenstunden ein deutliches missmutiges Stimmungstief, verbunden mit Antriebslosigkeit, Niedergeschlagenheit, Ängsten, innerer Leere oder Erschöpfung, so kann dies auch auf eine depressive Erkrankung hinweisen. Nehmen Sie dann in jedem Fall ärztliche oder therapeutische Hilfe in Anspruch.[29]

Strategie 1: Mit einer Gedankenreise aufwachen

Die ersten Minuten nach dem Aufwachen sind besondere Minuten. Es sind Momente des Bewusstwerdens, des Übergangs vom Gefühl zum Verstand. In diesen ersten Minuten entscheidet sich die Stimmung, mit der wir aus dem Bett aufstehen. Dabei haben gerade unsere ersten Gedanken nach dem Erwachen einen großen Einfluss auf den Verlauf des gesamten Tages. Gerade der Moment direkt nach dem Aufwachen ist sehr intensiv. In diesen Sekunden strömt das Leben in den Geist, und man wird sich seines Grundgefühls bewusst. Dieses Grundgefühl kann ein beseeltes, glückliches und zufriedenes sein, oder es kann sich schlecht, traurig oder deprimierend anfühlen.

Sollten Ihre Gedanken nach dem Erwachen in eine negative Richtung gehen, so lenken Sie Ihr Grundgefühl ganz bewusst in eine positive Richtung. Eine Möglichkeit, um Ihre Gedanken positiv zu beeinflussen, ist eine kurze Gedanken-Traumreise. Damit können Sie Ihre Stimmung positiv gestalten sowie Freude, Kraft und Motivation für den neuen Tag tanken.

---

[29] Siehe: https://www.neurologen-und-psychiater-im-netz.org/psychiatrie-psychosomatik-psychotherapie/ratgeber-archiv/meldungen/article/emotionales-morgentief-kann-auf-depression-hinweisen/ (letzter Zugriff: 19.03.2020)

__Tipp 1: Traumreise__

- Bleiben Sie im Bett liegen und schließen Sie nochmals die Augen. Denken Sie an einen Ort auf dieser Erde, den Sie ganz besonders mögen – ein Urlaubsort, der schönste Wanderweg oder der Garten, in dem Sie als Kind so gern gespielt haben. Begeben Sie sich nun langsam an den Ort Ihrer Wahl. Nehmen Sie die Eindrücke und positiven Gefühle mit all Ihren Sinnen auf. Riechen Sie zum Beispiel die herrlich duftenden Blumen am Wegesrand, hören Sie das fröhliche Vogelgezwitscher aus den Bäumen oder sehen Sie die sanften Wellen, welche die kleinen Steine am Sandstrand in ruhigem, wiederkehrendem Rhythmus umspülen. Verweilen Sie dort, so lange Sie möchten. Mit dem Wort *„herrlich"* öffnen Sie die Augen und befinden sich wieder in Ihrem Schlafzimmer. Sie sind nun mit positiven Gefühlen für den Tag gestärkt.[30]

- Sie können sich auch mit dem Anhören gesprochener Traumreisen in eine gute Stimmung versetzen. Diesbezüglich gibt es eine große Anzahl von Büchern mit CDs. Auch auf YouTube gibt es viele Videos zum Ansehen und Anhören. Hören Sie einfach mal rein und entscheiden Sie, ob Ihnen diese Form der Morgeneinstimmung guttut.

Strategie 2: Mit Dankbarkeit in den Tag

Dankbarkeit ist eine sehr intensive Form positiven, konstruktiven und praktischen Denkens. **Dankbarkeit ist das Immunsystem für unsere Gefühle und eine der wichtigsten Komponenten für ein glückliches**

[30] Gedanken- und Phantasiereisen finden Sie zum Beispiel in: Müller, Else (2010) Du spürst unter deinen Füßen das Gras – Autogenes Training in Phantasie- und Märchenreisen. Fischer Taschenbuch Verlag.

Leben.[31] Psychologische Untersuchungen zeigen, dass vor allem jene Menschen glücklich sind, die sich immer wieder vor Augen führen, wofür sie dankbar sein können. Dankbarkeit dem eigenen Leben und anderen Menschen gegenüber auszudrücken, steigert das Glücksbefinden und außerdem: **Dankbarkeit ist der schnellste Weg zum Glück.**[32] Gemeint ist damit jedoch ausschließlich jene echte Dankbarkeit, die von Herzen kommt, auferlegte oder gar erzwungene Dankbarkeit führt zu keinerlei positiven Ergebnissen. Dankbarkeit ist eine Lebenseinstellung, für die Sie sich entscheiden können. Sie ist der bewusste Entschluss, auf das, was das Leben bietet, positiv zu reagieren und alles, was Ihnen begegnet, als Geschenk oder als Chance zu sehen. Voraussetzung ist lediglich die Bereitschaft, auch die kleinen Dinge des Lebens dankbar und mit einer gewissen Form von Demut wahrzunehmen.

Wofür können Sie dankbar sein?

Es gibt viele Dinge in Ihrem Leben, für die Sie dankbar sein können. Dazu könnten gehören: Eine gute Gesundheit, hilfsbereite Freunde, eine erfüllende Arbeit, einen liebevollen Partner, ein schönes Zuhause, ein voller Kühlschrank, ein erholsamer Urlaub, ein erfüllendes Hobby, ein treues Haustier, glückliche Erinnerungen usw.[33] Es gibt immer etwas, wofür man dankbar sein kann. Oft sind es die vermeintlich kleinen Dinge, die uns das größte Glück bescheren: Ein Sonnenuntergang, den Sie erleben durften, ein Lächeln eines Unbekannten in der U-Bahn, die Fähigkeit, Musik hören oder Blumen riechen zu können. Gerade am Morgen ist es wichtig, ganz gezielt nach diesen Lichtblicken zu suchen, sie wahrzunehmen und wertzuschätzen.

---

[31] Watkins, Philip C. (2014) Gratitude and the Good Life – Toward a Psychology of Appreciation. Springer Verlag.

[32] Emmons/Hölsken (2008) Vom Glück, dankbar zu sein – Eine Anleitung für den Alltag. Campus Verlag. Prof. Barry Neil Kaufmann, zitiert in: Stürmer, E. (2011) Glücksgold – Die Glücksrezepte der Völker, Kulturen und Religionen. Verlag Tredition.

[33] Literaturtipp: Stöckl, Barbara (2012) Wofür soll ich dankbar sein? Ecowin Verlag.

Tipp 2: Dankbarkeitsminute

- Beginnen Sie Ihren Tag mit bewussten Gedanken. Nehmen Sie sich beispielsweise schon im Bett Zeit für eine Dankbarkeitsminute – eine Minute, in der Sie sich alle möglichen Dinge vor Augen führen, für die Sie in Ihrem Leben dankbar sind: Ihren Partner, Ihr schönes Zuhause, dass Sie und Ihre Kinder gesund sind, dass Sie ein Auto fahren und ab und zu Urlaub machen können, die Freunde, auf die Sie sich verlassen können, dass Sie einen Arbeitsplatz haben, dass Sie nach einer langen Autofahrt gesund zu Hause angekommen sind ... Beginnen Sie z. B. mit: *„Ich bin dankbar dafür, dass ich ..."*

Wussten Sie, dass ...

... man nicht gleichzeitig deprimiert und dankbar sein kann? Und Studien zufolge schlafen dankbare Menschen länger, treiben mehr Sport und haben niedrigeren Blutdruck. Dankbarkeit macht einen Menschen somit sowohl körperlich als auch psychisch gesünder.[34] *Auch hier gilt: Nur wer sich regelmäßig in Dankbarkeit übt, erlangt mehr Zufriedenheit.*

---

[34] Wood, A. M./Joseph, S./Maltby, J. (2009) Gratitude predicts psychological well-being above the Big Five facets. (PDF/192 kB) Personality and Individual Differences, 45, 655-660. Oder: Emmons/McCullough (2003) Counting blessings versus burdens: An experimental investigation of gratitude and subjective well-being in daily life. Journal of Personality and Social Psychology, 84, 377-389. Download unter: http://greatergood.berkeley.edu/pdfs/GratitudePDFs/6Emmons-BlessingsBurdens.pdf (letzter Zugriff: 10.03.2020)

Tipp 3: Dreimal danke

Einer der erfolgreichsten Motivations- und Persönlichkeits-Coaches, Tony Robbins, nimmt sich jeden Morgen drei Minuten Zeit, um drei Dinge, für die er dankbar ist, aufzuschreiben. Dazu sagt er: *„Die zwei Emotionen, die uns das Leben schwer machen, sind Wut und Angst. Du kannst nicht gleichzeitig dankbar und wütend oder gleichzeitig dankbar und ängstlich sein. Dankbarkeit ist einzigartig, da sie diese negativen Emotionen ‚überwältigt'. Deshalb nenne ich diesen Teil meiner Morgenroutine die Schnellstraße zu einem glücklichen Lebensgefühl."*

- Denken Sie jeden Morgen nach dem Aufstehen, beim Zähneputzen oder beim Frühstücken an mindestens drei Dinge, für die Sie dankbar sind. Sei es fließendes Wasser, die sauberen Kleider in Ihrem Schrank, das schöne Wetter, dass Sie gesund sind oder das nahrhafte Frühstück vor Ihnen. Dieses Ritual hilft Ihnen, Ihre Gedanken direkt am Morgen auf die positiven Dinge zu lenken, statt an Negatives zu denken. Wenn Sie möchten, können Sie die Übungen der „Dankbarkeitsminute" und des „Dreimal danke" auch schriftlich ausführen. Besorgen Sie sich einfach einen schönen Kalender oder ein Notizbuch und schreiben Sie jeden Morgen auf, wofür Sie dankbar sind.

Tipp 4: Dankbarkeits-Fragebogen

Wenn Sie wissen möchten, wie stark Ihre Dankbarkeit im Vergleich zu anderen Menschen ausgeprägt ist, können Sie folgenden einfachen Dankbarkeitstest machen. Dies ist der wissenschaftlich fundierteste Fragebogen für Dankbarkeit. Er wurde von Mike McCullough und Robert Emmons entwickelt, Amerikas führenden Forschern auf den Gebieten der Dankbarkeit und der Vergebung.

Wenn Sie den Dankbarkeitstest ausdrucken möchten, geben Sie einfach diesen Link zum Download ein: http://bit.ly/Test-Dankbarkeit

Der QR-Code zum Test: 

Anleitung für den Dankbarkeitsfragebogen:

Drücken Sie mit den folgenden Zahlenwerten den Grad Ihrer Zustimmung aus und tragen Sie die Zahl links neben den Aussagen ein:

1 = starke Ablehnung
2 = Ablehnung
3 = geringe Ablehnung
4 = weder Zustimmung noch Ablehnung
5 = geringe Zustimmung
6 = Zustimmung
7 = starke Zustimmung

Fragebogen:

___ 1: *Ich habe sehr viel im Leben, für das ich dankbar bin.*

___ 2: *Wenn ich alles, wofür ich mich dankbar gefühlt habe, auflisten sollte, ergäbe das eine sehr lange Liste.*

___ 3: *Wenn ich mir die Welt ansehe, erkenne ich nicht viel, wofür ich dankbar sein kann.*

___ 4: *Ich bin einer großen Anzahl von Menschen dankbar.*

___ 5: *Während ich älter werde, erkenne ich, dass ich besser in der Lage bin, die Menschen, die Ereignisse und die Situationen zu würdigen, die Teil meiner Lebensgeschichte gewesen sind.*

___ 6: *Es kann sehr viel Zeit vergehen, bevor ich für jemand oder etwas Dankbarkeit spüre.*

Auswertung:

Zählen sie Ihre Punktwerte für die Aussagen 1, 2, 4, und 5 zusammen. Kehren Sie Ihre Punktwerte für die Aussagen 3 und 6 um. Geben Sie sich also 1 Punkt, wenn Sie den Punktwert 7 eingetragen haben, 2 Punkte für den Punktwert 6 usw. Zählen Sie die umgedrehten Ziffern für die Aussage 3 und 6 zur Summe von Aussage Nr. 1, 2, 4, und 5 hinzu. Daraus ergibt sich Ihr Wert für die Dankbarkeit. Dieser muss zwischen 6 und 42 liegen.

Summe: _______

Vergleichswerte:[35]

Auf Basis einer Stichprobe von 1244 Erwachsenen hier einige Anhaltspunkte, damit Sie Ihr Ergebnis richtig einordnen können: Bei einem Ergebnis von 35 und niedriger gehören Sie laut dieser Stichprobe zum unteren Viertel, was Dankbarkeit angeht. Liegt Ihre Zahl zwischen 36 und 38, so gehören Sie zur unteren Hälfte. Liegt sie zwischen 39 und 41, zählen Sie zum oberen Viertel und mit der Zahl 42 zum oberen Achtel. Die Ergebnisse von Frauen liegen etwas über denen von Männern und die Ergebnisse älterer Menschen etwas über denen der Jüngeren.

Gott sei Dank ...

Ein reicher Mann beobachtet einen Bettler, wie dieser etwas aus einem Abfallkorb herausfischt. Der reiche Mann sagt sich: Gott sei Dank bin ich reich. Der Bettler sieht einen Mann im Rollstuhl und sagt sich: Gott sei Dank kann ich gehen. Der Rollstuhlfahrer sieht eine Ambulanz mit Blaulicht vorbeifahren und sagt sich: Gott sei Dank bin ich gesund. Im Krankenhaus stirbt der Bettnachbar in einem Zweibettzimmer. Der Zurückgebliebene sagt sich: Gott sei Dank bin ich am Leben.

Wie Sie mit Dankbarkeit auch einen positiven Tagesabschluss finden können und welche Dankbarkeitsübungen es noch gibt, erfahren Sie in Kapitel 10 in der Strategie 40.

[35] Diese Vergleichswerte stammen aus dem Buch: Seligman, M. E. P. (2005) Der Glücks-Faktor: Warum Optimisten länger leben. Taschenbuch, Bastei Lübbe. Da vermutlich Antworten von mehrheitlich in Nordamerika lebenden Menschen in diese Auswertung eingeflossen sind, betrachten Sie diese Vergleichswerte bitte lediglich als Richtwerte. Unterschiedliche Kulturkreise können Dankbarkeit unterschiedlich bewerten.

Strategie 3: Kleine Glücksmomente erleben

Das große Glück liegt in den kleinen Dingen und damit sehr nah. Oftmals vergessen wir das und sehnen uns nach irgendetwas, das weit hinter dem Horizont liegt. Wir denken, es würden uns Welten trennen vom Glücklichsein, dabei gibt es direkt vor unseren Augen viele kleine Glücksmomente. Es sind in der Regel genau diese kleinen alltäglichen Ereignisse, die uns am glücklichsten machen. Den kleinen Momenten in unserem Leben, die manchmal fast unbeachtet an uns vorbeiziehen, aber die viel mehr bedeuten können, als wir vielleicht annehmen, schenken wir oft zu wenig Beachtung.

Es ist alles da, um glücklich auf Erden zu sein. Wir haben Schnee und jeden Tag einen neuen Morgen, wir haben Bäume und Regen, Hoffnung und Tränen. Wir haben Humus und Sauerstoff, Tiere und alle Farben, ferne Länder und Fahrräder, wir haben Sonne und Schatten, wir sind reich.

Friedensreich Hundertwasser

Eine in Großbritannien durchgeführte Umfrage, an der über 2.000 Erwachsene teilnahmen, ist zu dem Schluss gekommen, dass es sich um die kleinen Dinge im Leben handelt, die uns am meisten Glück spenden. So gaben die meisten Teilnehmer der Befragung an, sich zum Beispiel sehr zu freuen, wenn sie Geld in den Taschen einer alten Jeans finden, wenn die Sonne draußen scheint oder wenn sie in sauberer, angenehm duftender Bettwäsche schlafen.

Glenn Williams, einer der Forscher an der Nottingham Trent University, kommentierte die Ergebnisse der Studie folgendermaßen: *„Der Weg zum Glück liegt nicht immer in den großen Dingen, die wir für unser Leben geplant haben.* ***Es sind hingegen eher die kleinen Dinge, die uns jeden Tag zum Lächeln bringen, unser Leben ausfüllen und uns glücklicher machen."***[36]

Tipp 5: Auf die kleinen Dinge achten

Es gibt viele Momente, die am Morgen dafür geeignet sind, um kurz innezuhalten und sie auszukosten:

- Der erste Schluck Kaffee oder Tee des Tages
- Der Duft leckerer Brötchen
- Das Lachen der Kinder
- Die wohlige Wärme der Sonne
- Das warme Wasser unter der Dusche
- Ein Kuss des Partners
- Einen Ring anzustecken, der einem etwas bedeutet
- Ein Lieblingslied im Radio
- Ein Sitzplatz in einer vollen U-Bahn
- ...

Es sind diese kleinen Momente, die uns glücklich machen, jedoch so oft übersehen werden! Machen Sie sich bewusst, welche Dinge Sie am Morgen schätzen und gernhaben, und erfreuen Sie sich an diesen scheinbaren Selbstverständlichkeiten.

---

[36] https://www.lottoland.at/magazin/moechtest-du-das-leben-geniessen-schaetze-die-kleinen-dinge.html (letzter Zugriff: 12.03.2020)

Lernen Sie, die gewöhnlichen Dinge in Ihrem Leben wertzuschätzen, und lassen Sie sich von unserer Liste von achtzig glücklich machenden Momenten inspirieren: Downloadlink: http://bit.ly/80-kleine-Dinge

Der QR-Code dazu: 

Strategie 4: Mit positiven Affirmationen durchstarten

Für Menschen, die morgens eher weniger Zeit haben oder sich nicht körperlich betätigen wollen, kann die Technik der positiven Affirmation ein Weg zu einem entspannten oder auch motivierenden Start in den Tag sein. Unter einer positiven Affirmation versteht man einen selbst gewählten Satz, den man morgens nach dem Erwachen mehrmals laut oder in Gedanken sagt. Wo man dies tut, ist gleichgültig – ob im Bett im Schlafzimmer, in der Küche beim Kaffeekochen oder im Bad während des Zähneputzens, ist jedem selbst überlassen.

Beispiele positiver Affirmationen:

- *Den heutigen Tag erlebe ich mit Ruhe und Gelassenheit.*
- *Mein Körper ist entspannt, meine Gedanken sind entspannt, ich bin entspannt.*
- *Heute fokussiere ich mich auf meine positiven Gedanken.*
- *Heute fällt es mir leicht, mich zu konzentrieren.*
- *Ich bin voller Energie und Lebenskraft.*
- *Ich bin dankbar für mein Leben und genieße es jeden Moment.*

Merkmale positiver Affirmationen

Damit Ihre Affirmationen möglichst wirksam sind, beachten Sie die folgenden vier wichtigen Punkte:

1. Positiv formuliert

Unsere Gedanken kommen und gehen. Nicht zu denken, ist physisch eigentlich nicht möglich. Unsere Sinne und Erinnerungen regen unser Gehirn zum Denken an, und in diesem Gedankenstrom entsteht das, was wir laut oder leise aussprechen oder still für uns behalten. Der Tag hat 24 Stunden, etwa drei Viertel davon erleben wir bewusst. In dieser Zeit können wir bestimmen, was wir denken. Wir haben also etwa 18 Stunden die Möglichkeit, Förderliches oder Hinderliches zu denken, zu grübeln oder uns zu freuen. Pro Tag steuert unser Gehirn ca. 30.000 bis 60.000 Gedanken. Davon sind **lediglich 3 Prozent positive, aufbauende Gedanken, 25 Prozent sind negative Gedanken, und 72 Prozent sind neutrale, flüchtige bzw. unbedeutende Gedanken.** Allein das Verhältnis 3 Prozent zu 25 Prozent zeigt schon, wie unausgewogen die Relation zwischen negativen und positiven Gedanken ist. In Krisensituationen und bei Krankheiten kann sich dieses Verhältnis darüber hinaus eklatant verschieben: Nicht selten stehen dann den 3 Prozent positiven Gedanken 75 Prozent an negativen gegenüber.[37]

Weil wir Menschen also von Natur aus dazu neigen, vorrangig negative Gedanken zu produzieren, achten Sie darauf, Ihre **Affirmationen immer positiv zu formulieren**. Der Sinn von Affirmationen liegt gerade darin, den Geist neu zu trainieren, um mehr positives Denken zu erreichen. Daher ist es absolut notwendig, dass Ihre Affirmationen keine negativen Begriffe enthalten: *„Ich werde NICHT mehr ...*" legt den Fokus Ihrer Aufmerksamkeit

---

[37] Eggetsberger, Gerhard und Markus, Psychonetik – FlowZoning und andere psychonetische Techniken: https://eggetsberger.net (letzter Zugriff: 14.03.2020)

auf das Unerwünschte. *„Ich bin vollkommen frei von ..."* schafft dagegen eine neue Selbstbeschreibung, die Ihnen neue Potenziale des Handelns und Erlebens erschließt. Die Formulierung *„Ich will keine Angst haben"* fokussiert das Negative, während die Aussage: *„Ich fühle mich sicher und geborgen"* sich auf das Positive konzentriert. Achten Sie daher darauf, dass Ihre Affirmationen keine Verneinungen enthalten, und vermeiden Sie Worte wie: *nicht, nie, aber, obwohl, stattdessen, trotz.* Sollten bei Ihrem ersten Versuch, eine Affirmation zu kreieren, doch noch einige negative Wörter darin enthalten sein, bleiben Sie entspannt. Es erfordert einige Übung, um diese negativen Denkmuster zu überwinden. **Überarbeiten Sie sie einfach solange, bis Ihre Aussage ausschließlich positive Formulierungen enthält.**

2. So kurz wie möglich

Affirmationen sollten relativ kurz sein. Sie bestehen in der Regel aus einem Satz, können aber gelegentlich auch zwei Sätze umfassen. Da Sie Ihre Affirmationen auch tagsüber mehrmals wiederholen sollten, ist es sinnvoll, diese **kurz und prägnant** zu halten. Sind sie zu lang, lassen Sie sich leichter ablenken und können die Konzentration nicht halten. Außerdem ist es für Ihren Verstand viel schwieriger, eine längere Affirmation zu verarbeiten. Zudem bergen lange Affirmationen die Gefahr, dass sich doch noch negative Inhalte in Ihren positiven Glaubenssatz einschleichen. Ein Negativbeispiel: *„Ich bin bereit, jede Herausforderung anzunehmen, und weiß, dass ich in allem, was ich tue, nicht an meinen Ängsten scheitern werde."* Um Ihren Gedanken Kraft zu geben, versuchen Sie also, die Affirmation möglichst kurz zu halten, und konzentrieren Sie sich auf das Hauptziel, das Sie erreichen wollen. Nur wenn sich zwei Affirmationen formal und/oder emotional gut ergänzen, können Sie diese auch gleichzeitig verwenden.

3. In der Gegenwart

Ihre Affirmationen sollten immer in der Gegenwart formuliert sein. Dabei wird jede Ihrer Affirmationen ein Verb enthalten. Denken Sie daran, dass ein Verb ein Wort ist, das eine Handlung oder einen Zustand des Seins ausdrückt. Viele Affirmationen enthalten eine Form des Verbs *„sein"*, wie zum Beispiel *„bin"*, *„ist"* und *„sind"*. Wir verwenden verschiedene Formen desselben Verbs, um verschiedene Zeiten auszudrücken. **Affirmationen sollen immer in der Gegenwartsform gedacht, gesprochen oder geschrieben werden,** um anzuzeigen, dass sie sich im Hier und Jetzt abspielen. Hier sind zwei Beispiele, um Ihnen die Unterschiede zwischen Gegenwart, Vergangenheit und Zukunft aufzuzeigen.

Vergangenheit:	*Mein Körper war gesund, stark und kraftvoll.*
Zukunft:	*Mein Körper wird gesund, stark und kraftvoll sein.*
Gegenwart:	*Mein Körper ist gesund, stark und kraftvoll.*
Vergangenheit:	*Ich war ein guter Vater.*
Zukunft:	*Ich werde ein guter Vater sein.*
Gegenwart:	*Ich bin ein guter Vater.*

Der einzige Unterschied in jeder Version ist die Verbform. Die Gegenwartsform macht deutlich, dass diese Affirmation gerade jetzt geschieht. Affirmationen, die sich auf die Vergangenheit beziehen, sind eine Form der negativen Affirmation. Es sind keine Behauptungen, sondern mitunter verpasste Gelegenheiten. Ihre Aussagen sollten sich jedoch nicht auf vergangene Fehler beziehen oder Erfolge der Vergangenheit rühmen, sondern in der Gegenwart ein positives Gefühl erzeugen. **Auch Affirmationen, die in der Zukunftsform formuliert sind, sind nicht so wirksam wie Affirmationen in der Gegenwartsform.** Viele Menschen machen Pläne, um positive Veränderungen in ihrem Leben zu bewirken, aber es gelingt ihnen oft nicht, den gewünschten Zustand zu erreichen. Das liegt mitunter auch daran, dass sie davon ausgehen, diese Änderungen erst in der Zukunft anzugehen, anstatt sie gedanklich in die Gegenwart zu holen. Statt zu denken: *„Ich werde einen schönen Tag erleben"*, denken Sie einfach: *„Ich erlebe einen schönen Tag."* **Halten Sie Ihre Affirmationen in der Gegenwart, und Sie sind auf dem besten Weg, eine positive Veränderung in Ihrer Realität zu erreichen.**

Damit sich eine Veränderung in unserem Leben vollzieht, muss sich zuerst unser Denken ändern.

Roman Feßler

---

4. Mit Gefühlen unterlegt

Wenn wir uns etwas vorstellen oder an etwas denken, dann können wir diese Gedanken zusätzlich mit positiven oder negativen Gefühlen unterlegen und auf diese Art intensivieren. So verstärken wir negative Affirmationen mit Gefühlen wie Hass, Neid, Eifersucht, Schmerz oder Traurigkeit. Positive Affirmationen hingegen verstärken wir mit Gefühlen wie Freude, Liebe, Dankbarkeit oder Glück. Deshalb sind Sie gut beraten, sich die Erfüllung Ihrer positiven Affirmationen mit diesen Gefühlen auszumalen und in Gedanken zu erleben. Je mehr Gefühle Sie in die Suggestion legen können, desto besser. **Affirmationen, die mit einer starken Emotion verknüpft sind, wirken intensiver.** Deshalb brennt sich zum Beispiel auch das Ausschimpfen eines Kindes stärker in sein Unterbewusstsein ein und wirkt sich negativer aus, wenn es dabei ein Gefühl der Scham oder

Ohnmacht empfindet. Nutzen Sie diesen Effekt positiv, indem Sie sich Ihre Affirmation mit Begeisterung und Freude einpflanzen. Viele Menschen kreieren Affirmationen, die den Fokus mehr auf ihre äußeren Bedingungen legen als darauf, wie sie sich tatsächlich fühlen bzw. fühlen möchten. Das hat zur Folge, dass sich Ihre Überzeugungen und Handlungen nicht ändern und Ihre aktuellen Verhältnisse dann leider so bleiben, wie sie sind. **Affirmationen, die nicht mit Gefühlen verankert sind, verfehlen nämlich ihre Wirkung.**

Alles, was keine Emotion auslöst,
ist für unser Gehirn wertlos.

Hans Georg Häusel

Gefühle sind unsere unbewussten Ratgeber und veranlassen uns zu einem bestimmten Verhalten. Alles was immer mit entsprechend intensiven positiven Gefühlen unterlegt ist, wirkt stärker. Wenn Sie anders fühlen, werden Sie anfangen, anders zu denken. Und wenn Sie anders denken, werden Sie anders handeln. Und wenn Sie anders handeln, werden Sie auch andere, positivere Erfahrungen machen. Und wenn Sie positive Erfahrungen machen, verändern sich auch Ihre Denkmuster hin zum Positiven. Die Gefühle, die sich bei Ihnen beim Denken oder Aufsagen einer Affirmation einstellen sollten, sind Freude und Dankbarkeit. **Freude** stellt sich dann ein, wenn die Affirmation wirklich von Herzen kommt, und **Dankbarkeit** beginnen Sie zu empfinden, wenn Sie innerlich fühlen, dass Sie die Affirmation an das erwünschte Ziel bringt. **Stellen Sie Ihre ausformulierte Affirmation also IMMER auf den emotionalen Prüfstand.** Sprechen Sie sie laut aus und spüren Sie in sich hinein, wie es sich damit anfühlt. Nur wenn Sie dabei

Gefühle der Freude oder Dankbarkeit spüren, ist es die passende Affirmation. Eine Möglichkeit, Ihre Affirmation auf ihren „Gefühlsgehalt" zu überprüfen, ist, sie in eine Formulierung zu bringen, wie:

- *Ich freue mich, ...*
- *Ich bin dankbar, ...*

So können Sie die Stimmigkeit der Aussage zwischen Verstand und Emotion überprüfen und sichergehen, dass Ihre Affirmation auch bestmöglich wirkt. Denken Sie daran, die wahre Kraft einer Affirmation ist, dass sie Sie anders fühlen lässt. Spüren und beurteilen Sie immer, welches Gefühl eine Affirmation in Ihnen hervorruft. Wenn sie kein positives Gefühl in Ihnen auslöst, haben Sie noch nicht die richtige Affirmation gefunden.

Tipp 6: Morgen-Affirmationen

- Nutzen Sie den Einfluss Ihres Unterbewusstseins auf Ihr allgemeines Befinden und machen Sie es sich zur Gewohnheit, mit Affirmationen in den Tag zu starten.

Wenn Sie mehr über die Anwendung und Wirkung von Affirmationen wissen möchten, legen wir Ihnen unseren Ratgeber: *„Glaubenssätze, Ihre persönliche Formel für mehr Glück und Erfolg"* ans Herz. Darin erfahren Sie alles über die Auflösung einschränkender Glaubenssätze, Tipps zum richtigen Rezitieren, Techniken zur Verstärkung und vieles mehr.

Strategie 5: Die Freuden des Tages vor Augen führen

Die kleinen täglichen Freuden sind für unser dauerhaftes Wohlbefinden und unsere Lebenszufriedenheit besonders wichtig. Kleine, unspektakuläre, regelmäßig auftretende freudige Ereignisse, wie zum Beispiel der Yoga-Abend, der Italienischkurs, die Joggingrunde oder das Treffen mit Freunden usw., verbessern unser Wohlbefinden nachhaltig. **Der Weg zu mehr Lebenszufriedenheit und zu einem als glücklich empfundenen Leben führt über diese kleinen alltäglichen Freuden!**

Tipp 7: Worauf ich mich freue

Oft ist es so, dass der Kinobesuch, die geplante Sporteinheit, der Spieleabend oder was auch immer vom Terminplan verschwinden, wenn Zeitnot herrscht. Doch gerade in stressigen Zeiten ist es von besonderer Bedeutung, dass wir genau diese kleinen freudigen Momente in unserem Terminkalender belassen.

- Liegt ein anstrengender Tag vor Ihnen, denken Sie schon in der Frühe an Ihre freudigen Tagesereignisse, die Sie sich vorgenommen haben. Das motiviert für die Herausforderungen des Tages.

Strategie 6: Zeit für sich nehmen

Die digitale Revolution hat uns fest im Griff. So gut wie jeder von uns schaut morgens als erstes auf sein Smartphone. Entweder, um die verpassten Chatnachrichten zu lesen, sich zu informieren, was über Nacht auf der Welt passiert ist, oder um seine E-Mails zu checken. Für uns ist es völlig normal geworden, direkt nach dem Aufwachen auf unser Smartphone zu blicken.

Dabei sind die ersten zehn Minuten unseres Tages entscheidend für den Verlauf unseres restlichen Tages.[38] Wenn wir sofort auf unser Smartphone schauen und uns mit E-Mails und Social Media beschäftigen, beginnen wir unseren Tag mit der ersten Stresseinheit des Tages. Studien belegen nämlich, dass das frühmorgendliche Checken der E-Mails in Zusammenhang mit einem höheren Stresslevel steht.[39]

Tipp 8: Bewusst in den Tag

- Widerstehen Sie der Versuchung, gleich nach dem Aufwachen Neuigkeiten auf Facebook oder Nachrichten am Handy zu prüfen, und versuchen Sie doch einmal, ohne Ihren Smartphone-Check in den Tag zu starten.

- Lesen Sie Ihre E-Mails, Nachrichten und Facebook-Benachrichtigungen erst, nachdem Sie in Ruhe gefrühstückt haben. Sie werden sich weniger gestresst fühlen und den Tag mit mehr Kontrolle beginnen.

Strategie 7: Sich selbst zulächeln

Ein strahlendes Lächeln am Morgen, das Sie dem eigenen Spiegelbild schenken, kann Ihren gesamten restlichen Tag positiv beeinflussen. Dabei spielen vier Effekte eine wesentliche Rolle: **Effekt eins: Die Evolutionsbiologie:** Unser Gehirn speichert ein grimmiges Gesicht als gefährlich und ein strahlendes, lächelndes Gesicht als positiv ab. In Untersuchungen wurde Versuchspersonen, die in einem Hirnscanner lagen, in einer Bildschirmpräsentation eine Reihe von Wörtern gezeigt, in die immer wieder das Bild eines

---

[38] MacQueen, Michael (2016) Momentum: How to Build it, Keep it or Get it Back. John Wiley & Sons Australia Ltd.

[39] Future work centre. You've got E-Mail! Research Report 2015.

bösen Gesichts so kurz eingeblendet wurde, dass sie nichts davon bemerkten. Im Computertomographen sah die Sache völlig anders aus: Die Amygdala im limbischen Emotionssystem unseres Gehirns, die sehr stark an der emotionalen Bewertung von Gesichtern beteiligt ist, leuchtete hell auf und versetzte gleichzeitig den Körper in Verteidigungsbereitschaft. Auch der elektrische Hautwiderstand, ein Maß für die innere Anspannung, veränderte sich deutlich. Der Körper war schon längst auf Verteidigung eingestellt – das Bewusstsein der Teilnehmer hatte davon noch keine Ahnung. Wenn Sie also im Spiegelbild ein grimmiges Gesicht sehen, nämlich Ihr eigenes, versetzen Sie Ihren gesamten Körper in einen Stresszustand.[40] Nutzen Sie daher bewusst den positiven Effekt: **Lächeln Sie in den Spiegel und Sie tun damit sich und Ihrem Körper etwas Gutes.**

Es kann nur dann ein Lächeln aus dem Spiegel schauen, wenn ein Lächelnder hineinsieht.

Chinesisches Sprichwort

Der **zweite Grund** liegt darin, dass die Bewegungen Ihrer Gesichtsmuskulatur auch Ihre Gefühlslage steuern. Zahlreiche Untersuchungen beweisen diesen Zusammenhang zwischen Lächeln und dem allgemeinen Wohlbefinden.[41] So zeigte zum Beispiel der Psychologe Fritz Strack seinen Versuchspersonen Cartoons, wobei die eine Gruppe einen Bleistift zwischen den Lippen hatte, ohne die Zähne zu Hilfe zu nehmen (Unterdrücken von Lächeln), die andere einen Bleistift nur mit den Zähnen hielt, ohne die Lippen zu

[40] Häusel, Hans-Georg (2010) Brain View – Warum Kunden kaufen. Haufe Verlag.

[41] Ekman, Paul (2011) Gefühle lesen – Wie Sie Emotionen erkennen und richtig interpretieren. Spektrum Akademischer Verlag.

benutzen (Lächelstellung). Nur diejenigen, die den Bleistift mit den Zähnen hielten, fanden die Cartoons zum Lachen. Die Untersuchung zeigt: **Menschen, die eine freundliche Miene aufsetzen, erzeugen bei sich selbst gute Laune und euphorische Gefühle.**[42]

Wussten Sie, dass …

… wer öfter lächelt, länger lebt,
und zwar im Durchschnitt fast fünf Jahre?[43]

Dritter Grund: Lächeln und Lachen haben eine ähnliche Wirkung wie Gähnen: Es steckt an. So reagieren ca. 80 Prozent der Menschen auf ein Lächeln ebenfalls mit einem Lächeln. Das liegt daran, dass durch die Beobachtung eines lächelnden Gesichtes dieselben Gehirnbereiche aktiviert werden, die auch dann aktiv sind, wenn man selbst lächelt. Durch diese Voraktivierung erleichtert es das eigene Lachen.[44] Wenn Ihr Gehirn also im Spiegel ein – nämlich Ihr – lächelndes Gesicht erkennt, wird es quasi automatisch zum Lächeln animiert, und die Folgen sind dieselben, wie wenn Ihnen jemand auf der Straße ein freundliches Lächeln schenkt.

Vierter Grund: Die menschliche Psyche kann nicht zwischen unechtem und echtem Lächeln oder Lachen unterscheiden. Wenn Sie in den Spiegel

[42] Vgl. Rothermund/Eder (2011) Motivation und Emotion. VS Verlag.
[43] Abel, E./Kruger, M. (2010) Smile Intensity in Photographs predicts Longevity. Psychological Science, sowie: Lefcourt H. M. (2005) Humor. In: Snyder/Lopez (Hg.) Handbook of positive psychology, 619-631. Oxford University Press.
[44] ORF Ö1-Radiokolleg vom 05.01.2009. Wer lacht, lebt gesünder.

lächeln, überlisten Sie damit Ihr Gehirn. Es reagiert ähnlich positiv wie auf ein echtes Lächeln oder Lachen mit der Ausschüttung von Glückshormonen.[45]

Wesentlich ist jedoch, dass es sich nicht um ein Grinsen, sondern um ein Lächeln handelt. Ein Lächeln, das lediglich die Mundwinkel hebt, hat nämlich nicht dieselbe Wirkung wie eines, das die um die Augen befindlichen Muskeln bewegt. Beim Grinsen hingegen bleiben vor allem die Ringmuskeln um die Augen entspannt. Der entscheidende Lachmuskel ist der Zygomaticus, der am Jochbein ansetzt und die Mundwinkel nach oben zieht, was das optisch sichtbare Lächeln oder Lachen auslöst. Beim Lächeln drückt dieser Gesichtsmuskel zwischen Wange und Auge genau auf den Nerv, der unserem Gehirn eine fröhliche Stimmung signalisiert. Je intensiver Sie lächeln oder lachen, sprich Ihre Mundwinkel nach oben ziehen, desto intensiver ist der Druck auf diesen Nerv und somit die Wirkung. Weitere Tipps, Übungen und Informationen zum Thema Heiterkeit und Humor finden Sie in der Strategie 52.

Tipp 9: Lächelübungen

- ❖ Eine Achtsamkeitsübung zur guten Einstimmung ist das Halblächeln beim Erwachen am Morgen: Zaubern Sie sich an jedem Morgen nach dreimaligem sanftem Atmen ein leichtes Lächeln ins Gesicht und behalten Sie dieses Lächeln über einige Atemzüge hinweg – und vielleicht auch länger – bei.[46]

[45] Kataria Mandan, Erfinder des Lachyoga. Info unter: http://www.lachverband.org/Entstehung.53761.html (letzter Zugriff: 10.03.2020)
[46] Nach: Thich Nhat Hanh (2007) Ich pflanze ein Lächeln. Mit einem Vorwort des Dalai Lama. Arkana Verlag.

- Lächeln Sie, auch wenn Ihnen vielleicht gerade nicht danach ist. Unser Gehirn nimmt Informationen aus dem Körper auf und erschafft sich so den eigenen Gefühlszustand. Wer lächelt – auch ohne Grund – aktiviert damit die für gute Gefühle zuständigen Gehirnareale.[47]

- Nehmen Sie einen Stift quer in den Mund und klemmen Sie diesen für rund 60 Sekunden zwischen die Zähne, ohne ihn mit den Lippen zu berühren. Untersuchungen beweisen, dass Sie dadurch Ihre Mundwinkel unwillkürlich zu einem Lächeln hochziehen und dabei dieselben Muskeln wie beim Lächeln oder Lachen aktivieren.[48]

Strategie 8: Lieblingsmusik hören

Musik ist für das mentale und physische Wohl des Menschen sehr wichtig. Musik kann uns tief berühren, entspannen und uns zu Höchstleistungen anspornen. Musik bedient uralte Mechanismen unserer Psyche, wirkt auf allen Ebenen unseres Gehirns und hat einen direkten Zugang zu unserem Emotionssystem. In den vergangenen Jahren hat die Musik- und Gehirnforschung eine Vielzahl von positiven Wirkungen auf den Menschen festgestellt. **So gelang es, das Gänsehautgefühl, das Musik zuweilen erzeugt, mithilfe bildgebender Verfahren im Gehirn sichtbar zu machen.**[49] Dieser neuronale Wohlfühleffekt des wohligen Schauers tritt bei jedem Menschen auf, der seinen Lieblingssong hört.[50] In den am intensivsten erlebten

---

[47] Spitzer, Manfred (2012) Digitale Demenz. Droemer Verlag.
[48] Siehe etwa: http://online.wsj.com/article/0,,SB10001424127887323699704578326363601444362,00.html?mod=vocus# (letzter Zugriff: 05.03.2020)
[49] Salimpoor, Valorie N./Benovoy, Mitchel/Larcher, Kevin/ Dagher, Alain/Zatorre, Robert J. (2011) Anatomically distinct dopamine release during anticipation and experience of peak emotion to music. Nature Neuroscience, volume 14, 257-262.
[50] Blood, A. J./Zatorre, R. J. (2001) Intensely pleasurable responses to music correlate with activity in brain regions implicated with reward and emotion. Proceedings of the National Academy of Sciences, 98, 11818-11823.

Momenten wird der Nucleus accumbens im Gehirn mit Dopamin regelrecht überflutet. Diese entwicklungsgeschichtlich alte Hirnregion ist Teil des Belohnungssystems, das uns Wohlgefühle beim Essen, Sport, Sex oder Drogenkonsum beschert. Aufgrund ihrer stimmungsaufhellenden Wirkung wird Musik daher auch bei der Behandlung von Depressionen eingesetzt. **Untersuchungen zufolge litten Menschen in Altersheimen weniger unter Depressionen, wenn ihnen eine halbe Stunde am Tag ihre Lieblingsmusik vorgespielt wurde.**[51] Der Musikmediziner und Schmerztherapeut Ralph Spintge stellte bei mehr als hunderttausend Patienten, denen er vor und während einer Operation entspannende Musik vorspielte, fest, dass viele weniger Beruhigungsmittel und schmerzlindernde Medikamente benötigten.[52] Zudem verringerte fröhliche Musik bei Patienten die Konzentration des Stresshormons Cortisol im Blut, weshalb während einer Operation weniger Narkosemittel benötigt wurde.[53]

Auswirkungen: Ihre Lieblingsmusik ...

- ... aktiviert die im Gehirn für Glück zuständigen Areale.
- ... erhöht den Dopaminausstoß und sorgt für Motivation.
- ... stabilisiert Ihre emotionale Verfassung.
- ... kann als Hintergrundmusik Ihre Konzentration fördern.
- ... reduziert Stress, da Stresshormone abgebaut werden.
- ... mindert Aggression und Angst.
- ... beruhigt und wirkt schmerzlindernd.

---

[51] Herden, Birgit, in: Die Macht der Musik – Zeit Online vom 08.02.2012. Download unter: http://www.zeit.de/zeit-wissen/2012/01/Psychologie-Musik/komplettansicht (letzter Zugriff: 16.02.2020)

[52] Siehe etwa: http://musikmagieundmedizin.de/Musikartikel/spintge.html (letzter Zugriff: 20.03.2020)

[53] Website des Neurowissenschaftlers Stefan Koelsch mit Artikeln zum Download: http://www.stefan-koelsch.de/papers.html (letzter Zugriff: 04.03.2020)

Welche Musik am besten für Sie ist, liegt ganz bei Ihnen. Entscheidend ist dabei, welche Gefühle Sie mit einer bestimmten Musik erlebt und in Ihrem emotionalen Unterbewusstsein zusammen mit diesen Klängen abgespeichert haben. Jede Musik, bei der Sie das Gefühl haben, am besten entspannen oder durch sie einen Motivationsschub erlangen zu können, ist geeignet.

- Erstellen Sie sich Ihre persönliche Motivations- oder Entspannungs-Playlist aus Ihren Lieblingssongs.

- Hören Sie ab und zu ganz bewusst Musik. Musik schränkt die Aktivität der für die Angst zuständigen Gehirnbereiche ein und steigert die Aktivität der für Glück zuständigen Areale.

- Versuchen Sie es mit den zehn Liedern, die laut Neurowissenschaftler Jacob Jolij am besten zur Motivation geeignet sind.[54]

Tipp 11: Mitsingen

Sie können die entspannende und zugleich motivierende Wirkung Ihrer Lieblingslieder noch steigern, indem Sie beim Zuhören auch noch laut mitsingen. Singen stärkt nämlich das Immunsystem und wirkt antidepressiv, indem es ebenfalls das Belohnungssystem des Gehirns ankurbelt. Was passiert beim Singen im Körper? Die Atmung wird vertieft, das Gehirn und die anderen Organe werden besser mit Sauerstoff versorgt. Die psychophysiologischen Glücksindikatoren Serotonin und Noradrenalin steigen beim Singen merklich an, während die Konzentration des Stresshormons Adrenalin sinkt. Außerdem wird das Opiat Beta-Endorphin vermehrt ausgeschüttet. Auch der Immunglobulin-A-Wert, er gibt Aufschluss über die vorhandene Schutzbarriere

---

[54] https://ze.tt/laut-wissenschaft-machen-dir-diese-lieder-sofort-gute-laune/ (letzter Zugriff: 01.03.2020)

gegen Krankheitserreger, wurde in Speichelproben von Sängern vor, während und nach Chorproben gemessen. Ergebnis: Der Wert stieg deutlich an, das Immunsystem lief auf Hochtouren. **Man kann sich also Glück und Zufriedenheit ersingen.**[55]

❖ Nutzen Sie zum Beispiel die Gelegenheit des morgendlichen Duschens, um Ihre Lieblingslieder laut mitzusingen. Oder singen Sie Ihre Lieblingssongs inbrünstig im Auto bei der Fahrt zur Arbeit.

Strategie 9: Gute Nachrichten suchen

Was in der heutigen Zeit an Informationen auf uns einströmt, ist alles andere als Nahrung für die Seele. Womit uns Zeitungen, Radio, Fernsehen und Internet von morgens bis abends füttern, ist weitgehend negativ und meist belastend. Schreckens-, Gewalt- oder Unfallmeldungen wechseln sich mit Katastrophenberichten ab und beherrschen die Schlagzeilen.

Negative Nachrichten erzeugen, wie alles Negative, eine schwere, niedere Schwingung. Sie erschaffen mit dieser Stimmung Probleme, Unangenehmes, Unglück.

Christa Herzog

Wenn Sie sich beispielsweise vorgenommen haben, eine positivere Sicht auf diese Welt zu gewinnen, Sie jedoch bereits am Morgen regelmäßig im Internet Nachrichtenportale aufrufen oder Beiträge lesen, die primär

[55] Biegl, Thomas (2004) Glücklich singen – singend glücklich? Download unter: http://www.thomasbiegl.gmxhome.de/1Diplomarbeit.html (letzter Zugriff: 25.02.2020)

vermitteln, wie entsetzlich die Welt ist, dann wird es Ihnen kaum gelingen, diese positivere Einstellung zu entwickeln. Die Begründung dafür liefern uns Evolutionsbiologie und Neurowissenschaften: Alles, was in Urzeiten unser Leben oder unsere Fortpflanzung gefährden konnte, verlangte nach intensiver und sofortiger Aufmerksamkeit. So musste zum Beispiel das Gehirn des Steinzeitmenschen nach dem Erblicken des gefährlichen Säbelzahntigers sofort den Fluchtreflex aktivieren. Auch die Fähigkeit, solche Erlebnisse langfristig abzuspeichern, war damals überlebenswichtig. Da sich der Aufbau unseres Gehirns seit der Steinzeit nicht verändert hat, steuern diese Abläufe auch heute noch unsere Gedanken und Gefühle. Es gilt der Grundsatz: **Negatives hat Vorrang. Unser Gehirn bewertet negative Informationen und Emotionen stärker und speichert diese schneller und dauerhafter ab.** Dagegen werden positive Eindrücke und Reize wesentlich seltener abgespeichert, weil sie nicht die nötige Reizstärke für die dauerhafte Verankerung im Gehirn erreichen.[56] Wenn Sie den Fokus Ihrer Aufmerksamkeit nicht bewusst auf das Positive legen, landet ungebremst Negatives in Ihrem Wahrnehmungskanal. Eine Konsequenz aus dem **„Negatives-hat-Vorrang-Grundsatz"** ist auch, dass wir uns am Abend, wenn wir zu Bett gehen und den Tag in unseren Gedanken nochmals Revue passieren lassen, meist zuerst an die negativen Ereignisse erinnern und unseren Fokus auf die Dinge richten, die weniger gut gelaufen sind. (Mit welchen Mentaltechniken Sie trotz Grübelgedanken zu einem erholsamen Schlaf finden können, lesen Sie in Kapitel 10.

Wie sich insbesondere die Beschäftigung mit geschriebenen Wörtern auf unser Verhalten auswirkt, untersuchte der Psychologe John Bargh in einem Forschungsprojekt:[57] Die Versuchsteilnehmer wurden in zwei Gruppen aufgeteilt. Die eine Gruppe bekam neutrale Wörter – wie Baum, Milch, Wolke,

---

[56] Baumeister, R. F./Bratslavsky, E./Finkenauer, C./Vohs, K. D. (2001) Bad is stronger than good. Review of General Psychology, 5, 323-370.

[57] Bargh, J./Chen, M./Burrows, L. (1996) The automaticity of social behavior: Direct effects of trait concept and stereotype activation on action. Journal of Personality and Social Psychology, 36, 14-168.

Stuhl – präsentiert und sollte daraus Sätze bilden. Die andere Gruppe bekam nur Wörter, die sich auf das Thema „Alter" bezogen, wie z. B. Corega Tabs, Rollstuhl, weiße Haare, Rente. Allen Teilnehmern wurde zur Tarnung erzählt, es handle sich um ein sprachwissenschaftliches Experiment. Nach dem Ende der Übung stoppten die Forscher die Zeit, die die Teilnehmer benötigten, um den Gang hinunterzugehen, wo sie im Sekretariat ihr Honorar für die Teilnahme am Experiment beziehen konnten. Die Versuchspersonen, in deren Gehirn das Thema „Alter" aktiviert worden war, bewegten sich deutlich langsamer den Flur hinunter als die Versuchspersonen, die neutrale Worte bearbeitet hatten. Dieser Versuch zeigt, dass Wörter ihre Wirkung im Unterbewusstsein entfalten, ohne dass unser Bewusstsein davon etwas merkt.

Der Weingroßhändler

Ein Franzose wanderte Ende der 1920er nach Amerika aus und gründete dort eine Großhandlung für französische Weine. Sein Unternehmen wuchs rasch und wurde sehr bekannt. Zum 25-jährigen Geschäftsjubiläum gab er ein großes Fest mit vielen Ehrengästen und Medienvertretern. Ein Journalist stellte dem Weingroßhändler die Frage: „Sie haben sich zur Zeit der Weltwirtschaftskrise selbständig gemacht, Ihren Betrieb aufgebaut und vergrößert. Was haben Sie für ein Erfolgsgeheimnis?" Daraufhin antwortete der Franzose. „In den ersten Jahren hier in Amerika waren meine Englischkenntnisse so dürftig, dass ich keine Zeitung lesen konnte. Deswegen wusste ich gar nichts von der Krise."

Tipp 12: Good News

Der Wettbewerbsdruck unter den Medien hat zur Folge, dass immer mehr versucht wird, mit Eilmeldungen und Schlagzeilen Klickzahlen und Einschaltquoten zu erhöhen. Dabei gilt: Nur schlechte Nachrichten sind gute Nachrichten. Denn Kriege, Krisen und Katastrophen erhöhen die Aufmerksamkeit der Leser und Zuschauer. Wenn wir allerdings mehrmals täglich News-Seiten aufrufen, Nachrichten im Fernsehen schauen oder im Radio hören und uns auch noch in den sozialen Netzwerken mit diesen negativen Themen beschäftigen, wird unser Gehirn von schlechten Meldungen überflutet. **Um uns wohlzufühlen, brauchen wir jedoch mindestens dreimal mehr positive Impulse als negative.** Das ist fast unmöglich, wenn wir ständig Nachrichten konsumieren.

- Lesen Sie doch hin und wieder anstelle der meist negativen und aufwühlenden Morgennachrichten ganz bewusst positive Nachrichten. So werden z. B. auf https://nur-positive-nachrichten.de/ oder https://good-news.eu/ nur gute Nachrichten veröffentlicht. (letzte Zugriffe: 15.03.2020)

- Lesen Sie am Morgen Ihre Einträge in Ihrem Glücks- oder Erfolgstagebuch. (Wie Sie ein Glücks- oder Erfolgstagebuch erstellen können, erfahren Sie in den Tipps 145 und 146).

Strategie 10: Sich Ziele vor Augen führen

Die Augen sind die ältesten Sinnesorgane des Menschen, und deshalb verwundert es auch nicht, dass rund ein Drittel unseres Gehirns für das Sehen und die Verarbeitung der als Bilder weitergeleiteten Informationen zuständig ist. Unsere Wahrnehmung ist somit sehr stark visuell geprägt. Der Erfolg des Fern-„Sehens" und die Wandlung des ursprünglich auf das Hören ausgelegten Telefons zum visuellen Smartphone sowie die große Popularität von Bildern auf Instagram oder Facebook bestätigen dies eindrücklich. Neben unseren beiden Augen haben wir auch alle ein sogenanntes geistiges Auge, vor dem wir in unserer Vorstellung die unterschiedlichsten Bilder erschaffen können. So kann sich jeder vorstellen, wie es bei ihm im Büro aussieht, auch wenn er nicht dort ist. Wir sind zudem in der Lage, uns Dinge vorzustellen oder sie uns auszumalen und allein aufgrund dieses bildhaften Vorstellungsvermögens Entscheidungen zu treffen und angenehme oder unangenehme Gefühle zu erzeugen. Der Volksmund sagt *„Ein Bild sagt mehr als tausend Worte"* und hat damit recht. Ein sprachlich formuliertes Ziel, wie z. B. „Ich möchte den Marathon in *unter vier Stunden laufen",* wird lediglich in der linken Gehirnhälfte gespeichert. Wenn Sie nun zusätzlich in Ihrer Vorstellung ein „Zielbild" erschaffen und sich ausmalen, wie es sein wird, wenn Sie die Ziellinie in Ihrer Wunschzeit überqueren, wird auch die rechte Gehirnhälfte aktiviert.[58]

Wussten Sie, dass ...

... wenn Sie sich etwas intensiv vorstellen, im Gehirn die gleichen Prozesse ablaufen, wie sie beim tatsächlichen Tun entstünden?[59]

Bilder aktivieren somit wichtige Teile unseres Gehirns und helfen uns, unsere Ziele „nicht aus den Augen zu verlieren". Die im Unterbewusstsein gespeicherten Bilder aktivieren unsere Gefühle, die wiederum

[58] Van der Ham/Wezel/Oleksiak/Postma (2007) The time course of hemispheric differences in categorical and coordinate spatial processing. Neuropsychologia, 45, 2492-2498.
[59] Singer, Wolf/Ricard, Matthieu (2008) Hirnforschung und Meditation, Suhrkamp

unser Verhalten steuern. Unsere mit Bildern verknüpften Ziele wirken dabei ständig aus dem Unterbewusstsein heraus, also auch dann, wenn wir bewusst gar nicht an das Ziel denken.[60] Das hat den Vorteil, dass wir uns unsere Ziele nicht ständig in Erinnerung rufen müssen.

Tipp 13: Mein 15-Sekunden-Bild[61]

Gewohnheiten erfolgreicher Menschen haben einen gemeinsamen Nenner: Sie befassen sich täglich in Gedanken mit ihren Zielen, und das häufig nach dem Aufwachen. So könnte es Teil Ihres persönlichen Morgenrituals sein, den positiven Ablauf des bevorstehenden Tages oder ein gewünschtes Tagesziel zu visualisieren. Als Visualisieren bezeichnet man den Vorgang, sich in Gedanken das erreichte Ziel vorzustellen.

- Stellen Sie sich jeden Morgen mindestens 15 Sekunden lang bildhaft vor, wie es sein wird, wenn Sie Ihr Ziel erreicht haben, und wie Sie sich dabei fühlen. Diese 15-Sekunden-Technik ist mit dem Anschieben eines Autos mit schwacher Batterie vergleichbar. Nach wenigen Sekunden anstrengender Arbeit ist die Trägheit des schweren Wagens überwunden, das Schieben wird einfacher, und der Anfangsschwung genügt, um den Motor in Gang zu setzen. Wenn Sie sich das Erreichen eines Ziels vor Augen führen, Singer, Wolf/Ricard, Matthieu (2008) Hirnforschung und Meditation den Erfolg herbeisehen, steigert das nachweislich Ihre Motivation, Ihr Durchhaltevermögen und Ihr Selbstvertrauen. (Mehr Informationen, Tipps und Übungen zum Thema Visualisieren lesen Sie in unserem Ratgeber *Glaubenssätze – Ihre persönliche Formel für mehr Glück und Erfolg*.)

---

[60] Schultheiss/Brunstein (2001) Goal imagery: Bridging the gap between implicit motives and explicit goals. Journal of Personality, 67, 1-38, Download unter: http://onlinelibrary.wiley.com/doi/10.1111/1467-6494.00046/abstract (letzter Zugriff: 20.02.2020)

[61] Nach Secunda, Al (2004) The 15-Second Principle – Short, Simple Steps to achieve Long-term Goals. Career Press.

Tipp 14: Frage und Antwort

Diese Übung kann sich an die Übung „Mein 15-Sekunden-Bild" anschließen und rückt Ihre Stärken und Ressourcen in den Mittelpunkt. Dazu stellen Sie sich einfache Fragen zu Ihren Tageszielen. **Der Hintergrund ist, dass das menschliche Gehirn nach einem einfachen Prinzip funktioniert: Fragen zu stellen und sie zu beantworten.** [62] Wenn wir uns eine Frage stellen, geht unser Gehirn automatisch auf die Suche nach Antworten. Dies ist ein Vorgang, der meist völlig unwillkürlich abläuft. Dabei gilt, dass dieser Prozess sowohl in eine negative als auch in eine positive Richtung funktioniert. Die Frage, die man stellt, beeinflusst die Antwort. Die negative Variante kennen Sie vielleicht vom sogenannten Problem-Grübeln. Es sind Fragen wie: *Warum geht es mir so schlecht? Warum passiert das immer mir? Warum bin ich so dumm?* Im Gegensatz dazu bietet die positive Variante einen Weg zur Selbstmotivation. Mit folgenden Fragen fordern Sie Ihren Verstand zu einer positiven und lösungsorientierten Antwort auf:

- *Was kann ich heute tun, um meine Ziele zu erreichen und meine Träume zu verwirklichen?*
- *Vor welchen Herausforderungen werde ich heute stehen?*
- *Wie wird es sich anfühlen, wenn ich diese bewältigt habe?*
- *Welche meiner Stärken kann ich heute besonders gut gebrauchen?*
- *Zu wie viel Prozent kann ich mich heute engagieren?*
- *Kann ich die fehlenden Prozente noch aktivieren oder möchte ich sie bewusst sparen?*

[62] St. John, Noah (2008) The Great Little Book of Afformations. Metapublishing.

Anfangen und Umsetzen

Was auch immer Sie von den angeführten Tipps als Morgenritual auswählen, hat das Potential, Ihren weiteren Tag auf sehr positive Weise zu verändern. Denn wenn Sie erstmal eine Angewohnheit etabliert haben, fällt Ihnen die Anwendung ganz leicht. Dabei gilt nur: Aller Anfang ist schwer. Es ist vergleichbar mit einer Rakete, die man ins All schießt. Am Anfang ist ein enormer Energieaufwand nötig, aber je weiter sich die Rakete von der Schwerkraft der Erde entfernt, umso leichter wird es. Mit der Zeit sind nur noch kleine Kurskorrekturen nötig.

3. WIE KANN ICH MICH AUF EINE HERAUSFORDERNDE SITUATION VORBEREITEN?

Hin und wieder stehen wir sowohl im beruflichen wie auch im privaten Bereich vor schwierigen und herausfordernden Situationen. Sei es eine bevorstehende Präsentation vor Publikum, ein Gespräch über eine Gehaltserhöhung oder eine Konfliktklärung mit dem Nachbarn oder in der Familie. Die Anspannung vor solchen Situationen bzw. Gesprächen ist dementsprechend hoch. Wenn es uns jedoch gelungen ist, die herausfordernde Situation erfolgreich zu meistern, stellt sich danach meist ein freudvolles und erleichterndes Gefühl ein. **Schwierige Situationen zu meistern, macht nämlich glücklich.** Damit Sie solche Situationen und Gespräche erfolgreich gestalten und zu einem guten Abschluss bringen können, bedarf es argumentativer wie auch gedanklicher Vorbereitung. Im Folgenden finden Sie sieben Möglichkeiten, wie Sie sich auf herausfordernde Situationen mental vorbereiten können.

Strategie 11: Erfolge neu erleben

Können Sie spontan Ihre letzten zehn Erfolge im beruflichen, sportlichen oder privaten Bereich nennen? Die meisten können es nicht, da der Mensch den Fokus in aller Regel mehr auf seine Misserfolge oder Niederlagen legt. Zwar wird man aus Fehlern klug, aber **nur aus erlebten und wiederholt ins Gedächtnis gerufenen Erfolgen holt man sich Bestätigung, Gewissheit und Motivation.** Erfolgserlebnisse motivieren nicht nur für die Zukunft, sondern wirken in Summe auch positiv auf das eigene Selbstbild. Dies wiederum führt zu mehr Zufriedenheit und erhöht das Glücksniveau. Deshalb sollten Sie sich Ihre bisherigen Erfolge auch immer wieder aufs Neue ins Gedächtnis rufen.

Tipp 15: Meine Erfolgsstatistik

- Das Wissen um die eigenen Erfolge motiviert für anstehende Herausforderungen. Schreiben Sie deshalb die beruflichen oder privaten Erfolge, die Sie bislang erreicht haben, auf und erstellen Sie Ihre **persönliche Erfolgsstatistik.** Beginnen Sie zum Beispiel mit den Worten: *„Meine bisher größten Erfolge in meinem Berufsleben/Privatleben sind: ..."* Wenn Sie diese Liste hin und wieder durchlesen, stärken Sie damit Ihr Selbstbewusstsein und Ihr Selbstvertrauen. Sie können Ihre Erfolgsstatistik auch direkt in einem eigenen Kapitel in Ihr Erfolgstagebuch eintragen. Mehr dazu erfahren Sie in Tipp 145: Erfolgschronik.

Hab Geduld, alle Dinge sind schwierig,
bevor sie einfach werden.

Französisches Sprichwort

Tipp 16: Erfolgsgespräche führen

- Sprechen Sie mit Ihrem Partner, einem guten Freund oder anderen Personen, denen Sie vertrauen, regelmäßig über Ihre Erfolgserlebnisse. Erzählen Sie, wie es zum Erfolg kam, wie Sie die aufgetretenen Hindernisse und Schwierigkeiten überwunden und wie Sie sich dabei gefühlt haben. Dadurch erleben Sie Ihre Erfolge nochmals und haben zudem ein **schönes Gesprächsthema.**

Tipp 17: An ähnliche Erfolge erinnern

- Mitunter haben Sie eine ähnliche Situation oder ein ähnliches Gespräch wie das Bevorstehende schon einmal erlebt. Vielleicht haben Sie schon öfters eine Beschwerde erfolgreich behandelt, einen Streit mit einem Nachbarn zufriedenstellend geschlichtet oder ein Gespräch am Arbeitsplatz wertschätzend, konstruktiv und für beide Parteien fruchtbringend geführt.

- Rufen Sie sich vor jeder herausfordernden Situation eine ähnliche, erfolgreich gemeisterte Situation in Erinnerung und denken Sie an das positiv verlaufene Gespräch oder an das gute Ergebnis. Wenn Sie sich Ihre bisherigen Erfolge bewusst machen, bereiten Sie sich mit positiven Gedanken auf die bevorstehende Situation vor und bringen sich dadurch in einen **guten emotionalen Zustand.**

Hab Geduld, alle Dinge sind schwierig,
bevor sie einfach werden.

Französisches Sprichwort

Strategie 12: Sich selbst bestätigen

In vielen Fällen entscheidet unsere innere Einstellung über Erfolg oder Misserfolg. Die Art und Weise, mit welchen Gedanken und Gefühlen wir ins Gespräch oder in die Situation gehen, bestimmen wesentlich unser späteres Verhalten und Handeln. Wir können mit einer negativen und ablehnenden Erwartungshaltung in die Situation gehen, oder wir besinnen uns auf unsere

Stärken und Fähigkeiten und gehen voller Selbstvertrauen in das herausfordernde Gespräch. Dabei bestimmen sowohl unsere eigene Erwartungshaltung als auch unser innerer Dialog den späteren Verlauf wesentlich. **Je positiver wir denken, umso erfolgreicher werden wir sein.** Und je erfolgreicher wir sind, desto zufriedener und glücklicher fühlen wir uns.

Insbesondere Sportler wenden diese Art der positiven Erwartungshaltung an. Michael Jordan, einst einer der besten Basketballspieler der Welt, schreibt dazu in seinem Buch:[63] *„Wenn ich mich mit irgendeiner neuen Situation konfrontiere, stelle ich mir vor, dass ich erfolgreich sein werde. Ich denke nicht daran, was passieren könnte, wenn ich versage. [...] Ich habe mir klar gemacht, dass ich angreifen muss, wenn ich etwas in meinem Leben erreichen will. Ich muss rausgehen und was unternehmen. Ich glaube nicht, dass du etwas erreichen kannst, wenn du passiv bist. Ich weiß, dass Angst für einige Menschen ein Hindernis darstellt, aber für mich ist sie Einbildung."*

Tipp 18: Bestätigungsgespräch

- Sagen Sie zu sich oder schreiben Sie auf ein Blatt Papier, dass Sie die bevorstehende Situation gut meistern werden. Gehen Sie dabei wie folgt vor: Formulieren Sie so, als ob eine andere Person etwas zu Ihnen sagen und Sie motivieren möchte. Verwenden Sie die direkte Rede und führen Sie Gründe an, weshalb der Termin, das Ereignis oder das Gespräch gut verlaufen wird. Zum Beispiel. *„Gerhard, du kannst ganz beruhigt und entspannt in das Gespräch gehen. Du hast ja schon letztes Mal mit Herrn Meier ein klärendes Konfliktgespräch geführt. Herr Meier war danach sehr zufrieden und hat sich für deinen Einsatz bedankt. Außerdem, lieber Gerhard, bist du super vorbereitet und hast einige gute Vorschläge,*

---

[63] Jordan, Michael (1994) I can't accept not trying. Harper San Francisco. Übersetzung nach: Martens, Jens-Uwe/Kohl, Julius (2013) Die Kunst der Selbstmotivierung – Neue Erkenntnisse der Motivationsforschung praktisch nutzen. ContentPlus Verlag.

die du unterbreiten kannst. Du kannst also ganz locker ins Gespräch gehen, du wirst sehen, es wird gut laufen."

Tipp 19: Positive Affirmationen

- Genauso wie am frühen Morgen können Sie sich auch für bevorstehende Herausforderungen durch positive Affirmationen in einen guten Zustand versetzen. Denken Sie zum Beispiel an Muhammad Ali, der vor jedem Kampf aus sich herausschrie: *„I am the greatest!"*

Beispiele für solche **das Selbstbewusstsein stärkenden Affirmationen** sind: *„Ich schaffe das!", „Ich bin perfekt vorbereitet!", „Ich bin gut gelaunt und überzeuge mein Gegenüber!", „Ich fühle mich sicher und selbstbewusst!", „Ich begeistere meine Zuhörer!"* ... Programmieren Sie Ihre Gedanken und Gefühle positiv, und Sie werden die Situation besser überstehen, als wenn Sie sich davor fürchten oder negative Erwartungen haben. Mehr zur hilfreichen Anwendung von Affirmationen und Glaubenssätzen lesen Sie in unserem Ratgeber: *Glaubenssätze – Ihre persönliche Formel für mehr Glück und Erfolg.*

Die Geschichte eines Reisenden

Ein Reisender setzte sich müde in den Schatten eines Baumes, ohne zu ahnen, dass es sich dabei um einen ganz besonderen Baum handelte, nämlich um einen Zauberbaum. Während der Reisende auf dem harten Boden saß, dachte er, es wäre doch viel angenehmer, in einem weichen Bett zu liegen. Kaum gedacht, stand neben ihm ein Bett. Erstaunt davon, legte er sich hinein und dachte unwillkürlich, wie herrlich es doch wäre, wenn ihm jetzt jemand seine müden Beine massieren würde. Kaum gedacht, erschien im Handumdrehen ein hübsches Mädchen und massierte ihm seine Beine. *„Ich habe Hunger"*, sagte der Mann danach, *„ein gutes Essen wäre nun das Allerschönste"*. Prompt erschien vor ihm ein mit den köstlichsten Speisen gedeckter Tisch. Der Mann aß und trank mit Genuss. Nach dem guten Essen fielen ihm die Augenlieder, schwer von Wein und Müdigkeit, zu. Er streckte sich der Länge nach auf dem Bett aus und dachte über die merkwürdigen Ereignisse nach. Immer noch ungläubig und sich seiner Macht der Gedanken nicht bewusst, dachte er: *„Ich werde eine oder zwei Stunden schlafen. Schlimmstenfalls taucht ein Tiger auf, während ich schlafe."* Sogleich ...

Strategie 13: Den schlimmsten Fall durchdenken

Steht eine herausfordernde Situation an, stellt man sich oft vor, was denn alles schiefgehen könnte und wie schlimm das Ergebnis dann wohl wäre. Man denkt an die vermeintlichen negativen Konsequenzen oder an andere Folgen des Scheiterns. Solch negative Gedanken führen zu negativen Emotionen, Unwohlsein oder sogar Angst vor der bevorstehenden Situation. Falls Sie wirklich befürchten, bei einem Vorhaben zu scheitern, können Sie diese **Angstblockade mit einer einfachen Überlegung durchbrechen:**

Tipp 20: Worst-Case-Szenario

- **Schritt eins:** Fragen Sie sich: *„Was könnte denn schlimmstenfalls passieren? Was wäre das absolute Worst-Case-Szenario? Was wäre der schlimmstmögliche Ausgang der bevorstehenden Situation?"*

- Gehen Sie diesen Gedanken durch und überlegen Sie dann im **zweiten Schritt**, was dieser schlimmste Fall für konkrete Auswirkungen auf Ihren Beruf, Ihre Partnerschaft, Ihr übriges Leben oder Ähnliches hätte. Sie werden meist feststellen, dass der Worst Case gar nicht so schlimme Konsequenzen auf Ihr weiteres Leben hätte, wie Sie vielleicht befürchten.

- **Im dritten Schritt** erinnern sich an Ihre bisherigen Erfolge in solchen Situationen und an Ihre gute Vorbereitung auf die bevorstehende Herausforderung. Dann überlegen Sie, mit wie viel Prozent Wahrscheinlichkeit der schlimmste Fall überhaupt eintreten könnte. In den meisten Fällen werden Sie zum Ergebnis kommen, dass die Wahrscheinlichkeit eines kompletten Misserfolges sehr gering ist.

- **Schließlich fragen Sie sich:** *„Und sollte wider Erwarten der schlimmste Fall eintreten, wie werde ich nächstes Jahr oder in fünf oder in zehn Jahren darüber denken?"* Damit setzen Sie das bestehende Vorhaben in einen langfristigen und übergeordneten Kontext und werden feststellen, dass Sie ganz entspannt in die Situation gehen können.

Strategie 14: Den eigenen Körper einsetzen

Der Mensch bildet eine Einheit aus Körper, Gefühlen und Gedanken. Gefühle und Gedanken wirken sich dabei direkt auf unsere Körpersprache aus. Umgekehrt wirkt auch unsere Körpersprache direkt auf unser

Unterbewusstsein. Schon der Volksmund beschreibt innere Haltungen oft mit körperlichen Haltungen: Jemand *„lässt die Schultern hängen"* oder *„ist aufrichtig"*, hat *„einen festen Stand"*, *„steht mit beiden Beinen im Leben"*, hat *„Rückgrat"* oder *„bietet jemandem die Stirn"*.

Was jemand denkt, merkt man weniger an seinen Ansichten als an seinem Verhalten.

Isaac Bashevis Singer

Die gute Nachricht ist: Wir können bewusst eine bestimmte Körperhaltung einnehmen, die in weiterer Folge positiv auf unsere innere Haltung wirkt. **Eine optimistische innere Haltung erzeugt positive Gefühle, und positive Gefühle wiederum erhöhen unser Glücksempfinden.** Diese Rückkoppelungsschleifen werden in der modernen Psychologie als Bodyfeedback oder Embodiment bezeichnet. Der Körper gibt durch seine Haltung eine Rückmeldung an das Gehirn, und die Körperhaltung bewirkt dann eine bestimmte innere Haltung. Ergebnisse aus der Embodiment-Forschung geben deutliche Hinweise darauf, dass Bodyfeedback einer der schnellsten und wirkungsvollsten Wege ist, seine Einstellung zu verändern.[64]

Wie unsere Körperhaltung unseren psychischen Zustand beeinflusst, zeigt folgendes Experiment:[65] Unter dem Vorwand einer Untersuchung zum räumlichen Denken wurden zwei Gruppen gebildet, die sich den entsprechenden Tests unterziehen sollten. Nach deren Beendigung

---

[64] Storch, Maja et al. (2012) Embodiment – Die Wechselwirkungen von Körper und Psyche verstehen und nutzen. Hans Huber Verlag

[65] Siehe Fußnote 64.

wurde behauptet, dass nun zusätzlich exakte Messungen über die Muskelaktivität nötig seien und die Probanden unter Aufsicht acht Minuten lang in einer ihnen zugewiesen Körperhaltung verharren müssten. Gruppe eins wurde in eine gekrümmte Körperhaltung gebracht, Gruppe zwei in eine aufrechte. Nach den acht Minuten bat die Versuchsleitung die Testpersonen zum nächsten – für das Experiment wesentlichen – Test.

Die Aufgabe bestand darin, sich unlösbaren geometrischen Puzzles zu widmen. Die Versuchsleitung wusste dabei nicht, ob sie es mit einer Versuchsperson der gekrümmten Gruppe eins oder der aufrechten Gruppe zwei zu tun hatte. Nun ging es um das Durchhaltevermögen bei einer frustrierenden Aufgabe. Gemessen wurde, wie viele Puzzleteile die Versuchspersonen von einem Stapel nahmen, bis sie frustriert waren und die Arbeit an einem Puzzle beendeten und zum nächsten übergingen. Das Ergebnis war eindeutig: Gruppe eins, die zuvor acht Minuten gekrümmt verharrt hatte, bearbeitete im Schnitt 10,78 Teilchen vor dem Wechsel zum nächsten Puzzle. Gruppe zwei, die vorher aufrecht gesessen war, hielt im Schnitt 17,11 Teilchen durch. Unsere (aktuelle) Körperhaltung hat also direkten Einfluss auf unser Verhalten.

Andere **Studien beweisen, dass auch unser psychischer Zustand unsere Körperhaltung beeinflusst.**[66] So bewegen sich motivierte und gut gelaunte Menschen anders als niedergeschlagene Menschen. Ist jemand resigniert und niedergeschlagen, dann hängen meist die Schultern. Ist man verärgert und in der Verteidigungshaltung, drückt sich der Rücken durch und die Muskeln stehen unter Hochspannung. Unter Stress spannen viele Menschen ihre Bauchdecke an; allein dadurch wird der Atem flach, und die Stimmlage verändert sich ganz automatisch. Das Gehirn erhält weniger Sauerstoff und wird in seiner Arbeit eingeschränkt.

---

[66] Wiseman, Richard (2013) Wie Sie in 60 Sekunden Ihr Leben verändern. Fischer Verlag.

Tipp 21: Die innere Haltung beeinflussen

- Mit dieser Übung können Sie erkennen, wie die Körperhaltung direkt auf Ihr Inneres wirkt und umgekehrt:

Schritt eins: Stellen oder setzen Sie sich hin und lassen Sie Ihre Schultern, Arme, den Kopf und die Gesichtszüge „hängen". Stellen Sie ihre Füße leicht nach innen und senken Sie Ihren Blick nach unten. Bleiben Sie etwa eine Minute in dieser Position. Achten Sie währenddessen darauf, welche Gefühle und Stimmungen sich bei Ihnen einstellen. Lassen Sie sich etwas Zeit, es braucht mindestens 30 Sekunden, damit ein Gefühl entstehen kann.

Schritt zwei: Nach ca. 60 Sekunden: Versuchen Sie nun, ein Gefühl ekstatischer Freude zu entwickeln. Denken Sie an etwas wirklich Schönes, z. B. an eine freudvolle Erinnerung, aber bleiben Sie dabei in der beschriebenen Körperhaltung. Versuchen Sie es etwa eine Minute lang. Sie werden feststellen, dass es Ihnen nur sehr schwer gelingt, Freude entstehen zu lassen. Unser Körpersystem verbindet mit dieser Körperhaltung eben keine freudvollen Erfahrungen.

Schritt drei: Jetzt folgt die Gegenübung: Richten Sie nun Rücken und Schultern auf, atmen Sie tief durch und stellen Sie eine gewisse Körperspannung her. Strecken Sie Ihre Arme aus, als wären Sie ein Stern. Stellen Sie die Füße gerade oder leicht nach außen gedreht. Verbleiben Sie wiederum rund 60 Sekunden in dieser Position und achten Sie darauf, welche Gefühle und Stimmungen sich jetzt bei Ihnen einstellen.

Schritt vier: Jetzt versuchen Sie, in dieser Körperhaltung ein Gefühl von Angst zu entwickeln. Denken Sie an etwas, das Ihnen mit Sicherheit Angst macht, und behalten Sie dabei Ihre Körperhaltung bei. Versuchen Sie es wiederum etwa eine Minute lang. Sie werden feststellen, dass es nur sehr schwer gelingt, sich zu ängstigen. Das Gefühl von Angst will sich in dieser

Körperhaltung einfach nicht einstellen. Unser Körper-Kopf-System verbindet mit dieser Körperhaltung eben keine Angst.

In Anlehnung an „Peanuts" 1960, United Feature Syndicate, Inc.

Tipp 22: Die selbstbewusste Körperhaltung

- Unsere Körperhaltung zeigt auch unser aktuelles Selbstbewusstsein. Begeben Sie sich vor einen Ganzkörperspiegel und betrachten Sie sich selbst. Nun stellen Sie sich vor, dass sich am höchsten Punkte Ihres Kopfes ein Band befindet, das Sie sanft noch oben zieht. Der Kopf ist dann gerade, die Wirbelsäule richtet sich auf, die Schultern senken sich und gehen leicht nach hinten. Verteilen Sie Ihr Körpergewicht gleichmäßig auf beide Füße und stehen Sie locker und entspannt. Überprüfen Sie nun die Wirkung im Spiegel. Was hat sich gegenüber vorhin verändert? Bleiben Sie eine Zeit lang in dieser Haltung und spüren Sie in Ihren Körper hinein, **um diesen selbstbewussten Zustand zu verinnerlichen.** Achten Sie von nun an verstärkt darauf, möglichst oft aufrecht zu stehen, zu gehen und zu sitzen. Mit etwas Training werden diese Haltungen zur Gewohnheit und helfen, Ihr Selbstbewusstsein zu steigern.

Tipp 23: Reflexion der Körperhaltung

Die dargelegten Zusammenhänge zwischen Körper und Psyche sind eindrücklich. Wie oft finden wir uns vor allem dann in einer gekrümmten Körperhaltung, wenn es uns nicht gut geht, wenn wir uns niedergeschlagen fühlen oder wenn wir Angst vor einer bevorstehenden Situation oder einem schwierigen Gespräch haben!

- **Kontrollieren Sie daher vor einer herausfordernden Situation Ihre Körperhaltung und nehmen Sie eine aufrechte Haltung** ein. Strecken Sie Ihren Rücken, heben Sie den Kopf und bauen Sie Körperspannung auf. Reflektieren Sie auch während eines Gesprächs immer wieder Ihre Körperhaltung, da diese laufend Ihre Gedanken und Emotionen zum Ausdruck bringt. Mit einer bewusst eingesetzten Körpersprache strahlen Sie mehr Selbstbewusstsein aus und beeinflussen auch Ihre innere Haltung positiv.

Am Anfang mag es Ihnen vielleicht merkwürdig vorkommen, Ihre Körpersprache gezielt zu trainieren und einzusetzen und damit bewusst Ihre Stimmung zu verändern, also beispielsweise so zu tun, als fühlten Sie sich gut und selbstsicher, obwohl Sie in diesem Moment mitunter nicht so empfinden. Mit etwas Übung gelingt es Ihnen jedoch, damit Ihre Ausstrahlung zu verbessern und dadurch selbstsicherer und überzeugender zu wirken. Die souveräne Körpersprache und Haltung werden dann zu einem Teil Ihres eigenen Selbst.

Strategie 15: Innerlich auf Distanz gehen

Wenn wir auch nicht die äußeren Umstände oder gar unsere Gesprächspartner verändern können, so können wir doch uns selbst vor den negativen emotionalen Auswirkungen persönlicher Angriffe oder provozierender Aussagen schützen. Wenn Sie davon ausgehen, dass das bevorstehende Gespräch Sie belasten oder *„emotional berühren"* wird, können Sie sich mit der folgenden Übung schützen.

Wir haben keine Aussicht, jemals genug Leder aufzutreiben, um die Welt damit zu bedecken, damit wir uns nie einen Dorn in den Fuß stechen können, aber das ist auch nicht nötig, denn es reicht ja, unsere Fußsohlen mit Leder zu bedecken.[67]

Dalai Lama

---

[67] Dalai Lama (2002) Das Buch der Menschlichkeit. Eine neue Ethik für unsere Zeit. Bastei Lübbe Verlag.

Tipp 24: Gesunde Abgrenzung

Schritt 1: Überlegen Sie sich, womit Sie Ihren Körper schützen würden, sollte Sie jemand angreifen. Lassen Sie dabei Ihrer Fantasie freien Lauf: Vielleicht denken Sie an einen Schutz, der mit Ihrem Beruf oder Ihrem Hobby zu tun hat. Als Modeverkäufer könnten Sie sich zum Beispiel einen dicken Mantel mit Kapuze vorstellen, den Sie sich umlegen. Als Floristin könnten Sie ein Kaktuskostüm mit riesigen Stacheln imaginieren, das Sie sich überziehen, oder als IT-Spezialist wählen Sie vielleicht eine Firewall, die Sie um sich herum errichten. Wenn Sie leidenschaftlicher Motorradfahrer sind, könnten Sie sich zum Beispiel einen Helm vorstellen, den Sie über Ihren ganzen Körper stülpen. Wie gesagt, Ihrer Fantasie sind keine Grenzen gesetzt, es sollte nur etwas sein, das Sie bei einem Angriff gern als Schutz um Ihren Körper hätten.

Schritt 2: Suchen Sie ein Foto oder einen Ausdruck eines Fotos von sich, auf dem Sie mit Ihrem ganzen Körper zu sehen sind. Wie alt das Foto ist, ist nicht wichtig. Ideal ist ein Bild mit hellem Hintergrund, auf dem Sie stehend abgebildet sind mit genügend Platz um Ihren Körper, um etwas zu zeichnen bzw. zu schreiben. Nehmen Sie nun einen Stift zur Hand und malen Sie eine durchgängige Einrahmung um Ihren Körper, am besten in der Form Ihrer gewählten Schutzschicht. Wichtig ist nur, dass Sie sich während des Zeichnens vorstellen, wie Sie sich dabei Ihre persönliche emotionale Schutzschicht anziehen.

Schritt 3: Notieren Sie als nächstes außerhalb Ihrer Schutzschicht auf dem Foto Menschen bzw. Situationen, vor denen Sie sich emotional schützen möchten. Ihre Zeichnung könnte dann in etwa so aussehen:

Zeichnung gesunde Abgrenzung:

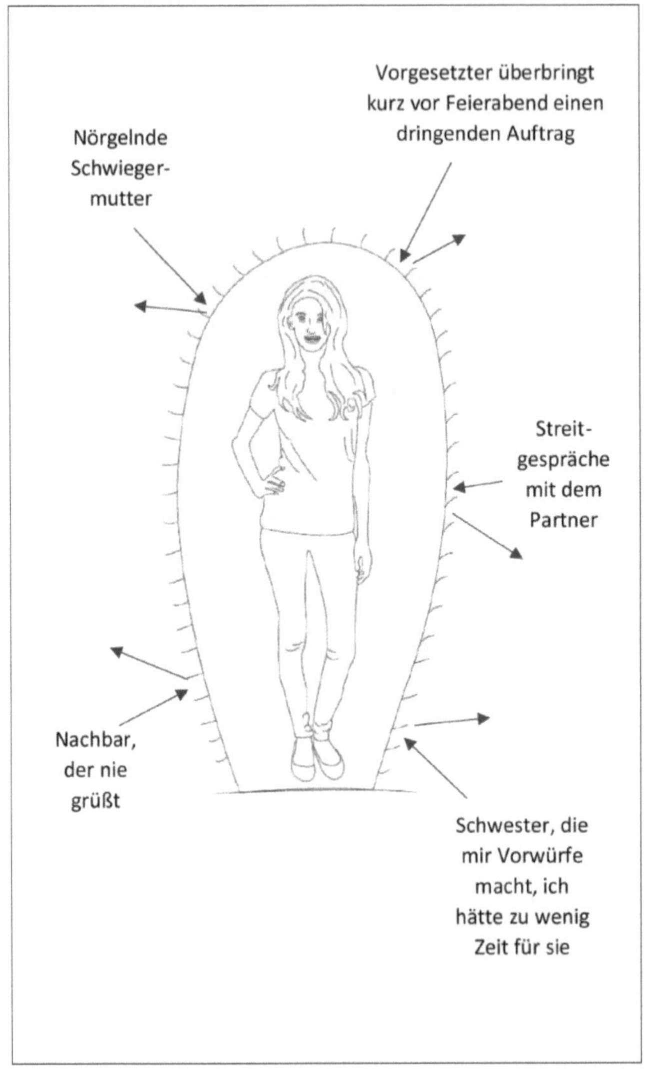

Betrachten Sie nun Ihr Foto und sehen Sie, wie Sie darauf mit Ihrer persönlichen emotionalen Schutzschicht ausgestattet sind. **Mit diesem Schutz um Sie herum sind Sie besser gegen alle Angriffe gewappnet. Es**

kann Ihnen nichts passieren, denn Sie sind durch Ihre Schutzschicht bestens geschützt. Betrachten Sie eine Weile Ihr Foto und geben Sie es dann an einen Platz Ihrer Wahl. Sie können es ablegen, wo Sie möchten.

Anwendung: Vor einem herausfordernden Gespräch oder während einer emotionalen Diskussion führen Sie sich dann Ihr Foto vor Augen und legen im Geiste Ihre Schutzschicht an. Denken Sie daran, dass nun alle persönlichen Angriffe an Ihnen abprallen und Ihr Gegenüber Ihnen nichts anhaben kann. Natürlich setzen Sie sich mit den Argumenten Ihres Gegenübers und der Situation auseinander, tragen Ihre Punkte vor und führen das Gespräch sachlich und wertschätzend weiter. Der entscheidende Unterschied ist, dass Sie die Dinge zwar nach wie vor *„an sich heranlassen"*, sie aber nicht *„in sich hineinlassen"*. **Durch Ihre emotionale Schutzschicht nehmen Sie sich die Angriffe, Vorwürfe, Beschuldigungen oder Provokationen nicht so zu Herzen, da diese an Ihrer Schutzschicht abprallen bzw. von ihr abgebremst werden.** Sie haben sich durch diese mehrere Fähigkeiten – nämlich das Sehen, das Schreiben und das Fühlen – nutzende Visualisierung einen echten emotionalen Schutz aufgebaut, und nichts kann Sie so tief verletzen, dass Sie handlungsunfähig würden. So können Sie ruhig und gelassen bleiben und die herausfordernde Situation mit Souveränität meistern.

Ressourcen-Variante: Überlegen Sie, wer es in Ihrem Familien-, Bekannten- oder Freundeskreis gut mit Ihnen meint. Fragen Sie sich: *Wem kann ich vertrauen, wem kann ich mich öffnen, und mit wem kann ich offen Probleme diskutieren und besprechen? Welche Personen geben mir Halt und Sicherheit und helfen mir, wenn mal kleinere oder größere Schwierigkeiten auftauchen? In welchen Situationen kann ich Kraft tanken und mich entspannen oder erholen?*

Nehmen Sie nun Ihr Foto, ohne dass Sie dieses Mal eine Schutzschicht um sich ziehen. Schreiben Sie nun die Namen Ihrer *„Ressourcen-Menschen"* und *„Ressourcen-Situationen"* rund um Ihren Körper verteilt auf den Fotoausdruck. Ihre Zeichnung könnte dann wie folgt aussehen:

Zeichnung: Ressourcen-Variante

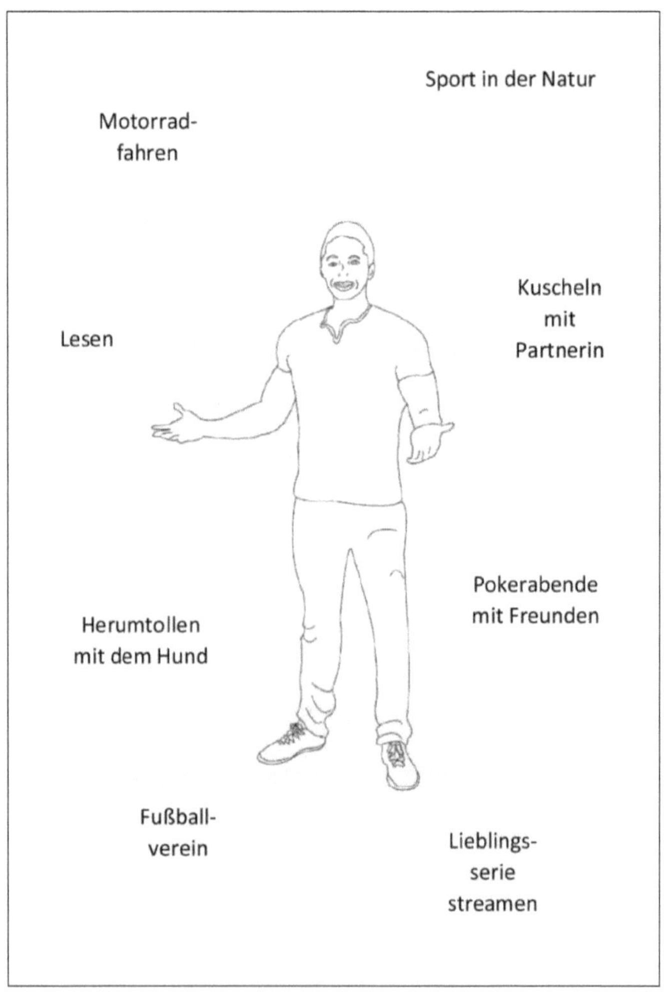

Betrachten Sie nun Ihr Foto mit all Ihren hilfsbereiten und unterstützenden Menschen, auf die Sie sich verlassen können, sowie all den Ressourcen-Situationen, die Ihnen Kraft geben. Erfreuen Sie sich an dem Gefühl und der Gewissheit, dass Sie immer auf jemanden bzw. etwas in Ihrem Umfeld zählen können.

Strategie 16: Die Perspektive wechseln

Gerade bei schwierigen Gesprächen oder Debatten prallen oft gegenläufige Argumente aufeinander, und man versucht, den anderen von seinem Standpunkt zu überzeugen. Hilfreich ist dabei in der Vorbereitung, **auch die Interessen des Gegenübers und dessen Sichtweise zu durchdenken**. So lassen sich leichter Argumente und Lösungsangebote finden. Mit folgender Übung können Sie durch die Nutzung Ihres Einfühlungsvermögens ein schwieriges Gespräch vorbereiten und sich leichter in die Position Ihres Gesprächspartners hineinversetzen. Dadurch erhöhen Sie die Wahrscheinlichkeit eines für beide Seiten zufriedenstellend verlaufenden Gesprächs.

Tipp 25: Innerer Dialog

Stellen Sie zwei Stühle zur Gesprächsvorbereitung in den Raum. Einen Stuhl für Sie selbst (A) und einen Stuhl für die Person, mit der Sie das Gespräch führen wollen (B).

Schritt 1: Setzen Sie sich auf Ihren Stuhl (A). Nehmen Sie sich etwas Zeit und horchen Sie nach innen. Machen Sie sich bewusst, wer Sie sind. Machen Sie sich klar, welche Rolle Sie in diesem Gespräch haben (Chef, Kollege, Freund etc.). Wie fühlen Sie sich jetzt? Welche Gedanken gehen Ihnen durch den Kopf? Was genau möchten Sie dem Gegenüber mitteilen? Stehen Sie nun auf und verabschieden Sie sich für einen Moment von Ihrer eigenen

Rolle. Setzen Sie sich nun auf den Stuhl Ihres Gesprächspartners (B). Versetzen Sie sich in Ihren Gesprächspartner hinein. Machen Sie sich klar, welche Rolle Sie hier in diesem Gespräch haben (Chef, Kollege, Freund etc.). Nehmen Sie sich etwas Zeit und horchen Sie nach innen. Wie fühlen Sie sich jetzt als (B)? Welche Gedanken gehen Ihnen als (B) durch den Kopf? Was genau möchten Sie dem Gegenüber (A) mitteilen? Stehen Sie auf und lösen Sie sich von dieser Rolle.

Schritt 2: Setzen Sie sich wieder auf Ihren eigenen Stuhl (A). Wie fühlen Sie sich jetzt? Welche Gedanken gehen Ihnen durch den Kopf? Was genau möchten Sie dem Gegenüber (B) mitteilen? Sprechen Sie zu Ihrem Gesprächspartner so, als wäre er jetzt tatsächlich anwesend. Nennen Sie die Dinge, die Sie sagen wollen. Wie fühlen Sie sich, wenn Sie diese ansprechen und aussprechen? Stehen Sie auf und verabschieden Sie sich für einen Moment von Ihrer eigenen Rolle.

Setzen Sie sich auf den Stuhl Ihres Gesprächspartners (B). Versetzen Sie sich in Ihren Gesprächspartner hinein. Machen Sie sich wieder klar, welche Rolle Sie hier in diesem Gespräch als (B) haben (Chef, Kollege, Freund etc.). Nehmen Sie sich etwas Zeit und horchen Sie nach innen. Wie fühlen Sie sich jetzt, wenn Sie dies gehört haben? Welche Gedanken gehen Ihnen durch den Kopf? Was genau möchten Sie darauf sagen? Was möchten Sie tun? Sprechen Sie nun aus der Sicht des Gesprächspartners (B). Stehen Sie dann auf und lösen Sie sich von dieser Rolle.

Schritt 3: Setzen Sie sich auf Ihren Stuhl (A). Nehmen Sie sich etwas Zeit und horchen Sie nach innen. Machen Sie sich bewusst, wer Sie sind. Wie fühlen Sie sich jetzt, nachdem Sie die Reaktion und die Antwort des Gegenübers wahrgenommen haben? Welche Gedanken gehen Ihnen durch den Kopf? Lösen Sie sich von der Situation und vom Stuhl.

Schritt 4: Beantworten Sie für sich folgende Fragen:

- *Was ist mir bei dieser Übung deutlich geworden?*
- *Was sind die nächsten Schritte in der Zusammenarbeit mit meinem Gegenüber?*
- *Was brauche ich, um das anstehende Gespräch noch besser vorzubereiten?*
- *Wie sieht mein Gesprächsleitfaden aus?*
- *Mit welchen Argumenten kann ich meinem Anliegen am besten Nachdruck verleihen?*
- *Welche Formulierungen verwende ich im Gespräch, damit dieses auf sachlicher Ebene bleibt?*
- *Welche Argumente meines Gegenübers haben ihre Berechtigung?*

Tipp 26: Was würde ich ... raten?

Schildert uns jemand ein Problem oder eine herausfordernde Situation, fällt es uns in der Regel leichter, Ideen oder Ratschläge zu liefern, wie derjenige das Gespräch erfolgreich führen oder die Situation meistern könnte. Steht hingegen ein herausforderndes Gespräch bevor, in das man selbst als *„Konfliktpartei"* involviert ist, blockieren Gedanken an das Problem oder das Gespräch oft mögliche Lösungsideen. Aus diesem Grund kann es für eine Lösungsfindung hilfreich sein, die Perspektive zu wechseln.

- Wenn Sie nicht wissen, was Sie konkret tun oder wie Sie etwas sagen sollen, stehen Ihnen folgende Möglichkeiten zur Lösungsfindung zur Verfügung: Die erste Variante ist, dass Sie sich überlegen, **was Sie einer anderen Person, die Ihnen *„Ihr"* Problem schildert, empfehlen würden.** *Was würden Sie ihr raten, wenn sich diese Person in genau der Situation befände, in der Sie sich selbst gerade befinden? Was sollte sie Ihrer Meinung nach tun oder auch nicht tun?* Sie können dabei auch daran denken, was Sie Ihrer Tochter/Ihrem Sohn (Freund/Freundin oder Partner/Partnerin) raten würden, wenn sie bzw. er mit diesem Problem zu Ihnen käme. Mit dieser Technik können Sie einen Abstand zwischen sich und Ihrem Problem herstellen und mögliche Denkblockaden überwinden.

Tipp 27: Was würde mir ... raten?

- Eine andere Variante ist, dass Sie sich folgende Frage stellen: ***Was würde eine Person, die Sie schätzen oder bewundern, in dieser konkreten Situation an Ihrer Stelle tun oder sagen?*** Denken Sie sich in diese Person hinein und fragen Sie sich, wie dieser Mensch reagieren oder handeln würde. Durch einen solchen Perspektivenwechsel können Sie wiederum die eigene Blockade lösen und neue Ideen für eine Problemlösung gewinnen. Welche weiteren Möglichkeiten es gibt, mithilfe von Vorbildern Herausforderungen zu lösen, erfahren Sie in Tipp 50 und Tipp 177.

Tipp 28: Eine wohlwollende Haltung einnehmen

Der Verlauf eines Gesprächs hängt wesentlich davon ab, mit welcher Einstellung Sie in das Gespräch gehen. Wie denken Sie über sich und wie denken Sie über Ihren Gesprächspartner? Wie ist Ihre Grundhaltung? Das einfache o.k.-o.k.-Modell der Transaktionsanalyse[68] kann Ihnen dabei helfen, sich im Vorfeld eines herausfordernden Gesprächs über Ihre Grundhaltung

---

[68] Die Transaktionsanalyse (TA) ist eine psychologische Theorie der menschlichen Persönlichkeitsstruktur. Sie wurde Mitte des 20. Jahrhunderts vom US-amerikanischen Psychiater Eric Berne begründet und befasst sich unter anderem mit der Kommunikation zwischen Menschen. Siehe zum O.k.-o.k.-Modell: Harris, Thomas (2010) Ich bin o.k. – Du bist o.k.: Wie wir uns selbst besser verstehen und unsere Einstellung zu anderen verändern können – Eine Einführung in die Transaktionsanalyse. Rowohlt Taschenbuch Verlag.

gegenüber sich selbst und gegenüber Ihrem Gesprächspartner klar(er) zu werden. Die Transaktionsanalyse versteht unter der Grundhaltung die Gesamtheit aller Überzeugungen, die jemand über sich selbst und die anderen Menschen gewonnen hat und dann benutzt, um Entscheidungen und Verhalten zu rechtfertigen.[69] Schon in früher Kindheit entwickeln wir Überzeugungen über uns und über andere Menschen, mit denen wir in Beziehung stehen. **Die Grundhaltung stellt dabei die Einstellung dar, die wir einnehmen, wenn es um den wahren Wert geht, den wir uns (dem Ich) und unseren Mitmenschen (dem Du) zuschreiben.** Diese Zuschreibung dem Ich und dem Du gegenüber erfolgt im o.k.-o.k.-Modell durch das Einnehmen zweier unterschiedlicher o.k.-Positionen. „o. k." bedeutet, dass ich und/oder mein Gesprächspartner wichtig, willkommen, wertvoll und grundsätzlich in Ordnung sind. „Nicht o. k." bedeutet, dass ich und/oder mein Gegenüber unwichtig, nicht willkommen, wertlos und grundsätzlich nicht in Ordnung sind. Mit diesem o.k.-o.k.-Modell der Grundhaltungen beschreibt die Transaktionsanalyse somit anhand von vier Positionen, welche Einstellung wir gegenüber uns und anderen Personen haben.

1. **Grundhaltung: Ich bin o. k. – du bist o. k.**
   Ich bin etwas wert und du *auch – gesunde Position*
2. **Grundhaltung: Ich bin nicht o. k. – du bist o. k.**
   Ich bin weniger wert als du – *depressive Position*
3. **Grundhaltung: Ich bin o. k. – du bist nicht o. k.**
   Ich bin mehr wert als du – *arrogante Position*
4. **Grundhaltung: Ich bin nicht o. k. – du bist nicht o. k.**
   Ich bin nichts wert und du auch nicht – *Sinnlosigkeitsposition*

[69] Stewart, Ian/Joines, Vann (1990) Die Transaktionsanalyse – Eine Einführung. Verlag Herder.

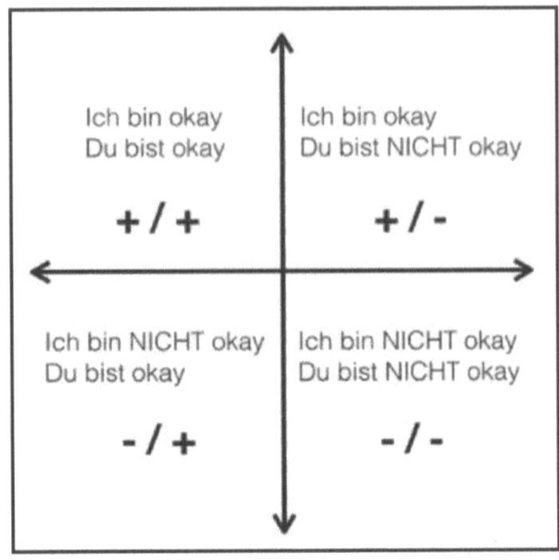

Abb.: o.k.-o.k.-Modell

Charakteristika der vier Grundeinstellungen

1. Ich bin o. k. – du bist o. k. (+/+)

Mit dieser Einstellung betrachtet man sich selbst und den Gesprächspartner auf wertschätzende Art und Weise. Die Einstellung ist lösungsorientiert und zielt auf ein Win-win-Ergebnis ab. Es existieren weder Unter- noch Überlegenheitsgefühle. Es wird sowohl die eigene Person als auch das Gegenüber für o. k. befunden. Die Grundannahme dieser Grundeinstellung lautet: *„Wir sind beide wertvoll und gleichwertig!"* **Wenn Sie mit dieser Grundeinstellung in ein Gespräch gehen, billigen Sie sich und Ihrem Gesprächspartner den gleichen Wert und die gleiche Wichtigkeit zu.** Sie fühlen sich weder unter- noch überlegen. Sie manipulieren nicht und akzeptieren Ihr Gegenüber so, wie es ist. Sie arbeiten auf ein konstruktives Gesprächsergebnis hin. Dabei berücksichtigen Sie sowohl die eigenen Interessen als auch die Ihres Gesprächspartners.

2. Ich bin nicht o. k. – du bist o. k. (-/+)

In dieser Haltung fühlt man sich schwach und dem anderen unterlegen, und es besteht mitunter ein gewisses Gefühl von Hilflosigkeit. Diese Haltung signalisiert eine Form der Selbstabwertung, und Ihr Gegenüber wird von Ihnen bewundert oder beneidet. Die Grundannahme lautet: *„Sie können das viel besser! Ich weiß nicht, was ich tun soll, sagen Sie es mir!"* **Wenn Sie mit dieser Grundhaltung in ein Gespräch gehen, zeigen Sie wenig Selbstvertrauen.** Sie stellen den Wert des Gesprächspartners über Ihren eigenen. Mit dieser Einstellung verhalten Sie sich im Gespräch angepasst bis überangepasst. Es gelingt Ihnen häufig nicht, Ihre eigenen Interessen gegenüber Ihrem Gesprächspartner ausreichend durchzusetzen.

3. Ich bin o. k. – du bist nicht o. k. (+/-)

Mit dieser Einstellung geht die Überzeugung einher, dem anderen überlegen zu sein. Es entsteht eine misstrauische Haltung. Der Gesprächspartner wird abgewertet, um sich selbst aufzuwerten, zum Beispiel durch Ärgern, Schlechtmachen oder Unterdrücken. Die Grundannahme lautet: *„Du hast ja keine Ahnung. Ich kann/weiß es besser!"* **Wenn Sie mit dieser Grundhaltung in ein Gespräch gehen, zeigen Sie ein dominantes, überhebliches oder arrogantes Verhalten.** Es kann auch sein, dass Sie aus einer Art Retterrolle heraus agieren und sich dabei übertrieben hilfsbereit und fürsorglich zeigen. Sie fühlen sich Ihrem Gesprächspartner gegenüber überlegen, trauen ihm wenig zu oder halten ihn für nicht kompetent.

4. Ich bin nicht o. k. – du bist nicht o. k. (-/-)

Mit dieser Grundhaltung ist es schwierig, ein lösungsorientiertes Gespräch zu führen. Es besteht kein Selbstvertrauen und auch kein Vertrauen in den anderen. Die Grundannahme lautet: *„Wofür soll ich mich anstrengen, es hat ohnehin keinen Sinn."* **Wenn Sie beabsichtigen, mit einer solch de-**

struktiven Grundhaltung in ein Gespräch zu gehen, wird dieses mit großer Wahrscheinlichkeit keinen positiven Verlauf nehmen, da Sie jegliches Bemühen um Ihr Gegenüber als sinnlos erachten.

Fazit: Bis auf die Grundhaltung (Ich bin o. k. – du bist o. k.) sind die drei anderen Grundhaltungen für das Führen lösungsorientierter Gespräche problematisch. Entweder machen Sie sich klein und überhöhen den Gesprächspartner (Ich bin nicht o. k. – du bist o. k.), nehmen eine abwertende Haltung gegenüber dem anderen ein (Ich bin o. k. – du bist nicht o. k.) oder machen sich und den Gesprächspartner klein (Ich bin nicht o. k. – du bist nicht o. k.). So bestätigen auch Studien, dass die Voraussetzung für eine erfolgreiche Gesprächsführung die Grundeinstellung „Ich bin o. k. – du bist o. k." ist.[70]

- Denken Sie an Personen, die Sie als „schwierig" bezeichnen. Wäre es nicht viel schöner, wenn Sie bei diesen Menschen weniger belastet in zukünftige Gespräche gehen könnten? Hilfreich dafür sind folgende Fragen: *Wie ist meine Einstellung dieser Person gegenüber? Wie und wann zeigt sich diese Einstellung? Welche Möglichkeiten habe ich, um hier die Grundeinstellung „Ich bin o. k. – du bist o. k." zu erreichen?*

- Was würde es bedeuten, wenn Sie sich bewusst für die Grundeinstellung *„Ich bin o. k. – du bist o. k."* entscheiden? Was würde es für Sie bedeuten, wenn Sie neutraler auf manche Menschen und Situationen zugingen?

Folgende Übung kann Ihnen helfen, vor einem Gespräch zu einer wertschätzenden Einstellung zu gelangen: Fokussieren Sie sich in Gedanken auf Ihr Gegenüber und markieren Sie dann in der folgenden Liste mit positiven

---

[70] Angerer, Thomas (2005) Erklärung des Verkaufserfolges im Relationship Marketing mit Konzepten der Transaktionsanalyse. Zeitschrift für Transaktionsanalyse 4/2005, S. 256.

Emotionen die *„Facetten des Wohlwollens"*, die Sie Ihrem Gesprächspartner gegenüber empfinden können.

Facetten des Wohlwollens:

1. Anerkennung
2. Staunen
3. Achtung
4. Anteilnahme
5. Interesse
6. Neugier
7. Freude
8. Vertrauen
9. Erheiterung
10. Geteilte Freude
11. Verständnis
12. Herzlichkeit
13. Rücksicht
14. Einfühlungsvermögen
15. Güte
16. Dankbarkeit
17. Herzlichkeit
18. Sympathie
19. Wertschätzung
20. Respekt
21. Fürsorge
22. Mitgefühl
23. Begeisterung
24. Verbundenheit
25. Zusammengehörigkeit
26. Großzügigkeit

Wenn das nächste Gespräch ansteht, haben Sie ein oder mehrere positive Gefühle parat, die Sie Ihrem Gegenüber entgegenbringen können. Wenn Sie zum Beispiel die Emotionen Verständnis und Respekt ausgewählt haben, könnten Sie sich mithilfe der Affirmation *„Ich zeige Verständnis und agiere respektvoll"* in einen *„Ich bin o. k. – du bist o. k."*-Zustand versetzen. Das hilft Ihnen, das herausfordernde Gespräch wertschätzend und auf Augenhöhe zu führen. Lesen Sie dazu auch die Strategie 4: Mit positiven Affirmationen durchstarten.

Strategie 17: Das Gespräch üben

Sportler stellen sich im Training so gut wie möglich auf den nächsten Gegner ein. Ex-Profiboxer Rüdiger May dazu: *„Vor Wettkämpfen habe ich zum Üben Gegner gesucht, die meinem nächsten Gegner in seinem Kampf-Stil ähneln. Da habe ich dann beim Boxen gegen das Double schnell festgestellt, wo ich Defizite habe. Und deswegen habe ich diese Kämpfe – sowohl mental als auch im Sparring mit dem Übungsgegner – immer wieder durchgespielt. So oft es ging. Daraus habe ich Stärke geschöpft. Diese Simulation kann ich für alle möglichen Lebensbereiche empfehlen."*[71]

Tipp 29: Das Gespräch im Vorfeld üben

❖ Lassen Sie Situationen, die Sie beschäftigen, zum Beispiel ein unangenehmes Gespräch mit dem Chef, dem Nachbarn oder dem Partner nicht einfach auf Sie zukommen. Schieben Sie sie nicht gedanklich beiseite. Suchen Sie sich jemanden, der denjenigen darstellt, mit dem Sie dann tatsächlich zu tun haben, und **üben Sie mit ihm das Gespräch im Vorfeld.** Geben Sie Ihrem Gegenüber Informationen über die Persönlichkeit und die Art der Gesprächsführung Ihres künftigen Gesprächspartners: Wie argumentiert dieser? Welche Einwände wird er bringen? Wie sachlich oder aggressiv wird er mit Ihnen reden? Führen Sie dann das ganze Gespräch und reflektieren Sie dieses gemeinsam mit Ihrem Gesprächspartner. Üben Sie solange, bis Sie und ihr Gesprächspartner der Meinung sind, dass Ihre Argumente, die Art der Formulierungen, Ihre Reaktion auf Einwände oder Gegenargumente sowie Ihre Gestik und Mimik passen, um ein erfolgreiches Gespräch zu führen. Sie können auch mit Ihrem Gesprächspartner die Rollen tauschen und so selbst erleben, wie *„Ihre"* Gesprächsführung bei Ihnen ankommen würde. Üben

---

[71] https://www.evidero.de/ruediger-may-simuliert-situationen (letzter Zugriff: 25.02.2020)

Sie solange, bis Sie und Ihr Partner mit der angedachten Gesprächsführung einverstanden sind.

- In einer Beziehung, in der Familie oder in der beruflichen Zusammenarbeit wird in Gesprächen viel „Beziehungsporzellan" durch Vorwürfe zerschlagen. Der Grund für die destruktive Wirkung von Vorwürfen liegt zum einen darin, dass sich Vorwürfe auf Ereignisse in der Vergangenheit beziehen, die natürlich nicht mehr verändert werden können. Und zum anderen liegt es daran, dass Vorwürfe meist generalisierend formuliert werden und eine entwertende Aussage enthalten, wie folgende Beispiele zeigen: „Nie bringst du den Müll raus!", „Immer kommen Sie zu spät!", „Nie hören Sie mir zu!" ... Äußerst selten werden durch Vorwürfe Wünsche für die Zukunft klar kommuniziert. Da lohnt sich die Überlegung, wie man die wichtige Botschaft in einer beziehungsschonenderen Form ausdrücken kann. **Eine gute Möglichkeit dazu bietet die VW-Regel. V steht für Vorwurf und W für Wunsch**. Die VW-Regel besagt, jeden Vorwurf in einen Wunsch umzuformulieren. Aus dem Vorwurf: *„Nie bringst du den Müll raus!"* wird dann der Wunsch *„Ich wünsche mir, dass du wie vereinbart den Müll rausbringst."* Aus dem Vorwurf: *„Immer kommen Sie zu spät!"* wird dann der Wunsch: *„Ich wünsche mir, dass Sie künftig pünktlich sind, weil ..."* Mit der VW-Regel vermeiden Sie ganz einfach die sogenannten Du-Botschaften, die meist persönliche Angriffe enthalten, und sprechen stattdessen über Ihre eigenen Bedürfnisse und Wünsche.

Eine gute Vorbereitung hilft Ihnen, herausfordernde Gespräche zu führen. Hier können Sie eine Checkliste zur Vorbereitung konfliktbehafteter Gespräche downloaden: http://bit.ly/Gespräch-Vorbereitung

Der QR-Code zum Download der Checkliste: 

4. WAS TUN BEI ÄRGER ODER WUT?

Welche Gefühle machen glücklich?

Glücklich ist nur, wer sich freut? Das stimmt nicht ganz, wie eine Studie zeigt. Laut dieser 2017 weltweit durchgeführten Untersuchung kann es auch glücklich machen, wenn man sich seinen negativen Emotionen hingibt.[72] Nach über 2.000 Jahren wurde damit Aristoteles' These bestätigt. Der griechische Philosoph und Vordenker ging in seiner *„Nikomachischen Ethik"* davon aus, dass jene Menschen am glücklichsten sind, die ihren Gefühlen, zur richtigen Zeit, am richtigen Ort, der richtigen Person gegenüber freien Lauf lassen. Dass es sich tatsächlich so verhält, haben nun Psychologen aus Israel, den USA und Südkorea herausgefunden. *„Glücklich sein ist mehr, als ausschließlich Vergnügen zu empfinden bzw. Schmerz und andere negative Gefühle zu vermeiden",* sagt Maya Tamir, eine der Studienautorinnen von der Hebräischen Universität Jerusalem. Um herauszufinden, wann Menschen glücklich sind, hatten die Psychologin und ihre Kollegen über 2.000 Studierende in Brasilien, den USA, Deutschland, Ghana, Israel, Polen, China und Singapur nach deren Emotionen befragt – konkreter: welche Gefühle sie haben und welche sie gern hätten. Im Ergebnis zeigte sich: Was in einer bestimmten Situation oder einem bestimmten Lebensumstand das *„richtige"* Gefühl ist, variiert durchaus von Person zu Person und wird auch von kulturellen Unterschieden beeinflusst.

Der hauptverantwortliche Glücksmechanismus ist aber global derselbe: *„Deckt sich der Wunsch nach einer bestimmten Emotion mit dem tatsächlich erlebten Gefühl, kann jede Emotion glücklich machen",* so Psychologin Tamir. Hass, Feindseligkeit, Ärger und Geringschätzung sind

---

[72] Scarpa, A./Raine, A. (2000) Violence associated with anger and impulsivity. In: Borod, J. C. (Ed.), The neuropsychology of emotion, 320-339. Oxford University Press.

demnach unter Umständen ebenso Glücksmotoren wie Empathie, Liebe, Vertrauen, Leidenschaft, Begeisterung und Zufriedenheit, heißt es in der Studie. Freilich waren diejenigen, die sich Ärger und Hass wünschten, mit rund 10 Prozent in der Minderheit. *„Natürlich wollen die meisten gute Gefühle wie Freude oder Liebe empfinden"*, sagt Tamir. Manchmal sei das aber nicht förderlich. *„Vor allem in der westlichen Welt haben wir übersteigerte Erwartungen an unsere Gefühle. Selbst wenn wir uns gut fühlen, wollen wir uns noch besser fühlen – das macht nicht glücklich."*

Strategie 18: Mit Ärger und Wut richtig umgehen

Wir alle ärgern uns hin und wieder und werden manchmal auch wütend. Die Wut kann dabei in ihrer Intensität schwanken und von leichtem Ärger bis zu extremem Zorn reichen. Ärger und Wut verursachen einerseits zwar ein schlechtes Gefühl, geben uns aber andererseits Energie zum Handeln. Studien zeigen jedoch, dass wütende Menschen oft unvernünftig handeln und insbesondere Verhaltensweisen bevorzugen, die höhere Risiken mit sich bringen. Auch verfehlt ein auf Ärger und Wut basierendes Verhalten meist die positive Wirkung, da in der angespannten emotionalen Verfassung in aller Regel keine sachliche Kommunikation stattfindet. **Außerdem sind wütende Menschen impulsiv und nicht in der Lage, die möglichen Konsequenzen ihrer Handlungen in Betracht zu ziehen.** Die Frage, die sich nun stellt, ist, wie man mit Ärger und Wut konstruktiv umgeht und wie man diese Gefühle verringern, loswerden oder unter Umständen gar nicht aufkommen lassen kann.

Ärger und Wut ausleben?

Mit zunehmendem Ärger bildet sich Wut. Wenn Menschen sehr wütend werden, dann *„kocht ihr Blut"* oder sie erreichen den *„Siedepunkt"*. Sie gehen *„in die Luft"* oder *„an die Decke"*. Um eine solche *„Explosion"* zu verhindern, wird wütenden Menschen oft nahegelegt, *„es rauszulassen"* oder *„Dampf abzulassen"*. Die Katharsistheorie, die über Sigmund Freud bis auf Aristoteles zurückgeführt wird, besagt, dass das Ausdrücken von Wut eine gesunde Freisetzung von Emotionen bewirkt und daher gut für die Psyche ist. **Leider verneinen jedoch die allermeisten Studien, dass das Dampfablassen einen positiven Nutzen hat. Es schädigt vielmehr einen selbst und andere.**

So wird das Ausdrücken von Wut zum Beispiel mit einem erhöhten Risiko für Herzerkrankungen in Verbindung gebracht.[73] Außerdem erhöht es die Aggression anderen gegenüber. Sogar bei Menschen, die an den Nutzen von Dampfablassen und Katharsis glauben und sich teilweise dadurch befriedigt fühlen, erhöht sich nach dem Dampfablassen die Wahrscheinlichkeit für weiteres aggressives Verhalten.[74]

Dies bestätigte auch folgende Studie der Iowa State University aus dem Jahr 2002. Dazu wurden 600 Studenten gebeten, eine kurze wissenschaftliche Arbeit zu verfassen. Diese Arbeiten sollten dann von einem anderen Studenten bewertet werden. In Wirklichkeit bewerteten die Versuchsleiter alle Arbeiten selbst, vergaben für alle Studenten schlechte Noten und versahen die Texte mit der handschriftlichen Notiz: *„Das ist eine der schlechtesten Arbeiten, die ich je gelesen habe*!" Es überrascht nicht, dass sich die Studenten über die Bewertung ärgerten und auf den fiktiven Gutachter wütend waren. Einige Studenten erhielten dann die Gelegenheit, ihren aggressiven Gefühlen Luft zu machen. Man gab Ihnen ein Paar Boxhandschuhe, zeigte Ihnen ein Foto der Person, die Ihre Arbeit angeblich benotet hatte, und sagte ihnen, dass sie an diese Person denken sollten, während sie auf einen Boxsack einschlugen. Eine andere Gruppe von Studenten erhielt keine

---

[73] Mostofsky, E./ Penner, E. A./Mittleman, M. A. (2014) Outbursts of anger as a trigger of acute cardiovascular events: a systematic review and meta-analysis. Eur Heart J. 2014 Jun 1; 35(21): 1404-10.

[74] Miller, T. Q./Smith, T. W./Turner, C. W./Guijarro, M. L./Hallet, A. J. (1996) A meta-analytic review of research on hostility and physical health. Psychological Bulletin, 119, 322-348.

Boxhandschuhe, sondern wurde gebeten, zwei Minuten lang in einem ruhigen Zimmer zu sitzen. Danach füllten alle einen standardisierten Stimmungsfragebogen aus, der messen sollte, wie wütend, verärgert und frustriert sie sich fühlten. Schließlich wurden paarweise Spiele veranstaltet, bei denen der Sieger das Recht erwarb, den Verlierer einem lauten Lärmstoß auszusetzen. Der Sieger entschied, wie lange und wie laut jede Lärmeinheit sein sollte, und ein Computer zeichnete ihre Entscheidungen sorgfältig auf. Diejenigen, welche die Boxhandschuhe angezogen und so hart, wie sie nur konnten, zugeschlagen hatten, fühlten sich hinterher viel aggressiver und verabreichten ihren Kommilitonen längere und lautere Lärmstöße.[75] **Wut auszuleben und Dampf ablassen ist also, als versuche man, ein Feuer mit Benzin zu löschen: Es nährt die Flamme zusätzlich.** Es hält das Erregungslevel hoch und aggressive Gedanken und Wut am Leben.

Ärger und Wut in sich hineinfressen?

Weil Ärger und Wut unangenehm sind, wollen viele Menschen diese Gefühle loswerden. Ein gängiger Ansatz, den viele Gesellschaften gutheißen, ist, seinen Ärger und seine Wut zu verstecken. Dieser Ansatz kann Menschen dazu veranlassen, ihren Ärger tief in sich hineinzufressen und ihn zu unterdrücken. Es gibt einige Belege dafür, dass dies jedoch eine sehr nachteilige Strategie ist. **So können auf längere Zeit unterdrückter Ärger und Wut recht zerstörerisch sein, weil sie das Risiko für Herzerkrankungen erhöhen.**[76] Wählen Sie daher besser eine der folgenden Strategien, um mit Ärger und Wut umzugehen.

---

[75] Bushman, B. J. (2002) Does venting anger feed or extinguish the flame? Catharsis, rumination, distraction, anger, and aggressive responding. Personality and Social Psychology Bulletin, 28, 724-731.

[76] Siehe etwa: Mostofsky, E./ Penner, E. A./Mittleman, M. A. (2014) Outbursts of anger as a trigger of acute cardiovascular events: a systematic review and meta-analysis. European Heart Journal 1; 35 (21), 1404-1410.

Tipp 30: Als normal akzeptieren

Wut ist eine evolutionär äußerst wichtige Emotion: Sie ist notwendig, um die körperliche und psychische Bereitschaft zur Verteidigung zu aktivieren. Auch wenn Sie sich zu Recht bedroht fühlen oder jemand Sie daran hindert, Ihre Ziele umzusetzen, ist das Gefühl von Ärger oder Wut angemessen.[77]

- Sich zu ärgern ist eine Gewohnheit unserer Natur. Unser Ärger-Programm wird bei entsprechenden Reizen blitzschnell aktiviert, ohne dass wir es im ersten Schritt direkt beeinflussen können. **Zunächst gilt es also, Wut und Ärger wahrzunehmen und als sinnvoll einzuschätzen.** Akzeptieren Sie das. Sagen Sie sich bei aufkommendem Ärger: „Das ist eben eine menschliche Gewohnheit, dass man sich ärgert, das geht ganz automatisch. Wichtig ist, dass ich mich jetzt darum bemühe, meinen Ärger auch abzubauen." Erst im zweiten Schritt gilt es abzuschätzen, wie man seine Ziele und Interessen am besten durchsetzen kann. Wählen Sie dann eine der folgenden Techniken, mit deren Hilfe Sie Ihren Ärger bzw. Ihre Wut abbauen können.

Tipp 31: Emotionen abkühlen lassen

In einer Studie wurden wütende Probandinnen und Probanden gebeten, eine Minute lang zu warten und danach eine kurze Pro-Contra-Liste zu ihren angedachten Verhaltensweisen zu erstellen, bevor sie eine Entscheidung fällten. Tatsächlich führte diese Bedingung dazu, dass die selbstzer-

[77] Bohus, M./Wolf-Arehult, M. (2013) Interaktives Skilltraining für Borderline-Patienten – Das Therapeutenmaual. Schattauer Verlag.

störerischen Entscheidungen, die wütende Probandinnen und Probanden bei anderen Versuchsanordnungen zeigten, ausblieben.[78]

- Reagieren Sie nicht unmittelbar auf ein Ärger auslösendes Ereignis. Zählen Sie langsam von zehn herunter. Ziel dieser Technik ist, die rationale Seite des Gehirns zu aktivieren und sich so über die eigenen Gefühle klarer zu werden.

Wenn du wütend bist, dann zähle bis zehn, bevor du sprichst; wenn du sehr wütend bist, bis hundert.

Thomas Jefferson

Tipp 32: Analyse und Neubewertung

Fühlt man sich tief verletzt oder nagt der Ärger, gehört es zu einer guten Emotionsregulation, sich mit dem Inhalt des Ärgers zu beschäftigen und über sich selbst nachzudenken. **Dabei geht es im ersten Schritt um eine Analyse des Ärger auslösenden Ereignisses und im zweiten Schritt um dessen Neubewertung.** Dies ist eine Strategie, die sich generell bei emotionalen Belastungen, Ängsten oder Depressionen als sehr wirksam erwiesen hat.[79] Fragen Sie sich also im ersten Schritt: *„Worüber genau ärgere ich mich? Und warum macht mir das so viel aus?"* Mitte des letzten Jahrhunderts entwickelte Albert Ellis ein einfaches Modell für die Entstehung von

---

[78] Leith, K. P./ Baumeister, R. F. (1996) Why do bad moods increase self-defeating behavior? Emotion, risk tasking, and self-regulation. Journal of Personality and Social Psychology, 71, 1250-1267.

[79] Nolting, Hans-Peter (2015) Psychologie der Agression – Warum Ursachen und Auswege so vielfältig sind. Rowohlt Verlag.

Gefühlen und Verhaltensweisen, das bis heute in der Verhaltenstherapie vermittelt wird. Er erkannte, dass nicht allein ein äußerer oder innerer Reiz zu Gefühlen oder Handlungen führt, sondern dass es einen – meist unbewussten – Zwischenschritt gibt.[80] Seine zentrale Aussage lautet:

Nicht die augenblickliche Situation A bestimmt unsere Gefühls- und Verhaltenskonsequenz C, sondern unser Bewertungssystem B.

Dies erklärt auch, warum Menschen auf ein und dasselbe Ereignis unterschiedlich reagieren können. Sie kennen vielleicht Menschen, die einen Autounfall haben, unversehrt aussteigen und so wütend auf sich und den anderen sind, dass sie in ihrer Wut fast noch Schlimmeres anrichten. Das *ABC der Gefühle* solcher Personen könnte so aussehen: (A) Ereignis: Unfall mit dem Auto, das Blech ist verbeult. (B) Gedanken: *„So ein Idiot! Dem sollte man den Führerschein abnehmen!"* (C 1) Gefühl: Wut. (C 2) Handlung: Sie beschimpfen den Unfallgegner. Dann gibt es Menschen, die aussteigen und sich freuen, dass sie unversehrt sind. Ihr ABC der Gefühle könnte so aussehen: (A) Ereignis: Unfall mit dem Auto, das Blech ist verbeult. (B) Gedanken: *„Bin ich ein Glückspilz, dass mir nichts passiert ist!"* (C 1) Gefühl: Erleichterung. (C 2) Handlung: Sie unterhalten sich ganz normal mit dem Unfallgegner.

Es sind nicht die Dinge, die uns beunruhigen, sondern die Meinungen, die wir von den Dingen haben.

Epiktet

---

[80] Ellis, A. (1977) How to live with – and without – anger. Reader's Digest Press.

Das auslösende Ereignis ist für beide Autofahrer dasselbe, ein Unfall. Worin sie sich jedoch unterscheiden, ist die Art und Weise, wie sie darüber denken und wie sie sich als Folge davon fühlen. Würde ein Ereignis direkt zu einem Gefühl führen, wäre das wie ein Reflex, und man könnte wenig daran ändern. Wenn aber zwischen Ereignis und Gefühl eine Beurteilung stattfindet, gibt es einen wirksamen Ansatzpunkt – **die bewusste oder unbewusste Umbewertung. Eine (auf Ärger oder Wut beruhende) Handlung besteht also in Wirklichkeit aus drei Teilen:**

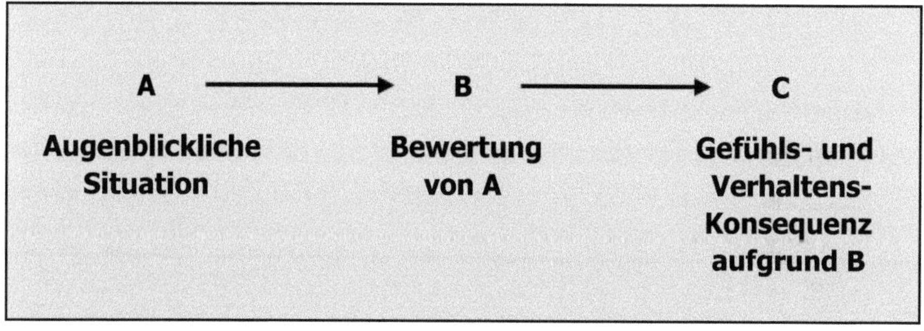

Wie Sie sich fühlen, hängt also nicht von der Situation oder Ihren Mitmenschen ab, sondern davon, was Sie über die Situation, über sich oder die Mitmenschen denken. In der Sprache des *ABC der Gefühle* heißt das: Nicht A (das Ereignis) ist die Ursache von C (unserem Fühlen und Handeln), sondern B (unsere Bewertung und Beurteilung des Ereignisses). Wenn Sie unter einer emotionalen Belastung leiden, können Sie daran etwas ändern, indem Sie die Bewertungen ändern, die dazu geführt haben. Bedenken Sie, dass Bewertungen immer subjektiv sind und von der Persönlichkeit sowie den Vorerfahrungen abhängen. Um sich von den eigenen negativen Bewertungen zu lösen und sich alternative Bewertungen vorstellen zu können, helfen Fragen wie **„Was denkt wohl jemand, der sich nicht darüber ärgert?"** oder **„Wie könnte man die Situation sonst noch sehen und bewerten?"**. Dabei geht es nicht darum, Anlässe für Ärger generell zu verharmlosen, sondern darum, sich emotional weniger belastende Bewertungen vorzustellen. Die beiden Zeichnungen auf der nächsten und übernächsten Seite sollen Ihnen zwei unterschiedliche Konsequenzen auf Gefühls- und Verhaltensebene infolge unterschiedlicher Bewertungen von ein und derselben Situation verdeutlichen:[81]

- Da Sie nun das *ABC der Gefühle* kennen, können Sie dieses Wissen nutzen, um der Ärger- und Wutfalle zu entgehen. Prüfen Sie Ihre Annahmen und Schlussfolgerungen und halten Sie bewusst Ausschau nach Informationen, die Ihrer bisherigen Interpretation widersprechen. Fragen Sie sich: *„Was könnte ‚A' noch bedeuten? Würde ich mit anderen Annahmen oder einer anderen Bewertung zu einem anderen Ergebnis kommen?"* Anstatt wegen des unhöflichen Kommentars eines Kollegen wütend zu werden, kann der Kommentar zum Beispiel als Ausdruck der Erschöpfung des Kollegen neu interpretiert und nicht als persönlicher Angriff gesehen werden.[82]

Der Häuptling und die Wölfe

Es waren einmal ein alter Indianerhäuptling und sein Enkel. Sie saßen eines Abends am Lagerfeuer, und der Großvater erzählte dem Enkel folgende Geschichte: *„In mir toben und kämpfen immer wieder zwei Wölfe gegeneinander. Der eine heißt Neid, Missgunst, Gier, Wut, Ärger, Schuld, Selbstmitleid, Lüge, Minderwertigkeit und Überlegenheit. Der andere heißt Freude, Frieden, Mitgefühl, Hoffnung, Glück, Wahrheit, Großzügigkeit und Vertrauen."* Der Enkel überlegte eine Weile, dann fragte er den Großvater: *„Welcher der beiden Wölfe gewinnt den Kampf?"* Der alte Häuptling erwiderte: *„Der, den ich füttere."*

---

[81] In Anlehnung an: Stavemann, H. (1999) Emotionale Turbulenzen, Kognitive Verhaltenstherapie von Angst, Aggression, Depression und Verzweiflung. Beltz Verlag.

[82] Memedovic, S./Grisham, J. R./ Denson, T. F./ Moulds, M. L. (2010) The effects of trait reappraisal and suppression on anger and blood pressure in response to provocation. Journal of Research in Personality, 44, 540-543.

A: Auslösendes Ereignis

Der Wikinger Sven trifft die schöne Wilma.

B: Bewertung

Sven bewertet diese Situation.

C 1: Konsequenz

(Gefühl) Sven geniert sich.

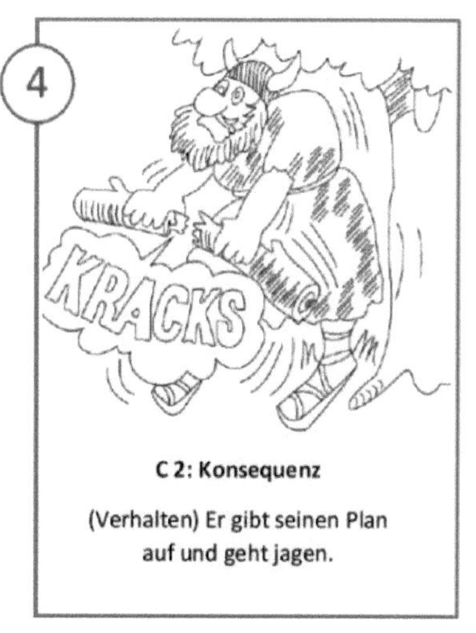

C 2: Konsequenz

(Verhalten) Er gibt seinen Plan auf und geht jagen.

A: Auslösendes Ereignis

Der Wikinger Sven trifft die schöne Wilma.

B: Bewertung

Sven bewertet diese Situation anders.

C 1: Konsequenz

(Gefühl) Sven ist verliebt.

C 2: Konsequenz

(Verhalten) Er schenkt ihr Blumen.

Tipp 33: Gedanken identifizieren und ändern

- Wenn man sich ärgert oder wütend ist, beginnt das meist mit Gedanken wie *„Er sollte nicht so ... sein!"*, *„Sie hat kein Recht, so etwas zu tun/zu sagen!"*, *„Das ist ungerecht, verboten, unanständig, und deshalb sollte er nicht ... tun!"*. Solche Gedanken enthalten in aller Regel das Verlangen nach einer Verhaltensänderung beim anderen. Bedenken Sie jedoch: Wenn Sie von jemand anderem verlangen, er dürfe sich nicht so verhalten, wie er es tut, denken Sie irrational: weil der andere grundsätzlich tun darf, was er will. Sie haben also überhaupt keine Kontrolle über ihn und sein Verhalten.

An seinem Ärger festzuhalten, ist genauso,
wie eine glühende Kohle in die Hand zu nehmen,
um sie nach jemandem zu werfen;
du bist derjenige der sich verbrennt.

Buddha

Die bessere Strategie ist es deshalb, Ihre ärgerlichen Gedanken abzuändern, indem Sie zum Beispiel zu sich sagen: *„Ganz ruhig. Mir gefällt nicht, was er sagt/tut. Ich wünschte, er würde sich anders verhalten, verlangen kann ich es jedoch nicht. Mit meinem Ärger schade ich mir nur selbst.*" Je häufiger Sie Ihre ärgerlichen Gedanken auf diese Art korrigieren, desto besser gelingt es Ihnen, gelassener zu bleiben. Wenn Sie die Ärger- oder Wutgedanken über einen längeren Zeitraum hinweg belasten, können Sie die Person auch direkt ansprechen und versuchen, die Situation im persönlichen Gespräch zu klären. Welche Möglichkeiten Sie haben, sich auf ein solches Gespräch vorzubereiten, haben wir in bereits in Kapitel 3 beschrieben. Sollte ein solcher Klärungsversuch fehlschlagen oder nichts bewirken, besteht weiterhin die Möglichkeit, sich so gut wie möglich von dieser Person abzugrenzen oder fernzuhalten. Lesen Sie dazu den Tipp 24: Gesunde Abgrenzung.

Tipp 34: Entspannungsübungen

Ärger und Wut können verringert werden, indem durch Entspannung das Erregungsniveau reduziert wird. Wenn Sie ein Verfahren wie zum Beispiel Autogenes Training oder Progressive Muskelentspannung beherrschen, können Sie es auch sinnvoll einsetzen, um Ihre Emotionen zu regulieren.

- **Atemübung:** Wer nicht in den angeführten Entspannungsmethoden geübt ist, kann sich allein schon durch langsames und tiefes Atmen entspannen. Bereits aus den traditionellen Medizinsystemen Indiens und Chinas ist bekannt, dass für einen Wechsel in den Ruhemodus eine längere Ausatmung erforderlich ist. Eine effektive und mühelos anwendbare Art des Atmens ist das Verhältnis vier zu sechs, sprich auf vier Zählschläge einatmen, dann auf sechs Zählschläge ausatmen. Dieses Prinzip wurde vom Schweizer Hypnotherapeuten Gary Bruno Schmid mit der Vier-zu-sechs-Atemübung zur universell einsetzbaren Methode im Gesundheitswesen erhoben.[83] Atmen Sie langsam tief ein und ohne Pause noch langsamer aus und lockern Sie dabei Ihre Muskeln. Praktizieren Sie ungefähr sechs Zyklen pro Minute, wobei ein Zyklus ca. vier Sekunden Einatmen und ca. sechs Sekunden Ausatmen umfasst.

- **Einfache Übung mit Muskelentspannung:**

  - Begeben Sie sich an einen Ort, an dem Sie ungestört sind.

[83] Siehe: https://www.karger.com/Article/Pdf/326060 (letzter Zugriff: 04.03.2020)

- Setzen Sie sich entspannt auf einen Stuhl und denken Sie an das Ereignis, das Sie wütend gemacht hat.

- Ballen Sie Ihre Hände zu Fäusten und ziehen Sie Ihre Zehen fest an. Während dessen können Sie all die Dinge sagen oder denken, die Sie gerne loswerden möchten. Niemand hört Sie, daher ist es egal, wenn es beleidigende Worte sind.

- Haben Sie Ihrem Ärger Luft gemacht, entspannen Sie langsam Ihre Hände und Füße. Dazu können Sie zum Beispiel Ihre Arme und Beine ausschütteln. Parallel zum Lösen der körperlichen Anspannung lassen Sie auch die Ärgergedanken los.

Wie Sie generell mit belastenden Gedanken umgehen können, lesen Sie in Kapitel 6: Was tun, wenn negative Gedanken aufkommen.

Tipp 35: Positive Ablenkung

Ein ärgerliches Telefonat, ein dicht auffahrender Autofahrer, ein unfreundliches Wort in der U-Bahn – unser Alltag ist voller kleiner Ärgernisse, die für sich genommen nicht besonders belastend sind. Und dennoch können sie in Summe zu gesundheitlichen Beeinträchtigungen führen. Auch die kleinen täglichen Stressereignisse können Jahre später für chronische Gesundheitsprobleme wie Arthritis, Herz-Kreislauf-Erkrankungen, Asthma oder Magen-Darm-Probleme mitverantwortlich sein. **Gefährdet sind dabei jene Menschen, die sich gedanklich nicht von dem Geschehen lösen können.**[84]

---

[84] Piazza, Jennifer R. et al. (2012) Affective reactivity to daily stressors and long-term risk of reporting a chronic physical health condition. Annals of Behavioral Medicine, 10/2012.

Mentale Techniken können Ärger und Wut verringern, zum Beispiel indem man sich selbst ablenkt und die eigene Aufmerksamkeit auf andere, angenehmere Themen lenkt.

- Ein sehr praktischer Weg, akuten Ärger zu reduzieren und eine bessere Stimmung zu erzeugen, ist die **positive Ablenkung.** Gemeint sind damit Aktivitäten, die Sie gern ausüben und die Ihre Aufmerksamkeit beanspruchen, wie etwa Kreuzworträtsellösen, Musizieren, Tanzen, Schwimmen oder ein Spaziergang mit dem Hund. Es kommen dafür auch Aktivitäten in Frage, die äußerlich wie das „Ableiten von Aggressionen" wirken, also beispielsweise kraftvoller Sport oder Musik mit Schlaginstrumenten. Falls sie tatsächlich die Stimmung verbessern, dann jedoch nicht, weil sie wie ein Ventil funktionieren, sondern **weil sie bei den Menschen, die diese Aktivitäten mögen, einen wohltuenden Ablenkungseffekt bewirken.**[85]

Bestimmte Verhaltensweisen können ebenfalls dabei behilflich sein, Wut loszuwerden. So können beispielsweise das Streicheln eines Welpen, der Austausch von Zärtlichkeiten, eine Komödie im Fernsehen oder eine gute Tat dabei helfen, denn diese Handlungen sind nicht vereinbar mit Wut und machen es daher unmöglich, einen wütenden Emotionszustand beizubehalten.[86]

Tipp 36: Mit Sport auspowern

- Eine gesunde Variante von Dampfablassen ist intensive sportliche Betätigung. Wenn sie wütend sind, gehen manche Menschen laufen oder sie

[85] Nolting, Hans-Peter (2015) Psychologie der Aggression – Warum Ursachen und Auswege so vielfältig sind. Rowohlt Verlag.
[86] Baron, R. A. (1976) The reduction of human aggression: A field study of the influence of incompatible reactions. Journal of Applied Social Psychology, 6, 260-274.

versuchen sich an einer anderen Form der sportlichen Betätigung. Studien zeigen jedoch, dass Sport – obwohl er gut für das Herz ist – nicht gut darin ist, Wut zu verringern.[87] Der Grund, warum Sport nicht funktioniert ist, dass er das physiologische Erregungslevel, wie Puls und Blutdruck, eher erhöht, anstatt es zu verringern. Es ist jedoch möglich, dass lang andauernder Sport letztlich Wut verringert, wenn er solange betrieben wird, bis die Person extrem müde ist – denn dann ist die Erregung schließlich aufgelöst. **Sport kann jedoch sehr wohl die eigene Stimmung verbessern und über den soeben beschriebenen Ablenkungseffekt positivere Emotionen hervorrufen.**

Realität ist die Interpretation unserer Wahrnehmung.

Jens Kaden

Tipp 37: Reframing

Reframing ist eine Methode aus dem neurolinguistischen Programmieren (NLP).[88] Übersetzen lässt sich Reframing wörtlich mit **„einen neuen Rahmen geben"** oder etwas freier mit **„umdeuten".** Es geht darum, die Wut oder Ärger hervorrufenden Gedanken in einem anderen Zusammenhang zu sehen als dem, den Sie ihnen spontan geben. So können Sie sich zum Beispiel über die Pfotenabdrücke des Hundes auf dem Teppich ärgern, oder Sie nehmen sie als Zeichen dafür, dass Ihr geliebter vierbeiniger Freund viel

[87] Bushman, B. J. (2002) Does venting anger feed or extinguish the flame? Catharsis, rumination, distraction, anger, and aggressive responding. Personality and Social Psychology Bulletin, 28, 724-731.
[88] Bandler, Richard/Grinder, John (2010) Reframing: Neurolinguistisches Programmieren und die Transformation von Bedeutung. Junfermann Verlag.

Spaß draußen hatte. Sie ärgern sich über die frühmorgendliche Kritik Ihres Vorgesetzten oder denken sich: *„Heute hat er wohl nicht gut geschlafen oder Ärger mit seiner Frau gehabt.*" Reframing hilft Ihnen, die Dinge aus einem anderen Blickwinkel zu sehen. Vieles wird sich dann leichter anfühlen, weil sich Ihr Fokus verändert. Der Fußballtrainer Otto Rehagel antwortete einmal auf die Frage, ob es ihm nicht auf die Nerven ginge, so divenhafte, komplizierte Spieler zu haben: *„Spieler, die mir keine Probleme machen, kann ich nicht gebrauchen, die machen dem Gegner ja auch keine!*" Ein perfektes Reframing!

Tipp 38: Von der Seele schreiben

Ein anderer Weg zur Verarbeitung von Ärger oder Wut ist, seine Gedanken zu Papier zu bringen. Verarbeiten heißt, Dinge in einen Zusammenhang zu bringen. Genau dies wird erreicht, wenn Sie sich etwas von der Seele schreiben. Sie erhalten dadurch mehr Klarheit und innere Ordnung. Das Schreiben kann bewirken, dass ein Erlebnis, das tiefen Groll, Hass oder Rachegefühle erzeugt hat, nicht mehr wie ein Fremdkörper in Ihrem Gefühlshaushalt feststeckt, sondern in das eigene Erinnern, Denken und Fühlen integriert wird.

Von der segensreichen Wirkung des Schreibens berichten die Untersuchungen des Psychologen James Pennebaker. In der wegweisenden Studie aus dem Jahr 1986[89] schrieben Studenten an vier Abenden hintereinander jeweils 15 Minuten über Erlebnisse, die sie als sehr belastend empfunden hatten. Hierzu gehörten schlimme Erfahrungen unterschiedlichster Art, darunter auch solche, die bei vielen Menschen tiefen Ärger, Groll oder Hass auslösen, wie etwa das Erleiden von Erniedrigung, Missbrauch und Gewalt. Gruppe A wurde angehalten, nur über die Fakten zu berichten, das heißt, über Hergang und Umstände des belastenden Erlebnisses. Gruppe B sollte

[89] Pennebaker, J. W./ Beall, S. K. (1986) Confronting a traumatic event. Toward an understanding of inhibition and disease. Journal of Abnormal Psychology, 95, 274-281.

sich nur über die mit dem Ereignis verbundenen Gefühle äußern. Gruppe C schließlich sollte über Fakten UND die damit verbundenen Gefühle schreiben.

Variante C hatte eine erstaunliche Wirkung: Unmittelbar danach waren die Betroffenen der Gruppe C aufgewühlt und schlecht gestimmt, aber **im Verlauf der folgenden sechs Monate steigerte sich ihr Wohlbefinden, und die Zahl der Arztbesuche sank.** In der Gruppe, die nur über Gefühle schrieb, gab es zwar ähnliche, jedoch nicht so deutliche Effekte. Das Schreiben ausschließlich über die Fakten hatte keine Wirkung. Wie auch andere Studien nachgewiesen haben, ist Schreiben eine mögliche Strategie zur Minderung emotionaler Belastungen.[90]

❖ Nehmen Sie Stift und Papier und schreiben Sie sich Ihren Ärger von der Seele. Gehen Sie dabei wie Gruppe C in der eben angeführten Studie vor: Notieren Sie, was genau Sie wütend oder ärgerlich werden ließ. Beschreiben Sie das Ereignis bzw. die Situation so konkret wie möglich. Dann schreiben Sie auf, welche Gefühle dies bei Ihnen ausgelöst hat. Beantworten Sie dazu folgende Fragen: *Was habe ich in dieser Situation gefühlt? Was habe ich empfunden? Welche Gedanken gingen mir durch den Kopf?* Das Geschriebene ist nur für Sie bestimmt, um Ihrer Wut und Ihrem Ärger *„Luft zu machen"*. Mit dem Schreiben reduzieren Sie Ihren Ärger und verspüren in aller Regel ein befreiendes Gefühl.[91]

---

[90] Siehe etwa: Pennebaker, James W. (2009) Heilung durch Schreiben. Ein Arbeitsbuch zur Selbsthilfe. Hogrefe Verlag.

[91] Wie Sie mit Schreiben zu einem besseren Schlaf finden können, lesen Sie Kapitel 11: Wie finde ich zu einem erholsamen Schlaf?

Tipp 39: Ärger-Tagebuch

Jeder Mensch hat seine ganz persönlichen Ärger- und Wut-Auslöser als *„wunde Punkte"*. Je klarer Sie sich darüber sind, welche Dinge oder Situationen in Ihnen Ärger oder Wut auslösen, desto schneller können Sie reagieren, wenn Sie mit ihnen konfrontiert sind. **Ein Ärger-Tagebuch kann Ihnen helfen, herauszufinden, weshalb Sie ärgerlich oder wütend werden.** Es kann Sie auch dabei unterstützen, zu einem besseren Umgang mit Ihrem Ärger zu finden. In einem solchen Tagebuch können Sie notieren, wo und wann Sie sich ärgern, welche Ereignisse Ihren Ärger auslösen und welche Gefühle dabei in Ihnen hochkommen.

Es sind die Maulwurfshügel, über die wir stolpern –
und nicht die hohen Berge!

Chinesisches Sprichwort

- Nehmen Sie dazu einen Kalender mit viel Platz für Notizen bei den einzelnen Wochentagen. Tragen Sie an den Tagen, an denen Sie Ärger empfinden, die folgenden Informationen ein:

  - Intensität des Ärgers auf einer Skala von 1 bis 10 (1 = sehr gering, 10 = höchste Intensität).
  - *Wer oder was macht mich ärgerlich oder wütend?*
  - *Was hat meinen Ärger ausgelöst?* Beschreiben Sie das ganz genau.
  - Stellen Sie sich dann folgende Fragen: *Was habe ich dabei gedacht?* (Beispiel: *„So etwas lasse ich mir nicht bieten!"*) *Wie habe ich mich*

dabei gefühlt? Was war meine Reaktion auf den Ärger? Was könnte ich stattdessen zu mir sagen? (Beispiel: „Da stehe ich doch drüber!") Wie erging es mir mit dem Ergebnis meines Ärgers? Was hilft mir im Umgang mit meinem Ärger?[92]

- Wenn Sie kein Ärger-Tagebuch führen möchten, können Sie diese Technik auch zur Verarbeitung einzelner Ärger auslösender Ereignisse anwenden.

- Lesen Sie dazu auch den Tipp 32: Analyse und Neubewertung.

Tipp 40: Gespräch mit einer Vertrauensperson

- Eine weitere Möglichkeit, Ärger zu verarbeiten, ist das Gespräch mit einer Vertrauensperson. Allerdings ist das Reden nicht automatisch hilfreich. Es kommt sehr darauf an, wie Sie über den Ärger sprechen und wie Ihr Gesprächspartner dies aufgreift. Bloßes Jammern und Schimpfen bringen keine Entlastung, sondern fachen den Ärger meist nur wieder an. **Hilfreich ist einzig eine Klärung Ihrer Gedanken und Gefühle.** Wenn Sie spüren, dass Sie sich im Zuge des eigenen Sprechens zunehmend präziser und tiefer über Ihre Gefühle, Bewertungen und Verhaltensweisen äußern, sind Sie auf dem richtigen Weg. Der Beitrag einer hilfreichen Vertrauensperson besteht vor allem darin, gut zuzuhören, Rückfragen zu stellen und zu zeigen, dass sie sich in Ihr Innenleben einzufühlen versucht.

[92] Auch in: Schwelk, Annette (2018) Wut und Ärger – Gut umgehen mit starken Gefühlen. Haufe TaschenGuide.

Tipp 41: Das Positive im Negativen sehen

Die Wirksamkeit dieser Strategie untermauern zahlreiche Studien.[93] So wurden bei einem Versuch an der University of Miami dreihundert Studenten, die vor dem ersten akademischen Abschluss standen, gebeten, ein Ereignis in ihrem Leben auszuwählen, bei dem jemand sie verletzt oder beleidigt hatte. Die Studenten berichteten von Erlebnissen wie Untreue, Beleidigungen, Ablehnung oder Verlassenwerden. Ein Drittel der Teilnehmer wurde dann gebeten, einige Minuten lang das Ereignis detailliert zu beschreiben und sich darauf zu konzentrieren, wie verärgert sie waren und welche negative Wirkung die Erfahrung auf ihr Leben hatte. Eine zweite Gruppe sollte dasselbe tun, sich jedoch auf die „Vorteile" konzentrieren, die aus der Erfahrung erwuchsen, zum Beispiel dass sie dadurch selbstbewusster oder reifer wurden. Die letzte Gruppe sollte einfach ihren Plan für den nächsten Tag beschreiben.

Am Ende wurden alle gebeten, einen Fragebogen auszufüllen, der ihre Gedanken und Gefühle gegenüber der Person messen sollte, die sie geärgert und verletzt hatte. Die Ergebnisse zeigten, dass nur wenige Minuten des konzentrierten Nachdenkens über die Vorteile der verletzenden Erfahrung den Teilnehmern dabei halfen, mit dem Ärger und der Wut umzugehen, die aus der Situation entstanden waren. **Sie fühlten sich deutlich versöhnlicher gestimmt gegenüber denen, die sie verletzt hatten, suchten weniger Vergeltung und mieden die jeweilige Person weniger.** Suchen Sie also auch in einer negativen Situation nach positiven Auswirkungen und polen Sie Negatives in Positives um. Ein Beispiel für eine solche positive Umdeutung wäre die Aussage: *„Durch diese Situation habe ich erfahren, was es heißt, gute Freunde zu haben, auf die ich mich verlassen kann."*

[93] Tennen, H./Affleck, G. (2001) Benefit-finding and benefit-reminding, in: Snyder, C. R./Lopez, S. J. (Hrsg.) Handbook of Positive Psychology. Oxford University Press,584-597.

Denken Sie einige Augenblicke über die positiven Aspekte des Ereignisses nach, das Sie verletzend fanden. Hat Ihnen das Ereignis zum Beispiel dabei geholfen,

- stärker zu werden oder sich persönlicher Stärken bewusst zu werden?
- bestimmte Aspekte Ihres Lebens mehr als zuvor zu würdigen?
- klüger und reifer zu werden?
- wichtige Beziehungen zu stärken?
- Ihre Gefühle besser vermitteln zu können?
- eine schlechte Beziehung zu beenden?
- mehr Mitgefühl oder Versöhnlichkeit zu entwickeln?

Schreiben Sie auf, welchen Nutzen Sie aus der Erfahrung gezogen haben und inwiefern Ihr Leben infolgedessen besser geworden ist. Anzumerken ist, dass diese Technik ausschließlich für die Verarbeitung *„gewöhnlicher"* bzw. *„alltäglicher"* Ärgernisse anzuwenden ist. Bei tiefgreifenden psychischen Kränkungen oder Missbrauchserfahrungen sollten Sie in jedem Fall professionelle Unterstützung bei einem Psychologen oder Psychotherapeuten in Anspruch nehmen.

Tipp 42: Am Boden bleiben

Auf Bäumen sitzt man nicht besonders bequem. Manchmal gibt es aber Situationen, die einen so ärgern, dass man am liebsten auf einen Baum klettern möchte. Dafür erscheint eine bestimmte Redensart besonders treffend:

Die Redewendung *„Jemanden auf die Palme bringen"* bedeutet, jemanden zu ärgern, zu provozieren oder wütend zu machen.

❖ Wenn Sie jemand ärgert oder provoziert, stellen Sie sich bildhaft vor, dass Ihnen diejenige Person eine Palme vor die Füße hinstellt und will, dass Sie diese hochklettern. Sie will Sie also *„auf die Palme bringen"*. Nun liegt es ganz bei Ihnen, ob Sie auf die Palme klettern oder nicht. Entscheiden Sie sich ganz bewusst dafür, *„am Boden zu bleiben"*, und vermeiden Sie Ihren Ärger damit von vornherein.

Tipp 43: Ärger-Test

❖ Wenn Sie für sich herausfinden möchten, ob Sie Einstellungen haben, die Sie häufig ärgerlich werden lassen, dann können Sie auf der Website des PAL Ratgeber Verlags online einen Ärger-Test machen. Der Link dazu: https://www.palverlag.de/Aerger-Test.html (letzter Zugriff: 20.03.2020)

Der QR-Code zum Ärger-Test:

5. WAS TUN BEI NIEDERLAGEN?

Strategie 19: Mit Rückschlägen oder Niederlagen umgehen

An einer Aufgabe zu scheitern oder ein angestrebtes Ziel nicht zu erreichen, ist eine Grunderfahrung des Menschen und reicht von Alltagssituationen bis hin zu einschneidenden oder gar sehr belastenden Erlebnissen. Ein Ziel zu verfehlen oder eine Niederlage einzustecken, ist ärgerlich und schmerzhaft. Dennoch sind solche Erfahrungen unausweichlich – und oft lehrreich. Aber: Damit wir an Niederlagen wachsen können, müssen wir richtig mit ihnen umgehen. **Wenn wir Rückschläge oder Niederlagen nicht oder nicht richtig verarbeiten, macht uns das meist unglücklich, traurig und hilflos.** Ein konstruktiver Umgang mit Niederlagen hingegen lässt uns gestärkt und mit guten Gefühlen in die Zukunft blicken. Die folgenden Tipps zeigen Ihnen Möglichkeiten auf, wie Sie mit Niederlagen so umgehen können, dass Sie eine positivere Sicht auf die scheinbar negative Situation entwickeln können.

Ich bin in meinem Leben wieder und wieder gescheitert, und das ist genau der Grund, warum ich so erfolgreich bin.

Michael Jordan

Tipp 44: Realistische Ziele setzen

Misserfolge können ihre Ursache bereits in einer fehlerhaften Zielsetzung haben. Wichtig bei jeder Zielsetzung ist die **Festlegung des Anspruchsniveaus.** Aus der Forschung zur Zielsetzungstheorie ist bekannt, dass schwierige, herausfordernde Ziele zu besseren Leistungen führen als leicht zu erreichende Ziele. Eine Überforderung bei der Zieldefinition kann jedoch zu Stress und Demotivation führen.[94] Ein weiterer psychologischer Aspekt der Zielsetzung ist auch die ausreichende **Konkretisierung des Ziels.** Ansonsten kann es dazu führen, dass bereits in der Planungsphase wichtige Ansatzpunkte für ein erfolgreiches Handeln übersehen werden.[95]

- Überdenken Sie das Anspruchsniveau Ihres Ziels. Mitunter kann es hilfreich sein, neu zu definieren, was denn ein realistisches Ziel ist. So könnte ein Laufanfänger mit dem ursprünglichen Ziel, in drei Monaten einen Marathon zu laufen, sein Anspruchsniveau reduzieren und seine Teilnahme an einem Zehn-Kilometer-Lauf als realistisches Ziel festlegen.

- Prüfen Sie auch, ob Ihre Ziele ausreichend konkretisiert sind. Indem Sie sich darin üben, sich realistische und erreichbare Ziele zu setzen, übernehmen Sie auch automatisch die Verantwortung für Ihre Selbstmotivation und Ihre Erfolgserlebnisse.

Mehr zum Thema lesen Sie in der Strategie 48: Ziele setzen und erreichen.

---

[94] Locke, E. A./Latham, G. P. (2002) Building a practically useful theory of goal setting an task motivation, A 35-year odyssey. American Psychologist, 57, 705-717.

[95] Olbiers, R./Vogel, G./Von Scheidt, J. (1996) Alltagshandeln, in: Kuhl, J./Heckhausen, H. (Hrsg.) Motivation, Volition und Handlung, Enzyklopädie der Psychologie. Themenbereich C, Serie IV, Bd. 4, S. 69-100, Hogrefe Verlag.

Tipp 45: Fehler analysieren

Beim Finale des America's Cup, einem Segelwettkampf um die älteste Sporttrophäe der Welt, lag im Jahr 2013 das Team der USA nach neun Wettfahrten praktisch aussichtslos mit 1:8 hinten. Dem Gegner, dem Team aus Neuseeland, fehlte nur noch ein Sieg. Das Problem der Amerikaner: Ihr Katamaran tauchte bei jeder Wende und jeder Halse mit dem Rumpf ins Wasser, wodurch sie enorm an Tempo und Zeit verloren. Sie analysierten nach jeder Niederlage akribisch die Fehler und lernten daraus: Nach einer historischen Aufholjagd konnte das Oracle Team USA den America's Cup doch noch mit 9:8 gegen das Emirates Team New Zealand für sich entscheiden. **Diese Geschichte zeigt, wie wichtig es ist, eine Erklärung für das Scheitern, den Misserfolg oder die Niederlage zu finden.** Die Analyse ist wichtig, um aus Niederlagen für die Zukunft zu lernen. Stellen Sie sich dazu folgende Fragen:

- *Weshalb ist es nicht so gut gelaufen?*
- *Was ist der Hauptgrund bzw. was sind die Hauptgründe für den Misserfolg?*
- *Was kann/sollte ich das nächste Mal besser/anders machen?*
- *Wie kann ich die gemachten Erfahrungen beim nächsten Mal einbauen?*

Es macht jedenfalls keinen Sinn, sich zu lange mit der Schuldfrage zu beschäftigen. Fragen, wie *„Weshalb ist das ausgerechnet mir passiert?" oder „Wieso ändert keiner etwas an der Situation?"* bringen Sie nicht weiter, sondern richten Ihren Fokus auf das Negative und Destruktive. Ihr Augenmerk sollte vielmehr auf der Frage liegen: *„Was kann ich tun, damit es mir so rasch wie möglich wieder besser geht?"*

Thomas Edison unternahm knapp 9.000 Versuche, bis die Glühbirne marktreif war. Als sein Assistent nach dem 700. Versuch sagte: *„Wir sind gescheitert!"*, erwiderte Edison: *„Im Gegenteil. Wir kennen jetzt 700 Wege, wie man eine Glühbirne nicht baut. Wir sind nicht gescheitert, wir haben dazugelernt!"*

Tipp 46: Perfektionismus ade

Oft sind es gerade die eigenen Perfektionsansprüche, die den persönlichen Stress und Druck im Umgang mit Niederlagen verstärken. Es ist durchaus in Ordnung, etwas perfekt machen zu wollen und ehrgeizig zu sein. Schädlich ist nur, sein Selbstwertgefühl und seine Selbstachtung von seiner Leistung abhängig zu machen. Fehler und Misserfolge nehmen perfektionistisch veranlagte Menschen dann zum Anlass, sich zu verurteilen und sich als Versager zu sehen. Sogar wenn sie etwas hundertprozentig und makellos machen, können sich Perfektionisten nur selten freuen.

- **Pro und Contra:** Stellen Sie sich folgende Frage: *Bei welchen Tätigkeiten im Beruf oder im Privatleben schlägt sich mein Streben nach Perfektion nieder?* Nehmen Sie ein Blatt Papier und zeichnen Sie zwei Spalten. Notieren Sie in der linken Spalte die Vorteile, die Sie durch Ihr perfektionistisches Streben haben. In die rechte Spalte schreiben Sie die negativen Auswirkungen Ihres Strebens nach Perfektion. Analysieren Sie die beiden Spalten und stellen Sie sich folgende Fragen: *Welche Spalte überwiegt? In welchem Verhältnis stehen die Nachteile (Anspannung, Stress, Kopfschmerz ...) zu den Vorteilen (Gewissheit, das Beste gegeben zu haben, Aussicht auf Lob und Anerkennung ...)?*

- **Was wäre, wenn?** Was würde passieren, wenn Sie eine Aufgabe nicht perfekt erledigen würden? Wovor haben Sie konkret Angst? Angst vor dem Verlust von Anerkennung und Bestätigung oder Angst, den Erwartungen anderer nicht gerecht zu werden? Suchen Sie nach den Gründen Ihres Strebens nach Perfektion. Fragen Sie sich: *Bei welchen beruflichen oder privaten Tätigkeiten hätte es kaum negative Auswirkungen, wenn ich diese weniger sorgfältig, fehlerhaft, nicht sofort oder gar nicht erledigen würde?*

- **Lernen Sie zu akzeptieren, dass es nicht immer 100 Prozent sein müssen:** Es gibt Situationen im Leben, in denen Menschen zwar gerne 100 Prozent Leistung bringen möchten, ungünstige Rahmenbedingungen, z. B. Zeitknappheit, oder persönliche Umstände, wie eine Erkältung, dies aber nicht zulassen. Dennoch versuchen sie, auch unter solchen ungünstigen Voraussetzungen unter allen Umständen ein perfektes Ergebnis zu erzielen. Die bessere Variante wäre, unter solchen Umständen weniger streng mit sich zu sein und die Aufgabe locker anzugehen.

- **Arbeiten Sie mit positiven Affirmationen:** Glaubenssätze, wie *„Ich muss alles perfekt machen!"*, *„Ich darf keinen Fehler machen!"* oder *„Ich muss alles noch besser machen, es ist nie genug!"*, sind meist tief im Unterbewusstsein verwurzelte Denkmuster. Solche Glaubenssätze lassen den selbstauferlegten Druck noch weiter steigen. Auftretende Fehler oder Pannen werden dann dem eigenen Unvermögen zugeschrieben und erhöhen den Druck bei der nächsten Aufgabe.

Die gute Nachricht: Sie können einschränkende innere Antreiber durch das Rezitieren von positiven Affirmationen in hilfreiche Glaubenssätze umwandeln. *„Ich darf Fehler machen und aus ihnen lernen" oder „Es können manchmal auch 80 Prozent genügen"* sind Beispiele für solche förderlichen Affirmationen. Wie Ihnen das gelingen kann, lesen Sie in unserem Ratgeber

„Glaubenssätze – Ihre persönliche Formel für mehr Glück und Erfolg". Ob Sie perfektionistisch veranlagt sind oder ob Sie in Ihrem Unterbewusstsein andere einschränkende Glaubensätze verankert haben, können Sie mit dem *Antreiber-Fragebogen* im Anhang 1 herausfinden.

Tipp 47: Aus Erfahrungen lernen

In Erfahrungsberichten über das Scheitern kann man immer wieder davon lesen, dass Menschen bisher unbekannte Ressourcen entdeckten oder die Bereitschaft entwickelten, sich auf neue Erfahrungen einzulassen. **Durch das Scheitern werden Denk- und Handlungsroutinen durchbrochen und veränderte Sichtweisen auf Probleme angeregt, die wiederum neue Möglichkeiten eröffnen.** Scheitern ist also nicht Versagen oder Selbstaufgabe, sondern vielmehr Aufbruch, Wandel und Chance. Sehen Sie Niederlagen daher als Lektionen des Schicksals, die für Sie den Nutzen haben, etwas zu lernen und an ihnen zu reifen.

Die Forschung hat gezeigt, dass nach Misserfolgen die rasche Herstellung positiver Gefühle dazu führt, dass man einen verbesserten Überblick über Lösungsmöglichkeiten gewinnt und entsprechend rasch wieder handeln kann.[96] Fast jeder Mensch hat in seinem Leben schon einmal die Erfahrung gemacht, dass Krisen und belastende Situationen vorübergehen. Resiliente Menschen konzentrieren sich auf diese Erfahrungen.

- ❖ Erinnern Sie sich an eine schwere Niederlage in Ihrem Leben. Fragen Sie sich: *Welche neuen Ziele habe ich danach für mich entwickelt? Inwieweit hat sich vielleicht meine Einstellung zu gewissen Dingen*

---

[96] Koole, S. L./Jostmann, N. B. (2004) Getting a grip on your feelings: Effects of action orientation an external demands on intuitive affect regulation. Journal of Personality and Social Psychology, 87, 974-990.

verändert? Was hätte ich ohne diese Krise/Niederlage in meinem Leben nicht verändert?

- Wenn Sie sich an einen Fehler oder eine Fehlentscheidung aus alten Zeiten erinnern, überlegen Sie: *Was habe ich aus diesem Fehler gelernt? Was habe ich früher gedacht, getan oder gewollt? Was denke, tue oder will ich heute im Hinblick auf eine vergleichbare Situation? Was hätte ich ohne diese Krise/Niederlage in meinem Leben nicht erreicht?*

- Überlegen Sie sich: *Welche Strategien, die ich erfolgreich zur Bewältigung früherer Niederlagen/Krisen angewendet habe, kann ich auch jetzt anwenden?*

Das Wort Krise setzt sich im Chinesischen aus zwei Schriftzeichen zusammen. Das eine bedeutet Gefahr und das andere Gelegenheit.

John F. Kennedy

Tipp 48: Das Gute im Schlechten sehen

Nehmen Sie Rückschläge und Niederlagen als das wahr, was sie sind: Hinweise. Hinweise darauf, künftig etwas zu verbessern oder anders zu machen, um etwas Bestimmtes zu erreichen. Selbst aus Fehlern oder Fehlentscheidungen lassen sich positive Aspekte gewinnen: Sie haben etwas gelernt und damit eine wertvolle Erfahrung für die Zukunft gemacht. Dieser Lerneffekt ist jedenfalls eine positive Konsequenz. Versuchen Sie, einen Sinn in einem zunächst sinnlos erscheinenden Geschehen zu erkennen: Wer prüft, ob es vielleicht auch etwas Gutes an der Situation geben oder ob er etwas Wichtiges daraus lernen könnte, fühlt sich weniger ausgeliefert.

Auf den Böden der Krisen wachsen oft regelrechte Riesen.

Michael Marie Jung

- Nehmen Sie sich ein wenig Zeit und werfen Sie mit dem Abstand, den Sie heute haben, einen Blick auf eine frühere Krise oder Niederlage und fragen Sie sich: *Kenne ich eine belastende Situation aus der Vergangenheit, die im Nachhinein auch etwas Gutes hatte? Was hat die Krise/Niederlage möglich gemacht? Welche positiven Veränderungen hat sie gebracht? Was hätte ich ohne diese Krise/Niederlage in meinem Leben nicht gelernt?*

- Es bringt Ihnen nichts, alles schwarz zu malen. Sagen Sie sich lieber: *„Es hätte schlimmer kommen können!"* Oder: *„Ich habe das Beste daraus gemacht!"* Oder: *„Ich bin dankbar für die Chance, mich an dieser Krise/Niederlage persönlich weiterentwickeln zu können!"* Jede Niederlage birgt die Chance für einen Neuanfang.

- Sehen Sie nicht das Schlechte im Guten, sondern lieber das Gute im vermeintlich Schlechten. Fragen Sie sich daher: *Welche positive Lernerfahrung könnte die gegenwärtige Belastung – bei allem Stress und Ärger, den sie mit sich bringt – für mich bereithalten?*

Tipp 49: Sozialer Vergleich

Wie negativ Sie einen Misserfolg erleben, hängt auch stark davon ab, wie Sie diesen in Relation zu Ihrem sozialen Umfeld bewerten. Studien zeigen, dass uns zum Beispiel das Warten in einer Warteschlange umso leichter fällt, je mehr Menschen hinter uns anstehen. Bei einem solchen *„Abwärtsvergleich"* macht die Vergleichsgruppe der länger Wartenden unsere Lage erträglicher.[97] Wer in einer Krise steckt oder Probleme und Niederlagen überwinden muss, kann sein Selbstwertgefühl wieder steigern, indem er sich an denen misst, denen es noch schlechter geht. Ein solcher *„entlastender sozialer Vergleich"* wirkt als Stimmungsaufheller und lässt folgenden Schluss zu: *„Es könnte noch viel schlimmer sein, ich bin noch ganz gut weggekommen."*

- Vergleichen **Sie Ihre eigene Situation mit der von anderen Menschen, denen es schlechter geht als Ihnen.** So haben Studien auch bewiesen, dass das Immunsystem erkrankter Menschen gestärkt wird und sich die Gesundung beschleunigt, wenn sich diese Menschen mit Betroffenen vergleichen, denen es schlechter geht.[98] Ein solcher *„Abwärtsvergleich"* hat somit nachweislich einen positiven Einfluss auf Ihre Psyche.

Tipp 50: Resiliente Vorbilder

Es gibt etliche berühmte Menschen, die trotz vieler Rückschläge ihr Ziel erreicht haben: Walt Disney wurde wegen angeblich nicht vorhandenen kreativen Talents als Redakteur entlassen. Den Erfinder der Glühbirne, Thomas Alva Edison, hat man in seinen ersten beiden Jobs mangels Leistung

---

[97] https://www.wissenschaft.de/gesellschaft-psychologie/das-gute-an-der-warteschlange/ (letzter Zugriff: 10.03.2020)

[98] Morgenroth, Olaf/Schaller, Johannes (2010) Misserfolg und Scheitern aus psychologischer Sicht. In: Pechlauer, Harald/Stechhammer, Brigitte/Hinterhuber, Hans: Scheitern. Die Schattenseite des Daseins, Erich Schmidt Verlag.

gefeuert. **Ein gutes Beispiel, das zeigt, dass man trotz Krisen und Niederlagen niemals aufgeben sollte, ist Abraham Lincoln:** Als Lincoln neun Jahre alt war, verstarb seine Mutter. Seine Schwester Sarah verstarb, als er 19 Jahre alt war. Mit 23 Jahren verlor er die Kandidatur für das Repräsentantenhaus von Illinois. Mit 26 Jahren musste er den Tod seiner Partnerin überwinden. Mit 32 Jahren erlitt er einen Nervenzusammenbruch. Mit 41 Jahren musste Lincoln den Tod seines Sohns Edward Baker verkraften. Mit 46 Jahren verlor er den Kampf um einen Senatorenplatz. Mit 49 Jahren verlor er erneut den Kampf um einen Platz im Senat. Mit 52 Jahren – im Jahre 1860 – wurde er zum Präsidenten der Vereinigten Staaten gewählt. Mit 53 Jahren musste er den Tod seines Sohns William Wallace überwinden. Mit 55 Jahren gewann er die Wiederwahl zum Präsidenten der Vereinigten Staaten. Mit 56 Jahren verabschiedete Lincoln – zwei Monate, bevor er den Kopfverletzungen des auf ihn verübten Attentats erlag – den 13. Zusatzartikel zur US-Verfassung, der die Sklaverei in den USA verbietet.

Weitere sechs prominente Beweise, dass Scheitern die Vorstufe des Erfolgs sein kann:

1. Nach ersten Probeaufnahmen schrieb der Aufnahmeleiter von MGM im Jahr 1933 über den Bewerber: „Kann nicht spielen! Etwas kahlköpfig! Kann ein bisschen tanzen!" **Fred Astaire** bewahrte diese Notiz über seinem Kamin in seinem Haus in Beverly Hills auf.

2. **Winston Churchill** musste die sechste Klasse wiederholen. Er wurde erst im Alter von 62 Jahren Premierminister, und da lag bereits ein Leben voller Niederlagen und Rückschläge hinter ihm. Seine größten Beiträge leistete er im hohen Alter.

3. Achtzehn Verleger lehnten **Richard Bachs** Geschichte über „Die Möwe Jonathan" ab, bevor der Macmillan-Verlag sie schließlich im Jahre 1970

veröffentlichte. Bis 1975 wurde sie allein in den USA mehr als sieben Millionen Mal verkauft.

4. **Albert Einstein** sprach erst, als er vier war, und konnte erst mit sieben lesen. Er wurde von der Schule verwiesen, und der Zugang zur Technischen Hochschule Zürich wurde ihm verweigert.

5. **Henry Ford** scheiterte und ging fünfmal bankrott, bevor er schließlich seinen weltweiten Erfolg erreichte.

6. Als schlechtester Schüler der Schule beschrieben, scheiterte der Bildhauer **Auguste Rodin** dreimal daran, an der Kunstschule aufgenommen zu werden.

Wussten Sie, dass …

… auch die Neurowissenschaften den positiven Einfluss von Vorbildern bestätigen? So konnten Forscher im Hirnscanner erkennen, dass schon beim bloßen Gedanken an ein erfolgreiches Vorbild das emotionale Belohnungszentrum aktiviert wird – und der Betroffene prompt viel motivierter ist, dessen Taten nachzueifern.[99]

Es findet sich kaum eine Biografie ohne zwischenzeitliches Scheitern, ohne Rückschläge oder ohne Umwege zum Erfolg. Wer sich mit den Biografien

[99] https://www.karriere.de/karriere-mit-vorbildern-zum-erfolg/23042330.html (letzter Zugriff: 10.03.2020)

erfolgreicher Menschen näher beschäftigt, erkennt schnell, dass auch in ihrem Leben nicht alles glatt lief.

❖ Lesen Sie die Biografien solcher Menschen. Suchen Sie sich eine erfolgreiche Person aus und nehmen Sie sie als Vorbild in Sachen seelischer Widerstandsfähigkeit. Wie Ihnen Vorbilder helfen können, Ihre Ziele zu erreichen, erfahren Sie in Tipp 177 sowie in Tipp 27.

Tipp 51: Lobrede verfassen

Eine weitere Möglichkeit, sich nach einem Rückschlag oder einer Niederlage zu motivieren und sich in einen positiven Zustand zu versetzen, ist, eine Lobrede über sich selbst zu verfassen.[100]

❖ Schreiben Sie sich eine Lobrede, wie sie Ihre beste Freundin, Ihr Freund, Ihr Vater, Ihr Chef, Ihre netteste Kollegin oder eine andere von Ihnen geschätzte Person anlässlich Ihres Geburtstages oder bei einem anderen Anlass für Sie halten könnte. Fassen Sie wohlwollend in Worte, was diese Person, die Sie gut kennt, Gutes über Sie sagen könnte. Sprechen Sie dabei völlig frei all Ihre guten Seiten, Ihre persönlichen Stärken und Fähigkeiten deutlich an und beschreiben Sie dabei auch jene Lebensbereiche, in denen Ihre Vorzüge besonders gut zur Geltung kommen. Diese Aufgabe ist durchaus herausfordernd. Sammeln Sie deshalb erst einmal alle Vorzüge, die Sie haben. Schreiben Sie alles auf, was Ihnen spontan einfällt Morgenroth, Olaf/Schaller, Johannes (2010) Misserfolg und Scheitern aus psychologischer Sicht. In: Pechlauer, Harald/Stechhammer, Brigitte/Hinterhuber, Hans: Scheitern. Die Schattenseite des Daseins. und ergänzen Sie diese Notizen im Laufe der kommenden Tage nach und nach. Wie Sie generell Ihre Stärken und Fähigkeiten einsetzen

---

[100] Seligman, M. E. P./Rashid, T./Parks, A. C. (2006) Positive Psychotherapy. American Psychologist, 61, 774-788.

können, um Ihre Persönlichkeit zu entfalten, lesen Sie in Kapitel 11. Wie kann ich meine Lebensträume verwirklichen?

- Eine Variante zur selbst verfassten Lobrede ist, andere, Ihnen nahestehende Menschen zu fragen, was diese an Ihnen besonders schätzen. Das motiviert und stärkt Ihr Selbstwertgefühl!

6. WAS TUN, WENN NEGATIVE GEDANKEN AUFKOMMEN?

Strategie 20: Die Macht der Gedanken nutzen

Wer von uns hat sich nicht schon einmal unablässig Gedanken über ein belastendes Thema gemacht, ohne auch nur irgendwie weitergekommen zu sein? Man steckt dann regelrecht in den Grübeleien über ein Problem fest und kann sich, selbst wenn man es wollte, kaum von diesen belastenden Gedanken und den damit verbundenen Gefühlen lösen. Der Tag hat 24 Stunden; etwa drei Viertel davon erleben wir bewusst. In dieser Zeit können wir auch bestimmen, was wir denken. Wir haben somit etwa 18 Stunden lang die Möglichkeit, Förderliches oder Hinderliches zu denken, zu grübeln oder uns zu freuen. Pro Tag steuert unser Gehirn ca. 30.000 bis 60.000 Gedanken. Davon sind durchschnittlich lediglich 3 Prozent positive, aufbauende Gedanken, 25 Prozent sind negative Gedanken, und 72 Prozent sind neutrale, flüchtige beziehungsweise unbedeutende Gedanken.

Allein das Verhältnis von 3 Prozent zu 25 Prozent zeigt schon, wie unausgewogen die Relation zwischen negativen und positiven Gedanken ist. In Krisensituationen und bei Krankheiten kann sich dieses Verhältnis noch eklatant verschieben. Nicht selten stehen dann den 3 Prozent positiven Gedanken 75 Prozent an negativen gegenüber.[101] Da unsere Gedankenwelt unser Handeln beeinflusst, ist sie deshalb auch für unsere Zukunft enorm wichtig.

Erkenntnisse der Gehirnforschung

Die Bereiche für positives oder negatives Denken in unserem Gehirn sind in verschiedenen Regionen untergebracht. Im rechten Frontallappen des

---

[101] Eggertsberger, Gerhard/Eggertsberger, Markus, Psychonetik – FlowZoning und andere psychonetische Techniken, www.eggertsberger.com. (letzter Zugriff: 02.03.2020)

Gehirns, der sich etwas oberhalb der Schläfe befindet, sitzt das Areal für alle negativen Gedanken, Gefühle und Überzeugungen. Im linken Frontallappen des Gehirns, also genau gegenüber, liegt das Zentrum für unsere positiven Gedanken. Diese beiden Zentren sind verschieden groß entwickelt, und zwar je nachdem, wie unsere Denkgewohnheiten ausgeprägt sind. Denken wir oft negativ über uns und die Welt, wird der rechte Frontallappen sehr ausgeprägt sein. Sind wir eher optimistisch und denken gerne positiv über uns und die Welt, ist das Areal auf der linken Seite größer und stärker entwickelt. **Unser Gehirn passt sich immer dem an, was wir vorrangig tun und denken. Man spricht in diesem Zusammenhang auch von der Plastizität des Gehirns.**

Die Medizin kann durch eine Magnetresonanztomografie sehr genau messen, welches Gehirnareal in der Vergangenheit intensiver entwickelt wurde. Wenn wir nörgeln, schimpfen, streiten, uns selbst beschimpfen oder fertigmachen, vergrößert sich der rechte Bereich des Gehirns und wird uns sehr rasch selbstständig mit weiteren negativen Gedanken bombardieren und automatische Gedankenketten in diese Richtung fördern. Das linke Areal für positive Gedanken wird währenddessen kleiner und immer mehr verkümmern. Wir werden also nur noch selten positive Gedanken über uns und andere haben.

Denken wir dagegen vorrangig positiv, loben wir uns, sind wir stolz auf uns, sagen wir Schönes über uns und andere, so wird sich der linke Bereich vergrößern und unser gesamtes Denken darauf ausrichten.[102] **Wir werden uns immer positiver wahrnehmen, und unser Leben wird sich danach ausrichten.** Zu bedenken ist allerdings, dass wir Menschen unbewusst meistens negativ denken. Nämlich, indem wir unseren Gedanken einfach freien Lauf lassen. Dabei hat unser Gehirn die Tendenz, sich auf die Gefahren und Probleme des Lebens zu konzentrieren und sie noch größer

---

[102] Eine solche positive Wirkung entfaltet zum Beispiel ein Glücksjournal. Mehr dazu lesen Sie in der Strategie 42.

zu machen, als sie sind. All unsere Befürchtungen und Ängste lassen uns genau das wahrnehmen, was diese bestätigen, und uns passend dazu verhalten. **Die Erkenntnisse der Hirnforschung zeigen jedoch auch, dass unser Gehirn die Fähigkeit besitzt, seine Vernetzungen zu ändern und neue Verknüpfungen von Nervenzellen auszubilden, wenn wir für eine gewisse Zeit Neues tun oder anderes denken.** Nach der Theorie der **„neuronalen Plastizität"** ist unser Gehirn bis ans Lebensende in höchstem Maße form- und veränderbar. Dementsprechend sind auch unser Geist und unsere Wahrnehmung form- und veränderbar.

Wussten Sie, dass ...

... Kopfarbeiter rund 50.000 Gedanken pro Arbeitstag denken? Zu 90 Prozent denken wir stets das Gleiche, und die meisten Menschen haben einen unbewussten Fokus auf Probleme.[103]

Durch bestimmte Gedanken, Erinnerungen, Wünsche, Erfahrungen sowie etwa durch positive Glaubenssätze und Visualisierungen können wir die neuronale Plastizität so anregen, dass sich die Netze im Gehirn dementsprechend verändern. Dies führt zur Umgestaltung des neuronalen Schaltplans unseres Gehirns und, da unser Gehirn bestimmt, wer wir sind und wie wir die Wirklichkeit sehen, auch zur Umgestaltung unserer Wirklichkeit und damit unseres Lebens.

[103] Späth, Thomas/Grabitzki, Sylvana (2012) Leben und Arbeit in Balance. Beltz Verlag.

Die neuronale Plastizität versetzt uns somit in die glückliche Lage, unser Leben in jede beliebe Richtung hinzuentwickeln. Die wissenschaftliche Tatsache, dass unser Gehirn eine derartige Formbarkeit besitzt, lässt Gehirnforscher Niels Birbaumer auf Folgendes schließen: *„Da unser Gehirn unsere Realität bestimmt und dabei hochgradig formbar ist, können wir auch durch bestimmte Techniken und Methoden mühelos unsere Wahrnehmung und Bewertung der Wirklichkeit verändern und somit auch unsere Welt entsprechend unserer Wünsche, Träume und Ziele transformieren. Die Lehren der Neurobiologie über die neuronale Plastizität sind für diese Aussagen eine unleugbare Grundlage und zugleich der Beweis für die Machbarkeit."*[104]

Wussten Sie, dass ...

... Erkenntnisse aus der Hirnforschung darauf hinweisen, dass ein Gefühl etwa 30 Sekunden braucht, bis es aus einem Gedanken bzw. einer Vorstellung oder Bewertung entsteht, und nach etwa 90 Sekunden wieder abgebaut wird? Wenn uns Gefühle länger einnehmen, dann liegt es an dem gedanklichen Nachschub, den wir liefern.[105]

Wenn wir bewusst steuern, was wir erleben und wahrnehmen, oder anders formuliert, wenn wir darauf achten, womit wir unser Gehirn füttern, so verändern wir es auch entsprechend diesem Input, und unser Gehirn organisiert sich dementsprechend neu. **Es liegt immer in unserer Hand,**

[104] Birbaumer, Niels (2015) Dein Gehirn weiß mehr, als du denkst. Neueste Erkenntnisse aus der Hirnforschung. Verlag Ullstein.
[105] Späth, Thomas/Grabitzki, Sylvana (2012) Leben und Arbeit in Balance. Beltz Verlag.

welchen Bereich des Gehirns wir nutzen und vergrößern wollen. Das Faszinierende daran ist, dass wir jederzeit eine neue Wirklichkeit für unser Leben erschaffen können. Wenn wir für eine gewisse Zeit durch neue Denkweisen unsere bisher brachliegenden Abschnitte des Gehirns trainieren, können unsere Erfahrungen in Zukunft völlig anders verlaufen. Wir löschen regelrecht alte Programme im Gehirn und erschaffen neue.

Tipp 52: Gedanken nicht unterdrücken

Ende der 1980er Jahre stolperte der Harvard-Psychologe Daniel Wegner über folgendes Zitat aus Dostojewskis „Winterliche Aufzeichnungen über sommerliche Eindrücke": *„Nehmen Sie sich einmal vor, nicht an einen weißen Bären zu denken, und Sie werden sehen, der Verflixte wird Ihnen immerfort einfallen.* "Wegner beschloss, ein einfaches Experiment durchzuführen, um festzustellen, ob das auch wirklich so ist. Jeder einzelne Versuchsteilnehmer wurde allein in einen Raum gesetzt und angewiesen, über alles Mögliche nachzudenken, sich aber NICHT Dostojewskis Eisbären vorzustellen. Alle wurden dann gebeten, eine Glocke zu läuten, wenn ihnen der verbotene Bär in den Sinn kam. Innerhalb von Sekunden zeigte eine Vielzahl von Glockenklängen, dass Dostojewski recht hatte.

Der Versuch des Menschen, bestimmte Gedanken zu unterdrücken, führt zu einer intensiven Beschäftigung mit genau dem Thema, das er zu vermeiden sucht.[106] In einer Studie des Hamilton College in New York wurden die Teilnehmer gebeten, ihren schlimmsten Gedanken über sich selbst zu nennen. Die Hälfte der Gruppe sollte dann die nächsten elf Tage mit dem Versuch verbringen, diese Gedanken aus ihrem Geist zu eliminieren. Die andere Hälfte wurde gebeten, einfach normal weiterzuleben. Am Ende eines jeden Tages gab jede Person an, wie lange sie bei ihrem

---

[106] Wegner, D. M. (1989) White bears and other unwanted thoughts: Suppression, obsession, and the psychology of mental control. Viking.

schlimmen Gedanken verweilte, und schätzte die Stimmung, ihr Ängstlichkeitsniveau und ihr Selbstwertgefühl ein. Die Gruppe, die versucht hatte, ihre negativen Gedanken aktiv zu unterdrücken, dachte in Wahrheit noch mehr über sie nach. Im Vergleich zu der Gruppe, die ihr übliches Leben weitergeführt hatte, schätzte sich diese Gruppe auch als ängstlicher und deprimierter ein und hatte ein geringeres Selbstwertgefühl.[107] Die Schlussfolgerung, die auch viele weitere Studien bestätigen,[108] lautet: **Die Unterdrückung von negativen Gedanken funktioniert nicht!** Welche Möglichkeiten gibt es nun, um sich von negativen Gedanken zu befreien?

Tipp 53: Mauselochübung

- **Mit dieser Übung aus der Shaolin-Tradition können Sie Ihre Gedankenhygiene trainieren:** Stellen Sie sich vor, Sie lauern wie eine Katze vor einem Mauseloch und warten darauf, ob eine Maus herauskommt. Beobachten Sie bewusst, entspannt und doch achtsam – eben wie eine Katze vor dem Mauseloch –, welcher Gedanke Ihnen als Nächstes (aus dem Mauseloch) in den Sinn kommt. Egal, welcher das auch ist, lassen Sie ihn laufen (im übertragenden Sinne lassen Sie die Maus laufen) und lauern Sie auf den nächsten Gedanken. Wenn Sie diese Übung immer wieder einmal zwei Minuten lang durchführen, trainieren Sie damit das Loslassen negativer Gedanken. Das Bild von Katze und Maus hilft Ihnen dabei.

- **Zur Mauselochübung gibt es noch andere Varianten,** die Ihnen ebenfalls helfen können, Ihre Gedankenhygiene zu trainieren: So können Sie sich auch vorstellen, dass Sie Ihre negativen Gedanken auf einer

---

[107] Borton, J. L. S./Casey, E. C. (2006) Suppression of negative self-referential thoughts: A field study. Self and Identity, 5, 203-246.

[108] Zum Beispiel: Erskine, J. A. K. (2007) Resistance can be futile: Investigating behavioural rebound. Appetite, 50, 415-421.

Wolke platzieren und diese Wolke dann am Himmel von sich wegziehen lassen. Oder Sie verstauen Ihre belastenden Gedanken in einem Zugwaggon und lassen den Zug an sich vorbeirauschen. Oder Sie stellen sich vor, wie Sie Ihre negativen Gedanken in einen Ballon füllen und diesen dann so hoch in den Himmel steigen lassen, dass Sie ihn nicht mehr sehen. Oder Sie stellen sich vor, dass die belastenden Gedanken wie die Blätter eines Baumes in einen Fluss fallen, der sie von Ihnen fortträgt. Wählen Sie die Variante, die am besten zu Ihnen passt, und üben Sie regelmäßig, Ihre negativen Gedanken „vorbeiziehen" zu lassen.

Dass die Vögel der Sorge und des Kummers über
deinem Haupt fliegen, kannst du nicht ändern.
Aber dass sie Nester in deinem Haar bauen,
das kannst du verhindern.

Chinesisches Sprichwort

Tipp 54: Gedankenstopp

Viele von uns kennen das: Negative Gedanken kommen und gehen uns nicht mehr aus dem Kopf. Sie drehen sich wie ein Karussell immer wieder um dieselben Probleme. Mit einer einfachen Methode aus der Verhaltenstherapie können Sie eingreifen: Der Gedankenstopp. **Beim Gedankenstopp kommt es darauf an, einen negativen Gedanken möglichst früh abzubrechen, bevor er negative Emotionen auslöst.**

- Wenn Ihnen ein negativer Gedanke in den Sinn kommt, dann rufen Sie im Geist oder auch laut *„Stopp!"* – am besten gleich mehrmals hintereinander. Denken Sie dabei an das rote Stoppschild im Straßenverkehr. Konzentrieren Sie sich so stark wie möglich auf dieses innere Bild. Sie können dies zusätzlich unterstützen, indem Sie zum Beispiel ein Gummiband um Ihr Handgelenk legen, daran ziehen und es dann loslassen. Dieser kleine Schmerz verstärkt die ablenkende Wirkung des Stopps noch mehr. Sie können auch in die Hände klatschen oder mit einem Bein auf den Boden stampfen. Kreieren Sie Ihr eigenes spezielles Gedankenstopp-Zeichen. Je öfter Sie diese Technik anwenden, desto besser können Sie damit lästige und destruktive Gedanken unterbrechen.

Tipp 55: Gedankenkonzentration

Harvard-Psychologe und Glücksforscher Shawn Achor schreibt: *„Wenn man die positive Einstellung eines Menschen im jetzigen Moment erhöht, erlebt sein Gehirn etwas, das wir heute Glücksvorteil nennen. Das Gehirn ist dann im Folgenden wesentlich leistungsfähiger als in einem negativen, neutralen oder gestressten Zustand. Seine Intelligenz steigt, seine Kreativität steigt, seine Menge an Energie steigt. Im Job zum Beispiel ist er allein dadurch um rund 30 Prozent produktiver."*[109]

- **Um Ihre positive Einstellung noch zu verstärken, können Sie unmittelbar nach der Übung des Gedankenstopps eine Gedankenkonzentrationsübung anhängen:** Fokussieren Sie sich dabei ausschließlich auf einen einzelnen positiven Gedanken, wie z. B.: „Es geht mir gut" oder „Ich bin dankbar für ..." oder „Ich fühle mich ruhig und sicher". Sie können dazu auch jede andere positive Affirmation wählen, deren Denken oder Aufsagen Ihnen ein gutes Gefühl vermittelt. Wiederholen Sie Ihren positiven Gedanken einige Male. Sie lenken damit

---

[109] Achor, Shawn (2011) The Happiness Advantage: The Seven Principles of Positive Psychology that Fuel Success and Performance at Work. Virgin Books.

Ihren Fokus bewusst auf Positives. Mehr zum Thema positive Affirmationen mit über 2.000 Beispielen finden Sie in unserem Ratgeber *Glaubenssätze – Ihre persönliche Formel für mehr Glück und Erfolg.*

Achte auf Deine Gedanken,
denn sie werden Deine Worte.

Achte auf Deine Worte,
denn sie werden Deine Handlungen.

Achte auf Deine Handlungen,
denn sie werden Deine Gewohnheiten.

Achte auf Deine Gewohnheiten,
denn sie werden Dein Charakter.

Achte auf Deinen Charakter,
denn er wird Dein Schicksal.

Aus dem Talmud

Tipp 56: Gedanken-ABC

Mit dieser Methode können Sie jeden Tag eine Übung einbauen, die angenehme Gedanken und Gefühle hervorruft.

- **Variante 1:** Wählen Sie einen Buchstaben aus dem Alphabet aus, zu dem Sie sich drei bis fünf angenehme Situationen, Gedanken, Erinnerungen oder Tätigkeiten suchen. Zum Beispiel: „S" – spazieren gehen, schwimmen, Sandburgen bauen, singen, Schokolade essen …

- **Variante 2:** Suchen Sie zu jedem Buchstaben des Alphabets eine angenehme Tätigkeit. Zum Beispiel: „A" – Atemübungen, „B" – Buch lesen, „C" – Christbaum schmücken usw. Durch die Konzentration auf diese angenehmen Dinge, Tätigkeiten oder Erinnerungen beschäftigen Sie sich mit schönen Gedanken und lenken Ihren Fokus auf das Positive.

Tipp 57: Körperhaltung verändern

Körper, Geist und Seele sind eine Einheit und beeinflussen sich gegenseitig. Wir können Gefühle beeinflussen, indem wir unsere Gedanken ändern. **Wir können jedoch auch durch unsere Körpersprache Einfluss auf unsere Gedanken nehmen.** Auf das Zusammenspiel zwischen Körper und Seele können Sie sich verlassen. Es lohnt sich daher, ein wenig Mühe darauf zu verwenden. Sie werden Ihr seelisches Wohlbefinden positiv beeinflussen, wenn Sie Ihren Blick bewusst auf Ihre Körpersprache richten und diese in die gewünschte Richtung verändern.

- Suchen Sie in Ihrer Erinnerung nach einem sehr freudigen oder positiven Erlebnis und stellen Sie sich dieses möglichst lebendig vor. Überlegen Sie: *Wie habe ich mich gefühlt, wie war meine Mimik, Gestik und Körperhaltung? In welchem Tonfall habe ich gesprochen?* Ahmen Sie diese Körpersprache nach. Verändern Sie ganz bewusst Ihre Körperhaltung, Ihren Gesichtsausdruck, Ihre Gestik und Ihre Atmung und rufen Sie sich dieses gute Gefühl von damals wieder in Erinnerung.

- Wenn Sie aus einem niedergeschlagenen Zustand herauskommen und energiegeladen sein wollen, dann stehen Sie aufrecht und gerade, heben Sie Ihren Kopf und richten Sie Ihren Blick geradeaus oder nach oben. Straffen Sie die Schultern, ziehen Sie sie ein wenig nach hinten und atmen Sie tief und kräftig ein und aus. Die Devise lautet: Tun Sie so, als wären Sie schon in dem Gefühlszustand, den Sie anstreben.

Weitere Tipps, wie Sie mit Ihrer Körpersprache Ihre Gedanken positiv beeinflussen können, lesen Sie weiter vorn in Strategie 14: Den eigenen Körper einsetzen.

Strategie 21: Sich in Achtsamkeit üben

Der Begriff der Achtsamkeit ist eine Übersetzung des buddhistischen Wortes „sati" und geht über die Bedeutung des deutschen Sprachgebrauches im Sinne von „Sorgfalt" oder „Umsicht" hinaus. „Sati" umfasst zudem Bedeutungen wie Besinnung, Gedächtnis und Erinnerung. Kabat-Zinn, der Begründer der modernen Achtsamkeit, definiert diese mit folgenden drei Beschreibungen: „present moment, on purpose and non-judgemental",[110] was übersetzt so viel bedeutet wie:[111]

- **Aufmerksamkeitslenkung** auf die **im aktuellen Moment** vorhandenen Bewusstseinsinhalte
- dabei mit der Aufmerksamkeit auf das **Hier und Jetzt** zurückkommen
- und das Einnehmen einer **nicht wertenden Haltung** gegenüber Erlebnisinhalten des gegenwärtigen Augenblicks

Achtsamkeit ist somit eine Form von Konzentration, bei der man bewusst wahrnimmt, was im gegenwärtigen Moment ist, ohne zu urteilen. Achtsamkeitsübungen können helfen, sich emotional von der Last negativer Gedanken zu lösen. Studien zeigen, dass die dadurch angeregte Eigenwahrnehmung oft mit gesteigerter Selbstwirksamkeit einhergeht. Damit bezeichnet die Psychologie den Grad unserer subjektiven Überzeugung, das eigene Schicksal aktiv beeinflussen zu können. **Man sieht sich**

---

[110] Kabat-Zinn, J. (1990) Full catastrophe living: The program of the stress reduction clinic at the University of Massachusetts Medical Center. Delta.

[111] Nach: Michalek, J./Heidenreich, T./Williams, J. (2012) Achtsamkeit – Fortschritte der Psychotherapie. Hogrefe Verlag.

weniger als Opfer unkontrollierbarer Umstände, denn als Herr über das eigene Wohl.[112] Durch Achtsamkeit erhalten Sie wirksame Kontrolle über sich selbst und können sich von heftigen Gefühlen und Gedanken, die Sie zu überwältigen drohen, distanzieren. Wenn Sie sich auf das Hier und Jetzt konzentrieren, können Sie nicht gleichzeitig an Probleme denken oder generell negativen Gedanken nachhängen. Durch innere Achtsamkeit nehmen Sie Gedanken wahr, ohne sie zu bewerten. Statt gegen negative Gedanken anzukämpfen, nehmen Sie sie so, wie sie sind. Übungen zur Achtsamkeit können Ihnen helfen, den Moment so zu akzeptieren, wie er ist.

Wussten Sie, dass ...

... eine Harvard-Studie den uralten Rat von Meditationslehrern wissenschaftlich bestätigt hat? Seien Sie mit Ihrer bewussten Aufmerksamkeit und Ihrer vollen Konzentration im Hier und Jetzt. Wer das schafft, ist glücklicher.[113]

Tipp 58: Konzentration auf den Augenblick

- Schließen Sie für ca. 30 Sekunden die Augen und achten Sie auf Ihre Gedanken bzw. die Stimme in Ihrem Kopf. Beobachten Sie neutral Ihr Denken und bewerten Sie dabei nichts, also auch nicht, ob es ein positiver oder negativer Gedanke ist. Tauchen Gedanken auf, so wiederholen Sie diese ohne Bewertung einmal im Geist und lassen Sie sie dann

---

[112] Ayan, Steve (2006) Achtsamkeit – Willkommen im Jetzt! In: Gehirn & Geist 12/2006.
[113] Killingworth, Gilbert (2010) A wandering mind is an unhappy mind, Science 2010. Download unter: http://news.harvard.edu/gazette/story/2010/11/wandering-mind-not-a-happy-mind/ (letzter Zugriff: 20.02.2020)

wieder weiterziehen. Konzentrieren Sie sich mindestens dreimal am Tag ganz auf den Augenblick. Das beruhigt und entspannt.

Tipp 59: Fließband-Übung

Eine Form der Achtsamkeit ist es auch, Gedankenströme, die unaufhörlich produziert werden, ganz bewusst an sich vorbeiziehen zu lassen. Damit üben Sie das Ausblenden belastender Gedanken und fokussieren sich auf das Hier und Jetzt. Mit folgender Übung können Sie dies trainieren:[114]

- Schließen Sie die Augen und stellen Sie sich vor, Sie sind ein Fließbandarbeiter und sitzen am Fließband. Stellen Sie sich das Fließband und den Raum, in dem Sie sitzen, vor. Vor Ihnen auf dem Band laufen leere Kartons an Ihnen vorbei. Nehmen Sie nun Ihre Gedanken, inneren Bilder, Wörter oder was auch immer Ihnen gerade in den Sinn kommt, und packen Sie es in die vorbeifahrenden Kartons. Akzeptieren Sie jeden Gedanken so, wie er ist. Bewerten Sie den jeweiligen Gedanken nicht, sondern geben Sie einen nach dem anderen in einen vorbeiziehenden Karton. Was immer Ihnen durch den Kopf geht – Sie betrachten es kurz, legen es in einen Karton und lassen diesen auf dem Fließband an Ihnen vorbeiziehen.

- **Variante:** Begeben Sie sich im Geiste an einen Fluss oder Wasserfall. Nehmen Sie Ihre Gedanken und setzen Sie diese auf den Fluss oder Wasserfall und schauen Sie zu, wie sie von der Strömung davongetragen werden.

[114] Nach: Huppertz, Michael (2015) Achtsamkeitsübungen: Experimente mit einem anderen Lebensgefühl – 99 Anleitungen für die Praxis. Junfermann Verlag.

- **Variante:** Stellen Sie sich vor, Sie stehen in einem Raum mit zwei Türen und beobachten, wie Ihre Gedanken durch die eine Tür in den Raum gelangen und ihn durch die andere Tür wieder verlassen. [115]

Tipp 60: Routinetätigkeiten bewusst ausführen

- Tagtäglich führen wir eine Vielzahl an Routinetätigkeiten aus und sind in Gedanken abwesend, während wir dies tun. Auch bei alltäglichen Verrichtungen können Sie eine achtsamere Haltung trainieren. Wir beginnen am Morgen mit dem Zähneputzen, der Körperpflege, dem Duschen, bereiten Essen zu, erledigen Arbeiten im Haushalt oder im Garten, fahren mit dem Auto gewohnte Strecken, machen mit den Kindern Hausaufgaben, gehen mit dem Hund nach draußen und vieles mehr. **Versuchen Sie, täglich eine oder mehrere ausgewählte Routinetätigkeiten in voller Präsenz durchzuführen.** Beginnen Sie beispielsweise mit dem Duschen, Zähneputzen oder einer Ihrer anderen Routinetätigkeiten. Achten Sie auf die Ausführung der Arbeiten und versuchen Sie, ganz und ausschließlich bei dieser einen Sache zu sein. Wenn Sie sich auf das Hier und Jetzt konzentrieren, können Sie nicht gleichzeitig an Probleme denken oder negativen Gedanken nachhängen.

Führen Sie die Tätigkeit achtsam aus und fühlen Sie dabei bewusst in Ihren Körper hinein. Es geht darum, die Tätigkeit komplett zu erfahren, die zugehörigen Gedanken, aber auch die Körpererfahrung. Oft schweifen wir im Geiste ab, sind gedanklich schon bei der nächsten Tätigkeit oder denken währenddessen über unsere Pläne oder Vergangenes nach. Falls Sie merken, dass Sie in Gedanken von Ihrer Tätigkeit abweichen, nehmen Sie dies wahr und führen Sie den Fokus wieder auf die Arbeit und Ihre Präsenz

---

[115] Nach: McKay, Matthew (2008) Starke Emotionen meistern. Dialektische Verhaltenstherapie in der Praxis: Wege zu mehr Achtsamkeit, Stresstoleranz und einer besseren Beziehungsfähigkeit. Junfermann Verlag.

zurück. Schon diese kleine tägliche Übung ist manchmal sehr herausfordernd. Aber genau diese kleinen Achtsamkeitstrainings im Alltag regelmäßig zu absolvieren, hilft Ihnen, eine achtsame Präsenz in Ihrem Leben zu entwickeln.

Tipp 61: Die Drei-Sinne-Übung

Bei dieser Übung lenken Sie Ihre Aufmerksamkeit abwechselnd auf Ihren Sehsinn, Ihren Hörsinn und Ihren Tastsinn. Wichtig dabei ist, dass Sie die Dinge wirklich bewusst wahrnehmen und einen Augenblick bei Ihrer Wahrnehmung verweilen.

- **Schritt 1:** Lenken Ihre Aufmerksamkeit nacheinander auf fünf Dinge, die Sie gerade sehen *(z. B. die Kaffeetasse auf dem Schreibtisch, den Blumentopf auf der Kommode, das Bild an der Wand, den Ring am Finger, das Post-it am Bildschirm).* Verweilen Sie jeweils ein paar Sekunden mit Ihrer Aufmerksamkeit bei einer Sache, bevor Sie Ihre Aufmerksamkeit der nächsten zuwenden.

- **Schritt 2:** Nun lenken Sie Ihre Aufmerksamkeit auf fünf Dinge, die Sie aktuell hören *(z. B. das Ticken der Uhr, das Geräusch vorbeifahrender Autos, das Brummen des Kühlschranks, das Zwitschern der Vögel vor dem Fenster, das Summen des Computers).* Bleiben Sie wiederum mit Ihrer Aufmerksamkeit jeweils ein paar Sekunden bei einem Geräusch, bevor Sie zum Nächsten wechseln.

- **Schritt 3:** Schließlich lenken Sie Ihre Aufmerksamkeit auf fünf Dinge, die Sie mit Ihrem Körper gerade spüren *(z. B. das Band Ihrer Armbanduhr auf Ihrem Handgelenk, die Sesselauflage unter Ihrem Gesäß, die Brille auf Ihrer Nase, das Gummiband der Socken an Ihren Unterschenkeln, die Haarsträhne auf der Stirn).* Bleiben Sie auch hier mit Ihrer

Aufmerksamkeit jeweils ein paar Sekunden bei einer Sache, bevor Sie zur nächsten wechseln.

- Nach diesem ersten Durchgang, bei dem Sie sich mit Ihren Sinnen nacheinander auf fünf Dinge konzentriert haben, starten Sie den zweiten Durchgang. Dabei lenken Sie zuerst Ihre Aufmerksamkeit auf nur noch vier Dinge, die Sie gerade sehen. Dann auf vier Dinge, die Sie hören, und schließlich auf vier Dinge, die Sie spüren. Das können dieselben Dinge sein wie im ersten Durchgang oder andere.

- Im dritten Durchgang konzentrieren Sie sich nacheinander auf nur noch drei Dinge, die Sie sehen, hören und spüren. Im vierten Durchgang fokussieren Sie sich dann nur noch auf zwei Dinge und im fünften Durchgang schließlich nur noch auf eine Sache, die Sie sehen, hören und spüren.

Wenn Sie diese Übung regelmäßig praktizieren, schulen Sie damit sowohl Ihre Wahrnehmung als auch Ihre Fähigkeit zur Achtsamkeit.

Die Kraft der Gedanken beschreibt auch Andreas Bourani in seinem Liedtext zum Song „Nur in meinem Kopf":

„Ich kann in drei Sekunden die Welt erobern, den Himmel stürmen und in mir wohnen.

In zwei Sekunden Frieden stiften, Liebe machen, den Feind vergiften.

In 'ner Sekunde Schlösser bauen, zwei Tage einzieh'n und alles kaputt hau'n.

Alles Geld der Welt verbrenn' und heut' die Zukunft kenn'.

Und das ist alles nur in meinem Kopf. Ich wär' gern länger dortgeblieben, doch die Gedanken kommen und fliegen.

Alles nur in meinem Kopf. Und das ist alles nur in meinem Kopf. Wir sind für zwei Sekunden Ewigkeit unsichtbar.

Ich stopp' die Zeit, kann in Sekunden fliegen lernen und weiß, wie's sein kann, nie zu sterben. Die Welt durch deine Augen seh'n. Augen zu und durch Wände geh'n.

Und das ist alles nur in meinem Kopf. Und das ist alles nur in meinem Kopf. Ich wär' gern länger dortgeblieben, doch die Gedanken kommen und fliegen.

Alles nur in meinem Kopf. Und das ist alles nur in meinem Kopf."

Strategie 22: Mit Atemübungen Gedanken lenken

Bewusstes Atmen zieht Sie ins Hier und Jetzt und macht Sie augenblicksbezogen. Atemübungen gehören daher ebenfalls zu den Übungen, welche die Achtsamkeit stärken. Folgende Atemübungen können Ihnen helfen, Ihre Gedankenströme positiv zu beeinflussen.

Tipp 62: Eins-zu-vier-Atemübung

Beim Einatmen spannen sich im menschlichen Körper viele Muskeln an, und beim Ausatmen entspannen sie sich wieder. **Verlängert man nun die Phase des Ausatmens, so entspannt sich der Körper automatisch.** Werden Atemübungen einige Minuten lang durchgeführt, so wird die Reaktion des Sympathikus[116] gedämpft. Die Muskelspannung verringert sich, die Durchblutung in der Peripherie des Körpers verbessert sich, und die Herzfrequenz wird langsamer und ruhiger.

- Eins-zu-vier-Atmung: Atmen Sie ein und zählen Sie dabei im Kopf bis eins. Sagen Sie dabei in Gedanken gedehnt „eins" *(„eiiinnnsss")*. Atmen Sie nicht zu explosionsartig ein, Sie sollten dabei immer noch ruhig atmen. Atmen Sie nun langsam aus und zählen Sie dabei im Kopf ganz langsam bis vier, auch hierbei die Zahlen dehnen *(„eiiinnnsss ... zweiii ... dreiiii ... viiiier")*. Das Zählen bis vier soll dabei länger als vier Sekunden dauern. Versuchen Sie, bei der gesamten Übung ein leichtes Lächeln im Gesicht zu halten. Das stimmt das Unbewusste positiv ein. Atmen Sie so ein paar Minuten.

Trainieren Sie diese Atemübung so lange, bis Sie sie gut beherrschen. Achten Sie dabei auf einen höchstmöglich entspannten Zustand. Vor allem die

[116] Der Sympathikus ist der Teil des vegetativen Nervensystems, der den Körper bei Stress in erhöhte Leistungsbereitschaft versetzt, was den Abbau von Energiereserven zur Folge hat.

Muskeln in Armen, Händen, Beinen, Füßen, Gesäß, Rücken, Schultern, Bauch, Hals, Nacken und Gesicht sollten locker sein. Überprüfen Sie alle Muskeln vor der Übung und lösen Sie willentlich die Verspannung. Tritt während der Atemübung (das kann zu Beginn noch geschehen) eine erhöhte Muskelspannung auf, so lösen Sie auch diese sofort. **Nach einigen Tagen der Übung fällt Ihnen diese Atemübung schon leichter, und Sie werden auch bemerken, dass sich dadurch Ihre Muskelverspannungen besser lösen lassen.**

Tipp 63: Die Spontan-Entspannungsatmung

Die Spontanentspannungstechnik geht auf den Amerikaner Maxie Maultsby zurück.[117] Es ist eine Atemtechnik, bei der man in einem bestimmten Rhythmus ein- und ausatmet und sich dabei auf das Zählen konzentriert. **Sie ist schnell erlernbar und wirkt sofort. Diese Atemübung eignet sich besonders gut für Sie, wenn Sie zum Grübeln neigen.** Durch das neutrale Zählen unterbrechen Sie Ihre Grübelgedanken und werden abgelenkt.

- Atmen Sie etwas tiefer ein, als Sie es gewöhnlich tun. Dann atmen Sie in einer Bewegung wieder aus, ohne den Atem nach dem Einatmen anzuhalten. Wenn Sie ausgeatmet haben, halten Sie Ihren Atem für ca. sechs bis zehn Sekunden an. Finden Sie selbst heraus, welche Zeit für Sie am angenehmsten ist. Zählen Sie in Gedanken von 1.001 bis 1.006 oder 1.010 (eintausendundeins ... eintausendundzehn). Dann atmen Sie wieder ein, atmen in einer Bewegung wieder aus und halten den Atem dann für weitere sechs bis zehn Sekunden an. Wiederholen Sie diese Atemübung für zwei bis drei Minuten bzw. so lange, bis Sie sich deutlich entspannter und ruhiger fühlen. Die Spontanentspannungstechnik

[117] Siehe dazu: https://www.palverlag.de/entspannungsmethoden.html (letzter Zugriff: 01.03.2020)

sollten Sie zunächst täglich in Ruhe und ohne Erregung am besten morgens vor dem Aufstehen und abends vor dem Einschlafen üben. Dann haben Sie die Atemtechnik auch in Stresssituationen automatisch parat, ohne sich lange besinnen zu müssen, wie sie anzuwenden ist.

Tipp 64: Sitz-Atem-Meditation

- Setzen Sie sich bequem auf den Boden oder auf einen geraden Stuhl. Falls Sie auf dem Boden sitzen, können Sie dies gern im Schneidersitz oder auch in einer anderen bequemen Haltung tun. Sollten Sie auf einem Stuhl sitzen, lehnen Sie sich bitte nicht an. Stellen Sie die Füße entspannt auf dem Boden auf. Lassen Sie die Hände ruhig und entspannt auf Ihren Oberschenkeln ruhen. Sie können die Augen schließen, falls Ihnen das angenehm ist. Nehmen Sie eine möglichst aufrechte Körperhaltung ein und spüren Sie Ihren Rücken, wie er Ihren Körper stabil hält.

Wenn Sie nun Ihre Sitzposition gefunden haben, **beginnen Sie, Ihre Konzentration und Ihre ganze Aufmerksamkeit auf den Atem und das Ein- und Ausströmen der Atemluft zu lenken.** Bleiben Sie in dieser Position sitzen und beobachten Sie auch hier die Gedanken. Wenn Sie spüren, dass Ihr Geist beginnt, sich mit anderen Dingen zu beschäftigen, nehmen Sie diese frei von Wertung wahr und wandern Sie dann wieder mit Ihrer Aufmerksamkeit zu Ihrer Atmung zurück. Sollte es dazu kommen, dass Sie Schmerzen spüren oder Verspannungen deutlicher hervortreten, weil Sie zu innerer Ruhe kommen, bewerten Sie diese nicht, sondern nehmen Sie diese wahr und begegnen Sie ihnen mit Akzeptanz. Bleiben Sie bei Ihrem Atem. Diese Übung können Sie fünf bis zehn Minuten lang durchführen und die Zeiten ausdehnen. **Diese Meditation trägt zu wertungsfreiem**

Gewahrsein und Präsenz im aktuellen Moment bei.[118] Weitere Atemübungen finden sie in Tipp 107.

Tipp 65: Gedanken an das Glück

- Schaffen Sie einen inneren Zustand der Ruhe, indem Sie tief durch die Nase oder den Mund atmen. Mit jedem Atemzug füllen Sie Ihren Bauch und lassen die Luft wieder langsam durch Nase oder Mund entweichen. Tasten Sie Ihren Körper innerlich ab. Wenn eine bestimmte Stelle verspannt ist, können Sie direkt in diese hineinatmen und sie entspannen. Konzentrieren Sie sich dann für einige Minuten nur auf Ihr tiefes, langsames Atmen. **Machen Sie mit dem tiefen Atmen weiter und füllen Sie sich mit positiven Gefühlen.** Sie können dabei an eine Situation denken, in der Sie besonders glücklich waren, weil Sie zum Beispiel Zeit mit einem geliebten Menschen verbracht oder einen herrlichen Sonnenuntergang am Strand vor Ihrem Urlaubshotel genossen hatten. Erleben Sie diese positiven Gefühle erneut für eine Zeitspanne zwischen 30 Sekunden und einigen Minuten und lassen Sie sich vollkommen von ihnen durchdringen.

Wenn Sie diese Übung regelmäßig durchführen, brauchen Sie sich vielleicht nicht an ein spezielles Ereignis zu erinnern, da Sie gelernt haben, positive Gedanken und Gefühle allein dadurch zu erzeugen, dass Sie an Wörter wie *„Glück"*, *„Ruhe"* oder *„Freude"* denken. Falls Sie sich mit weiteren Büchern zum Thema Achtsamkeit beschäftigen möchten, finden Sie in der Fußnote

---

[118] Nach: Kabat-Zinn, J. (2013) Gesund durch Meditation – Das große Buch der Selbstheilung mit MBSR. Knaur.

eine Auswahl an Literatur.[119]

Tipp 66: Umgang mit störenden Gedanken beim Atmen

Sollten Sie sich während der Atemübungen durch negative Gedanken, Bilder oder Geräusche gestört oder abgelenkt fühlen, dann haben Sie zwei Möglichkeiten: Entweder können Sie diese Störungen bzw. Störgedanken einfach akzeptieren, oder Sie lassen sie durch Konzentration auf etwas anderes in den Hintergrund treten.

Akzeptieren:

Akzeptieren Sie diese Gedanken, Bilder und Geräusche für den Augenblick. Lassen Sie sie einfach vorüberziehen, ohne sich intensiver damit zu befassen. Lesen Sie dazu weiter vorn auch die Tipps 58 und 59.

Konzentration auf etwas anderes:

A: Konzentration auf Vorstellungsbilder: Sie können Ihre Atemübungen auch mit Vorstellungsbildern verknüpfen. Beispielsweise können Sie sich ausmalen, wie Sie beim Einatmen Kraft und Energie aufnehmen und wie Sie beim Ausatmen alles Störende oder Belastende herausströmen lassen.

B: Konzentration auf den Körper beim Atmen: Außerdem können Sie sich auf das Atmen an sich oder die Wahrnehmung Ihres Körpers beim

---

[119] Gesund durch Meditation, Jon Kabat-Zinn (2013) Knaur-Verlag / Das kleine Buch vom achtsamen Leben, Dr. Patrizia Collard (2016) Wilhelm Heyne Verlag / Anleitung zur Achtsamkeit, Mike Annesley (2015) Dorling Kindersley Verlag GmbH / Achtsamkeit – bewusste Momente leben, Nadja Wetter & Karin Furtmeier (2017) BLV Buchverlag / Achtsamkeit im Job, Gerlinde Albrecht & Sabine Fries (2016) Verlag Herder GmbH / Mindfulness, Ellen J. Langner (2015) Verlag Franz Vahlen GmbH.

Atmen konzentrieren: So können Sie zum Beispiel das Heben und Senken der Bauchdecke beobachten. Diese Bewegungen können Sie beim Einatmen in Gedanken als „heben" und beim Ausatmen als „senken" beobachten und benennen.

C: Konzentration auf positive Affirmationen, wie etwa *„Mein Atem reinigt meinen Körper und gibt mir Kraft"* oder *„Mit jedem Atemzug fühle ich mich wohler"*, sind geeignet, beim Ein- bzw. Ausatmen störende Gedanken zu reduzieren. So können sich Ihr Körper und Ihre Gedanken entspannen und mögliche Störgedanken in den Hintergrund treten.

Strategie 23: Den Optimismus trainieren

Eine positive Sicht der Dinge verdrängt negative Gedanken, macht das Leben leichter und stärkt auch Körper und Geist. **So zeigen Studien, dass Menschen mit einer positiven Grundeinstellung länger und glücklicher leben sowie tendenziell gesünder sind als zum Pessimismus neigende Personen.**

Dazu wurde im Jahre 2001 folgende Studie durchgeführt:[120] Studienteilnehmer waren sechshundert US-amerikanische Nonnen, die sich bereit erklärten, persönliche Texte offenzulegen, die sie während ihres Ordenseintritts verfasst hatten. Das war etwa um 1940; die angehenden Ordensschwestern waren zu diesem Zeitpunkt durchschnittlich 22 Jahre alt. Die Forscher untersuchten die Texte auf positive emotionale Wörter und generelle Positivität. Sie schlossen daraus, wie die Grundstimmung der Nonnen zu diesem Zeitpunkt gewesen war. Die Nonnen erlaubten den Forschern weiterhin, ihre

[120] Danner, D./Snowdon, David A./Friesen, Wallace V. (2013) Positive Emotions in Early Life an Longelivety: Findings from the Study. In: Journal of Personality and Social Psychology, Ausgabe 80, 5.

Gehirne nach ihrem Tod auf degenerative Veränderungen zu untersuchen. Zum Zeitpunkt der Analyse waren etwa 60 Prozent der Nonnen verstorben. Deshalb wurde auch ihre Lebensdauer in die Studie aufgenommen. Da sich ihre äußeren Lebensumstände stark glichen, kann man davon ausgehen, dass andere Einflussfaktoren eine eher untergeordnete Rolle spielten. Die Ergebnisse:

- Alle Nonnen, denen 1940 eine positive Grundstimmung bescheinigt wurde, lebten im Schnitt **zehn Jahre länger.**
- Die Gehirne der glücklicheren Nonnen wiesen deutlich weniger Anzeichen von degenerativen Veränderungen (Alzheimer) auf. **Diese Nonnen waren bis zu ihrem Tod geistig gesund.**
- 54 Prozent der glücklichsten Nonnen wurden mindestens **94 Jahre** alt, während nur 15 Prozent der unglücklichsten dieses Alter erreichten.

Die Ergebnisse dieser und anderer Studien[121] deuten auf Folgendes hin: **Eine optimistische Grundstimmung hat einen positiven Einfluss auf Gesundheit und Lebensdauer.** Eine positive Lebenseinstellung kann enorm viel bewirken, und wer sich auch trotz Stress und Belastungen seinen Optimismus bewahrt, ist zudem besser vor Infektionen geschützt als ein Pessimist in der gleichen Situation.[122] Zudem hat die moderne Hirnforschung bewiesen: Wer sich jeden Tag des Lebens freut und Probleme nicht als Barriere, sondern als Herausforderung sieht, der aktiviert das Belohnungs-

[121] Siehe etwa: https://www.pnas.org/content/suppl/2019/08/20/1900712116.DCSupplemental (letzter Zugriff: 19.03.2020)

[122] Schulz, H./Vögele, C./Meyer, B. (2009) Optimism, Self-Efficacy, and Perceived Stress as Predictors of Self-Reported Health Symptoms in College Students. Zeitschrift für Gesundheitspsychologie, 17, 4, 2009, 185-195.

zentrum im Gehirn, wo die guten Gefühle entstehen. **Das Zentrum wird dabei wie ein Muskel auf- und ausgebaut, und die guten Gefühle entwickeln sich immer leichter.**

Wussten Sie, dass ...

... Menschen mit einem gesunden Optimismus im Durchschnitt 20 Prozent länger leben, beruflich erfolgreicher und körperlich gesünder sind und glücklichere Beziehungen führen?[123] *Eine pessimistische Weltsicht hingegen verkürzt die Lebenszeit nachweislich um etwa drei Jahre.*[124]

Tipp 67: Das Gute in der heutigen Zeit sehen

Manche Menschen verfallen der Versuchung, die Gegenwart mit der doch so *„guten alten Zeit"* zu vergleichen und sind der Meinung, dass früher alles einfacher, leichter und besser war. Dabei gilt: Fast alles wurde besser, aber kaum jemand merkt es. Menschen in Deutschland und der Welt waren noch nie so sicher, frei, wohlhabend und sogar zufrieden. Egal wie man es misst, fasst jeder Aspekt der Lebensqualität steigt weltweit an. Trotzdem vermuten nur vier Prozent der Deutschen, dass die Welt besser wird.[125] **Hinter der (meist unbegründeten) Glorifizierung der Vergangenheit stehen**

---

[123] Seligmann, Martin E. P. (2017) Authentic Happiness: Using the New Positive Psychology to Realize Your Potential for Lasting Fulfillment. Nicholas Brealey Publishing.

[124] Terman Life-Cycle Study of Children with high Ability, 1922-1991; Download unter: http://www.icpsr.umich.edu/icpsrweb/NACDA/studies/08092 (letzter Zugriff: 15.02.2020)

[125] Gastvortrag von Prof. Dr. Martin Schröder: „Warum es uns noch nie so gut ging – und wir trotzdem ständig von Krisen reden", Fakultät für Psychologie und Pädagogik der Ludwig-Maximilians-Universität München am 05.12.2018.

jedoch psychologische Effekte: Etliche Studien belegen, dass wir die Vergangenheit oft durch eine rosarote Brille betrachten – und die Gegenwart kann damit selten mithalten. Bereits 1997 zeigten dies Forscher um Terrence Mitchel von der University of Washington in Seattle.[126] Sie befragten die Teilnehmer während einer Europareise, einer Fahrradtour sowie eines Ausflugs an Thanksgiving (dem amerikanischen Erntedankfest), wie gut ihnen diese Unternehmungen gefielen. Die Antworten fielen mittelmäßig aus. Erkundigte man sich bei denselben Menschen jedoch einige Wochen später nach dem jeweiligen Erlebnis, so fanden sie es fast durchweg positiver. Der Grund: **Wir erinnern uns oft nur an die schönen Seiten der Vergangenheit, alles Beschwerliche und Lästige gerät hingegen in Vergessenheit.**

Eine weitere Ursache für den verbreiteten Hang zum Verherrlichen der Vergangenheit liegt in einem Phänomen, das Psychologen als ***„prävalenzinduzierten Konzeptwandel"*** bezeichnen. **Wir messen die Verbreitung oder Ausprägung einer Sache nicht an absoluten Kriterien, sondern relativ zu unserer Umgebung.** So haben Familien in Deutschland heute so viel Zeit füreinander wie noch nie. Trotz gestiegener Erwerbsarbeit verbringen Mütter täglich fast anderthalbmal und Männer fast doppelt so viel Zeit mit ihren Kindern wie Eltern Mitte der 1980er Jahre. Subjektiv empfinden jedoch viele, dass man früher mehr Zeit für die Kinder zur Verfügung hatte. Auch lebten Anfang der 1980er Jahre nach Berechnungen der Weltbank mehr als 40 Prozent der Menschheit in extremer Armut, im Jahr 2000 waren es noch 30 Prozent, inzwischen sind es nur noch etwa 10 Prozent. Nach einer Umfrage der Hilfsorganisation Oxfam unterschätzen jedoch 99,5 Prozent der Deutschen diesen weltweiten Rückgang extremer Armut.[127] Obwohl die Welt objektiv gesehen besser wird, haben wir oftmals das

---

126 Mitchell, T. R. et al. (1997) Temporal adjustments in the evaluation of events: the „rosy view". Journal of Experimental Social Psychology 33.

127 Schröder, Martin (2019) Warum es uns besser geht, als wir glauben. In: Gehirn & Geist, 05/2019,12-17.

gegenteilige Gefühl. **Der reale Rückgang an Problemen macht uns sensibler für die verbleibenden bzw. vermeintlichen Schwierigkeiten. Außerdem lassen steigende Ansprüche häufig auch milde Nöte gravierend erscheinen.** Nun könnten Sie einwenden, dass es für Ihr subjektives Wohlbefinden nicht so entscheidend ist, wie schlecht es anderen früher einmal ging. Das Schicksal eines Arbeiters im 19. Jahrhundert lässt Sie womöglich eher kalt als der erfolgreiche und wohlhabende Nachbar, der Ihnen Ihren eigenen Lebensstil dürftig erscheinen lässt. Allerdings kann es auch sehr wohltuend sein, wenn man nicht nach den anderen schielt, sondern sich das schwere Los früherer Generationen in Erinnerung ruft.

- Sie sollten sich daher öfter vor Augen führen, was alles besser geworden ist, das fühlt sich gut an und motiviert für die Zukunft.

Tipp 68: Positive Selbstbeeinflussung

Forscher an der australischen University of New England haben 2016 in einer großen Metaanalyse untersucht, mit welchen Strategien Optimismus gestärkt werden kann.[128] Dabei haben sie die Literatur systematisch nach Arbeiten zum Thema durchforstet. Übriggeblieben sind nach streng wissenschaftlichen Kriterien 29 Studien mit insgesamt mehr als 3.000 Teilnehmern. **Die häufigste und laut den Autoren auch erfolgreichste Intervention zur Verbesserung des eigenen Optimismus war *„The Best Possible Self Intervention"*** (auf Deutsch in etwa: *Die bestmögliche Selbstbeeinflussung).* Diese Optimismus-Übung umfasst einen Zeitraum von sechs Wochen und funktioniert folgendermaßen:[129] Sie haben die Aufgabe, jede Woche über ein erstrebenswertes Ziel in der Zukunft nachzudenken und

[128] Malouff, John M./Schutte, Nicola S. (2017) Can psychological interventions increase optimism? A meta-analysis. The Journal of Positive Psychology, 12:6, 594-604.
[129] https://greatergood.berkeley.edu/pdfs/optimism_intervention.pdf (letzter Zugriff: 01.03.2020)

Ihre Gedanken dazu auf Papier zu bringen. Schreiben Sie dazu in jeder Woche täglich zehn Minuten lang auf, was Ihnen zu dem jeweiligen Ziel gerade in den Sinn kommt.

Wir haben den Eindruck, alles gehe den Bach runter, während in Wirklichkeit lediglich unsere Ansprüche steigen.

Ode Marquard

Achten Sie dabei bitte auf folgende Punkte:

- Seien Sie dabei so kreativ und einfallsreich, wie Sie möchten.
- Verwenden Sie den Schreibstil, der Ihnen zusagt.
- Ignorieren Sie Grammatik und Rechtschreibung.

Woche 1: Nehmen Sie sich Zeit, um über Ihre Wunschvorstellung von Ihrem zukünftigen Familienleben nachzudenken. Stellen Sie sich vor, dass zum Beispiel in zehn Jahren alles so perfekt gelaufen ist, wie es nur möglich war. Vielleicht haben Sie einen unterstützenden Partner oder eine glückliche Beziehung zu Ihren Kindern und Enkeln. Vielleicht wohnen Sie in der Nähe Ihrer Eltern, Freunde oder Geschwister und können viel Zeit mit ihnen verbringen. Denken Sie an die Verwirklichung Ihrer Wunschvorstellung. Beschreiben Sie dabei so viele Details, wie Sie wollen. Notieren Sie jeden Tag in dieser Woche aufs Neue Ihre Gedanken in Bezug auf Ihr glückliches Familienleben in der Zukunft.

Woche 2: Nehmen Sie sich Zeit, um über Ihre optimale berufliche Zukunft nachzudenken. Stellen Sie sich vor, dass zum Beispiel in zehn Jahren beruflich alles so perfekt gelaufen ist, wie es nur möglich war. Vielleicht haben Sie Ihren Traumjob oder führen Ihr eigenes Unternehmen – egal ob in Vollzeit oder nur ein paar Stunden die Woche. Denken Sie an die Verwirklichung Ihrer bestmöglichen beruflichen Karriere. Beschreiben Sie so viele Details Ihres beruflichen Alltages, wie Sie möchten. Notieren Sie jeden Tag in dieser Woche Ihre Gedanken zu Ihrem glücklichen Berufsleben in der Zukunft.

Woche 3: Nehmen Sie sich Zeit, um sich Ihre bestmögliche körperliche, geistige und seelische Gesundheit in der Zukunft vorzustellen. Stellen Sie sich vor, dass zum Beispiel in zehn Jahren bezüglich Ihrer Gesundheit alles so perfekt gelaufen ist, wie es nur möglich war. Vielleicht trainieren Sie regelmäßig und legen Wert auf gesunde Ernährung. Vielleicht empfinden Sie weniger Angst und machen sich nicht mehr so viele Sorgen. Denken Sie an Ihre Wunschvorstellung bezüglich Ihrer idealen körperlichen, geistigen und seelischen Gesundheit und beschreiben Sie so viele Details, wie Sie wollen. Notieren Sie jeden Tag in dieser Woche Ihre Gedanken zu Ihrer bestmöglichen Gesundheit in der Zukunft.

Woche 4: Nehmen Sie sich Zeit, um über Ihr glückliches Liebesleben in der Zukunft nachzudenken. Stellen Sie sich vor, dass zum Beispiel in zehn Jahren alles so perfekt gelaufen ist, wie es nur möglich war. Vielleicht haben Sie einen wundervollen Partner, und jeder beneidet Sie um die Beziehung, die Sie führen. Denken Sie an die glücklichste Beziehung, die Sie sich vorstellen können. Beschreiben Sie so viele Details Ihres idealen Liebeslebens, wie Sie mögen. Notieren Sie jeden Tag in dieser Woche aufs Neue Ihre Gedanken zu Ihrem Liebesleben in der Zukunft.

Woche 5: Nehmen Sie sich Zeit, um über Ihr schönstes Hobby oder Ihre erfüllendste Freizeitbeschäftigung in der Zukunft nachzudenken. Stellen Sie sich vor, dass zum Beispiel in zehn Jahren alles so perfekt gelaufen ist, wie es nur möglich war. Vielleicht können Sie so viel Zeit, wie Sie möchten, mit dieser Aktivität verbringen, egal ob es sich um Gartenarbeit, Lesen, Reisen, Golfen oder etwas anderes handelt. Denken Sie an Ihre Lieblingsbeschäftigung in der Zukunft. Beschreiben Sie so viele Details Ihrer idealen Freizeitbeschäftigung, wie Sie wollen. Notieren Sie jeden Tag in dieser Woche Ihre Gedanken zu Ihren Lieblingsbeschäftigungen in der Zukunft.

Woche 6: Nehmen Sie sich Zeit, um über Ihr ideales soziales Leben in der Zukunft nachzudenken. Stellen Sie sich vor, dass zum Beispiel in zehn Jahren alles so perfekt gelaufen ist, wie es nur möglich war. Vielleicht haben Sie eine Gruppe von Freunden und Nachbarn, mit denen Sie gerne zusammen sind, oder Sie sind von Menschen umgeben, die Ihnen Unterstützung bieten und mit denen Sie sich austauschen können. Malen Sie sich Ihr ausgefülltes soziales Leben in der Zukunft aus. Beschreiben Sie so viele Details Ihres sozialen Lebens, wie Sie möchten. Notieren Sie jeden Tag in dieser Woche Ihre Gedanken zu Ihrem idealen sozialen Leben der Zukunft.

Wenn Sie diese Übung wie beschrieben ausführen, haben Sie nach sechs Wochen Ihren **„Optimismus-Muskel"** gut trainiert. Probieren Sie es aus und blicken Sie künftig mit einer verstärkt positiven Sichtweise in die Zukunft. Das verbessert Ihre Stimmung, erhöht die Zufriedenheit, stärkt Ihr Selbstvertrauen und erhöht Ihr Glücksniveau.

Tipp 69: Optimismus testen

Wenn Sie herausfinden möchten, wie optimistisch Sie sind, so können Sie den 32 Fragen umfassenden Optimismus-Test auf der Website von Professor Seligman, dem Begründer der Positiven Psychologie, ausfüllen:

https://www.authentichappiness.sas.upenn.edu/. Einfach oben rechts auf der Website die gewünschte Sprache auswählen, kostenlos registrieren, und los geht's. Die Auswertung wird allerdings nur auf Englisch angezeigt. (Letzter Zugriff: 15.03.2020)

Der QR-Code zur Website von Prof. Seligman: 

7. WAS TUN, WENN MIR DIE ARBEIT ÜBER DEN KOPF WÄCHST?

Strategie 24: Arbeit und Freizeit im Gleichgewicht halten

Arbeit ist eine enorme Ressource für unser Glücksempfinden und Wohlbefinden. Wenn uns unsere Arbeit Freude bereitet, erleben wir Zufriedenheit und Bestätigung. So zählt die Arbeit auch zu den zehn wichtigsten Faktoren für die Lebenszufriedenheit.[130] Auch würden mehr als 70 Prozent aller Beschäftigten ihrer Arbeit selbst dann nachgehen, wenn sie finanziell gar nicht darauf angewiesen wären.[131]

Die Arbeit hält drei große Übel fern:
die Langeweile, das Laster und die Not.

Voltaire

Allerdings kann Arbeit auch als Belastung empfunden werden und zu körperlichen und psychischen Beeinträchtigungen führen. Zwar sind die mit der Arbeit verbunden körperlichen Belastungen in den westlichen Industrieländern seit den 1980er Jahren rückläufig, es haben sich jedoch neue arbeitsbedingte psychische Stressoren entwickelt.[132] **Daher stehen seelische Belastungen durch die Arbeit und die durch sie ausgelösten Ge-**

[130] Raffelhüschen, B./Schöppner, K.-P. (2012) Deutsche Post Glücksatlas. Knaus Verlag.
[131] Befragung des Gallup Instituts: Gallup Engagement Index (2012).
[132] Siehe ausführlich zur Arbeit früher und heute: Bauer, Joachim (2013) Arbeit – Warum unser Glück von ihr abhängt und wie sie uns krank macht. Blessing Verlag.

sundheitsstörungen heutzutage im Vordergrund. Diese Belastungen beeinträchtigen und schmälern unser Glücksempfinden sowie unser Zufriedenheitsniveau. Ein Hauptgrund für die Zunahme psychischer Belastungen am Arbeitsplatz liegt darin, dass die Arbeitswelt in den letzten Jahrzehnten infolge von Globalisierung, Finanz- und Wirtschaftskrisen sowie kommunikationstechnischem Fortschritt einem enormen Wandel unterworfen war. Die Merkmale dessen, was als moderne Arbeit beschrieben wird, sind vielfältig und erschreckend zugleich: Verdichtung, Beschleunigung, enorme Informationsflut, Multitasking, ständige Unterbrechungen, mehr Arbeit in weniger Zeit, eine massive Zunahme beruflich bedingten Pendelns, dauernde Erreichbarkeit und Verfügbarkeit, steigender Termin- und Leistungsdruck, sinkender Gestaltungsspielraum und wachsende Angst um den Arbeitsplatz sind Kennzeichen des modernen Arbeitens.

Neben den steigenden Anforderungen am Arbeitsplatz hat sich in den vergangenen Jahrzehnten auch die Lebensweise unserer Gesellschaft verändert. **Während früher Phasen der Entspannung vorgegeben waren, sind diese heute Mangelware.** Noch in den 1970er Jahren genoss man ein handyfreies Mittagessen. Am Samstag wusch man das Auto, am Sonntag ging man vormittags für eine Stunde in die Kirche, und nachmittags spielte man nach dem Spaziergang mit der Familie Karten. Der Abend war für die Familie und nicht zum Fernsehen da, die Nacht zum Schlafen und nicht zum Surfen im Netz und der Sonntag zum Ruhen und nicht zur Arbeitsvorbereitung. Im Urlaub war man nicht erreichbar, weil es noch keine tragbaren Telefone gab. **Heute haben sich die Regeln und Standards geändert:** Die Arbeit ist mobil, man ist immer online und checkt alle paar Minuten die E-Mails. Wenn am Abend ein Fernsehprogramm nicht gefällt, zappt man einfach durch alle Sender oder streamt neue Folgen seiner Lieblingsserien. Vor dem Schlafengehen surft man nochmals im Netz oder chattet mit Menschen, von denen man die meisten eigentlich gar nicht persönlich kennt. Auch die Freizeitaktivitäten der ganzen Familie sind oft minutiös durchgeplant. Und sogar die sportlichen Aktivitäten orientieren sich am Leistungsgedanken, schließlich muss der Marathon ja unter dreieinhalb Stunden gelaufen werden. Und im Urlaub liest man, dank günstigem Roaming, via Smartphone Nachrichten und E-Mails von der Arbeit.

Durch diese Intensivierung und Beschleunigung der Arbeit und Freizeitgestaltung ergeben sich auch einige der Hauptursachen für modernen Stress. Sie kennen vermutlich aus Erfahrung solche Situationen: Sie sind gereizt, weil Sie mehrere Sachen auf einmal erledigen wollen oder müssen. Sie fühlen sich überlastet, weil heute wieder einmal „alles zusammenkommt". Sie fühlen sich niedergeschlagen, weil der Chef nichts zum erfolgreichen Projektabschluss gesagt hat. Sie sind wütend, weil Ihnen der Arbeitskollege schon wieder eine neue Arbeit „aufgedrückt" hat. Sie fühlen sich gerädert, weil Sie vergangene Nacht wieder nicht gut geschlafen haben. Sie ärgern sich, weil Sie keine Zeit für sich haben. Sie haben das Gefühl, aus dem Gleichgewicht zu sein.

Der Hochseilartist

Ein Kind sieht staunend einem Hochseilartisten zu, wie er in schwindelerregender Höhe über das schmale Seil balanciert. Voller Bewunderung fragt das Kind später: *„Wie machst du das nur, dass du nie das Gleichgewicht verlierst?"* Darauf erwidert der Seiltänzer: *„Ich habe mein Gleichgewicht ständig verloren, aber ich finde es auch immer wieder."*

Tipp 70: Mein persönliches Gleichgewicht

Sowohl im Berufs- als auch im Privatleben bewegen wir uns ständig zwischen Anspannung und Entspannung, zwischen Zuständen erhöhter und verminderter Aktivierung. Dabei gilt es, auf Dauer ein gesundes Mischverhältnis im Sinne eines inneren Gleichgewichts zwischen diesen beiden Befindlichkeiten herzustellen. Die ehrliche Beantwortung der folgenden zwanzig Fragen vermittelt Ihnen einen Eindruck, inwieweit Sie sich im Gleichgewicht befinden.[133]

Selbsttest: Mein persönliches Gleichgewicht[134] (1 = fast immer / 5 = fast nie)	**1**	**2**	**3**	**4**	**5**
Ich schlafe gut ein.					
Ich schlafe gut durch.					
Ich wache ausgeruht auf.					
Ich kann in meiner Freizeit gut abschalten.					
Ich bin emotional ausgeglichen.					
Ich kann genießen.					
Ich kann gut entspannen.					

[133] Nach Späth/Grabitzki (2012) Leben und Arbeit in Balance. Beltz Verlag.

Ich bin zuversichtlich.					
Ich bin körperlich gesund.					
Ich esse weder zu viel noch zu wenig.					
Ich treibe regelmäßig Sport. (3 x die Woche mindestens 30 Minuten)					
Ich kann gut allein sein.					
Ich bin gern mit anderen Menschen in Kontakt.					
Ich fühle mich kraftvoll.					
Ich gönne mir im Laufe der Woche Freiräume für mich.					
Ich spüre schnell, wenn es mir zu viel wird.					
Ich mache öfters kleine Pausen.					
Ich gönne mir im Laufe des Tages etwas Ruhe für mich.					
Ich bin in der Lage, meine Zeit gut einzuteilen.					
Ich habe einen klaren Blick fürs Wesentliche, beruflich wie privat.					
Einzelsummen					
Gesamtsumme					

Auswertung:

Unter 30 Punkten:	Kompliment, Sie sind ausgeglichen und im Gleichgewicht.
31 - 55 Punkte:	Sie liegen (noch) im gesunden Bereich.
56 - 70 Punkte:	Vorsicht! Gefahr in Verzug!
Über 71 Punkte:	Ernsthafte Gefährdung! (Unterforderung, Überforderung oder Erschöpfung)

Wenn Sie den Fragebogen ausdrucken möchten, geben Sie einfach diesen Link in Ihren Browser ein: http://bit.ly/Test-Mein-Gleichgewicht

Hier der dazugehörige QR-Code zum Download:

Strategie 25: Zusammenhang von Motivation und Stress erkennen

So wie das innere Gleichgewicht sind auch Stress und Motivation sowohl von äußeren (umfeldbezogenen) als auch inneren (persönlichen) Einflüssen abhängig. Eine wichtige Rolle spielen dabei Ihre persönliche Einstellung und Ihre Ressourcen. Wer aus eigenem Willen und mit Überzeugung etwas erreichen will, wer also motiviert ist, arbeitet mit mehr Energie, Beharrlichkeit und Ausdauer an der Realisierung einer Aufgabe. Menschen, die besonders stark motiviert sind, klagen deutlich später über Stress, wenn sie Druck ausgesetzt sind. **Hohe Motivation, eine Aufgabe zu erledigen oder ein Ziel zu erreichen, senkt die wahrgenommene Belastung und macht uns stressresistenter**. Steigt im Allgemeinen die Motivation, mit beruflichen oder privaten Anforderungen umzugehen, entsteht in der Folge automatisch weniger Stress.

Bei mangelnder Motivation hingegen konzentrieren wir uns auf Probleme, negative Rahmenbedingungen, Hemmfaktoren und Hindernisse. Wir suchen Wege und Methoden, um die ungeliebte Arbeit zu vermeiden, und finden Gründe, weshalb etwas noch nicht begonnen oder erledigt wurde. Die Ergebnisse sind dann meist nur mittelmäßig oder überhaupt nicht zufriedenstellend. Wenn wir uns auf diese negativen Aspekte fokussieren, werden wir die Aufgabe oder Arbeit schneller als Stress wahrnehmen.

Zum einen vermindert Stress die Motivation, und zum anderen kann mangelnde Motivation Stress verursachen.

Beate Guldenschuh-Feßler

Sich selbst zu motivieren funktioniert jedoch nur, wenn wir uns in einer positiven und entspannten Stimmung befinden und ein Gefühl von Vertrauen und Sicherheit vorherrscht. Wenn wir dagegen Angst empfinden oder Stress erleben, sind die psychischen Systeme auf Angriff oder Flucht ausgerichtet. **Untersuchungen bestätigen, dass nur in entspanntem Zustand und**

bei positiver Grundstimmung eine Orientierung hin zu mehr Motivation stattfinden kann.[135] Nur wenn es Ihnen gelingt, Stress abzubauen, werden Sie Zugang zu den Möglichkeiten der Selbstmotivierung finden.[136]

Motivation

Der Begriff Motivation beruht auf dem lateinischen Wort *„movere"*, das *„bewegen"* bedeutet. Motivation ist in der Psychologie eine Sammelbezeichnung für vielerlei Prozesse, deren gemeinsamer Kern darin besteht, das eigene Verhalten auf die Folgen einer Handlung auszurichten und dabei die Richtung und den Energieaufwand zu steuern.[137] **Allgemein formuliert, ist Motivation die Fähigkeit, sich geistig oder körperlich auf etwas zuzubewegen.**

Menschen tun nur Dinge,
für die sie gute Gründe haben.

Seneca

In der Motivationsforschung gelten dabei die jeweiligen Motive als die wesentlichen Beweggründe menschlichen Verhaltens. Motive sind meist von bestimmten Zielvorstellungen geprägt und können dabei bewusst oder

135 Vgl. Schmajuk/DiCarlo (1992) Stimulus configuration, classical conditioning, and hippocampal function. Psychological Review, 99, 268-305.
136 Siehe Martens, Jens-Uwe (2012) Praxis der Selbstmotivierung. Kohlhammer Verlag.
137 Heckhausen, J./Heckhausen, H. (2010) Motivation und Handeln. Springer Verlag.

unbewusst sein.[138] Wie viele unterschiedliche Motive es gibt, kann nicht klar definiert werden. In der Wissenschaft gibt es dazu unterschiedliche methodische Herangehensweisen und Studien.[139] Menschliche Motive sind so verschieden, wie Menschen in ihrer Persönlichkeit verschieden sind. Dabei gilt: **Unsere Motive sind die Schlüssel zur Motivation: Wenn Sie passen, öffnen Sie die Tür zu Initiative, Begeisterung, Ausdauer und Leistungsbereitschaft.**

Obwohl jede Person andere Motive hat, so strebt der menschliche Organismus generell danach, solche Ereignisse herbeizuführen, die positive Gefühlszustände anregen, und solche zu vermeiden, die zu negativen Gefühlszuständen führen.[140] Aus neurobiologischer Sicht entstehen motivierende Gefühle nur dann, wenn unser Motivationssystem beginnt, bestimmte Botenstoffe auszuschütten.[141] Unser Motivationssystem besteht aus einem in der Mitte unseres Gehirns gelegenen Nervenzellennetzwerk, dessen Botenstoffe für die Erzeugung von Motivation und Lebensfreude wesentlich sind.[142] Diese Nervenzellen produzieren unter anderem Dopamin, Oxytocin sowie endogene Opioide.[143] Die Ausschüttung dieser Botenstoffe beginnt dann, wenn zwischen Ihren Motiven und den Anreizen der Situation, in der Sie sich befinden, eine Wechselwirkung besteht. Ein Anreiz kann jedoch nur dann wirken, wenn das entsprechende Motiv auch gut ausgeprägt ist. Auf der anderen Seite kommt ein stark ausgeprägtes Motiv erst dann zum Tragen,

---

[138] Siehe etwa Wunderer/Küpers (2003) Demotivation – Remotivation. Wie Leistungspotenziale blockiert und reaktiviert werden. Luchterhand Verlag.

[139] Siehe etwa: Reiss, Steven (2012) Wer bin ich und was will ich wirklich? Mit dem Reiss-Profile die 16 Lebensmotive erkennen und nutzen – mit einem Selbsttest im Anhang. Redline Verlag.

[140] Kuhl, Julius (2001) Motivation und Persönlichkeit: Interaktionen psychische Systeme. Hogrefe Verlag

[141] Siehe Bauer, Joachim (2013) Arbeit – Warum unser Glück von ihr abhängt. Blessing Verlag.

[142] Ausführlich in: Bauer, Joachim (2006) Prinzip Menschlichkeit. Warum wir von Natur aus kooperieren. Hoffman und Campe Verlag.

[143] Siehe dazu Roth, Gerhard (2007) Persönlichkeit, Entscheidung und Verhalten. Klett-Cotta Verlag.

wenn die entsprechenden Anreize vorhanden sind. **Wenn Anreiz und entsprechendes Motiv zusammentreffen entsteht ein Handlungsdrang: Sie sind motiviert und wollen Ihre Ziele erreichen.**

Glücklich und erfüllt sind diejenigen, die sich andauernde positive Anspannung, Ergebnisse und Erfolgserlebnisse verschaffen, sprich diejenigen, die sich selber motivieren können.

Mihaly Csikszentmihalyi

Tipp 71: Selbsteinschätzung Motivatoren

Jeder hat sein persönliches und individuelles Motivationsprofil. Darin enthalten sind Ihre Anreize, die darüber entscheiden, wie Sie sich in bestimmten Situationen verhalten und in welchem Ausmaß und mit welcher Energie Sie eine bevorstehende Aufgabe angehen. Die nachfolgende Tabelle listet unterschiedliche berufliche Motivationsfaktoren auf.[144]

Wenn Sie den Fragebogen ausdrucken möchten, geben Sie einfach diesen Link in Ihren Browser ein: http://bit.ly/Motivatoren-Selbsteinschätzung

Hier der dazugehörige QR-Code zum Download:

[144] In Anlehnung an Kienbaum (2007) Motivation, Instrumente zur Führung und Verführung. Haufe Verlag. Einen Online-Test zu Ihrem Motivationsprofil finden Sie unter: http://www.testedich.at/tests/motivation/motivationsprofil.php (letzter Zugriff: 15.03.2020) oder im Anhang des Buchs von Steven Reiss (2012) Wer bin ich und was will ich wirklich? Mit dem Reiss-Profile die 16 Lebensmotive erkennen und nutzen. Redline Verlag.

Anleitung Selbsteinschätzung Motivatoren

Überlegen Sie, welche Anreize in welchem Ausmaß für Sie persönlich motivierend wirken. Motiviert Sie ein bestimmter Anreiz wenig bis überhaupt nicht, so schreiben Sie eine Ziffer zwischen 5 und 1 in die mittlere Spalte. Motiviert Sie ein Anreiz stärker bis sehr stark, dann schreiben Sie eine Zahl von 6 bis 10 in die rechte Spalte.

Anreize	**weniger motivierend (1-5)**	**stärker motivierend (6-10)**
Einfluss auf andere haben		
Sich neue, herausfordernde Ziele setzen und sie erreichen		
Verantwortung übernehmen		
Strukturen verändern, etwas bewegen		
In Aktivität stehen und auch unter widrigen Umständen Probleme lösen		
Die Arbeit nach eigenen Vorstellungen selbst gestalten		
Abwechslung haben durch immer wieder neue und unbekannte Aufgaben		
Alles richtig machen, Fehler vermeiden		
Alles geregelt, geordnet sehen		

Mich mit anderen messen, meine eigene Leistung mit der Leistung anderer vergleichen		
Nette Kontakte zu Kollegen haben		
Ansehen im Beruf und in der Gesellschaft haben (anerkannte Position, Statussymbole)		
Das Gefühl haben, gebraucht zu werden und helfen zu können		
Freude an der Steigerung der eigenen Geschäftszahlen haben		
Hohes Gehalt und damit verbundenen Lebensstil erreichen und halten		
Meine Persönlichkeit erfahren und weiterentwickeln		

Ob wir unser Ziel erreichen, ist nicht so wichtig.
Alles, was zählt, ist,
mit welcher Motivation wir es anstreben.

Dalai Lama

Auswertung:

Markieren Sie nun in der rechten Spalte die drei Motivationsfaktoren mit der höchsten Punktezahl und beantworten Sie für sich folgende Frage:

Inwieweit liefert mir meine Arbeit Möglichkeiten, diese Motivationsfaktoren zu leben?

Wenn Sie erfahren wollen, wie Sie Ihre Motive mit Ihrer Arbeit besser in Einklang bringen können, lesen Sie das Kapitel 11. Wie kann ich meine Lebensträume verwirklichen?

Stress

Den Begriff Stress benutzte vor rund 100 Jahren der amerikanische Physiologe Walter B. Cannon als Erster.[145] Er bezeichnete damit störende Einflüsse auf das innere Gleichgewicht eines Menschen. Die Popularität des Begriffes „Stress" begann mit den Arbeiten des kanadischen Mediziners Hans A. Selye. Er war der Erste, der ab 1936 vor allem auf die Krankheitsbedeutung von Stress hinwies.[146] Heute weiß man, dass die Stressreaktion eine völlig normale und sinnvolle Reaktion des Körpers auf erschütternde oder unvorhergesehene Ereignisse ist. Stress gehört zum Leben und kommt in allen Kulturen der Welt vor.

---

[145] Cannon, Walter B. (1914) The Interrelations of Emotions as suggested by recent Physiological Researchers. American Journal of Physiology, 25, 256-282.
[146] Selye, Hans A. (1976) The Stress of Life. McGraw-Hill.

Stress früher und heute

Ursprünglich lag der Sinn der Stressreaktion unseres Körpers darin, die Lebenserhaltung durch die Aktivierung eines reflexartigen Angriffs- und Fluchtmechanismus zu sichern. Stress und die damit verbundenen Reaktionen und Verhaltensweisen beruhen auf einem uralten genetischen Programm, einer angeborenen Reaktion, die es uns ermöglichen soll, rasch auf wechselnde Lebensumstände zu reagieren. Wenn Gefahr droht, kommt es blitzschnell zu einer immensen Aktivierung und Energiemobilisierung. Nehmen wir einmal ein, ein Urururahne sieht einen Tiger. Blitzschnell reagiert sein Körper mit einer Anpassung, die ihm Flucht oder Kampf ermöglicht. Die Muskulatur spannt sich an, der Herzschlag wird schneller, und der Blutdruck steigt. Die Atmung beschleunigt sich, um genügend Sauerstoff in die Muskulatur zu pumpen. Die Sinnesorgane werden aktiviert, die Pupillen weiten sich, und das Gehör wird geschärft. Unser Steinzeiturahn ist plötzlich hellwach. Zudem wird seine Schmerzwahrnehmung gesenkt, damit er auch dann weiterlaufen kann, wenn er sich auf der Flucht den Knöchel verstaucht. Die Blutgerinnung wird beschleunigt, damit er, falls er sich im Kampf eine Wunde zuzieht, nicht verblutet. Alle Systeme, die nicht unmittelbar zum akuten Überleben notwendig sind, wie etwa die Verdauung, werden heruntergefahren, um Energie zu sparen. Das alles passiert in Sekundenbruchteilen.[147] **Stress ist eine geniale Erfindung der Natur, die unserer Gattung quasi als Notfallprogramm das Überleben ermöglicht hat.**

Wilde Tiger oder andere lebensbedrohliche Situationen gibt es in unserem modernen Leben glücklicherweise nur noch selten. Doch auch in der „Wildnis" unseres Alltags lauern Gefahren und Herausforderungen, die wir ohne die Stressreaktion unseres Körpers nicht bewältigen könnten: Hohe Schwierigkeitsgrade der zu erledigenden Aufgaben, große Arbeitsmengen und Zeitdruck erzeugen Situationen, die von unserem Körper genauso wahrge-

---

[147] Siehe ausführlich in: Rensing, L./Koch, M./Rippe, B. (2006) Mensch im Stress. Spektrum Verlag.

nommen werden, wie eine gefährliche Flucht- oder Jagdsituation zur Zeit unserer Vorfahren. Würden wir in solchen Situationen keinen Stress empfinden, könnten wir die gewünschte oder geforderte Leistung nicht erbringen.

Stress ist, wenn man nicht nur der Arbeit nachgeht, sondern die Arbeit einem selbst nachgeht.

Gerhard Uhlenbruck

Und obwohl sich die Aufgaben gänzlich gewandelt haben, reagiert das klassische Stresssystem, das sich über Jahrmillionen entwickelt hat, beim modernen Menschen genauso wie bei seinen steinzeitlichen Vorfahren. Es wird immer dann aktiv, wenn konkrete körperliche oder geistige Leistungen gefordert sind. **Dass sich der moderne Mensch immer häufiger und intensiver gestresst fühlt, lässt sich insbesondere auf zwei Faktoren zurückführen: Zum einen leben wir in einer Welt mit einer wesentlich höheren Reizdichte als früher, und zum anderen werden wir viel älter.** Für den Steinzeitmenschen war es egal, dass seine Stressbelastungen im Alter Bluthockdruck, Herzinfarkt oder Diabetes begünstigten. Er starb in aller Regel, bevor diese Krankheiten überhaupt ausbrechen konnten. Zwei Menschen können in der gleichen Situation sein, aber ihr Stresslevel kann sich deutlich unterscheiden. Was den einen stresst, lässt den anderen kalt. Die Eigenschaft, bei Stress immer noch ruhig zu bleiben, wenn andere schon längst in Hektik verfallen, ist angeboren und bleibt ein Leben lang erhalten. **Sie zählt zu den sogenannten festen Persönlichkeits-**

merkmalen.[148] Bereits während der Schwangerschaft entscheidet sich, wie viel Stress Sie im Erwachsenenalter aushalten. Alles, was Ihrer Mutter während der Schwangerschaft zugefügt wurde, beeinflusst ihr Gehirn und Ihre Stressresistenz nachhaltig.[149] Auch kann intensiver Stress in der frühen Kindheit die Arbeitsweise von Genen, die an der Stressreaktion beteiligt sind, so beeinflussen, dass Stresshormone schneller und intensiver ausgeschüttet werden.[150] **Die gute Nachricht: Auch wenn Ihnen eine hohe Stressresistenz nicht in die Wiege gelegt wurde, können Sie sie erlernen!** Wesentlich für die Stressbewältigung ist nämlich die Art und Weise, wie ein Stress wahrgenommen wird und welche Gedanken und Schlussfolgerungen er auslöst. Wie Sie sich in akuten Stresssituationen entspannen können, lesen Sie in Strategie 32: Entspannungsübungen to go anwenden.

Was Sie stresst

Unser Gehirn unterteilt alle einwirkenden Reize in positive oder negative Reize. Alles, was nützlich oder angenehm ist, wird positiv bewertet; alles was unangenehm, bedrohlich oder überfordernd ist, wird als negativ eingestuft. Alle Situationen, die als unangenehm oder bedrohlich erlebt werden, können Auslöser für Stress sein. Das können auch positive Reize sein, die zu plötzlich, zu intensiv oder zu lange auftreten, sodass man glaubt, damit nicht umgehen zu können.[151] Diese belastenden Bedingungen und Situationen, in deren Folge der Körper Alarm schlägt und es zu einer Stressreaktion kommt, werden als **Stressoren** bezeichnet.

---

[148] Frank, G./Storch, M. (2010) Die Mañana-Kompetenz. Auch Powermenschen brauchen Pause. Piper Verlag.
[149] Roth, Gerhard (2008) Persönlichkeit, Entscheidung und Verhalten, Seite 22 ff., Klett-Cotta Verlag.
[150] Ising, Marcus (2012) Stresshormonregulation und Depressionsrisiko – Perspektiven für die antidepressive Behandlung, Forschungsbericht, Max-Planck-Institut für Psychiatrie. Download unter: http://www.mpg.de/4752810/Antidepressive (letzter Zugriff: 20.02.2020)
[151] Siehe etwa: Abramowitz Jonathan S. (2012) The stressless workbook. The Guilford Press.

Intensiviert werden diese Stressoren durch persönliche Stressverstärker, die je nach Ausprägung die Stresssituation verstärken und die Stressreaktion verschlimmern können. Solche Stressverstärker können sein: Eigene Grenzen zu missachten, Perfektionismus, eine Einzelkämpfer-Einstellung, negative Einstellungen wie *„Das schaffe ich nie"* oder unrealistische Erwartungen an sich oder andere.

Tipp 72: Innere Antreiber erkennen

Wir alle verfügen über Gewohnheiten, Werte und Wünsche, die unser Verhalten prägen. So wollen wir zum Beispiel den Erwartungen und Bedürfnissen anderer entsprechen und erhalten dafür dann meistens Anerkennung von außen. Manchmal empfinden wir im Rückblick nicht alle unsere Verhaltensweisen als angemessen. Meist waren dann unbewusste Verhaltensmuster und verinnerlichte Glaubenssätze am Werk, eben **innere Antreiber.** Gerade in Situationen mit erhöhter Belastung arbeiten solche inneren Antreiber wie automatische Steuerungen, die unser Denken, Fühlen und Verhalten bestimmen. Hier sind die fünf bekanntesten Antreiber und die Glaubenssätze, die sich hinter ihnen verbergen.

1 – Sei perfekt! *„Ich bin noch nicht gut genug!", „Es gibt immer etwas besser zu machen!", „Ich arbeite fehlerfrei, genau und gründlich!"*

2 – Sei beliebt! *„Ich will es allen recht machen und kann schlecht nein sagen!", „Ich will akzeptiert werden und vermeide Konflikte!", „Meine eigenen Interessen sind nicht so wichtig!"*

3 – Sei stark! *„Ich komme allein zurecht." „Ich beiße die Zähne zusammen und zeige keine Gefühle!", „Ich bewahre Haltung und lasse keine Schwäche zu!"*

4 – Streng dich an! *„Ich muss es schaffen und Probleme überwinden!", „Ich mühe mich ab bis zum Letzten und arbeite dafür hart!"*

5 – Sei schnell! *„Ich muss mich beeilen und bin dauernd beschäftigt!", „Ich mache mehrere Dinge gleichzeitig und darf keine Zeit verschwenden!"*

Jeder dieser fünf Antreiber kann uns in Stresssituationen noch mehr Energie rauben und uns belasten, obwohl in ihnen auch positive Ressourcen enthalten sind, wie zum Beispiel Genauigkeit und Konzentration (im Antreiber „Sei perfekt!"), Freundlichkeit und Liebenswürdigkeit (im Antreiber „Sei beliebt!"), Durchhaltevermögen und Ausdauer (im Antreiber „Sei stark!"), Gründlichkeit und Belastbarkeit (im Antreiber „Streng dich an!") sowie Schnelligkeit und die Fähigkeit, Chancen zu nutzen (im Antreiber „Sei schnell!").

Damit sich die Antreiber nicht negativ im Berufs- und Privatleben auswirken, ist es wichtig, sich mit ihnen ehrlich und selbstkritisch auseinanderzusetzen. Wie Sie mit negativen Glaubenssätzen umgehen können, erfahren Sie in unserem Ratgeber *Glaubenssätze – Ihre persönliche Formel für mehr Glück und Erfolg.*

Mit dem **Antreiber-Fragebogen im Anhang** können Sie feststellen, wie stark die fünf inneren Antreiber bei Ihnen ausgeprägt sind und welche Möglichkeiten es gibt, diese Antreiber für Sie ressourcenorientiert einzusetzen. Sie können den Fragebogen auch online ausfüllen.[152]

[152] Unter: http://lerncoaching-berlin.com/antreibertest.html (letzter Zugriff: 11.03.2020)

Tipp 73: Stressradar

Es gibt viele verschiedene Belastungen am Arbeitsplatz oder zu Hause. Beginnen Sie mit einer Analyse Ihrer persönlichen Stressoren, denn **nur, wenn Sie Ihre persönlichen Stressfaktoren kennen, können Sie gezielte Maßnahmen zum Stressabbau einleiten.** Der folgende Fragebogen hilft Ihnen bei der Analyse Ihrer Stressoren und soll in erster Linie zum Nachdenken anregen.[153]

- Gehen Sie die Liste auf der nächsten Seite durch und prüfen Sie, inwieweit die Aussagen zu den einzelnen Stressoren zutreffen. Entscheiden Sie, wie häufig die Stressoren in Ihrem Leben auftreten und wie belastend diese für Sie sind.

- Vergeben Sie zwei Werte pro Stressor: Einmal, wie häufig er auftritt, und einmal, als wie störend Sie diesen Stressor empfinden. Machen Sie ein Kreuz in dem jeweiligen Kästchen und multiplizieren Sie jeden Stressor mit den beiden Werten *„Häufigkeit"* und *„Bewertung"*. Liegen mehr als zehn Gesamtwerte der *„Belastung"* über vier, sollten Sie jedenfalls Techniken zur Stressreduktion erlernen.

Den Fragebogen zum Stressradar können Sie unter folgendem Link downloaden: http://bit.ly/Stress-Radar

Der entsprechende QR-Code dazu:

[153] Nach dem Stressradar der Techniker Krankenkasse (TK).

Stressradar:

Stressoren:	Häufigkeit				x Bewertung				= Belastung
	nie	manch mal	häufig	sehr oft	nicht störend	kaum störend	ziemlich störend	stark störend	Summe
	0	1	2	3	0	1	2	3	
Termin- bzw. Zeitdruck									
Störungen, z. B. bei der Arbeit									
Dienstreisen									
Ungenaue Anweisungen und Vorgaben									
Verantwortung									
Konkurrenzkampf									
Multitasking									
Konflikte am Arbeitsplatz									
Ärger mit dem Chef									
Ärger mit Kunden									
Ungerechtfertigte Kritik									
Dauerndes Telefonklingeln									
Informationsüberflutung									
Neuer Verantwortungsbereich									
Umweltbelastungen wie Lärm, Schmutz									
Bildschirmarbeitsplatz									
Mangelhafte Kommunikation									
Autofahrt in der Stoßzeit									
Schulschwierigkeiten der Kinder									
Doppelbelastung von Familie und Beruf									
Ärger mit der Verwandtschaft									
Krankheitsfall in der Familie									
Hausarbeit									
Rauchen									
Alkoholkonsum									
Übermäßige Kalorienzufuhr									
Bewegungsmangel									
Schwierigkeiten bei Kontaktaufnahme									
Unerfreuliche Nachrichten									
Konflikte mit Kindern									
Fehlende Erholungszeiten									
Menschenansammlung									
Trennung vom (Ehe-) Partner									
Trennung von der Familie									
Einkaufen in der Stoßzeit									
Hohe laufende Ausgaben / Schulden									
Misserfolge									
Ärztliche Untersuchungen									
Sorgen									
Unzufriedenheit mit dem Aussehen									
Eigene Beispiele:									

Liegen mehr als zehn Werte über 4, sollten Sie Techniken zur Stressreduktion erlernen! Ergebnis: _______

Tipp 74: Stresstagebuch

- Als Alternative oder Ergänzung können Sie auch ein persönliches Stresstagebuch führen.[154] Beobachten Sie sich für etwa zwei bis drei Wochen selbst und notieren Sie auftretende Stresssituationen. Tragen Sie nicht nur starke Stresssituationen ein, sondern auch kleine stressige Begebenheiten. Nicht nur ein großer Streit ist belastend, auch der kleine Ärger wirkt nach.

- Machen Sie sich zu jedem Stressauslöser Notizen, was Sie kurz-, mittel- und langfristig tun können, um die Stressbelastung zu senken.

Ein Stresstagebuch hilft Ihnen, Ihre persönlichen Stressoren zu entdecken, und unterstützt Sie bei der Stressreduktion.

Beispiel für ein einfaches Stresstagebuch:

Stressauslöser	**Uhrzeit**	**Stressreaktion**	**Stärke** 1: leicht 2: mittel 3: stark	**Geplante Veränderung**
Streit mit dem Nachbarn	10:00	Aggressivität, Wut	3	Klärendes Gespräch
Meine Präsentation wurde kurzfristig vorverlegt	14:00	Ärger, schlechte Laune	2	Chef künftig um frühzeitige Info bitten
Sohn früher von der Schule abholen	12:00	Unruhe	1	Opa fragen, ob er einspringen kann

[154] Siehe auch Juli, D./Schulz, A. (1998) Stressverhalten ändern lernen. Rowohlt Verlag.

Strategie 26: Dauerstress vermeiden

Ein gewisses Maß an Anspannung ist in vielen Arbeits- und Lebenssituationen notwendig, damit wir die gewünschte Leistung abrufen können. Kurzfristiger und kontrollierbarer Stress vermag die Leistungsfähigkeit zu erhöhen und kann sogar das Immunsystem anregen.[155]

Das Ziel kann nicht ein Leben ohne Stress sein.
Es kommt darauf an, das richtige Ausmaß an
Stress zu haben.[156]

Robert M. Sapolky

Bliebe unser Stresslevel immer innerhalb eines gesunden Rahmens, wäre Stress kein Problem. Dazu wird er erst, wenn die sinnvolle Reaktion unseres Körpers zu intensiv, zu häufig und zu konstant ausgelöst wird. Wird Stress zum Dauerzustand, kann diese Überlastung krank machen. **Wer dauernd im Notfallprogramm lebt, kann nicht entspannen.** Und wer nicht entspannt, kann nicht die Energie tanken, die er zwingend braucht, um den Alltag zu meistern. **Der Teufelskreis der Erschöpfung beginnt.** Während früher die Phasen der Entspannung ausgedehnter waren, betreiben wir heutzutage eine systematische Sympathikus-Aktivierung.[157] Es kann daher passieren, dass wir von morgens bis abends in einer Art körperlichen Gen-

---

[155] Medzhitov, Ruslan (2008) Origin and physiological roles of inflammation. Nature, 454, 428-435.

[156] Sapolky, Robert M. (2013) Neurobiologe an der Stanford University, in: Psychologie Heute, Heft 4 2013.

[157] Der Sympathikus ist der Teil unseres vegetativen Nervensystems, der den Körper bei Stress in erhöhte Leistungsbereitschaft versetzt, was den Abbau von Energiereserven zur Folge hat.

eralmobilmachung verbringen, so als müssten wir den ganzen Tag vor einem Tiger flüchten. Chronischer Stress ist eine Einfallstür für verschiedene Erkrankungen, insbesondere für Depressionen, Burn-out und andere psychosomatische Störungen. **Nicht zu bewältigender chronischer Stress frustriert, macht hoffnungslos und depressiv.** So sind sechzig Prozent derer, die eine starke arbeitsbedingte Stressbelastung erleben, durch Schlafstörungen, Burn-out-Symptome oder eine Depression beeinträchtigt.[158] Die Folgen von Dauerstress beschränken sich nicht nur auf die Psyche, sondern greifen auch die Organe des Körpers an.[159] Bei zu langanhaltender Belastung bricht das gesamte Anpassungsvermögen des Organismus zusammen: Die Folgen sind erhöhter Blutdruck, erhöhte Blutfettwerte, Kopf- und Rückenschmerzen, ständige Infekte, ein erhöhtes Diabetesrisiko und als Folge dieser Veränderungen ein erhöhtes Risiko für Arteriosklerose und koronare Herzerkrankungen.[160]

Laut Psychokardiologen sind Stress und Ärger auch des Öfteren die eigentlichen Auslöser eines Herzinfarktes. Psychischer Stress erhöht das Risiko einer Herzattacke nicht nur über das autonome Nervensystem, sondern auch indirekt. **So verhalten sich Menschen in Belastungssituationen häufig gesundheitsschädigend. Sie rauchen mehr, ernähren sich ungesund oder trinken mehr Alkohol und bewegen sich zu wenig.** Besonders dramatisch sind die negativen Wirkungen von Dauerstress auf das Immunsystem. Während kurzfristiger Stress das Immunsystem anregt, zerstört chronischer Stress es durch die Ausschüttung des Hormons Cortisol regelrecht.[161] Viele Untersuchungen zeigen, dass man unter Dauerstress schneller krank und langsamer wieder gesund wird. Wunden heilen lang-

---

[158] Befragung des Robert Koch-Instituts 2012.

[159] Siehe Wendemuth, D./Jung, D./Peterman, O. (2010) Praxishandbuch psychische Belastungen im Beruf. Universum Verlag.

[160] Siehe etwa: McEwen, Bruce (2000) Allostasis and allostatic load: Implications für Neuropsychopharmacology. Neuropsychopharmacology 22, 108-124.

[161] Glaser/Kiecolt-Glaser (2005) Stress-induced immune dysfunction: implications for health. Nature Reviews Immunology, 5, 243-251.

samer, und sogar Impfungen wirken bei dauerhaft gestressten Menschen schlechter als bei anderen.[162] Steigt der Cortisolspiegel, spüren wir auch den Schmerz deutlich weniger. Dauerstress beeinträchtigt jedoch die Funktion dieses Systems und lässt die Cortisolproduktion sinken, was wiederum zu verstärktem Schmerzempfinden führt. **Dauerstress hebelt also alle Schmerzregulationssysteme des Körpers aus und lässt Schmerzen chronisch werden.[163]** Auch auf unser Gehirn hat chronischer Stress einen direkten schädigenden Einfluss. Stress bewirkt nämlich, dass weniger Gehirnzellen nachwachsen. Überwiegt der Abbau der Nervenzellen, kommt es zu Beeinträchtigungen des Gedächtnisses und der Konzentration.[164]

Wussten Sie, dass ...

... chronischer Alltagsstress für die Entstehung eines Herzinfarktes genauso gefährlich ist wie Rauchen und viel gefährlicher als medizinisch etablierte Risikofaktoren wie Bluthochdruck und Diabetes? Dabei wären rund 90 Prozent des Infarktrisikos beeinflussbar.[165]

---

[162] Schulz/Gold (2006) Psychische Belastung, Immunfunktionen und Krankheitsentwicklungen. In: Bundesgesundheitsblatt – Gesundheitsforschung, 8/2006, 759-772.

[163] Grillparzer, Marion (2013) Ich hab Rücken, Südwest Verlag.

[164] Holden, Constance (2010) Future brightening for depression treatments. Science 2010. Download unter: http://www.sciencemag.org/content/302/5646/810.summary (letzter Zugriff: 10.03.2020)

[165] Yusuf et al. (2004) Effect of potentially modifiable risk factors associated with myocardial infarction in 52 countries (the Interheart Study), Lancet (2004) 364: 937-952, sowie: Fischer, J. (2009) Stress, Produktivität und Gesundheit. In: Kromm, Frank (Hrsg.) (2012) Unternehmensressource Gesundheit, Symposion Düsseldorf, und Rüegg, J. C. (2012) Die Herz-Hirn-Connection: Wie Emotionen, Denken und Stress unser Herz beeinflussen. Schattauer Verlag.

Tipp 75: Stresstest[166]

Die nachfolgenden zehn Fragen befassen sich mit Ihren Gefühlen und Gedanken während des vergangenen Monats. Kreuzen Sie für jede Frage die Antwort an, die für Sie stimmig ist.

Stresstest	**nie** **0**	**fast nie** **1**	**ma-nch-mal** **2**	**ziem-lich oft** **3**	**sehr oft** **4**
Wie oft haben Sie sich im vergangenen Monat uber ein unvorhergesehenes Ereignis aufgeregt?					
Wie oft hatten Sie im letzten Monat das Gefühl, wichtige Sachen in Ihrem Leben nicht im Griff zu haben?					
Wie häufig fühlten Sie sich in den letzten Wochen nervös und gestresst?					

166 Nach: Cohen, S. et al. (1993) A global measure of perceived stress, Journal of Health and Social Behavior, 24, zitiert nach: Abramowitz, J. S. (2012) The stressless workbook. The Guilford Press.

Wie oft fühlten Sie sich im letzten Monat fähig genug selbstbewusst mit Ihren persönlichen Problemen umzugehen?					
Wie oft hatten Sie vergangenen Monat das Gefühl, dass die Dinge für Sie richtig gut laufen?					
Wie oft hatten Sie das Gefühl, Ihre Aufgaben nicht mehr bewältigen zu können?					
Wie oft konnten Sie in den vergangen vier Wochen Ihre Verärgerung unter Kontrolle halten?					
Wie oft hatten Sie das Gefühl, Ihre Aufgaben gut meistern zu können?					
Wie oft haben Sie sich über Dinge geärgert, auf die Sie keinen Einfluss hatten?					
Wie oft hatten Sie das Gefühl, dass die Probleme Ihnen über den Kopf wachsen und dass Sie nicht mehr in der Lage sind, sie zu lösen?					

Auswertung:

Nehmen Sie Ihre Antworten auf die Fragen 4, 5, 7 und 8 und polen Sie die Werte wie folgt um:

Die 0 wird zur 4
1 wird zur 3
2 bleibt die 2
3 wird zur 1
4 wird zur 0

Addieren Sie nun diese umgepolten Werte mit den angekreuzten Werten der Fragen 1, 2, 3, 6, 9 und 10 zu einer Gesamtpunktzahl.

Je höher Ihre Punktezahl ausfällt, desto gestresster fühlen Sie sich:

0-10 = wenig Stress; 11-20 = mäßiger Stress; 21-30 = viel Stress; 31-40 – extrem viel Stress.

Den Fragebogen zum Stresstest können Sie unter folgendem Link downloaden: http://bit.ly/Stress-Test-Link

Der entsprechende QR-Code dazu:

Weitere Stresstests finden Sie im Internet unter:
http://www.palverlag.de/stress-test.php oder
http://www.psychomeda.de/online-tests/
(Letzte Zugriffe am 15.03.2020)

Stress, Depression und Burnout

Die Liste der Symptome, die durch anhaltenden Stress auftreten können, ist lang. Typisch sind Herz-Kreislauf-Probleme, Schlafstörungen, Appetitverlust, Verdauungsprobleme, nachlassende Libido, Kopf- und Rückenschmerzen, Angstzustände, Antriebsschwäche und Mutlosigkeit. Alles Symptome, die auch bei Depressionen zu beobachten sind. Doch nicht nur die Krankheitszeichen ähneln sich.

Wussten Sie, dass …

… chronischer Stress die geistige Leistungsfähigkeit beeinträchtigt und uns dümmer macht?[167]

Der Zusammenhang zwischen Stress und Depressionen wird beim Blick auf die neurobiologischen Abläufe im Gehirn deutlich. Bei beiden Belastungszuständen spielt eine anhaltend erhöhte Konzentration der Stresshormone eine Rolle. Wie die Wechselwirkung zwischen Stress und Depression genau abläuft, weiß man bislang jedoch nicht. **Als erwiesen gilt jedoch, dass Dauerstress zur Entwicklung einer Depression beitragen kann (Stressdepression).**[168] Aber auch umgekehrt gibt es Hinweise, dass Menschen mit einer vorhandenen Depression sehr viel leichter in Stress geraten, da ihr Kontrollsystem für Stresshormone gestört ist.

---

[167] Stressforscher Bruce McEwen in: Psychologie Heute, April 2013.

[168] Keck, E. Martin (2008) Vom Stress zur Depression und zurück – ein Teufelskreis. Entstehung und therapeutische Konzepte. In: Psychiatrie 3/2008. Download unter: https://www.sgad.ch/wordpress/wp-content/uploads/fachpersonen/Schweizer_Zeitschrift_fuer_Psychiatrie_und_Neurologie_Stress-Depression_4.08.pdf (letzter Zugriff: 09.03.2020)

Hat sich aus dem Dauerstress eine Stressdepression entwickelt oder besteht dieser Verdacht, bedarf es unbedingt der medizinischen Abklärung, damit frühzeitig eine Therapie eingeleitet werden kann. Während „normaler" Stress häufig durch Entspannungstraining oder auch körperliche Aktivität abgebaut werden kann, muss eine Stressdepression medikamentös und/oder psychotherapeutisch behandelt werden!

Depression oder Burn-out?

In der öffentlichen Diskussion werden die Begriffe Burn-out und (Stress-) Depression häufig vermischt und nicht voneinander abgegrenzt. Burn-out bezeichnet Überbelastungen im Arbeitsleben, die zu einem *„Ausgebrannt-sein"* führen und letztlich in emotionaler Erschöpfung, Frustration und auch Leistungseinbußen münden. Erschöpfungsgefühle und andere gesundheitliche Beschwerden, die im Zusammenhang mit dem Burn-out stehen, sind jedoch nicht gleichzusetzen mit einer psychischen Erkrankung wie der Depression. Ein Burn-out kann allerdings das Risiko erhöhen, verschiedene Erkrankungen zu entwickeln. Dazu gehören körperliche Erkrankungen wie z. B. Bluthochdruck, Tinnitus, chronische Kopf- und Rückenschmerzen sowie Schlafstörungen, Angstzustände und auch Depressionen.

Tipp 76: Die emotionale Erschöpfung messen[169]

Das Ausmaß emotionaler Erschöpfung ist ein Gradmesser für Burn-out. Deshalb ist es wichtig, eine emotionale Erschöpfung als solche zu identifizieren, sobald sich erste Symptome zeigen. Denn sie kann letztlich zu noch schlimmeren Problemen wie einem Burn-out, einer Depression oder anderen psychischen Erkrankungen führen.

---

[169] Nach: Bergner, Thomas (2010) Burnout bei Ärzten. Arzt sein zwischen Lebensaufgabe und Lebens-Aufgabe. Schattauer Verlag.

Beurteilen Sie auf einer Skala von 1 bis 10, wie weit Sie den entsprechenden Sätzen für sich zustimmen können oder nicht. 1 bedeutet: *Trifft überhaupt nicht auf mich zu.* 10 bedeutet: *Trifft ohne Einschränkung auf mich zu.*

Aussage	**Einschätzung von 1-10**
Ich habe keine Kraft mehr für meinen Beruf.	
Ich fühle mich leer.	
Ich habe keine Reserven mehr.	
Mir fehlen die Antworten auf wichtige Fragen in meinem Leben.	
Ich weiß nicht mehr, warum ich meinen Beruf auf diese Weise ausübe.	
Ich möchte meinen Beruf am liebsten an den Nagel hängen.	
Ich kann mir heute nicht vorstellen, den Beruf bis zur normalen Altersgrenze durchzuhalten, ich will vorher aufhören.	
Ich brauche dringend Urlaub.	
Ich kann Aufgaben außerhalb der Reihe fast nicht mehr durchstehen.	
Ich fühle mich wie ausgebrannt.	
Summe	

Auswertung:

Zählen Sie zunächst Ihre Punkte zusammen, wobei die Gesamtpunktzahl zwischen 10 und 100 liegt. Je höher der Wert, umso größer ist Ihre emotionale Erschöpfung. Es gibt keinen festen Grenzwert, ab dem man sicher von Burn-out sprechen kann, weil viele weitere Faktoren eine Rolle spielen. Die Erfahrung zeigt, dass ein Wert unter 30 gegen Burn-out spricht. Werte ab 60 hingegen sind starke Indizien für Burn-out. Sie sollten dann auf jeden Fall medizinische oder psychologische Beratung in Anspruch nehmen.

Den Fragebogen zur emotionalen Erschöpfung können Sie unter folgendem Link downloaden: http://bit.ly/Test-emotionale-Erschöpfung

Der entsprechende QR-Code zum Download:

Strategie 27: Positiven Stress erleben

Jede körperliche oder geistige Anstrengung benötigt ein gewisses Maß an Stressenergie. Im Idealfall erleben wir Stress als Motivation in Folge einer Herausforderung, die uns beispielsweise im Sport hilft, die nötigen Energiereserven in der letzten Spielminute aufzubringen, oder uns während einer wichtigen Prüfung wachhält, obwohl wir in der Nacht zuvor kein Auge zugemacht haben. Die Bezeichnung für diese Art von positivem Stress lautet *Eustress*[170] (von griechisch: *eu* = gut). Eustress ist die angenehme Form von Stress. Er spornt den menschlichen Körper zu Höchstleistungen an und ermöglicht damit Erfolgserlebnisse. **Da Eustress immer mit positiven Gemütszuständen zusammenhängt, wirkt er auch stark motivierend.** Eustress entsteht dann, wenn die Situation als kontrollierbar und als eine zu meisternde Herausforderung angesehen wird und man sich von der Lösung der Aufgabe ein positives Ergebnis erwartet.[171] In Maßen erlebt, bewirkt Eustress keine gesundheitlichen Schäden. Ein gesundes Stresslevel liegt dabei im mittleren Belastungsgrad zwischen den Zuständen der Unter- und Überbelastung.[172]

Das Flow-Erlebnis

Sie kennen vielleicht den Zustand, so in Ihre Arbeit vertieft zu sein, dass Sie nicht hören, wenn Ihr Name gerufen wird, oder plötzlich entdecken, dass es schon viel später ist, obwohl Sie das Gefühl haben, dass erst wenige Minuten vergangen sind. **Dies sind Momente, in denen Sie intensiven Eustress, den sogenannten *„Flow"*, erleben.** Als *„Flow"* wird in der Psychologie eine Erfahrung bezeichnet, bei der man völlig in seiner Tätigkeit aufgeht und dabei ein besonderes Glücksgefühl erlebt. Ein Zustand also, in dem die Aufmerksamkeit und die Handlung miteinander verschmelzen. Das Flow-Konzept basiert auf den dreißigjährigen Forschungen des Psychologen Mihaly Csikszentmihalyi. Dabei untersuchte er auch, wie dieses Gefühl der Euphorie entstehen kann.[173] Wenn eine Tätigkeit so schwierig ist, dass Sie sie nicht bewältigen können, erleben Sie Stress und Frustration. Können Sie die Aufgabe hingegen ohne nennenswerte Anstrengung geistiger und körperlicher Art leicht bewältigen, sind Sie schnell gelangweilt. Das

---

[170] Negativer Stress wird als Distress bezeichnet.
[171] Mc Lean, Jay (2010) Psychological Eustress: An Exploratory Regulated Process. An empirical examination of positive stress – what it looks like and how to foster it. VDM Verlag.
[172] Weinert, Ansfried (2004) Organisations- und Personalpsychologie. Belz Verlag.
[173] Csikszentmihalyi/Selega (2000) Optimal experience – Psychological Studies Of Flow in Consciousness. Cambridge University Press.

motivierende Zufriedenheits- und Glücksgefühl des Flows können Sie nur dann erleben, wenn Sie sich in Ihrem persönlichen *„Flow-Kanal"* befinden. Der Flow-Kanal öffnet sich jedoch nur dann, wenn Sie eine Herausforderung wählen, die zwar Ihre gegenwärtigen Grenzen leicht übersteigt, Sie die Herausforderung jedoch mit entsprechend hohem Einsatz Ihrer Fähigkeiten noch gut bewältigen können. Im Flow-Kanal stimmen die Anforderungen der Aufgabe mit Ihren Fähigkeiten optimal überein. Wichtig ist auch, dass sich die gestellte Aufgabe bzw. Herausforderung für Sie selbst am Ende des Prozesses als belohnend und erstrebenswert darstellt. Dann stehen die Chancen gut, in einen Flow zu geraten, der mit dem optimalen Empfinden von Eustress gleichzusetzen ist.[174] **Insofern liegt das Geheimnis in dem schmalen Grat zwischen Über- und Unterforderung.** Auch eine zu monotone, wenig herausfordernde Arbeit sowie Aufgaben, die einen nicht auslasten, können zu Langeweile und Frust führen und genauso belasten wie eine Überlastung.[175] Stellen Sie sich daher folgende Frage: *„Bei welchen Aufgaben und Tätigkeiten mache ich die Erfahrung des Flows?"*

Woher wissen Sie, in welchem Bereich Sie sich befinden?[176]

Den Übergang von Eustress zu Distress, das heißt von Lust auf Leistung zu Unterforderung oder Überlastung, signalisiert jeder Körper individuell, meist an seinem schwächsten Punkt. Beispiele sind Migräne, Nervosität oder Gereiztheit, Heißhunger, Appetitlosigkeit, Schlafstörungen oder Daueranspannung.

---

[174] Nakamura/Csikszentmihalyi (2002) The concept of flow. In: Snyder, C. R./Lopez, S. J. (Hrsg.), Handbook of positive psychology, Oxford University Press.
[175] Rothlin/Werder (2007) Diagnose Boreout – Warum Unterforderung im Job krank macht. Redline Verlag.
[176] Nach: Stress – Wie Sie Stressoren erkennen und Belastungen besser bewältigen können. Techniker Krankenkasse 2013.

Anzeichen für Überforderung:

- Sie fühlen sich überfordert.
- Sie zeigen zunehmende Stressreaktionen.
- Sie sind planlos und resigniert.
- Ihre Leistung wird immer schlechter.
- Fehler häufen sich.
- Ihre Krankheitsanfälligkeit steigt.

Anzeichen für Unterforderung:

- Sie fühlen sich häufig unwohl.
- Sie sind gelangweilt und wenig motiviert.
- Die Leistung ist schlecht.
- Schlampigkeitsfehler treten auf.

Anzeichen für eine mittlere Stressdosis (optimal):

- Sie fühlen sich wohl.
- Die Arbeit macht Ihnen Spaß.
- Sie bewerten Stress als Herausforderung.
- Sie fühlen sich voller Energie.
- Sie liefern gute Arbeitsergebnisse.

Wie viel Eustress ist gesund?

Völlig in einer Sache aufzugehen und Raum und Zeit zu vergessen, ist ein schönes Gefühl, und es ist zu wünschen, dass Sie das oft und regelmäßig erleben dürfen. Allerdings kann auch hier des Guten zu viel geben. Denn man kann auch trotz permanentem Eustress und Flow in Burn-out und Depressionen verfallen. Neurobiologisch verantwortlich dafür sind das Entspannungshormon Serotonin, das Begeisterungshormon Dopamin und das Euphoriehormon Endorphin.

Positiver Dauerstress verbraucht Serotonin. Ohne Serotonin jedoch erleben wir keine Entspannung, keine Muße und keine Zufriedenheit. Serotoninmangel macht uns depressiv und motivationslos.[177] **Irgendwann kippt also auch beim Dauer-Eustress die Stimmung.**

Wenn wir hoch motiviert ein Ziel verfolgen, hinter dem eine Belohnung auf uns wartet, benötigen wir das Begeisterungshormon Dopamin.[178] Während das Adrenalin blitzschnell wach macht, hilft uns das Dopamin, alle Kräfte einzusetzen, um langfristig ein positiv besetztes Ziel zu erreichen, wie etwa eine Beförderung oder den erfolgreichen Abschluss einer Weiterbildung. Vom Erfolg motiviert, geht es dann sofort mit vollem Elan und Einsatz an die Realisierung des nächsten Ziels und so weiter. Hält der Dopaminrausch jedoch zu lange an, verändert sich der Zustand der Aufmerksamkeit hin zur Aufgeregtheit und schließlich zur Zerstreutheit.[179] Wir registrieren dann tausend Sachen um uns herum, bringen sie jedoch in keinen Zusammenhang und wissen nicht, was wir zuerst tun sollen. Wir wechseln sprunghaft von einer Aufgabe zur anderen, alles lenkt uns ab, und die Leistung sinkt. Deswegen folgt dem Dopaminrausch, in dem der Sympathikus daueraktiviert und der Parasympathikus dauergebremst wird, so oft der Burn-out: die „Krankheit der Tüchtigen".[180]

Schließlich gibt es Menschen, die durch starke Belastungen zu einer hohen und langanhaltenden Endorphin-Ausschüttung neigen. Endorphine sind Stimmungsaufheller, senken die Schmerzschwelle und werden deshalb bei akuter Belastung aktiv. **Dadurch fühlt man sich in Hochstimmung und kann Körpersignale, die eine Pause einmahnen, lange Zeit**

---

[177] Sapolsky Robert M. (2000) Stress hormones: good and bad. Neurobiol Dis., 7, 540-542.

[178] Arias-Carrion/Pöppel (2007) Dopamin, learning and reward-seeking behaviour. Acta Neurobiol Exp, 67, (4), 481-488.

[179] Colzato, L. S. et al. (2009) Dopamin and inhibitory action control: evidence from spontaneous eye blink rates. Experimental Brain Research, 196 (3), 467-474.

[180] Siehe: Frank/Storch (2012) Die Mañana-Kompetenz. Auch Powermenschen brauchen Pause. Piper Verlag.

ignorieren. Man wird förmlich süchtig nach Stress. Folge ist wiederum eine Daueraktivierung des Sympathikus mit erhöhtem Abbau der Energiereserven. Besonders problematisch ist es, wenn Dopaminrausch und Endorphinsucht zusammenfallen. Oft werden dann Sport oder Entspannung unter dem Leistungsprinzip betrieben: Der Marathon muss unter einer bestimmten Zeit gelaufen werden, und die Entspannung muss am kommenden Power-Wellness-Wochenende erfolgen. Wenn Sie das Gefühl haben, sich darin wiederzuerkennen, machen Sie folgenden Selbstcheck:

Tipp 77: Überlastungssignale erkennen[181]

	ja	**nein**
Haben Sie öfter Probleme beim Einschlafen?		
Lesen oder arbeiten Sie, wenn Sie allein essen?		
Finden Sie es schwer, nichts zu tun?		
Haben Sie ständig Ihr Handy an, auch wenn es gar nicht notwendig wäre?		
Arbeiten Sie gerne an Wochenenden oder Feiertagen?		
Können Sie jederzeit und überall arbeiten?		
Finden Sie es schwer, Urlaub zu nehmen?		
Hatten Sie schon seit Längerem keinen Kontakt zu Freunden außerhalb der Arbeit?		
Zappen Sie ständig, wenn Sie fernsehen?		

[181] In Anlehnung an Frank/Storch (2012) Die Mañana-Kompetenz. Auch Powermenschen brauchen Pause. Piper Verlag.

Haben Sie einige Male „Ja" angekreuzt, empfehlen wir Ihnen jedenfalls das Erlernen einer Entspannungsmethode. Lesen Sie dazu auch *Kapitel 8: Wie kann ich tagsüber entspannen?*

Diesen Selbstcheck können Sie unter folgendem Link downloaden: http://bit.ly/Überlastungs-Signale

Der entsprechende QR-Code zum Download: 

Tipp 78: Mehr Eustress erleben

Wenn Sie öfter Eustress und Flow-Erlebnisse verspüren wollen, dann sollten Sie:

- sich Ziele setzen.
- Ihre Ziele mit Ihren Motiven und Werten in Einklang bringen.
- sich immer wieder neuen Herausforderungen stellen.
- vermehrt Ihre Stärken zum Einsatz bringen.
- laufend Ihre eigenen Fähigkeiten verbessern, um die Herausforderungen auch erfolgreich bewältigen zu können.
- Entspannungsmethoden erlernen, die Ihre Ressourcen stärken und Ihre Regeneration fördern.

Obwohl Flow immer mit Wohlergehen verbunden ist, beachten Sie bitte, dass Flow und das Auskosten von Eustress viele Ressourcen beanspruchen und Sie hinterher einen geschwächten körperlichen oder geistigen Zustand aufweisen. Achten Sie deshalb auf ausreichend Erholung, damit Ihnen für die nächste Aufgabe wieder genug Energie zur Verfügung steht.

Strategie 28: Lernen, Nein zu sagen

Vielen Menschen fällt es ausgesprochen schwer, jemandem eine Bitte abzuschlagen oder Nein zu sagen. Man ist ja hilfsbereit und wird eines Tages auch die Hilfe der anderen brauchen. Dabei ist es auch unsere Pflicht als gute Menschen, nicht immer nur an uns zu denken und hin und wieder die eigenen Interessen zurückzustellen. Problematisch wird es jedoch, wenn es zur Regel wird und man es nur noch selten oder nie schafft, eine Bitte abzulehnen. Dabei hat das Jasagen auch Vorteile für einen selbst: Wenn wir nicht Nein sagen, glauben wir, gemocht zu werden, gelten als hilfsbereit und können Konflikten und leidigen Diskussionen aus dem Weg gehen. Zudem vermeiden wir Schuldgefühle, die wir bekämen, wenn der andere enttäuscht wäre, weil wir Nein gesagt haben.

Wenn Sie immer Ja sagen, nehmen Sie sich selbst weniger wichtig als andere. Mit jedem Ja stellen Sie sich in der Warteschlange des Lebens immer und immer wieder ganz hinten an.

Beate Guldenschuh-Feßler

Wenn Sie künftig häufiger Nein sagen, dann heißt das auch, auf einige dieser Vorteile zu verzichten: Es wird Diskussionen geben, warum Sie plötzlich nicht mehr zu allen Bitten Ja sagen. Man wirft Ihnen vielleicht vor, egoistisch oder herzlos zu sein, oder man sagt Ihnen sogar, Sie hätten sich zu Ihrem Nachteil verändert. Ihre Arbeitskollegen, Freunde, Partner oder Kinder müssen sich erst einmal daran gewöhnen, dass Sie kein „Ja-Sager" mehr sind und dass Sie sich wichtig nehmen und nicht mehr nach der Pfeife anderer tanzen. Dabei ist es weder herzlos noch egoistisch, wenn Sie für sich einstehen und hin und wieder Nein zu den Bitten und Wünschen anderer sagen. Im Gegenteil: **Wenn Sie ein selbstbestimmtes und glückliches Leben führen möchten, dann müssen Sie auch mal Nein sagen. Bedenken Sie immer: Nein sagen zu können ist wichtig für Ihren Selbstschutz, denn wer stets mit einem Ja auf die Wünsche seiner Umwelt reagiert, belastet sein Energie- und Zeitkonto.** Wenn Sie keine Grenzen ziehen, dann zahlen Sie mitunter einen hohen Preis: Sie fühlen sich unglücklich und unzufrieden, erlauben anderen, über sich, Ihre Energie und Zeit zu verfügen, und laufen Gefahr, an einem Burn-out oder an Depressionen zu erkranken. Nein sagen zu lernen, ohne Schuldgefühle zu haben, bedeutet wesentlich mehr, als den simplen Beschluss, irgendetwas nicht zu tun. **Neinsagen zu lernen heißt, Ihrem eigenen Urteilsvermögen zu vertrauen und sich für so wichtig zu nehmen, dass Ihre Bedürfnisse befriedigt werden.** Die folgenden Tipps helfen Ihnen dabei, das Neinsagen zu lernen.

Tipp 79: Analyse der Situationen

Finden Sie diejenigen Situationen, in denen Sie immer wieder Ja sagen, obwohl Sie das nicht möchten. Stellen Sie sich dazu insbesondere folgende Fragen:

- *Treffe ich mich immer wieder mit bestimmten Personen, obwohl ich das nicht möchte – aus welchen Gründen auch immer?*
- *Habe ich vor einiger Zeit eine Aufgabe oder Verpflichtung übernommen, die ich nicht länger übernehmen möchte?*

Reflektieren Sie für sich, welche Personen oder Situationen es sind, bei denen Sie immer Ja sagen.

Tipp 80: Analyse der Gründe

Dass es Ihnen schwerfällt, auch mal eine Bitte oder ein Anliegen abzulehnen, kann die unterschiedlichsten Gründe haben. Selbst wenn sie Nein sagen wollen und sich das fest vorgenommen haben, schaffen es viele Menschen nicht, es im entscheidenden Moment tatsächlich zu tun. Stattdessen weichen sie aus, geben nach, und am Ende kommt beim Gegenüber doch ein Ja an. Klarheit darüber zu erhalten, was es Ihnen ganz persönlich schwer macht, Nein zu sagen, hilft dabei, genau diese Ängste und Bedenken zu überwinden. Hier einige Ursachen, weshalb Sie vielleicht zu oft Ja sagen:

Die Angst, abgelehnt und nicht mehr gemocht zu werden. Eine Angst, die Menschen im Freundes- oder Bekanntenkreis, in der Familie und im Job haben können. Viele machten als Kind die Erfahrung, dass manche Menschen jemanden nur dann mögen, wenn dieser ihnen nützlich ist. Heute als Erwachsener können Sie diesen Zusammenhang jedoch erkennen und Ihr Verhalten entsprechend verändern. Fest steht, dass Sie sowieso nicht erreichen können, von allen gemocht zu werden – auch dann nicht, wenn Sie alles dafür tun. Wählen Sie daher die Freunde und Menschen, mit denen Sie sich umgeben, mit Bedacht aus.

Man will nicht egoistisch oder herzlos wirken. Diese Ursache liegt in unseren Werten begründet. Sie brauchen jedoch keine Angst davor zu haben, gleich ein Egoist zu sein, nur weil Sie nicht sofort springen, wenn jemand Sie um etwas bittet. Aber es kann durchaus sein, dass man es Ihnen vorwirft. Doch nur weil Sie jemand als egoistisch beschimpft, sind Sie es nicht! Der Egoismus-Vorwurf ist sehr wirkungsvoll, wenn man andere zu etwas bringen will. Nehmen Sie diesen Manipulationsversuch jedoch nicht einfach so hin. Sie wissen selbst am besten, wie viel Sie für andere tun und dass Sie nicht herzlos sind. Ein klarer Blick hilft Ihnen hier weiter. Wenn Sie sehr unsicher sind, können Sie auch eine Person, die Sie gut kennt, der Sie vertrauen und die es gut mit Ihnen meint, dazu befragen.

Die kürzesten Wörter, nämlich Ja und Nein,
erfordern das meiste Nachdenken.

Pythagoras

Angst vor Konsequenzen. Nicht jeder reagiert freudig, wenn Sie eine Bitte ablehnen. Es kann also durchaus zu Konflikten kommen. Vielleicht haben Sie im Berufsleben Angst, Ihren Job zu verlieren. Hier ist es sehr wichtig, die Situation möglichst objektiv und realistisch einzuschätzen. Es gibt tatsächlich Situationen, in denen es besser ist, Ja zu sagen, aber diese sind sehr viel seltener, als man glaubt. Machen Sie sich klar, dass Sie schon viele Konflikte in Ihrem Leben bewältigt haben und dass Konflikte zum Miteinander gehören. Immer alles zu tun aus Angst vor den Reaktionen anderer, raubt Ihnen Ihre Unabhängigkeit.

Das Bedürfnis, gebraucht zu werden. Diese Ursache liegt oft unbewusst in uns und ist deshalb gar nicht so leicht zu durchschauen. Für andere da sein zu können, gebraucht zu werden, helfen zu können – all das tut vielen Menschen sehr gut. Und es ist ja auch tatsächlich schön, anderen etwas Gutes tun zu können. Wichtig ist nur, dass Sie hier nicht die Balance verlieren und auf diese Weise ein sogenanntes Helfersyndrom entwickeln. Damit brennen Sie nämlich über kurz oder lang selbst aus.

Angst, etwas zu versäumen. Dies ist ein Aspekt, der sehr oft übersehen wird, der jedoch ganz entscheidend ist. Vor allem im Freizeitbereich treibt viele das Bedürfnis an, nur nichts zu verpassen. Und so muss man bei jeder Feier, jeder Veranstaltung oder jedem Treffen dabei sein. Man übernimmt Aufgaben und Gefälligkeiten, weil man glaubt, dadurch *„im Geschehen"* zu sein und dass einem etwas entgeht, wenn man nicht dabei ist. Hier hilft nur eines: lernen, Prioritäten zu setzen. Finden Sie heraus, was Ihnen wirklich Spaß macht, was Ihnen etwas gibt, und trainieren Sie Schritt für Schritt, auch mal eine Einladung abzulehnen oder an einer Veranstaltung nicht teilzunehmen. Sie werden sehen, dass das Leben weitergeht, auch wenn Sie nicht überall dabei sind. Und den gewonnenen Freiraum werden Sie auf ganz neue Art nutzen können.

Tipp 81: Strategien entlarven

Zu den eben angeführten inneren Ursachen kommt auch noch die Tatsache, dass es uns die anderen oft nicht gerade leicht machen, Nein zu sagen. Verständlich, denn schließlich möchten sie ja, dass wir ihrer Bitte nachkommen. Strategien derer, die uns zu etwas bringen wollen, sind zum Beispiel Schuldgefühle auszulösen, Erpressung, Druck, Überrumpelung, Schmeicheleien, die Mitleidstour und anderes mehr.

Hier hilft nur eines: diese Strategien zu erkennen und zu entlarven. Schauen Sie genau hin, wer etwas von Ihnen will und welche Mittel diese Person einsetzt, um es zu erreichen. Hier hilft Ihnen der im Folgenden angeführte Tipp *„Bedenkzeit nehmen"*, damit Sie den nötigen Abstand gewinnen und erkennen können, welche Mittel Ihr jeweiliges Gegenüber einsetzt. Haben Sie eine Strategie erkannt, können Sie diese freundlich, aber deutlich ansprechen, wie z. B.: *„Ich fühle mich im Moment überrumpelt, weil du von mir unter Zeitdruck eine Entscheidung möchtest. Gib mir zehn Minuten, dann sage ich dir Bescheid." Oder: „Ich kann verstehen, dass es dir nicht gefällt, wenn ich jetzt Nein sage. Ich möchte mir aber deswegen keine Schuldgefühle machen." Oder: „Ihr Lob freut mich natürlich sehr, und trotzdem kann ich diese Aufgabe heute leider nicht mehr für Sie erledigen."*

Tipp 82: Bedenkzeit nehmen

Oft sagen wir vorschnell Ja zu etwas, weil wir uns schlicht und einfach überrumpeln lassen. Anliegen und Bitten werden oft ganz schnell mal zwischendurch an uns herangetragen, und bevor wir es uns versehen, haben wir etwas zugesagt, was uns Stunden kostet oder überhaupt keinen Spaß macht. **Bitten Sie ruhig um Bedenkzeit.** Sie müssen nicht auf der Stelle Ja oder Nein sagen, auch wenn der andere das gerne möchte. Sagen Sie ruhig: *„Ich muss darüber einen Moment nachdenken. Ich komme in fünf Minuten zu dir und sage dir Bescheid."* Deshalb ist es sehr hilfreich, sich immer einen kleinen Moment Zeit zu nehmen, um die Situation kurz zu analysieren. Handelt es sich um eine umfangreichere Aufgabe, empfiehlt es sich auch, „einmal darüber zu schlafen", bevor man eine Zu- oder Absage macht. Bei Ihren Überlegungen können Sie sich zum Beispiel folgende Fragen zu stellen:

- *Was ist das genau, was ich tun soll? Eine Arbeit, ein Gefallen?*
- *Möchte ich das tun oder ist es mir vielleicht zuwider?*
- *Wie viel Zeit, Kraft und Energie habe ich gerade?*
- *Was muss ich zurückstellen, wenn ich der Bitte nachkomme?*
- *Wer ist es, der mich da um einen Gefallen bittet? Welche Bedeutung hat dieser Mensch für mich? In welcher Beziehung stehen wir zueinander?*
- *Wie oft habe ich schon etwas für diese Person getan? Wenn das schon öfter der Fall war, möchte ich der aktuellen Bitte nachkommen?*

Vielleicht stellen Sie sich gleich einige solcher Fragen zusammen, die Sie dann als Datei auf Ihrem PC oder auf dem Smartphone speichern. Das ist eine gute Erinnerungshilfe, um nicht mehr automatisch Ja zu sagen, sondern sich bewusst mit der Bitte und den daraus folgenden Konsequenzen auseinanderzusetzen.

Tipp 83: Selbstbewusstsein ermitteln

Eine Grundvoraussetzung, um selbstbewusst Nein sagen zu können, ist, dass Sie über ein gesundes Selbstwertgefühl verfügen. Wenn Sie gering von sich denken, sind Sie von der Meinung und Anerkennung der anderen in starkem Maße abhängig. Sie trauen sich dann mitunter nicht, Nein zu sagen, da Ihnen die anderen das übel nehmen und Sie ablehnen könnten. Je mehr Sie sich selbst annehmen und akzeptieren, umso weniger Angst haben Sie, von anderen abgelehnt zu werden, und umso leichter fällt es Ihnen, Nein zu sagen.

Fragebogen: Wie selbstbewusst bin ich?[182]

Lesen Sie die folgenden 30 Aussagen und entscheiden Sie für sich selbst, ob die jeweilige Aussage 0 = nicht stimmt, 1 = teilweise stimmt, 2 = weitgehendst stimmt oder 3 = vollkommen stimmt.

Wie selbstbewusst bin ich?

	Aussage	**Ein-schät-zung 0-3**
1.	Ich fühle mich in Situationen, die mir nicht vertraut sind, unwohl.	
2.	In Lokalen reklamiere ich nicht, wenn das Essen kalt ist oder nicht schmeckt.	
3.	Meistens erfinde ich Entschuldigungen, um soziale Kontakte zu meiden.	
4.	Es fällt mir schwer, mich über eine ungerechte Behandlung zu beschweren.	

[182] Sie können diesen Test auch online ausfüllen unter: http://www.uni-protokolle.de/selbstbewusstsein.php (letzter Zugriff: 10.03.2020)

5.	Wenn ich mit einer Autoritätsperson spreche, werde ich leicht nervös.	
6.	Ich habe oft Hemmungen, mich auszudrücken, weil ich befürchte, mich lächerlich zu machen.	
7.	Ich werde nervös, wenn man mich jemandem vorstellt.	
8.	Es fällt mir schwer, meine Forderungen durchzusetzen.	
9.	Ich finde es schwierig, andere um Auskunft zu bitten.	
10.	Ich sorge mich darum, wie ich auf andere wirke.	
11.	Ich habe Probleme damit, andere um einen Gefallen zu bitten.	
12.	Ich kann anderen kaum zeigen, wenn ich mich verletzt oder ärgerlich fühle.	
13.	Es macht mir keinen Spaß, neue Menschen kennenzulernen.	
14.	Es fällt mir sehr schwer, Wünsche anderer abzulehnen, weil diese dann enttäuscht sind.	
15.	Wenn ich Hilfe brauche, kann ich mir das nur sehr schwer eingestehen und andere darum bitten.	
16.	Wenn ein anderer aggressiv ist und mich mit Worten angreift, gerate ich meist völlig aus der Fassung oder fühle mich hilflos.	
17.	In Gegenwart fremder Menschen bin ich angespannt.	
18.	Gegenüber Handwerkern kann ich meine Vorstellungen nicht durchsetzen und auch kaum über Preise verhandeln.	
19.	Bei Meinungsverschiedenheiten gebe ich meist als Erster nach.	
20.	Ich habe oft Angst, andere könnten denken, ich sei ungebildet und dumm.	
21.	Wenn mir etwas an anderen nicht gefällt, kann ich meine Meinung nicht sagen und Kritik nur schwer äußern.	
22.	Es fällt mir schwer, andere zu loben und Komplimente zu machen.	
23.	Ich bin verlegen, wenn ich gelobt werde oder mir jemand ein Kompliment macht.	

24.	Wenn ich mich bei einem Vortrag verspäte, stehe ich lieber hinten an, als nach vorne zu gehen.	
25.	Ich neige dazu, mich für vieles zu entschuldigen.	
26.	Wenn andere mir bei der Arbeit zusehen, fühle ich mich unwohl.	
27.	Ich vermeide meist unangenehme Auseinandersetzungen, auch wenn sie für mich wichtig wären.	
28.	Ich habe leicht Schuldgefühle.	
29.	Ich lasse meine Entscheidungen leicht wieder von anderen umwerfen.	
30.	Wenn mir jemand ins Wort fällt, tue ich mir schwer, ihn aufzufordern, mich ausreden zu lassen.	
	Summe	

Sie können den Fragebogen unter folgendem Link ausdrucken:
http://bit.ly/Fragebogen-Selbstbewusstsein

Hier der QR-Code zum Ausdrucken des Fragebogens:

Auswertung:

0 bis 10 Punkte

Herzlichen Glückwunsch zu Ihrem guten Ergebnis. Sie sind meist in der Lage, Ihre Gefühle zu zeigen. Sie können Ihre Wünsche und Forderungen ausdrücken und sich gegen unberechtigte Forderungen wehren. Sie sind kontaktfähig und selbstbewusst. Sie können Lob annehmen und anderen Komplimente machen.

11 bis 30 Punkte

Sie können sich in vielen Situationen selbstsicher verhalten. Es hapert jedoch noch in manchen Bereichen.

31 bis 60 Punkte

Sie ziehen oft den Kürzeren und fühlen sich in vielen Alltagssituationen sehr unsicher und gehemmt. Sie können noch eine ganze Menge mehr aus Ihrem Leben machen, wenn Sie lernen, sich selbstsicherer zu verhalten.

61 bis 90 Punkte

Es gibt viel für Sie zu tun, um zu mehr Selbstsicherheit zu gelangen. Selbstsicherheit ist keine ererbte Eigenschaft: Ihre Hemmungen und Ängste sind nur erlernt, und deshalb können Sie auch lernen, Ihr Selbstbewusstsein zu stärken. Besuchen Sie zum Beispiel ein Selbstsicherheitstraining, das von Psychologen unter anderem an Volkshochschulen angeboten wird.

Tipp 84: Worst Case

Malen Sie sich doch einmal die Konsequenzen Ihrer Ablehnung aus und fragen Sie sich: *„Was kann schlimmstenfalls passieren, wenn ich Nein sage?"* Sie werden feststellen: In den meisten Fällen, in denen Sie Nein sagen, bleibt die von Ihnen befürchtete negative Reaktion des anderen aus. Und wenn der andere doch maßlos enttäuscht oder verärgert reagiert? Dann machen Sie sich klar, dass seine Reaktion nichts mit Ihnen zu tun hat. Seine Enttäuschung ist Ausdruck seines Frustes, etwas nicht zu bekommen.[183]

Wenn du zu einer Sache Ja sagst, heißt das, dass du zu ganz vielen anderen Dingen Nein sagst.

Unbekannt

Tipp 85: Sich den Preis fürs Jasagen bewusst machen

Rechnen Sie ruhig einmal zusammen, wie viel Zeit es Sie ganz konkret kostet, Aufgaben für andere zu erledigen. Das einmal summiert zu sehen, kann ein echter Augenöffner sein. Auch wenn zwischenmenschliche Beziehungen nicht nach kaufmännischen Regeln zu bewerten sind, so sollte doch das Verhältnis im Großen und Ganzen ausgeglichen sein. Das gilt für die Arbeit genauso wie für Freundschaften oder die Familie. Wenn Sie dauerhaft mehr geben, als Sie bekommen, werden Sie unglücklich und unzufrieden. Und deshalb gilt es, besser für sich zu sorgen. Indem Sie sich klarmachen, was es ganz konkret für Sie bedeutet, immer wieder etwas für andere zu tun, kommen Sie in Kontakt mit Ihren eigenen Bedürfnissen. Menschen, die sich schwer damit tun, Nein zu sagen, stellen ihre eigenen Bedürfnisse oft hintan. Auf Dauer aber macht das unzufrieden und unglücklich. Sie sind auch wichtig! **Ihre Zeit ist genauso wichtig wie die anderer Menschen. Ihre Kraft ist auch nicht endlos, und es steht Ihnen – genau wie jedem**

---

[183] Tipps, wie Sie sich mental auf ein herausforderndes Gespräch vorbereiten können, lesen Sie in Kapitel 3: Wie kann ich mich auf eine herausfordernde Situation vorbereiten?

anderen – zu, gut für sich zu sorgen. Wenn Sie sich klargemacht haben, dass Sie für jedes Nein, das Sie nicht sagen, auch einen Preis zahlen, fällt es Ihnen vielleicht leichter, sich selbst die Erlaubnis dafür zu geben, auch einmal an sich und nicht nur an andere zu denken.

Der Unterschied zwischen erfolgreichen Menschen und sehr erfolgreichen Menschen ist, dass sehr erfolgreiche Menschen zu fast allem Nein sagen.

Warren Buffet

Tipp 86: Das Nein begründen

Wenn Sie Nein sagen, brauchen Sie sich nicht zu rechtfertigen, Sie sollten jedoch Ihr Nein begründen. Ein Nein wird vom Bittenden leichter akzeptiert, wenn er diese Entscheidung nachvollziehen kann. Auch fällt es Ihnen selbst leichter, ein Nein auszusprechen, wenn Sie sich über den Grund im Klaren sind. Dabei kommt es gar nicht auf das Gewicht des Grundes an. Entscheidend ist, dass überhaupt ein Grund genannt wird. Das Wort „*weil*" hilft Ihnen dabei, die Begründung für das Nein einzuleiten. Beispiele: *„Ich kann das heute leider nicht mehr erledigen, weil ich meiner Tochter versprochen habe, sie von der Schule abzuholen."* Oder: *„Ich kann diese Aufgabe leider nicht für dich übernehmen, weil ich mich dazu erst aufwendig einarbeiten müsste."*

Tipp 87: Sanft Nein sagen

Wichtig beim Neinsagen ist vor allem, klar und gleichzeitig wertschätzend zu bleiben: Wenn Sie etwas nicht tun wollen, dann sollten Sie das so deutlich sagen, dass der andere es nicht missinterpretieren kann. Das kann man behutsam und freundlich tun, sodass das Nein nicht verletzt. Hier finden Sie eine Reihe von Möglichkeiten, wie Sie respektvoll Nein sagen können:

Verständnis zeigen: Indem Sie Verständnis für die Bitte des anderen zeigen, wirkt jedes Nein schon viel weicher. Sagen Sie so etwas wie: *„Dass du so im Zeitstress bist, tut mir sehr leid, aber ich kann dir heute leider trotzdem nicht aushelfen."* Oder: *„Ihr Team steht da wirklich stark unter Druck. Leider ist es trotzdem nicht möglich, dass eine Arbeitskraft von uns zu Ihnen wechselt, weil wir selbst einen Ausfall zu verkraften haben."*

Bedanken: Eine schöne Geste ist, sich dafür zu bedanken, dass der andere einem die Aufgabe zutraut: *„Ich fühle mich geehrt, dass Sie da an mich denken, aber mein Terminkalender ist leider komplett voll."* Oder: *„Das ist ein wundervolles Kompliment, dass du mir das zutraust, aber ich kann leider nicht, weil ich selbst zur Gänze ausgelastet bin."*

Manchmal reicht auch ein Teil-Nein: Wenn Sie zum Beispiel nur heute keine Zeit haben, es Ihnen aber nichts ausmachen würde, die Aufgabe morgen zu übernehmen, dann können Sie das genauso sagen. Oder vielleicht sind Sie bereit, einen Teil der Bitte zu erfüllen, dann bieten Sie das an.

Ein Gegenangebot machen: Es ist auch möglich, einen Gegenvorschlag zu machen, also eine andere Idee anzuregen, wie derjenige sein Anliegen lösen kann. Sie zeigen damit, dass Ihnen der andere nicht egal ist, machen aber auch klar, dass Sie nicht zur Verfügung stehen.

Konsequent bleiben: In der Regel reicht es aus, wenn Sie konsequent bei Ihrem Nein bleiben. Aber es gibt auch Menschen, die, gerade wenn sie von Ihnen kein Nein gewohnt sind, hartnäckig davon ausgehen, Sie doch noch zu einem Ja zu bewegen. Hier ist dann manchmal auch ein deutlicheres Wort angebracht. Beispiel: *„Du möchtest mich jetzt offenbar mit allen Mitteln dazu bringen, dass ich Ja sage. Tut mir wirklich leid, aber das zieht dieses Mal nicht."* Oder: *„Ihnen scheint es sehr wichtig zu sein, mich umzustimmen. Aber leider kann ich nur noch einmal wiederholen, dass es heute nicht geht."*

Die Fähigkeit, das Wort Nein auszusprechen,
ist der erste Schritt zur Freiheit.

Nicolas Chamfort

Jasagen mit Aufschub: Wenn Sie sich vorstellen können, der Bitte zu entsprechen, nur gerade andere Prioritäten haben, können Sie auch unter der Bedingung einer späteren Erledigung zusagen. *„Ich kann das für Sie erledigen. Heute und morgen komme ich aber nicht dazu. Übermorgen haben Sie es auf dem Schreibtisch."* Oder: *„Ich kann diese Aufgabe für dich übernehmen. Momentan muss ich aber XY noch fertig machen. Kannst du mich am Montag noch einmal darauf ansprechen?"*

Gegenleistung einfordern: Schließlich können Sie Ihre Zusage auch davon abhängig machen, ob Ihnen für die Erledigung der Bitte eine andere Arbeit abgenommen wird. *„Ich kann diese Aufgabe für dich übernehmen. Kannst du mich dafür nächste Woche bei der Besprechung vertreten?"*

Oder: *„Ich bringe die Kinder kommende Woche gerne in den Kindergarten, wenn du dafür im Gegenzug die Einkäufe erledigst."*

Tipp 88: Alternativen anbieten

Eine andere Variante des Neinsagens ist, Alternativen anzubieten. Das fällt sehr viel leichter, als einfach abzulehnen. Für den Gesprächspartner ist diese Antwort meistens auch akzeptabel. Überlegen Sie sich Alternativen, mit denen Sie der Bitte entgegenkommen, die für Sie aber keinen wesentlichen Mehraufwand bedeuten. Beispiele: *„Hast du gerade Zeit für mich?"* Ihre Antwort: *„Jetzt nicht, du kannst mir aber gerne eine E-Mail senden." Oder: „Kannst du die Aufgabe aus unserem Projekt übernehmen?"* Ihre Antwort: *„Das kann ich leider nicht, weil ich selbst bis Montag noch zwei Besprechungen vorbereiten muss. Ich kann dir aber gerne meine Unterlagen zur Verfügung stellen." Oder: „Können Sie heute Abend noch den Bericht mit mir durchgehen?"* Ihre Antwort: *„Heute Abend kann ich leider nicht, weil ich meine Tochter abholen muss. Sie können mir aber den Ausdruck mitgeben; ich schaue ihn mir dann gleich morgen früh an."*

Anstatt eine Alternative anzubieten, können Sie auch eine **Reihung der Prioritäten vereinbaren:** Ein Beispiel: *„Ich werde diesen Auftrag gern für Sie übernehmen. Derzeit stehen noch drei andere Aufgaben an. Bitte sagen Sie mir, was für Sie aktuell wichtiger ist."*

Tipp 89: Eigener Umgang mit dem Neinsagen

Überprüfen Sie einmal, wie Sie selbst damit umgehen, wenn jemand anderer Nein zu Ihrer Bitte sagt. Stellen Sie sich dazu folgende Fragen:

- *Kann ich das Nein akzeptieren oder neige ich selbst dazu, den anderen umstimmen zu wollen?*
- *Finde ich es angemessen, wenn andere meinen Bitten nicht immer nachkommen, oder fühle ich mich dann verletzt oder beleidigt?*
- *Kann ich mit der Enttäuschung gut umgehen oder werde ich wütend?*

Überprüfen Sie Ihre Reaktionen auf ein Nein eines anderen. Sie werden feststellen, dass Sie ein Nein des Gegenübers in vielen Fällen akzeptieren, ohne dass dies die Beziehung zwischen Ihnen beiden verschlechtert.

Tipp 90: Eigenorientierung statt Fremdorientierung

Sollten Sie den Glaubenssatz *„Ich muss es allen recht machen, denn nur dann werde ich akzeptiert und erhalte Anerkennung!"* verinnerlicht haben, kann dies ebenfalls dazu führen, dass Sie zu selten Nein sagen. Mit einer solchen Haltung bemühen Sie sich dauerhaft, anderen zu gefallen. Akzeptiert zu werden, ist Ihnen meist wichtiger, als Ihre eigenen Ziele durchzusetzen. Dadurch vermeiden Sie zwar Konflikte und kümmern sich um das Wohlbefinden der anderen, Ihre eigenen Bedürfnisse bleiben jedoch meistens auf der Strecke. Ob Sie solche oder andere Glaubenssätze verankert haben, erfahren Sie, indem Sie den **Antreiber-Fragebogen** im Anhang ausfüllen.

Der Vater und der Esel

Ein Vater reitet auf einem Esel, und neben ihm läuft sein kleiner Sohn. Da sagt ein Passant empört: *„Schaut euch den an. Der lässt seinen kleinen Jungen neben dem Esel herlaufen."* Der Vater steigt ab und setzt seinen Sohn auf den Esel. Kaum sind Sie ein paar Schritte gegangen, ruft ein anderer: *„Nun schaut euch die beiden an. Der Sohn sitzt wie ein Pascha auf dem Esel, und der alte Mann muss laufen."* Nun setzt sich der Vater zu seinem Sohn auf den Esel. Doch nach ein paar Schritten ruf ein anderer empört: *„Jetzt schaut euch die beiden an. So eine Tierquälerei."* Also steigen beide ab und laufen neben dem Esel her. Doch sogleich sagt ein anderer belustigt: *„Wie kann man nur so dumm sein. Wozu habt ihr einen Esel, wenn ihr ihn nicht nutzt?!"*

Resümee der Geschichte:[184] Sie können es nie allen Menschen recht machen, gleichgültig wie sehr Sie sich auch anstrengen. Wie formulierte es der ehemalige Bayerische Ministerpräsident Franz-Josef Strauß einst so treffend: *„Everybody's darling is everybody's Depp!"* Deshalb macht es auch keinen Sinn, sich zu fragen, ob andere gut finden, was Sie tun. Die anderen sind nämlich kein Maßstab. Sie haben selbst zu entscheiden, was für Sie richtig oder falsch ist.

Allen Leuten recht getan, ist eine Kunst,
die niemand kann.

Robert Bosch

---

[184] Aus: Peseschkian, Nossrat (2012) Der Kaufmann und der Papagei: Orientalische Geschichten in der Positiven Psychotherapie. Fischer Taschenbuch Verlag.

- Lernen Sie daher zu akzeptieren, dass Sie es nicht allen und jedem recht machen können. Ihr Zeitkonto und Ihr Selbstwertgefühl werden es Ihnen danken.

- Achten Sie mehr auf Ihre eigenen Bedürfnisse.

- Fragen Sie sich: *„Wie viel ist diese Beziehung wert, wenn mich der andere nur mag, wenn ich zu allem Ja sage?"*

- Vergleichen Sie Ihr persönliches Zeit- und Energiekonto mit einer selbstgemachten Torte: Verteilen Sie ruhig Tortenstücke an andere, reservieren Sie jedoch immer (mindestens) ein Stück für sich selbst. Geben Sie sich nicht nur mit den Krümeln zufrieden!

8. WIE KANN ICH TAGSÜBER ENTSPANNEN?

Über den Tag hinweg schwankt unsere Leistungsfähigkeit oft erheblich und beeinflusst spürbar unsere Motivation, Konzentration und Produktivität. Manchmal spürt man regelrecht das Blut in den Adern, möchte am liebsten Bäume ausreißen und freut sich auf die bevorstehende Aufgabe. Manchmal jedoch lässt man sich von jedem Geräusch ablenken oder klickt alle fünf Minuten auf Facebook, Twitter und Co. Wie wir alle aus eigener Erfahrung wissen, gibt es im Tagesverlauf produktivere und weniger produktive Zeiten. Kenntnisse über Ihren eigenen Leistungsrhythmus und Hinweise, wie Sie Ihr individuelles Energiepotenzial erhöhen können, helfen Ihnen, den herausfordernden (Arbeits-) Alltag besser zu meistern. Dadurch fühlen Sie sich am Abend entspannter und zufriedener. Die folgenden Tipps und Übungen können Sie dabei unterstutzen.

Strategie 29: Den eigenen Leistungszyklus kennen

Wie erwähnt, durchlebt jeder Mensch im Tagesverlauf verschiedene Phasen. Dabei gibt es einige Leistungsphasen, in denen besonders große Produktivität herrscht, sogenannte Hochphasen, aber auch Erschöpfungsphasen, in denen weniger geschafft wird. Die durchschnittliche Leistungskurve, in der Sie sich möglicherweise auch selbst wiedererkennen, sieht so aus: **Klassische Hochphasen der Produktivität sind Vor- und Nachmittag.** Hier wird ein Großteil der gesamten Arbeitsleistung des Tages erbracht, wodurch die schwächeren Zeiten ausgeglichen werden. Sie müssen sich deshalb nicht schlecht fühlen, wenn Sie einmal das Gefühl haben, in der letzten Stunde nur wenig bis gar nichts zustande gebracht zu haben. Vermutlich befinden Sie sich gerade in einer „natürlichen" Erschöpfungsphase.

In der genaueren Betrachtung der durchschnittlichen Leistungskurve lassen sich dabei einige Ereignisse im Tagesverlauf ausmachen, die für die Entwicklung der Phasen über den Tag mitverantwortlich sind: Zu Beginn des Arbeitstages herrschen meist Motivation und Produktivität. Die Morgenmüdigkeit ist überwunden, vielleicht wirkt auch schon der erste Kaffee, und die frühen Aufgaben gehen leicht von der Hand. Mit kleineren Unterbrechungen kann diese Leistungsphase bis zum Mittag andauern und dann ins große Tagestief münden. Das *„Suppenkoma"* bezeichnet die Zeit nach dem Essen, in der die Produktivität fast zum Erliegen kommt. Ist diese Erschöpfungsphase jedoch überwunden, gibt es noch einmal einen Aufschwung, bevor die Leistungsfähigkeit zum Abend hin wieder abnimmt und der Tag schließlich endet.

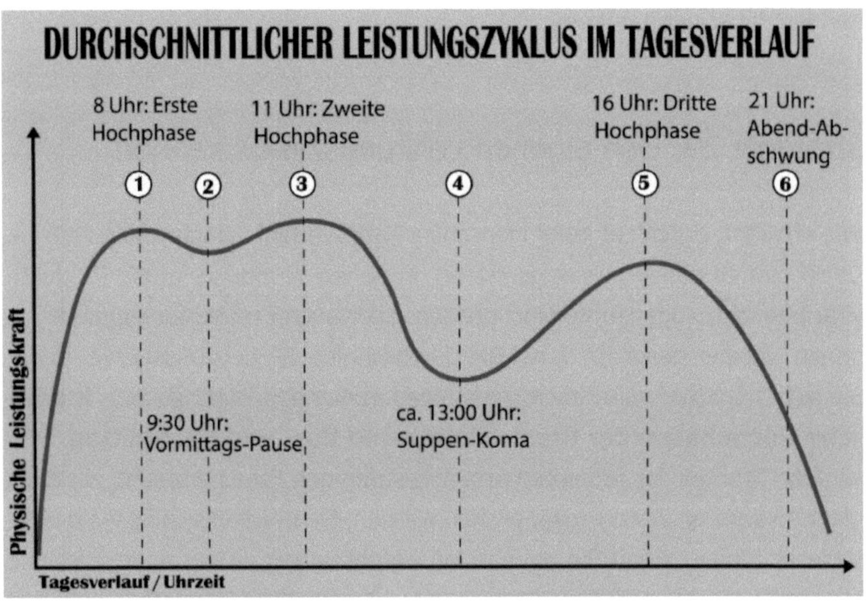

Tipp 91: Meine persönliche Leistungskurve

Sich an der obigen durchschnittlichen Leistungskurve zu orientieren, ist eine mögliche Variante, um die unterschiedlichen Phasen im Tagesverlauf besser für sich zu nutzen. Bessere Ergebnisse können Sie jedoch erst dann erzielen, wenn Sie Ihre ganz individuelle Leistungskurve kennen.

- **Der einfachste Weg, um Ihre Leistungskurve zu finden, ist Selbstreflexion.** Hinterfragen Sie Ihre eigene Arbeitsleistung im Zusammenhang mit der jeweiligen Tageszeit. Beobachten Sie sich dafür selbst sehr genau und durchaus kritisch über einen Zeitraum von mindestens einer Woche, um ein vollständiges und möglichst genaues Bild zu erhalten.

- Schreiben Sie auf, wann Sie besonders produktiv sind, wann Ihnen auch komplizierte Aufgaben leicht von der Hand gehen und wann Sie auf der anderen Seite merken, dass die Konzentration nachlässt und Sie in ein Produktivitätstief fallen. Hilfreich kann dabei eine Wochentabelle sein (ähnlich einem Stundenplan in der Schule), auf der Sie im Vorfeld die Tageszeiten eintragen. So können Sie sofort einen Eintrag machen, wenn Ihnen eine Veränderung auffällt.

- Leiten Sie dann aus dem Beobachtungszeitraum Muster ab, um Ihre persönliche Leistungskurve zu erstellen. Es kommt nicht darauf an, auf die Minute genau vorherzusagen, wann eine Erschöpfungs- bzw. Hochphase einsetzt, sondern darum, eine bessere Vorstellung davon zu bekommen, wie Ihre innere Uhr tickt.

Um Ihre persönliche Leistungskurve zu nutzen, brauchen Sie Ihre Arbeitszeiten nicht zu ändern. Es geht nur darum, Ihren Tagesverlauf und Ihre Aufgaben möglichst an Ihre individuelle Leistungskurve anzupassen. Das heißt: Wenn Sie wissen, dass eine sehr wichtige Aufgabe ansteht, die Ihre volle Konzentration erfordert und Sie einiges an Energie kostet, legen Sie diese an den Anfang einer Hochphase. Kleinere und unwichtigere Aufgaben, die eher nebenbei erledigt werden können, bearbeiten Sie dann, wenn sich Ihre Produktivität gerade auf einem niedrigeren Leistungsniveau befindet. Bei einer Gleitzeitvereinbarung könnten Sie Ihre Arbeit entsprechend strukturieren.

Eine solche Nutzung der Leistungskurve hat gleich mehrere Vorteile. Zuerst natürlich **die besseren Ergebnisse.** Wer seine besten Zeiten am Arbeitstag kennt, kann diese gezielt einsetzen, um in einem kürzeren Zeitraum bessere Resultate zu erzielen. Wenn Sie Produktivität, Motivation und die richtigen Aufgaben zusammenführen, führt das in aller Regel zu überdurchschnittlichen Leistungen. Sie fühlen sich weniger gestresst, können mehr Erfolgserlebnisse vorweisen und haben das Gefühl, wirklich etwas zu leisten. Das steigert Ihre Zufriedenheit und Ihr Selbstvertrauen.

Strategie 30: Richtig Pausen machen

In den letzten 20 Jahren reifte die Erkenntnis, dass der Körper uns in bestimmten Abständen wichtige Hinweise gibt, wann wir eine Pause machen sollten. Phasen der Leistungsfähigkeit wechseln sich ab mit dem natürlichen Bedürfnis nach einer kurzen Ruhepause. Je nach Intensität der zu erledigenden Arbeit lässt die Konzentration schneller nach, und der Körper sendet Pausensignale. Bei einer hochkonzentriert auszuführenden Tätigkeit, nämlich der Lösung von Rechenaufgaben innerhalb bestimmter Zeitvorgaben, zeigte der durchschnittliche Konzentrationsverlauf bei einer Studie mit rund 5.000 Personen unterschiedlichen Alters, Geschlechts und Berufsgruppen **einen Abfall der Konzentration nach etwa 45 Minuten.** Wird dann intensiv weitergearbeitet, schaltet das Gehirn in einen Hochverbrauchsmodus, bei dem es achtmal mehr Magnesium und B-Vitamine verbraucht.[185] Spürbar wird das nach einer Weile durch Phänomene wie Luftlöcher zu starren, nicht mehr zuzuhören können oder Texte mehrfach lesen zu müssen, um deren Inhalt zu verstehen.

Wussten Sie, dass ...

... sich Ihr Organismus tagsüber ca. alle 90 bis 120 Minuten für 20 Minuten erholen möchte? Wenn Sie ihm diese 20 Minuten Pause nicht gönnen, kommt es zum ultradianen Stresssyndrom, und Sie empfinden Leistungsstress.[186]

Oftmals übersehen und übergehen wir selbst so eindeutige Zeichen wie Gähnen, Tagträumen, Nachlassen der Konzentration, Vergesslichkeit, Hunger und Gefühlslabilität und versuchen mit Koffein, Süßigkeiten, Nikotin oder Alkohol gegen die Müdigkeit anzukämpfen. Mit negativen Folgen für Geist und Körper. Die Folgen sind Erhöhung der Fehlerwahrscheinlichkeit, mentale Erschöpfung, Gedankenkarussell, nicht mehr abschalten zu können, fehlende Willenskraft, Nervosität, innere Unruhe und vieles andere mehr. **Das Absinken der geistigen Energie bildet auch eine natürliche Periode, in der eine körperliche und psychische Erholung stattfinden soll.** Diese kurzen Regenerationspausen sind Voraussetzung, um wieder die Spitze der Leistungsfähigkeit zu erreichen. Untersuchungen zeigen, dass

[185] Späth/Grabitzki (2012) Leben und Arbeit in Balance. Beltz Verlag.

[186] Rossi/ Nimmons (2007) 20 Minuten Pause. Wie Sie seelischen und körperlichen Zusammenbruch verhindern können. Junfermann Verlag.

sich der natürliche Aktivitäts- und Ruherhythmus bei jedem Menschen in einem Abstand von etwa 90 bis 120 Minuten wiederholt.[187]

Tipp 92: Richtig Pausen machen

- Machen Sie nach spätestens 45 Minuten Arbeit eine Pause von einigen Minuten und nach spätestens 90 Minuten intensiver Arbeit, wenn möglich, eine Pause von 20 Minuten. Nützen Sie Ihre Pause dabei nicht fürs private E-Mail-Checken oder Surfen im Internet. Verlassen Sie Ihren Arbeitsplatz, bewegen Sie sich, unterhalten Sie sich mit Ihren Kollegen oder entspannen Sie sich mit einer kurzen Übung.

Tipp 93: Mittagsentschleunigung

Fällt es Ihnen auch schwer, ruhig zu essen? Lassen Sie sich auch während der Mittagspause vom allzeit bereiten Handy ablenken, checken E-Mails, oder verspeisen Sie gar Ihr mitgebrachtes Sandwich am Arbeitsplatz, während Sie im Netz surfen? Dann legen wir Ihnen eine Mittagsentschleunigung ans Herz.

- Gönnen Sie sich drei bis fünf Minuten vor der Mittagspause, um sich auf die Mahlzeit vorzubereiten. Blättern Sie noch vor dem Essen in Ihrer Lieblingszeitung oder surfen Sie kurz auf Ihrer Lieblingswebsite. Stürmen Sie nicht unmittelbar nach einem Telefonat in die Kantine oder telefonieren womöglich noch bei der Auswahl der Speisen weiter. Schalten Sie Ihr Handy aus oder noch besser: Lassen Sie es im Büro. Führen Sie auf dem Weg zum Essen keine geschäftlichen Gespräche, wälzen Sie keine Probleme, sondern **plaudern Sie über angenehme Dinge.**

[187] Rossi/Nimmons (2007) 20 Minuten Pause. Wie Sie seelischen und körperlichen Zusammenbruch verhindern können. Junfermann Verlag.

Damit aktivieren Sie Ihr parasympathisches Nervensystem, und Ihr Körper kann wesentlich besser verdauen! Sie sind nachmittags leistungsfähiger und werden nicht so von Müdigkeit geplagt wie nach einem schnell hinuntergeschlungenen Mahl. Machen Sie bewusst Mittags-PAUSE.

- Verlassen Sie zum Essen wenn möglich den Arbeitsplatz. Nur so können Sie wirklich abschalten. Treffen Sie sich mit Kollegen oder Freunden oder gehen Sie nachhause zu Ihrer Familie, falls das möglich ist. Damit geben Sie der Mittagszeit und der Nahrungsaufnahme automatisch mehr Gewicht, und ein anregendes Gespräch oder eine fröhliche Runde tut immer gut.

- Machen Sie nach dem Essen einen Spaziergang. Damit gönnen Sie sich eine Frischluftzufuhr und nehmen sich eine Auszeit vom Sitzen. Wenn Sie ein paar Schritte gehen und etwas anderes vor Augen haben als Ihren Computerbildschirm, entspannen Sie auch Ihren Geist und können danach konzentrierter und fokussierter weiterarbeiten.

Tipp 94: Power Napping

Den Kopf auf die Tischplatte legen oder sich im Bürostuhl zurücklehnen und kurz die Augen schließen – das Nickerchen am Arbeitsplatz ist weit verbreitet. Wie viele Studien belegen, steigert ein Schläfchen in der Mittagspause die Leistungsfähigkeit. **Medizinern zufolge ist ein solcher kurzer Tagschlaf auch gesund.** Das belegt unter anderem eine Langzeitstudie der Harvard School of Public Health unter 24.000 Teilnehmern aus Griechenland. Die Forscher hatten festgestellt, dass diejenigen, die mindestens dreimal in der Woche tagsüber eine halbe Stunde lang schliefen, ein um 37

Prozent geringeres Risiko für einen Herzinfarkt hatten, weil im Schlaf Stresshormone schneller abgebaut werden.[188]

Durch einen Power Nap wird die Leistungsbereitschaft gesteigert und die körperliche und geistige Befindlichkeit verbessert. Auch das Risiko von Fehlern und Unfällen am Arbeitsplatz sinkt deutlich. Wollen Sie sich nach der Schlafpause wieder richtig frisch fühlen, so dürfen Sie allerdings nicht zu lange wegschlummern. **Ein Power Nap sollte zwischen 10 und 30 Minuten dauern.** Wer länger schläft, wird so schnell nicht mehr munter. Entscheidend dabei ist nicht das Schlafen selbst, sondern das kurze Wegnicken. Auch wer am Arbeitsplatz einfach nur abschaltet und die Augen schließt, kann eine belebende Wirkung erleben. Man braucht nicht immer zu liegen, eine entspannte Körperhaltung reicht oft schon aus.

Halte dir jeden Tag 30 Minuten für deine Sorgen frei und in dieser Zeit mache ein Nickerchen.

Abraham Lincoln

Tipp 95: Der kleine Alltagsurlaub[189]

Planen Sie möglichst täglich eine kleine Auszeit in Ihren Tagesablauf ein. Wichtig: Diese Auszeit sollte mindestens 20 Minuten dauern. Legen Sie bereits am Vorabend fest, wann Ihr „Alltagsurlaub" stattfinden soll: vormittags,

[188] Zitiert nach: https://www.zeit.de/karriere/2014-09/schlafen-im-buero/komplettansicht (letzter Zugriff: 25.02.2020)
[189] Nach: Bryant, F. B./Veroff, J. (2007) Savoring. A new model of positive experience. Mahwah, NJ: Lawrence Erlbaum Associates, Publishers. Abgedruckt bei: Frank, Renate (2010) Wohlbefinden fördern. Positive Therapie in der Praxis. Leben-Lernen. Klett-Cotta Verlag.

mittags oder abends. Legen Sie – angepasst an Ihre Arbeitszeiten – eine Zeit für den Beginn fest. Dazu können Sie zum Beispiel den Wecker Ihres Smartphones stellen, damit Sie Ihren „Mini-Urlaub" nicht verpassen. **In Ihrem „Mini-Urlaub" können Sie tun, was Sie möchten.** Sie können z. B. spazieren gehen, einfach im Garten sitzen, sich auf dem Sofa ausstrecken, Kaffee trinken, flanieren, ein Bad nehmen, Freunde treffen, ein Buch lesen oder andere angenehme Dinge tun. Ihrer Fantasie sind dabei keine Grenzen gesetzt. Am besten nehmen Sie sich am Vorabend schon etwas Bestimmtes vor. Sie können aber auch zu Beginn Ihres kleinen Alltagsurlaubs spontan entscheiden, worauf Sie Lust haben und was Sie tun wollen.

Bevor Sie Ihren kleinen Alltagsurlaub beginnen, schalten Sie bewusst ab und konzentrieren sich intensiv auf die geplante „Urlaubsaktivität". Folgende Vorgehensweise kann, sofern dies die gewählte Aktivität erlaubt, die entspannende Wirkung unterstützten:

Schritt 1: Nehmen Sie sich vor, dass Sie in dieser Zeit alles intensiv sehen, erleben und auskosten wollen. Betrachten Sie alles, als erlebten Sie es zum ersten Mal. Achten Sie genau auf die Gefühle, die Sie verspüren. Nehmen Sie alles, was Sie als angenehm empfinden, ganz bewusst wahr.

Schritt 2: Versuchen Sie ganz bewusst, sich das Erlebte genau einzuprägen, indem Sie die Augen schließen und alles noch einmal auf sich wirken lassen.

Schritt 3: Geben Sie nun Ihren Gefühlen in irgendeiner Weise erkennbar Ausdruck: Lächeln Sie, pfeifen Sie, singen Sie fröhlich ein Lied, klatschen Sie begeistert in die Hände oder machen Sie einen Freudensprung usw. Machen Sie dann einen Plan für die Auszeit am nächsten Tag. Malen Sie sich schon einmal aus, was Sie sich vorgenommen haben, und erleben Sie dies mit spürbarer Vorfreude. Das hilft Ihnen, die Belastungen des aktuellen Tages besser zu bewältigen.

Strategie 31: Multitasking vermeiden

Ein Kunde ruft an, der Chef wartet vor dem Schreibtisch auf die Präsentation, die Kopien für die nächste Besprechung sollten auch noch gemacht werden, und alles muss in fünf Minuten erledigt sein. Manche Menschen laufen in solchen Situationen zur Hochform auf – jedenfalls zeitweise. Sie lieben Multitasking. Sie haben die Abwechslung gern und fühlen sich zumindest nicht unwohl, wenn viel los ist. „*Polychronizität*" nennt man diese Eigenschaft. Studien zeigen aber: Leistungsfähiger sind diese Menschen beim Multitasking nicht. Sie leiden nur weniger darunter.

Viele Menschen glauben zudem, dass Multitasking eine Art Gehirnjogging sei und man das Gehirn damit trainieren könne, wenn man z. B. am Bildschirm ständig zwischen den geöffneten Fenstern hin und her springt. Untersuchungen belegen jedoch, dass Multitasker Probleme bei der Kontrolle Ihres Geistes aufweisen. **So haben Multitasker größere Schwierigkeiten, unwichtige Reize aus ihrem Umfeld auszublenden, können wesentlich schlechter unbedeutende Reize ignorieren und sind beim Unterdrücken unnützer Aufgabenwechsel ineffektiver.**[190]

Auch bei allen geistigen Fähigkeiten, die man beim Multitasking benötigt, schneiden die Multitasker deutlich schlechter ab als die „Eins-nach-dem-anderen-Tasker". Sogar beim Wechsel von Aufgaben, der ja bei Multitaskern das Wesentliche ist, sind diese deutlich langsamer als die „Eins-nach-dem-anderen-Tasker".[191] Des Weiteren gilt: Je mehr Informationen auf uns einströmen und je mehr wir auch von Details überflutet werden, umso schneller

[190] Ophir/Nass/Wagner (2009) Cognitive control in media multitaskers, Proceedings of the national Academy of Sciences of the USA. Download unter: http://www.pnas.org/content/early/2009/08/21/0903620106.full.pdf+html (letzter Zugriff: 20.03.2020)
[191] Spitzer, Manfred (2012) Digitale Demenz. Droemer.

und stärker sind wir erschöpft. Das bedeutet auch, dass eine solche Informationsüberflutung chronischen Stress begünstigt.[192]

Wussten Sie, dass ...

... das, was man Multitasking nennt, eigentlich nur eine Illusion ist? Das Gehirn kann sich immer nur auf eine Sache konzentrieren, denn das Bewusstsein hat zu jedem Zeitpunkt immer nur einen Inhalt.

Das zweite Stresssystem

Unser Gehirn funktioniert am besten, wenn es sich auf Aufgaben konzentrieren kann, die klar definiert sind. Die moderne Arbeitswelt mit zunehmender Beschleunigung und permanentem Multitasking bewirkt dagegen eine weit gestreute, flache und diffuse Aufmerksamkeit. Diese wiederum aktiviert im Gehirn ein Stresssystem, das die Forschung erst vor etwa zehn Jahren entdeckt hat. [193] Im Gegensatz zum klassischen Stresssystem, das den Organismus nur für kurze Zeit in Alarm versetzen soll, bewirkt das neu entdeckte Stresssystem einen Zustand latenter chronischer Unruhe und Wachsamkeit. **Es wird daher als „Unruhe-Stresssystem" oder „Default Mode Network" bezeichnet.** Dieses evolutionär sehr alte Stresssystem hat sich entwickelt, weil der Mensch früher genau diese Form von flacher, breitgefächerter Aufmerksamkeit zum Überleben benötigte. In der Wildnis,

---

[192] Bergner, Thomas (2010) Burnout-Prävention: Sich selbst helfen – das 12-Stufen-Programm. Schattauer Verlag.

[193] Anticevic, Alan et al.: (2010) The role of the default mode network deactivation in cognition and disease. Trends in Cognitive Sciences 16, 584-592 (212); Raichle, Marcus (2010) Two views of brain function. Trends in Cognitive Sciences 14, 180-190.

wo unsere evolutionären Vorfahren über Jahrhunderttausende lebten, war es sehr wichtig, nach allen Seiten hin permanent wachsam zu sein. **Wenn wir ständig mehrere Dinge gleichzeitig im Auge behalten müssen oder wollen, wird dieses Gehirnsystem heutzutage genauso aktiviert.** Studien zeigen, dass Personen, die einem Unruhe-Stress über längere Zeit ausgesetzt waren, sich danach schlechter auf konkrete Aufgaben konzentrieren konnten und ineffizient arbeiteten. Außerdem steht dieses Stresssystem im Verdacht, psychische Störungen bis hin zur Alzheimerkrankheit zu begünstigen.[194] Sobald wir unsere Aufmerksamkeit wieder fokussieren, schaltet sich das Unruhe-Stresssystem ab. **Daher gilt es, sich so oft wie möglich auf nur eine Sache zu konzentrieren.**

Es ist eine angeborene Unart, nie den Augenblick ergreifen zu können und immer an einem Ort zu leben, an welchem ich nicht bin, und in einer Zeit, die vorbei oder noch nicht da ist.

Heinrich von Kleist

Tipp 96: Eins nach dem anderen

- Gehen Sie Ihre Aufgaben nacheinander an. Jedenfalls immer dann, wenn Sie bewusste Entscheidungen zu treffen haben, denn für alles, was Sie nicht unbewusst automatisch tun können, brauchen Sie Aufmerksamkeit. Sie müssen Informationen auswählen, einordnen und dann entscheiden, was zu tun ist. Selbst dann, wenn Sie eine SMS

[194] Bauer, Joachim (2013) Arbeit – Warum unser Glück von ihr abhängt und wie sie uns krank macht. Blessing Verlag.

schreiben. *„An wen soll sie gehen, was soll darin stehen? Habe ich alles richtig geschrieben?"* Das geht nicht ohne Aufmerksamkeit. Doch die ist begrenzt, weil wir uns immer nur auf eine Sache konzentrieren können. Die Devise lautet also: Machen Sie eins nach dem anderen – Schritt für Schritt. So wird das Ergebnis besser, und Sie brauchen weniger Zeit als beim vergeblichen Versuch, wirklich alles gleichzeitig zu machen. Zudem bleiben Sie ausgeglichener und sind weniger anfällig für die Multitasking-Stressfalle.

Tipp 97: Zeitblöcke bilden[195]

Wenn Sie nicht konzentriert sind, können Sie nichts richtig gut machen. Sehr wahrscheinlich stresst es Sie auch, wenn neue Aufgaben anfallen, während die alten noch nicht erledigt sind. Richten Sie sich daher am besten Zeitblöcke für Dinge ein und strukturieren Sie Ihre Aktivitäten entsprechend. Die Mittagszeit ist zum Essen und zur Erholung da. Arbeiten funktionieren am besten, wenn Sie konzentriert sind und eine Sache nach der anderen erledigen. Wenn Sie sich mit Ihren Kindern beschäftigen, müssen Sie auch ganz präsent sein. Es bringt nichts, wenn Ihre Aufmerksamkeit dabei zu anderen Dingen abschweift, weil Kinder das merken und Sie ohnehin nicht in Ruhe lassen. Nehmen Sie sich also vor, während der definierten Zeit wirklich ganz bei der jeweiligen Sache zu sein.

- Wir brauchen in unserem Leben ein dynamisches Gleichgewicht. Wenn wir uns an einen vernünftigen Plan halten, dann gelingt das auch. Sorgen Sie deshalb möglichst dafür, Zeitblöcke für Pausen, Entspannung, Essen, die Familie und Vergnügungen einzuplanen. Sie werden feststellen, dass Sie das entspannter, ausgeglichener und glücklicher macht.

---

[195] Siehe dazu: Shojai, Pedram (2018) Die Kunst, die Zeit anzuhalten: 100 Achtsamkeitsübungen gegen Stress. Ullstein Leben.

Tipp 98: Bei der Sache bleiben

Wenn Sie gerade konzentriert an einer Sache arbeiten und dabei immer wieder gestört werden, kostet Sie das Zeit. Diesen Zeitverlust können Sie jedoch minimieren. In Studien haben sich dazu zwei Strategien als erfolgreich erwiesen:[196]

- Bringen Sie bei einer Störung, wenn möglich, erst eine Teilaufgabe zu Ende. Das ist günstiger als zwischendurch auszusteigen. *„Einen kleinen Moment noch, ich bin gleich für Sie da!"* kann als Zwischeninfo helfen, damit Sie Ihre Teilaufgabe noch beenden können.

- Bevor Sie mit Ihrer aktuellen Aufgabe aufhören, merken Sie sich, wo Sie stehengeblieben sind. Zum Beispiel mit einem kleinen Zettel auf dem Schreibtisch oder dem Schriftstück, an dem Sie gerade arbeiten. Oder – bei sehr kurzen Unterbrechungen – indem Sie sich vor der Unterbrechung mental aktiv einprägen, was Sie gerade tun wollten. So wissen Sie anschließend schneller, wo Sie wieder beginnen müssen.

Strategie 32: Entspannungsübungen to go anwenden

Muße ist die Pause im Menü des Lebens. Was wäre ein Fünfgangmenü ohne die Pausen dazwischen? Die Unfähigkeit zur Muße und zur Entspannung ist die Achillesferse unserer Gesellschaft. Dabei sind Muße und Entspannung wichtig für unsere psychische und geistige Gesundheit. Entspannung schafft die Basis für innere Ruhe, für Bewusstheit und für Klarheit der Gedanken. Entspannt sehen wir Herausforderungen gelassener entgegen,

---

[196] Frobeen, Anne (2018) So bleiben Sie bei der Sache, Website der Techniker Krankenkasse. Download unter: http://m.tk.de/tk/mobil/stress-bewaeltigen/zeitmanagement/unterbrechungen/275926 (letzter Zugriff: 20.03.2020)

und Entspannung fördert bei den meisten Menschen angenehme Gefühle und Einstellungen wie Zufriedenheit, Zuversicht und Optimismus.[197] Entspannung braucht Spannung, und Spannung braucht Entspannung. Da wir in unserem beruflichen und oft auch privaten Umfeld in der Regel ausreichend Spannung erleben, gilt es, einen Ausgleich in der regelmäßigen und ausreichenden Praxis von Pausen und Entspannungsmethoden zu finden.

Entspannung schafft die kleine Distanz,
die Freiheit bedeutet.

Johann Wolfgang von Goethe

Es gibt eine Vielzahl von Entspannungsmethoden. Besonders erholsame Entspannung (Tiefenentspannung) erreicht man vor allem im Schlaf und mit gezielten Entspannungstechniken. Folgende Methoden gelten dabei als besonders empfehlenswert: Progressive Muskelentspannung nach Jacobson, Autogenes Training nach Schulz, Qigong, Bodyscan, Yoga, Atemtechniken, Mentaltraining und Meditation.

Tipp 99: Entspannung für unterschiedliche Typen

- Wenn Sie für sich herausfinden möchten, welche Art der Entspannung am besten zu Ihrem Typ passt, kann Ihnen folgender Fragebogen aus dem Buch: *„Die Mañana-Kompetenz"*[198] weiterhelfen. Der Link zum

[197] Ben-Shahar, Tal (2010) Glücklicher – Lebensfreude, Vergnügen und Sinn finden mit dem populärsten Dozenten der Harvard University. Goldmann.
[198] Frank, G./Storch, M. (2011) Entspannung als Schlüssel zum Erfolg. Piper Verlag.

Download lautet: http://bit.ly/Manana-Kompetenz (letzter Zugriff am 08.03.2020)

Der entsprechende QR-Code zum Fragebogen: 

Im Folgenden finden Sie eine Auswahl von Entspannungstechniken, die wenig Zeit in Anspruch nehmen und die Sie daher sehr gut in Ihren (Arbeits-) Alltag einbauen können.

Tipp 100: Progressive Muskelentspannung

Bei der progressiven Muskelentspannung nach Jacobson wird der Entspannungszustand durch kontrolliertes An- und Entspannen der Willkürmuskeln erreicht. Je nach Übungssetting werden dabei bis zu 20 unterschiedliche Muskelgruppen in einer bestimmten Reihenfolge angespannt und dann wieder entspannt. Die Übungen können im Sitzen oder im Liegen ausgeführt werden.

Für jede einzelne Muskelgruppe ist folgender Trainingsablauf zu beachten:

1. Konzentrieren Sie sich auf die jeweilige Muskelgruppe.
2. Spannen Sie diese Muskelgruppe für ca. fünf bis sieben Sekunden an – so fest, dass Sie das Spannungsgefühl noch als angenehm und jedenfalls schmerzfrei empfinden, und konzentrieren Sie sich auf die Anspannung.
3. Lockern Sie die Muskeln der Muskelgruppe und konzentrieren Sie sich für rund 20 Sekunden auf die Entspannung der Muskulatur in dieser Muskelgruppe.

Sie lernen also bei der Progressiven Muskelentspannung, alle Muskeln Ihres Körpers in einer bestimmten Reihenfolge anzuspannen, diese Anspannung wieder zu lösen und gleichzeitig sehr aufmerksam die dabei auftretenden Empfindungen wahrzunehmen. Als leicht zu verstehende Übung führt Sie die Progressive Muskelentspannung schnell zu einem angenehmeren Befinden. Somit ist die Progressive Muskelentspannung eine **Methode für alle Altersstufen**, um von Anspannung auf Entspannung umschalten zu können. Gesprochene Anleitungen in unterschiedlicher Länge zum Erlernen der Progressiven Muskelentspannung finden Sie zum Beispiel als Download auf der Website der Techniker Krankenkasse.[199] Eine Auswahl an Büchern, welche die Anwendung der Progressiven Muskelentspannung gut vermitteln, finden Sie unten in der Fußnote.[200] Auch bieten entsprechend ausbildete

---

[199] https://www.tk.de/techniker/magazin/life-balance/aktiv-entspannen/progressive-muskelentspannung-zum-download-2021142 (letzter Zugriff: 10.03.2020)

[200] Olschewski, Adalbert (2011) Progressive Muskelentspannung. Stress abbauen mit klassischen Übungen nach Jacobsen. Trias Verlag.
Ohm, Dietmar (2007) Stressfrei durch Progressive Relaxation. Mehr Gelassenheit durch Tiefmuskelentspannung. Trias Verlag.
Hainbuch, Friedrich (2005) Progressive Muskelentspannung. GU Verlag.

Psychologen zum Beispiel an Volkshochschulen Kurse zum Erlernen dieser Entspannungsmethode an. Da für eine ganze Übungseinheit Progressive Muskelrelaxation jedoch ca. 20 Minuten einzuplanen sind, gibt es für die kurze Entspannung untertags kürzere Übungsvarianten.

Wichtiger Hinweis: Um diese kurzen Entspannungsübungen erfolgreich anwenden zu können, sollten Sie sich auf jeden Fall mit der „Langversion" der progressiven Muskelentspannung vertraut machen, um das Grundprinzip zu verstehen und zu erleben. Wenn Sie diese dann gut beherrschen, können Sie auf die im Folgenden angeführten Kurzformen übergehen. Das Erlernen der „Langversion" empfehlen wir jedenfalls für die nachfolgenden vier Tipps.

Tipp 101: Kurzform der Progressiven Muskelentspannung[201]

Fassen Sie die Muskeln des gesamten Körpers in folgende vier Muskelgruppen zusammen:

1. Die erste Muskelgruppe besteht aus der Muskulatur der beiden Hände, Unterarme und Oberarme.

2. Die zweite Muskelgruppe umfasst die gesamte Gesichtsmuskulatur (Stirn, Augen, Nase, Mund) und die Nackenmuskulatur.

Derra, Claus (2007) Progressive Relaxation – Grundlagen und Praxis für Ärzte und Therapeuten. Deutscher Ärzteverlag.

[201] Nach: Olschewski, Adalbert (2011) Progressive Muskelentspannung – Stress abbauen mit klassischen und neuen Übungen nach Jacobson. Trias Verlag.

3. Die dritte Muskelgruppe umfasst die Muskulatur der Schultern, des gesamten Brustkorbs sowie die Bauch- und Rückenmuskeln.

4. Die vierte Muskelgruppe besteht aus der Muskulatur beider Ober- und Unterschenkel sowie der Muskulatur beider Füße.

❖ Nehmen Sie sitzend oder liegend eine entspannte Körperhaltung ein und verfahren Sie mit den vier Muskelgruppen wie im Trainingsablauf im Tipp 100 beschrieben.

❖ Am Ende der Übung recken und strecken Sie sich, atmen tief durch und öffnen langsam die Augen. Dann stehen sie langsam auf.

Tipp 102: Ampelübung

Zur kurzfristigen zwischenzeitlichen Entspannung im Alltag dient auch die Ampelübung.[202] In Analogie zum Stoppsignal einer Ampel werden mit dieser Übung gezielt kurze Zäsuren im Tagesablauf gesetzt, um einem kontinuierlichen Spannungsaufbau entgegenzuwirken. Dazu suchen Sie sich vier bis fünf Gegenstände aus, mit denen Sie täglich, aber nicht allzu oft, in Berührung kommen. Diese Gegenstände versehen Sie dann am besten mit einem roten Klebepunkt, vergleichbar mit dem roten Ampellicht. Bei einem Blick auf das Stoppsignal, also den roten Punkt, halten Sie kurz inne, nehmen das eigene Befinden wahr und führen eine kurze Entspannungsübung Ihrer Wahl durch. Dazu eignet sich zum Beispiel folgende Kurzübung aus der Progressiven Muskelentspannung:

[202] In Anlehnung an: Kaluza, Gerd (2011) Stressbewältigung. Trainingsmanual zur psychologischen Gesundheitsförderung. Springer Verlag.

- Richten Sie Ihre Aufmerksamkeit nach innen. Spannen Sie dann kurz alle Muskeln Ihres Körpers gleichzeitig für ca. fünf Sekunden an: Ballen Sie dazu beide Hände zu Fäusten, winkeln Sie die Ellenbogen an, ziehen Sie die Augenbrauen zusammen, rümpfen Sie die Nase, spitzen Sie Ihre Lippen, beißen Sie die Zähne aufeinander, ziehen Sie das Kinn auf die Brust und Ihre Schultern nach hinten, machen Sie ein Hohlkreuz, spannen Sie die Bauchmuskeln, den Po, die Oberschenkel und die Unterschenkel an und ziehen Sie die Zehen nach oben.

- Halten Sie die Spannung kurz und lassen Sie dann nächsten mit dem nächsten Ausatmen bewusst los und entspannen Sie alle Muskeln.

- Mit jedem weiteren Ausatmen lassen Sie Ihre Muskeln für die nächsten ein bis zwei Minuten noch lockerer und entspannter werden. Spüren Sie der Entspannung nach und genießen Sie dieses Gefühl.

- Dann räkeln und strecken Sie sich, atmen tief durch und richten Ihre Aufmerksamkeit wieder nach außen.

Tipp 103: Wisch und weg

Mit dieser Übung können Sie belastenden Stress einfach abfallen lassen.

- Stellen Sie sich gerade und entspannt hin. Heben Sie nun die rechte Hand und strecken Sie sie nach oben. Sammeln Sie allen Stress in Ihrer Hand und lassen Sie sie dann mit einem lauten Seufzer nach unten fallen und schlaff hängen. Dasselbe tun Sie dann mit Ihrer linken Hand. Zum endgültigen Abschütteln heben Sie beide Hände über den Kopf und strecken sich ganz weit nach oben. Lassen Sie Ihre Hände nun gleichzeitig fallen und kippen Sie dabei den Oberkörper etwas nach vorn. Stellen Sie sich dabei vor, wie der gesamte aufgestaute Stress direkt aus Ihren

Händen zu Boden fällt. Nehmen Sie nun gedanklich einen Kehrwisch in die Hand und geben Sie den Stress symbolisch in den Mülleimer.

Tipp 104: Turbo-Jacobson

Diese Kurzübung der Progressiven Muskelentspannung dauert nur 20 Sekunden.[203]

- Nehmen Sie Ihre rechte Hand, öffnen Sie sie und legen Sie gedanklich das, was Sie gerade stört, stresst oder belastet in die Hand. Dann schließen Sie die Hand und spannen den ganzen Arm kräftig in der Beugung an. Alles, was Sie stört, halten Sie jetzt fest in der rechten Hand. Nach zwei langsamen Atemzügen lassen Sie los, drehen die Hand nach unten mit dem Daumen zum Körper hin und werfen alles Störende in der Vorstellung vor sich auf den Boden. Spüren Sie nun der Muskelentspannung und der verstärkten Durchblutung im rechten Arm etwas nach. Der Arm steht nun ganz im Mittelpunkt Ihrer Gedanken, und Sie besinnen sich auf Ihre persönliche Kraft.

Sie kennen die Grundversion dieser Übung vermutlich von Boris Becker. **Die berühmte Beckerfaust war nichts anderes als der Turbo-Jacobson auf dem Tennisplatz.** Nach einem Punktgewinn ballte der Tennisstar kurz seine rechte Hand und sammelte damit Konzentration für den nächsten Aufschlag.

[203] Nach: Derra, Claus (2007) Progressive Relaxation – Grundlagen und Praxis für Ärzte und Therapeuten. Deutscher Ärzteverlag.

Tipp 105: Die Goldmarie

Die richtige Körperhaltung in Kombination mit positiven Gedanken bewirkt ein gutes Gefühl und erzeugt positive Energie. Hier eine Entspannungsübung, die auf dem grimmschen Märchen *Die Goldmarie* beruht.

- Stehen Sie aufrecht. Ihr gesamter Körper bildet dabei eine gerade Linie. Breiten Sie Ihre Arme aus und halten Sie sie mit den Handflächen nach oben ausgestreckt. Legen Sie den Kopf in den Nacken, schließen Sie die Augen und lösen Sie sich von allen störenden Gedanken. Nun stellen Sie sich vor, wie eine strahlend weiße Wolke über Ihnen schwebt und feinen, goldenen Regen auf Sie herabregnen lässt. Sobald dieser Glitterregen Ihren Körper berührt, wird er zu purer und reiner Energie, die Sie mit Ihrem Körper komplett aufnehmen. Sie spüren, wie die frische Energie Ihren Körper durchfließt und sich in Ihren Adern ausbreitet.

Tipp 106: Anti-Stress-Ball

Eine der Möglichkeiten, Stress relativ schnell abzubauen, ist die Nutzung von Anti-Stress-Bällen. Durch das Kneten der Anti-Stress-Bälle, die je nach Ausführung mit Gel oder Luft gefüllt sind, kommt der Körper schnell wieder zur Ruhe, und auch der Geist kann abschalten. In Stresssituationen wird der Ball geknetet, gequetscht und gedrückt, bis sich Denkblockaden lösen, sich die Konzentration verbessert und die Anspannung spürbar nachlässt. Meist genügen hierfür wenige Minuten, und man ist wieder fit für neue Aufgaben. **Mehrere Studien haben die positive Wirkung von Anti-Stress-Bällen belegt.** Dabei gilt es zu beachten: Rechtshänder sollten den Ball mit der linken Hand bearbeiten – und andersherum. Die gesteigerte Wirkung dieses „Handwechsels" hat der Sportpsychologe Jürgen Beckmann von der

TU München herausgefunden.[204] Seine Probanden waren Fußballspieler, Basketballer, Volleyballer und Kampfsportler. Diejenigen, die vor einem Wettkampf einen Anti-Stress-Ball auf die beschriebene Art und Weise benutzt hatten, konnten nachweislich bessere Leistungen erzielen.

Tipp 107: Atemübungen

Atemübungen sind hervorragend zur Entspannung und zum Abbau von Stress geeignet. Die Muskelspannung verringert sich, und die Herzfrequenz wird langsamer. Bewusstes Atmen behält Sie im Hier und Jetzt und macht Sie augenblicksbezogen. Sie haben den Atem immer zur Verfügung und können damit jederzeit positiv auf Ihren Körper und Ihre Gefühle einwirken.

- **Bewusst atmen:** Nehmen Sie eine bequeme Sitzposition ein. Wenden Sie Ihre Aufmerksamkeit dem Atem zu und spüren Sie, wie er ein- und ausströmt. Fühlen Sie, wie die Luft durch die Nase oder durch den Mund ein- und ausströmt, und achten Sie auf die Unterschiede zwischen dem Ein- und dem Ausatmen. Gehen Sie beim Einatmen mit dem Atem in Ihren Körper hinein und spüren Sie die Bewegung des Atems im Bauchraum. Achten Sie darauf, wie der Atem die Bauchdecke hebt und senkt, und lassen Sie sich von diesem Rhythmus ein Stück in die Entspannung wiegen. Behalten Sie einfach den Atemrhythmus bei, der sich von selbst einstellt. Spüren Sie, wie der Atem die Bauchdecke hebt und senkt. Und wenn dabei Gedanken kommen sollten, dann lassen Sie diese wie kleine Wolken am großen, blauen Himmel vorüberziehen und kommen einfach zum Atem zurück.

---

[204] Beckman, J./Gröpel, P./Ehrlenspiel, F./Heiss, C. (2008) Interventionen zur Leistungsstabilisierung unter Druck. Technische Universität München. BISp-Jahrbuch, Forschungsförderung 2008/2009. Download unter: http://www.bisp.de/SharedDocs/Downloads/Publikationen/Jahrbuch/Jb_200809_Artikel/Beckmann_293.pdf?__blob=publicationFile (letzter Zugriff: 08.03.2020)

- **Anspannung und Entspannung:**[205] Während Sie langsam einatmen, spannen Sie so viele Muskeln wie möglich an. Halten Sie dann kurz die Luft an. Dann atmen Sie langsam aus und entspannen wieder alle Muskeln. Durch das Anspannen der Muskeln wird Blut in die Gefäße gepumpt. Wenn Sie dann die Muskeln wieder lockern, werden die Gefäße erweitert, und es fließt mehr Blut. Das führt zu einem Gefühl wohliger Wärme und angenehmer Schwere. Nachdem Sie etwa fünfmal diese An- und Entspannung in Kombination mit langsamem Ein- und Ausatmen durchgeführt haben, bleiben Sie noch etwa ein, zwei Minuten mit geschlossenen Augen ruhig sitzen oder liegen. Spüren Sie die Wärme in Ihrem Körper. Denken Sie an etwas Schönes. Das können angenehme Erinnerungen sein, die Sie sich ins Gedächtnis rufen, oder Sie wandern mit Ihren Gedanken an Ihren Lieblingsort. Atmen Sie dabei ruhig weiter, ohne an Ihre Atmung zu denken. Wenn Sie mit Ihrer Gedankenreise fertig sind, strecken und recken Sie sich langsam. Einmal richtig gähnen, und schon haben Sie neue Energie.

Die Zufriedenheit liegt am Ende des Ausatmens.

David Servan-Schreiber

- **Atemzüge zählen:** Setzen Sie sich in bequemer Position mit gerader Wirbelsäule und leicht nach vorn geneigtem Kopf. Schließen Sie die Augen und atmen Sie ein paar Mal tief durch. Lassen Sie den Atem natürlich kommen, ohne zu versuchen, ihn zu beeinflussen. Im Idealfall ist er ruhig und langsam, Tiefe und Rhythmus können jedoch variieren. Um

[205] Nach: Fritsche/Geigges/Richter/Wirsching (Hrsg.) (2016) Psychosomatische Grundversorgung, Springer Verlag.

mit der Übung zu beginnen, zählen Sie *„eins"*, während Sie ausatmen. Wenn Sie das nächste Mal ausatmen, zählen Sie *„zwei"* und so weiter bis *„fünf"*. Dann beginnen Sie einen neuen Zyklus und zählen wieder von eins bis fünf. Zählen Sie nur, wenn Sie ausatmen. Das Einatmen sollte idealerweise durch die Nase erfolgen, das Ausatmen durch den Mund. Sie können sich auch vorstellen, dass Sie beim Einatmen einen wohltuenden Duft aufsaugen, der dann Ihren ganzen Körper durchströmt. Beim Ausatmen stellen Sie sich vor, wie Sie eine Kerze ausblasen. Versuchen Sie über einige Minuten, diese Form der meditativen Atemübung zu praktizieren. Das entspannt, beruhigt und gibt Energie für die nächsten Aufgaben. Weitere Atemübungen finden Sie in Strategie 22: Mit Atemübungen Gedanken lenken.

Tipp 108: Bodyscan

Der Bodyscan ist eine Übung, bei der Sie Ihren Körper achtsam wahrzunehmen lernen. Sie trainieren, mit Ihrer Aufmerksamkeit ganz bei sich selbst zu bleiben und schrittweise Ihren ganzen Körper zu spüren – von den Füßen bis zum Kopf. Dabei begegnen Sie sich selbst und all Ihren Gedanken, Empfindungen und Gefühlen mit einer wohlwollenden, akzeptierenden Haltung. Diese Übung wird auch in Kursen zur Stressbewältigung durch Achtsamkeit eingesetzt. Viele Menschen können sich dabei tief entspannen oder spüren ihren Körper intensiver.[206]

---

[206] Siehe etwa: Doerne, Angelika (2016) Der Body-Scan. In: Yoga Aktuell, Mai 2016. Download unter: http://www.lebensentfaltung.com/media/artikel/Artikel-YA-Body-Scan-layoutet_4-16.pdf (letzter Zugriff: 15.03.2020)

Anleitung Bodyscan:[207]

Nehmen Sie eine bequeme Position ein. Konzentrieren Sie sich zunächst ganz auf Ihre Atmung, achten Sie auf das Heben und Senken von Bauchdecke und Brustkorb und stimmen Sie sich auf Ihren eigenen Atemrhythmus ein. Richten Sie dann Ihre Aufmerksamkeit auf den **großen Zeh Ihres linken Fußes,** daraufhin auf den kleinen Zeh Ihres linken Fußes und die Zehen dazwischen. Spüren Sie jeden Zeh und registrieren Sie alle Empfindungen in Ihrem linken Fuß möglichst genau. Was immer Sie dabei empfinden: Es ist vollkommen in Ordnung. Und wenn Sie nichts Besonderes spüren, ist das auch in Ordnung. Wichtig ist nur Ihre wache, empfangsbereite Aufmerksamkeit, ohne dass Sie irgendetwas leisten wollen oder irgendeine ganz bestimmte Empfindung erreichen möchten. Bleiben Sie noch bei Ihrem linken Fuß, wandern Sie mit Ihrer Aufmerksamkeit in den Fußballen, die linke Fußkante und die Ferse. Konzentrieren Sie sich dann auf den ganzen linken Fuß. Von dort aus lassen Sie nun Ihre Aufmerksamkeit über den linken Knöchel in das linke Bein zum Unterschenkel wandern, spüren Sie Schienbein und Wade, das linke Knie, den linken Oberschenkel und lassen Sie dann Ihre Aufmerksamkeit langsam bis zum Becken und zum Schambein gehen.

Richten Sie danach Ihre Aufmerksamkeit in gleicher Weise auf Ihren rechten **großen Zeh,** dann den rechten kleinen Zeh und die Zehen dazwischen. Spüren Sie jeden Zeh **Ihres rechten Fußes** und registrieren Sie alle Empfindungen in Ihrem rechten Fuß möglichst genau. Was immer Sie dabei empfinden, ist vollkommen in Ordnung, und wenn Sie nichts Besonderes spüren, ist das auch in Ordnung. Wichtig ist nur Ihre wache, empfangsbereite Aufmerksamkeit, ohne dass Sie irgendetwas leisten wollen oder irgendeine ganz bestimmte Empfindung erreichen möchten. Bleiben Sie noch bei Ihrem rechten Fuß, wandern Sie mit Ihrer Aufmerksamkeit in den Fußballen, die rechte Fußkante und die Ferse. Konzentrieren Sie sich dann auf den

[207] Nach: Frank, Renate (2010) Wohlbefinden fördern. Positive Therapie in der Praxis. Leben-Lernen. Klett-Cotta Verlag.

ganzen rechten Fuß. Von dort aus lassen Sie nun Ihre Aufmerksamkeit über den rechten Knöchel in das rechte Bein zum Unterschenkel wandern, spüren Sie Schienbein und Wade, das rechte Knie, den rechten Oberschenkel und lassen Sie dann Ihre Aufmerksamkeit langsam bis zum Becken und zum Schambein gehen.

Lassen Sie Ihre Aufmerksamkeit dann weiter **über Bauch und Brustkorb nach oben bis zum Halsansatz wandern,** wobei Sie jede Region Ihres Körpers ohne jegliche wertende Haltung aufmerksam spüren. Es ist, wie es ist. Registrieren Sie einfach nur, was Sie spüren oder auch nicht spüren. Lenken Sie nun Ihre Aufmerksamkeit auf Ihren **Po und die untere Rückenpartie.** Wandern Sie in Gedanken langsam Ihren Rücken entlang nach oben bis zum Halsansatz und zählen Sie dabei Ihre Wirbel einzeln durch: zunächst die fünf Lendenwirbel bis zur Taille und dann die zwölf Brustwirbel bis zum Halsansatz. Lenken Sie Ihre Aufmerksamkeit dann auf Ihre **linke Schulter** und von dort aus den **linken Arm** entlang über Ihren Oberarm, den Ellenbogen und den Unterarm zur **linken Hand.**

Richten Sie Ihre Aufmerksamkeit dort auf den Daumen, den kleinen Finger und die Finger dazwischen. Spüren Sie alle Finger Ihrer linken Hand, lassen Sie Ihre Aufmerksamkeit dann langsam wieder den Arm entlang bis zur linken Schulter wandern. Gehen Sie von dort mit Ihrer Aufmerksamkeit zu Ihrer **rechten Schulter** und von da aus den **rechten Arm** entlang über Ihren Oberarm, den Ellenbogen und den Unterarm zur **rechten Hand.** Richten Sie Ihre Aufmerksamkeit dort auf den Daumen, den kleinen Finger und die Finger dazwischen. Spüren Sie alle Finger Ihrer rechten Hand, lassen Sie Ihre Aufmerksamkeit dann langsam wieder den Arm entlang bis zur rechten Schulter und zum Halsansatz wandern.

Von dort aus wandern Sie nun mit Ihrer Aufmerksamkeit langsam **zum Kopfbereich**, indem Sie die sieben Halswirbel durchzählen. Registrieren Sie aufmerksam, was Sie spüren, und wenn Sie nichts spüren, ist das auch in

Ordnung. Wenden Sie sich nun Ihrem Kopf- und Gesichtsbereich zu. Lassen Sie Ihre Aufmerksamkeit in Ihr Kinn wandern, zur Mundpartie, zur Nase, zur Augenpartie, zur Stirn und den gesamten Kopf entlang. Registrieren Sie dabei alles, was Sie spüren, ohne es zu bewerten. **Zum Abschluss** verweilen Sie dann noch für einige Atemzüge bei der Wahrnehmung Ihres gesamten Körpers. Kehren Sie dann langsam zur alltäglichen Körperwahrnehmung und in Ihren Alltag zurück, indem Sie tief durchatmen, sich strecken und recken und sich wieder ganz wach auf Ihren Alltag einstellen.

Eine gesprochene Anleitung des Bodyscans mit etwas anderem Text und einer Dauer von ca. 20 Minuten finden Sie unter diesem Link: http://bit.ly/Übung-Bodyscan

Der QR-Code zur gesprochenen Übung: [208]

Eine gesprochene Einführung zum Bodyscan finden Sie unter diesem Link: http://bit.ly/Einführung-Bodyscan

Der QR-Code zur Einführung:

Wenn Sie die Anleitung der auf den vorigen Seiten ein paar Mal gelesen oder die gesprochene Variante ein paar Mal gehört haben, können Sie daraus auch Ihre eigene Bodyscan-Übung ableiten.

[208] Im Original auf der Website der Techniker Krankenkasse: https://www.tk.de/techniker (letzter Zugriff: 13.03.2020)

Tipp 109: Ruhebilder

Eine Vertiefung der durch die bisher angeführten Methoden erreichten Entspannung können Sie erzielen, indem Sie nach einer Atem- oder Körperübung zu einem sogenannten Ruhebild überleiten. Beim Ruhebild stellt man sich, wie bei Fantasiereisen, eine Situation vor, in der man sich ganz besonders wohl und entspannt fühlen kann, z. B. eine Urlaubserinnerung. **Diese Szene sollten Sie mit allen fünf Sinnen für sich in der Fantasie beschreiben.** Eine Möglichkeit zum Finden entspannender Ruhebilder besteht darin, in entspanntem Zustand den eigenen Gedanken nachzugehen.

Sie können dazu folgende Anleitung beachten: [209]

Lassen Sie Ihre Gedanken zu einer angenehmen Vorstellung oder zu einem schönen Bild wandern. Vielleicht gelingt es Ihnen, einen Ort oder eine Situation zu finden, an dem bzw. in der Sie einmal sehr gern waren oder schon lange gern einmal sein möchten. Sie werden merken, wenn Sie solch ein Bild suchen, dass so etwas wie ein Film, also mehrere Bilder hintereinander, vor Ihrem inneren Auge abläuft. Lassen Sie ruhig diese vielen Bilder eine Zeit lang an sich vorbeiziehen. In aller Regel bleibt Ihre Aufmerksamkeit dann bei einer angenehmen Vorstellung hängen. **Wenn sich nun ein solches inneres Bild eingependelt hat, versuchen Sie, Ihre ganze Aufmerksamkeit und Konzentration auf dieses Bild zu richten.** Versuchen Sie, diese Vorstellung mit all Ihren Sinnen zu erfassen. Achten Sie darauf, ob es im Bild hell oder dunkel ist, ob Farben da sind ... Beobachten Sie den Vordergrund des Bildes ... und den Hintergrund ... Achten Sie auf Geräusche ... vielleicht wird gesprochen ... oder Sie können den Wind oder das Meer rauschen hören ... Vielleicht können Sie bei der Vorstellung auch etwas

---

[209] Nach: Meermann, Rolf/Okon, Eberhard (2006) Angststörungen: Agoraphobie, Panikstörung, spezifische Phobien. Ein kognitiv-verhaltenstherapeutischer Leitfaden für Therapeuten. Kohlhammer Verlag.

spüren ... vielleicht die warme Sonne, die auf Ihren Körper scheint ... oder einen kühlen Luftzug, der über Ihre Haut streicht ... Vielleicht können Sie auch etwas riechen ... wie duftende Blumen ... Versuchen Sie, Ihre Vorstellung ganz deutlich zu erfassen, und genießen Sie dieses innere Bild.

Bei dieser Übung gelingt es manchen Menschen sehr gut, ein attraktives Bild lebhaft in die Vorstellung treten zu lassen. Anderen fällt es gerade zu Beginn schwer, sich zu konzentrieren und ein Bild deutlich vor Augen zu haben. Dieser Schwierigkeit können Sie gut entgegenwirken, indem Sie sich bereits vor Beginn der Übung ein schönes Bild in allen Einzelheiten ausmalen und sich dann während der eigentlichen Übung auf ebendieses Bild konzentrieren. **Wichtig ist, dass die Vorstellung für Sie attraktiv ist und dass Sie diese so anschaulich und plastisch wie möglich gestalten.** Nehmen Sie dazu, wie in der Anleitung oben beschrieben, all Ihre Sinne zu Hilfe.

Beispiele für Ruhebilder

Einige angenehme Vorstellungen, die Menschen im Folgenden berichten, können Ihnen Anregungen bieten:

1. „Ich stelle mir vor, zu Hause auf der Terrasse in einem Liegestuhl inmitten eines blühenden Gartens zu liegen. Ich habe die Augen geschlossen, die Sonne scheint warm auf meine Haut. Um mich herum höre ich das Summen der Bienen, ein Vogel zwitschert. Ein warmer Wind streicht sanft über mich hinweg. Die Blumen um mich herum duften. Es ist angenehm warm, ich fühle mich entspannt und innerlich gelassen. Es duftet nach Rosen und Lavendel. Ich genieße das alles sehr."

2. „Ich liege an einem warmen Sommertag am Meer. Der Wind weht und erfrischt mich. Ich höre das Rauschen des Meeres und das Schreien der Möwen. Der Sand ist warm und rieselt durch meine Finger. Ich schmecke das Salz auf meinen Lippen. Ich fühle mich wohl und entspannt, bin innerlich ruhig."

3. „Vor mir dehnt sich der Strand bis zum Horizont. Ich laufe am Ufer des Meeres entlang, das Wasser spült über meine Füße, zieht sich zurück und kehrt mit kleinen Wellen wieder. Es ist kalt und prickelnd, der Wind fährt durch mein Haar, ich spüre den Sand unter meinen Füßen. Es ist ein regelmäßiges Gehen, gelassene Schritte, nichts treibt, nichts hemmt. Über mir segeln die weißen Möwen in der blauen Luft, das Meer dehnt sich bis zum Horizont. Ich fühle mich aktiv, ausgeglichen und zuversichtlich."

Eine halbe Stunde Meditation ist absolut notwendig,
außer wenn man sehr beschäftigt ist,
dann braucht man eine ganze Stunde.

Franz von Sales

Wie Sie an diesen Beispielen sehen, gibt es ganz unterschiedliche Motive in diesen Bildern. Es können reale Urlaubserinnerungen sein, aber auch Bilder, die nur in Ihrer Fantasie existieren. Sie können sich schöne Landschaften vorstellen oder auch Geselligkeit mit lieben Freunden. Auch eine erfolgreich gemeisterte schwierige Situation in Ihrem Leben kann zu diesen Bildern gehören. Nach mehrmaligem Üben werden Sie feststellen, dass die Vorstellungen immer plastischer und deutlicher werden. Wichtig ist jedenfalls, dass diese Bilder intensive positive Gefühle in Ihnen hervorrufen (z. B. Freude, Spaß, Unterhaltung, Stolz, Entspannung, Geborgenheit oder Ähnliches). Je sorgfältiger Sie üben, desto standfester werden diese angenehmen

Vorstellungen und die damit geweckten Stimmungen gegenüber möglichen negativen und belastenden Gedanken.

Tipp 110: Fantasiereisen

Fantasiereisen und die im vorigen Tipp angeführten Ruhebilder gehören zur Technik der „nach innen geschauten Bilder". **Solche Verfahren nennt man Imaginationstechniken oder Vorstellungsübungen.** Dabei tauchen Sie mithilfe Ihrer Fantasie zum Beispiel in eine entspannte Situation. Stellen Sie sich zum Beispiel vor, wie Sie an einem warmen Sommertag im Schatten eines Baums liegen. Oder Sie versetzen sich innerlich an einen Ort, den Sie lieben und den Sie mit Entspannung verbinden, und lassen ihn mit allen Sinnen zur inneren Realität werden.

Fantasie ist wichtiger als Wissen,
denn Wissen ist begrenzt.

Albert Einstein

Im Folgenden finden Sie zwei Beispiele für eine Fantasiereise. Sie können die Texte zum Beispiel auf Ihr Smartphone aufnehmen, um sie dann anzuhören, oder Sie bitten jemand anderen, Ihnen die Anleitung vorzulesen. Die Übung hilft Ihnen, Ihre Wahrnehmung auf Ihre inneren Bilder auszurichten.

Fantasiereise: Am Strand:

- Machen Sie es sich bequem und entspannen Sie sich. Schließen Sie die Augen und stellen Sie sich vor:

Sie sind an einem ruhigen, einsamen Strand. Es ist ein warmer, sonniger Tag, und Sie spazieren am Strand entlang ... Sie spüren den warmen Sand unter Ihren Füßen und zwischen Ihren Zehen. Sie fühlen die angenehme warme Sonne auf Ihrer Haut ... Sie atmen die frische, salzhaltige Seeluft ein ... Sie betrachten den Himmel und die Wolken ... Sie gehen zum Wasser und waten darin. Sie fühlen das angenehm kühle Wasser ... und die leichte Brise auf Ihrer Haut ... Sie setzen sich auf einen Felsen und schauen auf das Meer hinaus ... Sie sehen, wie das Licht auf den Wellen tanzt. Sie hören das Rauschen der Wellen am Strand und genießen das ruhige, entspannte Gefühl, das dieser Augenblick in Ihnen auslöst ... Wenn Sie Ihre Fantasiereise beenden und in den Alltag zurückkehren wollen, tun Sie das behutsam. Recken und strecken Sie sich, atmen Sie tief durch und öffnen Sie langsam die Augen. Erst dann stehen Sie langsam wieder auf.

Fantasiereise: Die Feder

- Schließen Sie die Augen und achten Sie auf Ihren Atem. Spüren Sie ihm in Ihrem Körper nach. Fühlen Sie nach, wo Sie ihn bemerken. Ihr Atem ist wie ein warmer Lufthauch, der sanft durch Ihren ganzen Körper strömt. Stellen Sie sich vor, wie dieser warme Luftstrom langsam Ihren ganzen Körper füllt und sich überall eine wohlige, entspannte Wärme ausbreitet.

Stellen Sie sich dann eine zarte, weiße Feder vor, die von einem leichten, warmen Windhauch getragen wird. Folgen Sie der Feder in Ihren Gedanken, wie sie über eine grüne Wiese fliegt: Immer wieder sinkt sie langsam nach unten, und kurz bevor sie den Boden, das Gras oder eine Blume berührt, wird sie vom warmen Wind wieder hochgehoben und schwebt ein Stück weiter. Nehmen Sie sich jetzt die Zeit, um sich auf diese Wiese zu legen und die Feder eine Weile zu betrachten. Beobachten Sie, wie sie sanft und sacht durch die Luft tanzt. Genießen Sie eine Weile diese meditative Szene. Stellen Sie sich dann vor, dass die Feder zu Ihnen herunterschwebt. Öffnen Sie Ihre Hand und lassen Sie sie sanft darin landen. Fangen Sie sie behutsam auf. Spüren Sie ihren zarten Flaum in Ihrer Handinnenfläche. Betrachten Sie sie eine Weile – und übergeben Sie sie dann mit einem leichten Pusten wieder dem Wind. Beobachten Sie, wie die Feder sich langsam wieder von Ihnen entfernt.

Kommen Sie dann mit Ihrer Aufmerksamkeit wieder zurück und nehmen Sie nochmal bewusst Ihren Atem wahr. Recken und strecken Sie sich und öffnen Sie dann langsam Ihre Augen.

Tipp 111: Entspannungsreise durch den Körper

Reisen Sie in Gedanken durch Ihren Körper und empfinden Sie das Gefühl von Entspannung, Schwere und Wärme. Hier ist Ihr Reiseplan dafür: Sie können den Text auch auf Ihr Smartphone aufnehmen, um ihn dann anzuhören, oder jemand anderen bitten, Ihnen die Anleitung vorzulesen.

- Legen Sie sich locker auf den Boden. Konzentrieren Sie sich ganz auf sich selbst. Sammeln Sie Ihre Gedanken.

Die Arme: Wenden Sie nun Ihre Aufmerksamkeit Ihrem rechten Arm zu. Lassen Sie ihn einfach so liegen, wie er jetzt liegt. Nehmen Sie wahr, an welchen Stellen Ihr Arm auf dem Boden aufliegt und wie viel Gewicht er hat. Wie fühlt er sich an? Wandern Sie nun mit Ihren Gedanken zum linken Arm hinüber. Wie fühlt er sich an im Vergleich zum rechten Arm? Wo liegt er auf? Lassen Sie die Muskeln Ihrer Arme schwer und entspannt nach unten fallen. Zuerst die Unterarme, dann die Oberarme. Nehmen Sie wahr, wie sich das anfühlt.

Der Rumpf: Nun sammeln Sie Ihre Gedanken und wandern Sie damit zum Rumpf. Fühlen Sie, wo Ihre Schultern, Ihr Rücken und Ihr Gesäß am Boden aufliegen und wie schwer sie sind. Lassen Sie sich Zeit. Gehen Sie Ihren Rücken von oben nach unten durch, von den Schultern bis zum Po. Nehmen Sie wahr, wie sich Ihr Bauch hebt und senkt, wenn Ihr Atem langsam ein- und ausströmt. Lassen Sie Ihren Atem kommen und gehen, ganz wie er es selbst will.

Die Beine: Lassen Sie Ihre Gedanken jetzt nacheinander in die beiden Beine wandern. Wo liegt das rechte Bein auf dem Boden auf? Und wo das linke? Lassen Sie auch die Muskeln Ihrer Beine schwer und entspannt nach unten fallen.

Der Kopf: Nehmen Sie jetzt wahr, wie Ihr Hinterkopf auf dem Boden aufliegt. An welchen Stellen berührt er den Boden? Gehen Sie mit Ihren Gedanken weiter in das Gesicht. Lassen Sie die Gesichtsmuskeln locker wegsinken. Entspannen Sie Stirn, Wangen und Mundpartie.

Der ganze Körper: Wandern Sie zum Schluss noch einmal langsam von oben bis unten durch den ganzen Körper. Nehmen Sie wahr, wie er sich anfühlt, und genießen Sie die Entspannung.

Zum Schluss: Wenn Sie die Übung beenden möchten, spannen Sie Ihre Muskeln wieder an: Recken und strecken Sie sich, atmen Sie tief durch und öffnen Sie langsam die Augen. Zum Aufstehen drehen Sie sich am besten auf die Seite und setzen sich dann vorsichtig auf.

Tipp 112: Sicherer innerer Ort[210]

Neben einer Fantasiereise an einen schönen Ort, an dem Sie vielleicht schon einmal waren, können Sie sich auch in Gedanken einen neuen Ort schaffen, an dem Sie noch nie gewesen sind. Diese Übung hilft Ihnen dabei. Sie können den folgenden Text zum Beispiel auf Ihr Smartphone aufnehmen und anschließend abspielen oder sich ihn von einer anderen Person vorlesen lassen.

- Machen Sie es sich bequem, entspannen Sie sich und schließen Sie die Augen.

Lassen Sie Gedanken, Vorstellungen oder Bilder aufsteigen von einem Ort, an dem Sie sich ganz wohl und geborgen fühlen ... Dieser Ort kann auf der Erde sein, er kann aber auch außerhalb der Erde sein ... Geben Sie diesem Ort eine Begrenzung Ihrer Wahl, die so beschaffen ist, dass nur Sie bestimmen können, welche Lebewesen an diesem Ort, Ihrem Ort, sein sollen, sein dürfen ... Prüfen Sie nun, ob Sie sich dort mit all Ihren Sinnen wohlfühlen. Prüfen Sie erst, ob das, was Sie sehen, Ihren Augen angenehm ist. Wenn es noch etwas geben sollte, was Ihnen nicht gefällt, dann verändern Sie es ... Prüfen Sie nun, ob das, was Sie hören, für Ihre Ohren angenehm ist. Ansonsten können Sie es solange verändern, bis es wirklich wohlklingend ist ... Prüfen Sie nun, ob die Temperatur angenehm ist, und verändern Sie sie, wenn es nötig ist ... Ist das, was Sie riechen und schmecken, ganz und gar angenehm? Sie können es verändern, wenn Sie möchten ... Kann sich Ihr Körper an diesem Ort so bewegen, dass Sie sich damit ganz wohlfühlen, und können Sie jede Haltung einnehmen, in der Sie sich wohlfühlen? ... Denken Sie daran, dass Sie in Ihrer Vorstellung zaubern können. Und dass Sie sich alles so gestalten können, wie Sie es möchten. Sie erschaffen diesen Ort genau für Ihre Bedürfnisse.

---

[210] Nach: Reddemann, Luise (2019) Imagination als heilsame Kraft. Klett-Cotta Verlag.

Sie können auch hilfreiche Wesen an diesen Ort einladen. Wenn möglich keine Menschen, aber vielleicht liebevolle Begleiter oder Helfer, Wesen, die Ihnen Unterstützung und Liebe geben. Wenn es Ihnen gelungen ist, diesen Ort zu erschaffen, dann genießen Sie es noch ein paar Augenblicke lang, dort zu sein ...

Sie können ihn jetzt noch verankern, sodass es Ihnen in Zukunft leichter fällt, dorthin zu gelangen. Sie können, wenn Sie möchten, mit sich eine kleine Körpergeste, z. B. ein Fingerkreuzen, vereinbaren. Diese Geste können Sie in Zukunft ausführen, damit sie Ihnen hilft, diesen Ort wieder ganz rasch in Ihrer Vorstellung zu haben. Und wenn Sie möchten, können Sie diese Geste jetzt ausführen ... Um die Übung zu beenden, nehmen Sie wieder Ihre Körpergrenzen wahr und registrieren achtsam den Kontakt Ihres Körpers mit dem Boden. Danach kommen Sie mit der Aufmerksamkeit zurück in den Raum, indem Sie sich recken und strecken und schließlich langsam Ihre Augen öffnen.

Tipp 113: Yogaübungen

Es gibt simple Yogaübungen, die beispielsweise ideal für die Mittagspause und das Nachmittagstief sind. Einfache Übungen mit Videoanleitung, die Sie vor dem Mittagstief schützen und Ihnen helfen, Ihr Nachmittagstief zu überwinden, finden Sie auf YouTube oder auf der Website der Techniker Krankenkasse.[211]

[211] https://www.tk.de/techniker/magazin/life-balance/aktiv-entspannen/yoga-uebungen-gegen-das-mittagtief-2026728 und https://www.tk.de/techniker/magazin/life-balance/aktiv-entspannen/yoga-uebungen-fuer-mehr-konzentration-am-nachmittag-2026752 (letzter Zugriff: 12.03.2020)

Tipp 114: Rote Punkte

Um Stress, der sich im Verlauf des Tages unbemerkt aufbaut, entgegenzuwirken, ist folgende Übung geeignet:[212]

- Damit Sie sich immer wieder daran erinnern, gewohnheitsmäßige stresshafte Verhaltensmuster, wie z. B. Anspannung oder hektische Unruhe, bewusst zu unterbrechen, versehen Sie bestimmte Gegenstände, denen Sie im Alltag täglich, aber nicht allzu oft begegnen, mit einem roten Klebepunkt. **Wenn Sie diesen erblicken, stellen Sie sich eine Ampel vor, die auf Rot steht.** Dies soll Ihnen als Erinnerungshilfe dienen, einen Moment innezuhalten und Ihren Stresspegel mit einer kurzen Entspannungsübung zu reduzieren.

Lesen Sie zum Abschluss dieses Kapitels folgende Geschichte. [213] Vielleicht erkennen Sie sich darin wieder?

Die Geschichte von den Reisaffen

In China soll es Affen geben, die ganz besonders liebenswert sind und die von Menschen gern gefangen werden. Doch diese Affen sind flink. Sie sind viel schneller als die, die sie fangen wollen, und entwischen immer auf die Bäume. So gelang es über lange Zeit nicht, diese Affen zu fangen. Bis einer der Menschen auf eine sehr trickreiche Idee kam. Es ist von diesen Affen bekannt – die auch Reisaffen heißen – dass sie nichts lieber mögen als Reis. Sie können Reis auf weite Entfernung sehen und riechen, sie können das Geräusch hören, wenn Reis zu Boden fällt, und sie sind ganz verrückt danach.

[212] Kirn, T./Echelmeyer, L./Engberding, M. (2009) Imagination in der Verhaltenstherapie. Springer Verlag.
[213] Nach: Revenstorf, Peter (2001) Hypnose in Psychotherapie, Psychosomatik und Medizin – Manual für die Praxis. Springer Verlag.

Einer, der unbedingt einen Affen fangen wollte, um ihn als Haustier zu halten und zu zähmen, machte sich diese Vorliebe für Reis zunutze. Er sammelte Kokosnüsse und schnitt kleine Löcher hinein, gerade so groß, dass die Hand eines Affen hindurchpasste. Und nachdem er die Kokosmilch ausgeleert hatte, füllte er diese Nüsse mit Reis. Dann befestigte er eine Schnur an den Nüssen und verband alle Nüsse miteinander und mit einem Baum. So legte er sie aus und versteckte sich gut hinter einem Busch, um aus der Ferne zuzusehen, was passieren würde.

Nach einiger Zeit kamen die Affen hervor. Mit ihrem besonders ausgeprägten Geruchssinn konnten sie das Aroma des Reises bis in die Bäume riechen. Sie näherten sich den Nüssen völlig furchtlos, denn sie wussten, dass sie viel schneller waren als alle Verfolger. Der erste Affe näherte sich der ersten Nuss, schnüffelte an dem Loch und stellte fest, dass es Reis war, wie er vermutet hatte. Er steckte die Hand, die gerade durch das Loch passte, in das Innere der Nuss und griff sich eine Faust voll Reis.

Aber jetzt war er in Not. Die Faust voll Reis war viel dicker als die schmale Hand vorher und passte nicht mehr durch das Loch. Er sprang wütend auf und nieder und konnte doch nicht weg. Der nächste Affe schaute ihm verständnislos zu und stürzte sich dann auf die nächste Nuss, steckte seine Hand in die Öffnung, ergriff eine Handvoll Reis, doch auch ihm gelang es nicht, die Faust durch das Loch zurückzuziehen. Und so erging es den anderen Affen. Dem dritten, dem vierten und dem fünften ...

Jetzt mögen manche denken, die Lösung sei doch ganz einfach: Der Affe braucht nur den Reis loszulassen, und die Hand würde wieder durch das Loch passen ... Manche mögen denken, das war der Untergang der Reisaffen ... Andere werden vielleicht auf den Affenjäger schimpfen ... Manche werden sagen: Das ist die Gier des Affen ... Nein ... Wir glauben, es war des Affen Entscheidung, einfach nicht loszulassen. Er hätte es jederzeit tun können. Loslassen und frei sein ...

9. WIE KOMME ICH NACH EINEM STRESSTAG ZUR RUHE?

Strategie 33: Die Arbeit richtig beenden

Der moderne Berufsalltag gleicht einem Hochgeschwindigkeitszug. In hohem Tempo rasen wir von einem Termin zum nächsten, checken und beantworten E-Mails, führen Telefonkonferenzen, bereiten Berichte für Meetings vor oder absolvieren ein Kundengespräch nach dem anderen. Sogar unser Essen klingt nach Geschwindigkeit und ständiger Bewegung: Fastfood oder Coffee to go. Und mit derselben Intensität, mit der wir es gewohnt sind, den Berufsalltag zu meistern, gestalten wir oft auch unsere Freizeit. Schließlich möchten wir unsere kostbare freie Zeit ja maximal ausnutzen. Nur gelingt das nicht so einfach: Bei Höchstgeschwindigkeit kann man keinen Zug wechseln! Dieser müsste zuerst langsamer werden und dann in einen Bahnhof einfahren. Erst dort kann man umsteigen in den Familienbummelzug, den gemütlichen Hobbyzug, den zügigen Sportzug oder den langsamen Nostalgie-Nichtstun-Zug.

Ihrem Geist und Ihrem Körper geht es genauso wie einem Hochgeschwindigkeitszug. Stellen Sie die Weichen vom Arbeitsplatz ins Privatleben, rauschen Sie mit voll aktiviertem Sympathikus auf das neu gestellte Familien- und Freizeitgleis. Sie kommen dann mit Vollgas im Bahnhof „Zuhause" an, aber das Gedankenkarussell dreht sich weiter, und Sie können einfach nicht abschalten. Was am Tag nicht gut gelaufen ist und was morgen alles zu tun sein wird, all das geht Ihnen durch den Kopf. Die Bilder laufen vor Ihrem inneren Auge ab und machen Ihnen zu schaffen. Von Feierabend keine Rede, Ihr Oberstübchen ist noch voll bei der Arbeit. Ihre Gedanken halten Sie von der wohlverdienten Entspannung ab, und Sie wissen einfach nicht, wie Sie sie stoppen können.

Die Folge ist, dass Ihr Partner oder Ihre Kinder sagen: *„Du bist ja gedanklich noch in der Firma, du hörst mir ja gar nicht zu!"* Tatsächlich fällt es Ihnen schwer, den Äußerungen der Familie aufmerksam zu folgen, weil Ihre Gedanken noch bei der Arbeit sind. Der Grund liegt in dem immer noch unter Volldampf fahrenden Anspannungs-Sympathikus-Zug und dem noch auf dem abgesperrten Abstellgleis stehenden Entspannungs-Parasympathikus-Zug. Wichtig ist es also, Ihren Parasympathikus zu aktivieren, bevor Sie sich nach der Arbeit der Familie zuwenden.

Der Körper reist mit dem Adler,
die Seele aber geht zu Fuß.

Indianisches Sprichwort

Tipp 115: Selbstreflexion

- Notieren Sie, wie Sie üblicherweise Ihren Arbeitstag beenden, und beantworten Sie dabei folgende Fragen:

> - *Welche Dinge mache ich unmittelbar, nachdem ich die Arbeit beendet habe?*
> - *Welche Gewohnheiten habe ich mir diesbezüglich angeeignet?*
> - *Was mache ich auf dem Heimweg, um vom Arbeitstag abzuschalten?*

Strategie 34: Feierabendrituale bilden

Es ist besser, 15 Minuten später zu Hause anzukommen und dann dafür innerlich bereit und gedanklich präsent zu sein, als nach Hause zu hetzen und mit den Gedanken noch bei der Arbeit zu sein. Dazu ist es hilfreich, **sich Feierabendrituale anzueignen und diese regelmäßig zu praktizieren.** Während ein unkontrollierter Wechsel von einer in die andere Situation das Stresslevel noch erhöht, hilft Regelmäßigkeit, bei hoher Belastung den Parasympathikus zu aktivieren.[214] Im Folgenden finden Sie eine Reihe von möglichen Feierabendritualen. Suchen Sie sich eines oder mehrere heraus und starten Sie morgen damit.

Tipp 116: Die Arbeit bewusst beenden

Arbeiten Sie nicht bis zur letzten Minute an Ihrem aktuellen Thema, sondern bremsen Sie Ihren Sympathikus-Schnellzug rechtzeitig. Machen Sie sich bereit für die Einfahrt in den Bahnhof, damit Sie dann in Ruhe in den Freizeitzug umsteigen können.

- Die letzten 15 Minuten des Arbeitstages sollten dem Ausklingen dienen. Ordnen Sie Ihren Schreibtisch und notieren Sie die Dinge, die Sie am nächsten Tag erledigen möchten. Sagen oder denken Sie: *„Morgen werde ich mich um diese Aufgaben kümmern, bis dahin bleiben Sie hier auf dem Schreibtisch."* Dann fahren Sie Ihren Computer herunter und sagen oder denken sich: *„Ich habe heute alles erledigt, was möglich war, morgen geht es weiter."*

---

[214] Sapolsky, Robert M. (1998) Warum Zebras keine Migräne kriegen. Wie Stress den Menschen krank macht. Piper Verlag.

Tipp 117: Gedanken einschließen

- Schließen Sie beim Hinausgehen bewusst Ihre Bürotür hinter sich und denken Sie: *„So, liebe Aufgaben, ihr bleibt nun in diesem Büro. Und damit das auch so bleibt, schließe ich euch jetzt ein.*" Auch die Außentür Ihres Arbeitsplatzes schließen Sie ganz bewusst und denken dabei wiederum: *„So, jetzt ist Feierabend, und alles, was mit Arbeit zu tun hat, lasse ich nun in diesem Haus.*" Falls Sie ins Auto steigen und Ihnen beim Heimfahren doch noch Gedanken an die Arbeit kommen, können Sie dasselbe tun, wenn Sie nach der Ankunft zu Hause die Autotür schließen. Sie lassen alle Gedanken, welche die Arbeit betreffen, im Auto und machen die Tür zu. Dies lässt sich natürlich auch auf öffentliche Verkehrsmittel übertragen: Die Gedanken an die Arbeit bleiben dann an der Bushaltestelle, im Zug oder in der U-Bahn zurück.

- Schlussendlich können Sie diese Methode auch beim Aufschließen Ihrer Haus- oder Wohnungstür praktizieren. Sogar beim Zubettgehen, wenn Sie das Schlafzimmer betreten, können Sie diese Technik anwenden, um letzte umherschwirrende Gedanken endgültig außen vor zu lassen.

Tipp 118: Bestimmte Gewohnheiten

- Wenn Sie mit dem Auto von der Arbeit nach Hause fahren, können Sie sich angewöhnen, beim Losfahren oder an einer bestimmten Kreuzung Ihr Geschäftshandy auszuschalten oder eine CD mit Ihrer Lieblings- oder Entspannungsmusik einzulegen. Das geht natürlich ebenso, wenn Sie mit Bus oder Bahn nach Hause fahren. Sie könnten es sich dann zum Beispiel auch zur Gewohnheit machen, ein Buch zu lesen oder sich mit anderen Pendlern zu unterhalten.

Tipp 119: Belastende Gedanken „ent-sorgen"

- Wenn Sie nach Hause kommen und vor dem Öffnen der Haustür Ihre Schuhe auf dem Türvorleger abstreifen, denken Sie sich ganz bewusst, dass Sie damit auch **den ganzen Dreck und Schmutz des belastenden Arbeitstages abtreten.** Streifen Sie sich intensiv den Schmutz von Ihren Schuhen und befreien Sie sich damit gleichzeitig von allen belastenden Gedanken aus der Arbeit.

- Das können Sie auch nochmals am Abend vor dem Schlafengehen praktizieren: Streifen Sie ihre Füße auf einer **imaginären Fußmatte vor der Schlafzimmertür** so ab, als wollten Sie Ihre negativen Gedanken und Probleme auf dieser Matte abtreten. Machen Sie das ganz bewusst und sagen Sie sich, dass all das Belastende vor der Tür bleiben soll.

- Wenn Sie nach der Arbeit zu Hause duschen, reinigen Sie sich von Schweiß und realem Schmutz. Sie können sich dabei auch von belastenden Gedanken befreien. Stellen Sie sich einfach vor, wie Sie unter der Dusche den ganzen „emotional belastenden Schmutz" des Tages von sich waschen und im Ausguss verschwinden lassen.

- **Wechseln Sie zu Hause jedenfalls die Kleidung** und ziehen Sie sich Ihren gemütlichen Jogginganzug oder ein anderes Lieblingsstück an. Damit signalisieren Sie sich selbst: Jetzt ist Freizeit.

- **Erlauben Sie sich abzuschalten:** Ihre Gedanken kreisen um Probleme, die am Feierabend in Ihrer Entspannungszeit nichts verloren haben. Begegnen Sie diesen Gedanken mit der Einstellung: *„Jetzt ist nicht eure Zeit, ich kümmere mich morgen um euch. Ihr könnt weiterziehen."* Mehr zum Umgang mit belastenden Gedanken lesen Sie in Kapitel 6: Was tun, wenn negative Gedanken aufkommen?

Tipp 120: Nicht ver-Apple-n lassen

Viele Unternehmen bieten ihren Mitarbeitenden Smartphones an, die diese auch zur privaten Nutzung verwenden dürfen. Die negative Konsequenz ist, dass die dauernde Erreichbarkeit via Smartphone das Abschalten vom Beruf beeinträchtigt. So werden dann berufliche E-Mails noch spät am Abend gelesen mit der Folge, dass man sich auch in der Freizeit mit der Arbeit beschäftigt.

Studien zufolge ist diese dauernde Erreichbarkeit per Handy auch für das Auftreten von Schlafstörungen mitverantwortlich.[215]

- Machen Sie es sich, sofern möglich, zur Angewohnheit, Ihr berufliches Smartphone oder Handy nach der Arbeit abzuschalten und erst am nächsten Tag nach dem Frühstück wieder einzuschalten. Oder Sie lassen es gleich im Büro, dann können Sie Ihre Freizeit jedenfalls ungestört verbringen.

Tipp 121: Freie Natur

Wenn Sie mehr Zeit in der freien Natur verbringen, erfreuen Sie Ihren Körper, Ihren Geist und Ihre Seele. Allein schon der Anblick von Wiesen und Bäumen erhöht Ihre Lebenszufriedenheit.[216] Und wer zum Beispiel nach einer Gallenoperation vom Krankenbett aus die Natur sieht, kommt einen Tag früher nach Hause als ein Patient, der Mauern vor dem Fenster hat.[217]

---

[215] Thomée, S. (2012) ICT use and mental health in young adults. Effects of computer an mobile use on stress, sleep disturbances, and symptoms of depression. Dissertation 2012.

[216] Weinstein/Przybylski/Ryan (2009) Can Nature Make Us More Caring? Effects of Immersion in Nature on Intrinsic Aspirations and Generosity. Personality and Social Psychology Bulletin 2009. Download unter: http://www.selfdeterminationtheory.org/SDT/documents/2009_WeinsteinPrzybylskiRyan_Nature.pdf (letzter Zugriff: 13.03.2020)

[217] Roger, Ulrich S. (1984) View through a window may influence recovery from surgery. Science 1984.

Studien bestätigen zudem, dass ein Aufenthalt im Freien, insbesondere bei warmem und freundlichem Wetter, die Gedächtnisleistung verbessert. **Diese Wirkung tritt vor allem dann ein, wenn Sie sich länger als 30 Minuten im Freien aufgehalten haben.**[218]

- Machen Sie nach einem anstrengenden Arbeitstag je nach Wetter und Jahreszeit einen Spaziergang oder eine Radtour. Das vertreibt stressige Gedanken und erhellt das Gemüt.

Tipp 122: Sportliche Betätigung

Inaktivität ist in modernen Gesellschaften ein weitverbreitetes Problem. Eine große Zahl von Studien zeigt, dass Erwachsene bis zu zehn Stunden täglich sitzen.[219] Um dem Bewegungsmangel entgegenzutreten, sprossen in den vergangenen Jahren Laufveranstaltungen wie Pilze aus dem Boden. Ein Zehn-Kilometer-Lauf oder ein Halbmarathon wird praktisch schon in jeder größeren Stadt mindestens einmal im Jahr angeboten. Es ist oft ein Volksfest, bei dem ganze Abteilungen aus Unternehmen vorher intensiv trainieren, um die Strecke am Wettkampftag zu bewältigen. Zwar ist regelmäßige Bewegung eine hervorragende Möglichkeit, um sich geistig, psychisch und körperlich fit zu halten, aber wie überall gilt auch hier: Mit Maß und Ziel.

Körperliche Belastung kann auch eine ordentliche Stressbelastung darstellen. Und zwar so vehement, dass die anfängliche Stärkung des Immunsystems schnell zusammenbricht und Krankheitserreger sich leichter im Körper breitmachen können. So beweisen Studien, dass die Infektionsraten

---

[218] Keller, M. C./Fredrickson, B. L./Ybarra, O./Cote, S./Johnson, K./Mikels, J./Conway, A./Wager, T. (2005) A warm heart and a clear head. The contingent effects of weather on mood and cognition. Psychological Science, 16, 724-731.

[219] Owen et al. (2009) Sedentary Behavior: Emerging Evidence for a new Health Risk. Mayo Clinic Proceedings 2009, 85 (12), 1138-1141.

von Langstreckenläufern mit den geleisteten Trainingskilometern zusammenhängen. Viele Freizeitsportler handeln leider häufig nach dem Motto *„Was mich nicht umbringt, macht mich härter"* und laufen bei der Vorbereitung auf den nächsten Wettkampf in diese Übertraining-Falle hinein.[220] Beim Sport gilt also: Regelmäßig und in Maßen praktiziert, ist der Nutzen am größten. **Bereits eine Stunde leichtes Lauftraining pro Woche führt zu einer um einige Jahre verlängerten Lebenserwartung.** Untersuchungen zufolge haben auch Menschen mittleren und höheren Alters durch diese Form der sportlichen Betätigung keine gesundheitlichen Nachteile zu befürchten.

In einer US-Studie aus dem Jahr 2018 wurden 1,2 Millionen US-Bürger aus 50 Staaten in den Jahren 2011 bis 2015 per Telefon zu ihrem physischen und psychischen Gesundheitszustand befragt. Das Ergebnis: Menschen, die regelmäßig Sport treiben, fühlen sich psychisch so gesund wie Zeitgenossen, die auf Sport verzichten, aber 25.000 US-Dollar mehr im Jahr verdienen.[221] Wie sich zeigte, gaben absolute Couch-Potatoes etwas mehr als vier psychisch schlechte Tage im Monat an. Am besten ging es Befragten, die 12- bis 22-mal im Monat aktiv waren; dagegen war die Stimmung bei täglich Sporttreibenden genauso schlecht wie bei Befragten komplett ohne Bewegung. Die Forscher fassten die einzelnen Aktivitäten in acht Kategorien zusammen. Dies deutlichste Reduktion fanden sie bei geistig-körperlichen Aktivitäten wie Yoga und Tai-Chi (23 Prozent weniger negative Tage) sowie bei Mannschaftssportarten und Radfahren (22 Prozent weniger negative Tage). Es folgten dann Aerobic und Gymnastik (minus 20 Prozent). Selbst regelmäßiges Gärtnern zu Hause wirkte sich mit einer Reduktion von rund 10 Prozent positiv aus.

---

[220] Frank, G./Storch, M. (2012) Die Mañana-Kompetenz. Auch Powermenschen brauchen Pause. Piper Verlag.

[221] Sammi, R. C. et al. (2018) Association between physical exercise and mental health in 1·2 million individuals in the USA between 2011 and 2015: a cross-sectional study. The Lancet Psychiatry Volume 5, Issue 9, 739-746, September 01/2018.

- Körperliche Bewegung tut Körper und Seele gut und reduziert negative Gedanken. Richten Sie auch beim Sport oder Spazierengehen Ihre Sinne auf das Schöne und achten Sie auf positive Eindrücke. Genießen Sie ganz bewusst die frische Luft, die schöne Umgebung, den Duft der Blumen oder das Singen der Vögel.

Wussten Sie, dass …

… laut einer dänischen Langzeitstudie bei Joggern mit einem auf zwei bis drei Terminen pro Woche verteilten Training zwischen 60 und 150 Minuten die Lebenserwartung um bis zu sechs Jahre höher ist als bei Nicht-Joggern? Nachgewiesen wurden auch gesundheitsfördernde Effekte auf Zucker-, Fett- und Knochenstoffwechsel, das Immunsystem und die Psyche. [222]

Strategie 35: Fernseh- und Internetfasten einbauen

Ein gemütlicher Fernsehabend kann nach einem anstrengenden Tag durchaus entspannend sein. Die Füße hochgelegt, das Glas Wein auf dem Couchtisch und die Packung Chips in Griffweite. Wie bei allen Dingen kommt es auf die Häufigkeit an. Es wurde nämlich nachgewiesen, dass es klare Zusammenhänge zwischen der Nutzung von Fernsehen und dem Bestehen

---

[222] Schnohr, P. et al. (2013) Longevity in Male and Female Joggers: The Copenhagen City Heart Study. American Journal of Epidemiology 2013. Info unter: https://www.dr-kurscheid.de/persoenlich/wp-content/uploads/2014/06/copenhagen_city_heart_study_l__ufer_leben_l__nger.pdf (letzter Zugriff: 13.03.2020)

depressiver Symptome gibt.[223] Gründe die für oder erst recht gegen das Fernsehen sprechen:

- ***„Ich kann nicht darauf verzichten, abends muss ich die Nachrichten sehen. Ich muss doch wissen, was in der Welt geschieht."*** Warum eigentlich? Interessiert es Sie wirklich, dass die Brücke am Kilulu-Fluss heute eingestürzt ist? Wozu dient es Ihnen und Ihrer Gesundheit, vom nächsten Selbstmordattentat zu erfahren? Das alles hat wenig mit Ihnen zu tun. Sicher, alles hängt mit allem zusammen. Aber die meisten Nachrichtensendungen bringen kein komplettes und ehrliches Bild der Realität. Jede Nachrichtensendung lebt vom Negativen, von einer extremen Auswahl und einer verkürzten Darstellung. Täglich werden aus Zehntausenden Nachrichten ein Dutzend herausgesucht. Natürlich gibt es Berufsstände, die möglichst viele Informationen brauchen, wie Redakteure, Börsenmakler oder Politiker. Diese Informationen erhalten sie jedoch in aller Regel nicht aus den Fernsehnachrichten.

- ***„Fernsehen bildet."*** Die Tatsache, dass viele bereits am nächsten Morgen Mühe haben, sich an das zu erinnern, was sie am Vorabend gesehen haben, mag das Argument der Bildung relativieren. Außerdem ist wirkliche Bildung nicht durch den alleinigen Konsum von Informationen zu erreichen. Erst durch das Verarbeiten des Gesehenen oder Gehörten – das beim Fernsehen oder Internetsurfen in der Regel nicht stattfindet – ist das Abspeichern von Informationen und somit Lernen möglich.

- ***„Ich brauche die Entspannung."*** Informationen, egal ob Unterhaltung oder News, fordern immer Aufmerksamkeit. Sie können also keine Entspannung sein, ganz im Gegensatz zu einem Entspannungsbad oder

[223] Siehe etwa: https://www.apotheke-adhoc.de/nachrichten/detail/pharmazie/fernsehen-macht-depressiv/ (letzter Zugriff: 08.03.2020)

einem Spaziergang in der Natur. **Dass Fernsehen jeden Menschen stresst, lässt sich durch Messungen nachweisen.**[224] Haben Sie schon mal bemerkt, dass Sie nach zwei Stunden Fernsehen zu nichts mehr Lust haben? Und ist Ihnen schon einmal aufgefallen, dass vor einem Bildschirm (egal ob Fernseher oder PC) selten jemand glücklich wirkt? Dieser Effekt der Unzufriedenheit und des Unglücklichseins steigert sich laut einer Studie mit dem Grad der Erschöpfung. Das bedeutet: Je erschöpfter ein Mensch, desto weniger Erholung kann er durch die Beschäftigung mit Fernsehen, Computer oder Smartphone erlangen – und desto unglücklicher und gestresster ist er im Nachhinein.[225]

Im Alltag ist dir deine größte Chance gegeben:
Verändere deinen Alltag – und du veränderst
dein Leben.

Markus Vonach

- ***„Ich bin so fertig, ich kann nichts anderes mehr tun."*** Sind Sie auch zu fertig, um ins Bett zu gehen oder sich von einem Buch inspirieren zu lassen oder einfach nur auszuspannen?

Wenn Sie täglich nur 60 Minuten fernsehen, dann schauen Sie pro Jahr 21.900 Minuten. Wenn Sie diese Zeit auf einen 16-stündigen Tag herunterrechnen, wären das 23 Tage im Jahr, also fast ein ganzer Jahresurlaub. Den können Sie wahrscheinlich sinnvoller verleben. Im Übrigen verbringt der

224 Reinecke, Leonard/Hartmann, Tilo/Eden, Allison (2014) The Guilty Couch Potato: The Role of Ego Depletion in Reducing Recovery Through Media Use. Journal of Communication.
225 Siehe etwa: https://www.praxisvita.de/die-buerde-der-erholung-wieso-sie-besser-nicht-vor-dem-fernseher-entspannen-7005.html (letzter Zugriff: 08.03.2020)

Durchschnittsbürger täglich nicht eine, sondern zwei Stunden und zwanzig Minuten vor dem Fernseher.[226]

Tipp 123: Fernsehfasten

Das Fernsehen ist ein sehr attraktives und bestimmendes Medium. Das Gerät steht im Wohnzimmer, und es genügt ein Knopfdruck, um es einzuschalten. Es ist schwer, sich dieser Anziehungskraft zu entziehen.

- Versuchen Sie mal, Ihre „Kiste" nicht einzuschalten und einen Fernsehfastentag in der Woche einzuführen. Oder Sie entscheiden sich für maximal einen Film pro Abend oder maximal eine Folge Ihrer Lieblingsserie und üben sich so in täglichem *Fernsehfasten.* Letzteres brächte auch eine sorgfältigere Programm-Auswahl mit sich. So könnten Sie einerseits die Quantität beschränken und andererseits gleichzeitig die Qualität erhöhen.

Neben dem klassischen Fernsehen haben sich in den letzten Jahren auch die digitalen Medien etabliert. Das Internet ist für uns eine unerschöpfliche Kommunikations- und Informationsquelle, die uns weit mehr bietet, als es das „alte Medium Fernseher" vermag. **Dabei gilt für das Internet dasselbe wie fürs Fernsehen: Zuviel macht unglücklich und depressiv.**[227] Einer aktuellen Untersuchung aus dem Jahr 2018 zufolge können auch Facebook, Instagram und Co. krank machen: Im Rahmen einer Studie der University of Pennsylvania wurden über mehrere Wochen hinweg 143

---

[226] https://www.tagesspiegel.de/gesellschaft/medien/fernsehgewohnheiten-junger-deutscher-nur-noch-94-minuten-fernsehen-am-tag/21152222.html (letzter Zugriff: 10.03.2020)

[227] Lam/Pen (2010) Effect of pathological use of the internet on adolescent mental Health. Arch Pediatr Adolesc Med. 2010. Oder: Kotikalapudi, R./Chellappan, S./Montgomery, F./Wunsch, D./Lutzen, K. (2012) Associating depressive symptoms in college students with interest usage using real internet data. Download unter: http://de.scribd.com/doc/93950152/12-Tech-soc-Kcmwl-1 (letzter Zugriff: 10.03.2020)

Studenten beobachtet. Dabei fanden die Wissenschaftler heraus: Wird die Social-Media-Nutzung reduziert, verringern sich auch die Anzeichen für Depressionen und Einsamkeit. Zudem wurde folgender Teufelskreis festgestellt: Menschen, die bereits Gefühle von Einsamkeit haben und an gedrückter Stimmung leiden, neigen eher dazu, sich mit sozialen Medien zu beschäftigen. Das verstärke wiederum die negativen Gefühle, unter anderem, weil man sich mit dem vermeintlich perfekten Leben anderer Nutzer vergleiche.[228]

Tipp 124: Internetkonsum einschränken

- Statt jeden Beitrag sofort zu lesen, können Sie für den Konsum feste Zeiten einplanen. So können Sie beispielsweise morgens in zehn Minuten durch alle Feeds gehen und vorselektieren, aber erst abends die entsprechenden Nachrichten ganz in Ruhe lesen.

- Wenn Sie eine gewisse Spontaneität brauchen oder nicht planen können, stecken Sie sich einfach einen zeitlichen Rahmen. So könnten Sie sich zum Beispiel vornehmen, angepasst an Ihren Tageablauf maximal eine Stunde am Tag mit dem Medienkonsum zu verbringen.

---

[228] Hunt, Melissa G./Marx, Rachel/Lipson, Courtney/Young, Jordyn (2018) No More FOMO: Limiting Social Media Decreases Loneliness and Depression. Journal of Social and Clinical Psychology. Vol. 37, No. 10, 751-768.

Tipp 125: Internetabhängigkeit testen[229]

Um Ihnen die Gelegenheit zu geben, Ihre eigene Gefährdung für Internetabhängigkeit einzuschätzen, sind in der folgenden Tabelle 14 Fragen aufgelistet. Beantworten Sie jede Frage entweder mit 0 (nie), 1 (selten), 2 (manchmal), 3 (häufig) oder 4 (sehr häufig).

Frage	**0 - 4**
Wie oft empfinden Sie es als schwierig, Ihre Internetnutzung zu beenden, wenn Sie online sind?	
Wie oft setzen Sie Ihre Internetnutzung fort, obwohl Sie eigentlich aufhören wollten?	
Wie oft sagen Ihnen andere Menschen, z. B. Ihr Partner, Ihre Kinder, Eltern oder Freunde, dass Sie das Internet weniger nutzen sollten?	
Wie oft bevorzugen Sie das Internet, statt Zeit mit anderen zu verbringen, z. B. mit Ihrem Partner, Ihren Kindern, Eltern, Freunden?	
Wie oft schlafen Sie zu wenig, weil Sie online sind?	
Wie oft denken Sie an das Internet, auch wenn Sie gerade nicht online sind?	
Wie oft freuen Sie sich bereits auf Ihre nächste Internetsitzung?	

229 Nach: Spitzer, Manfred (2012) Digitale Demenz. Wie wir uns und unsere Kinder um den Verstand bringen. Droemer. Unter Hinweis auf: Meerkerk et al. (2009) Compulsive Internet Scale.

Wie of denken Sie darüber nach, dass Sie weniger Zeit im Internet verbringen sollten?	
Wie oft haben Sie erfolglos versucht, weniger Zeit im Internet zu verbringen?	
Wie oft erledigen Sie Ihre Aufgaben zu Hause hastig, damit Sie früher ins Internet können?	
Wie oft vernachlässigen Sie Ihre Alltagsverpflichtungen (Arbeit, Schule, Familienleben), weil Sie lieber ins Internet gehen?	
Wie oft gehen Sie ins Internet, wenn Sie sich niedergeschlagen fühlen?	
Wie oft nutzen Sie das Internet, um Ihren Sorgen zu entkommen oder um eine negative Stimmung zu verdrängen?	
Wie oft fühlen Sie sich unruhig, frustriert oder gereizt, wenn Sie das Internet nicht nutzen können?	
Summe	

Auswertung:

Maximal sind bei den 14 Fragen (14 x 4 =) 56 Punkte zu erreichen, wobei alle Werte ab 28 Punkten als Hinweis auf das Vorliegen einer Internetabhängigkeit gewertet werden. Je höher die Punkteanzahl, desto wahrscheinlicher liegt eine Abhängigkeit vor.

Sie können diesen Fragebogen zur Internetabhängigkeit auch unter folgendem Link downloaden und ausdrucken: http://bit.ly/Test-Internetabhängigkeit

Der entsprechende QR-Code dazu:

Alternativ können Sie unter folgendem Link auch einen Online-Selbsteinstufungstest zur Internetnutzung machen: https://www.onlinesucht-ambulanz.de/selbsttest (letzter Zugriff am 10.03.2020)

Strategie 36: Alkohol nur in Maßen genießen

In Frankreich gibt es die Sitte der *„heure de l'apéritif"*, der Stunde des Aperitifs. Das heißt, der Berufstätige nimmt auf dem Heimweg von der Arbeit in einem Bistro eine geringe Menge Alkohol, einen Aperitif, zu sich. Er setzt damit sozusagen einen Schlusspunkt hinter seinen Arbeitstag und kommt beschwingt nach Hause. Woher kommt diese Beschwingtheit? Eine kleine (!) Menge Alkohol erweitert die Gefäße, sie tut also genau das Gleiche, was zum Beispiel bei der Wärmeübung des Autogenen Trainings mit den Gefäßen geschieht. Es kommt zu einer Verbesserung der Durchblutung.[230] Alkohol hat zudem eine sedierende Wirkung, und viele Menschen trinken abends nach einem stressigen Tag ein Glas Wein, um den inneren Turbo herunterzufahren. Daran ist nichts Verwerfliches, solange man auch über andere Möglichkeiten verfügt, den Sympathikus zu beruhigen. Gefahr droht nur denjenigen, die sich ausschließlich mit Alkohol halbwegs zur Ruhe bringen

[230] Krapf, Günter (1980) Autogenes Training aus der Praxis. Ein Gruppenkurs. Springer Verlag.

können. Mediziner sprechen dann von einer „Sympathikus-Narkose".[231] Sie trinken regelmäßig Alkohol? Gerne mehr als ein oder zwei Gläser Bier oder Wein? Dann liegt Ihr Trinkverhalten bereits jenseits des risikoarmen Bereichs, was bedeutet, dass Ihr Körper dauerhafte Schäden davontragen kann. Wer unterhalb der Schwelle des riskanten Alkoholkonsums bleibt, kann das Risiko eingrenzen. Die negativen gesundheitlichen Folgen des Alkohols bleiben gering, wenn man eine bestimmte Alkoholmenge nicht überschreitet. Hierfür gibt es Grenzwerte.

Grenzwerte für risikoarmen Konsum

Der gesundheitlich unbedenkliche Alkoholkonsum liegt bei gesunden erwachsenen Frauen bei 12 Gramm Alkohol täglich, also bei etwa einem Standardglas. Für gesunde erwachsene Männer liegt diese Grenze bei 24 Gramm Alkohol pro Tag, das sind etwa zwei Standardgläser. Wenn Sie als Frau mehr als 0,125 Liter Wein oder Sekt, mehr als 0,25 Liter Bier oder mehr als 4 Zentiliter Schnaps pro Tag trinken, bewegen Sie sich also bereits in einem gesundheitlich riskanten Bereich. Für Männer gilt die doppelte Menge. Egal ob Mann oder Frau: Sie sollten an mindestens zwei Tagen in der Woche gar keinen Alkohol trinken.[232]

Tipp 126: Alkoholselbsttest

Ein kurzer, wissenschaftlich anerkannter Fragebogen zur Erfassung von Alkoholproblemen ist der sogenannte CAGE-Fragebogen, der aus vier Fragen besteht.[233]

---

[231] Frank, G./Storch, M. (2012) Die Mañana-Kompetenz. Auch Powermenschen brauchen Pause. Piper Verlag.

[232] Aus: https://www.kenn-dein-limit.de/alkohol/riskanter-konsum/ (letzter Zugriff: 10.03.2020)

[233] Nach: BZgA: Bundeszentrale für gesundheitliche Aufklärung. www.bzga.de oder www.kenn-dein-limit.de (letzter Zugriff: 10.03.2020)

Sie können den Fragebogen (sowie den darauffolgenden Fragebogen) unter folgendem Link ausdrucken: http://bit.ly/Test-Alkohol

Hier der QR-Code zum Ausdrucken der Fragebogen:

Bereich/Frage	ja	nein
1. Cut Down Drinking (Kosumeinschränkung) Haben Sie jemals daran gedacht, weniger zu trinken?		
2. Annoyance (Ärger) Haben Sie sich schon einmal geärgert, dass Sie von anderen wegen Ihres Alkoholkonsums kritisiert werden?		
3. Guilt (Schuld) Haben Sie sich jemals wegen Ihres Trinkens schuldig gefühlt?		
4. Eye Opener (Augenöffner) Haben Sie jemals morgens als Erstes Alkohol getrunken, um sich nervlich zu stabilisieren oder einen Kater loszuwerden?		
Summe		

Auswertung:

Zwei oder mehr Ja-Antworten zeigen an, dass ein Alkoholmissbrauch oder eine Alkoholabhängigkeit vorliegt. In diesem Fall sollten Sie ärztlichen Rat suchen oder sich an eine Fachberatungsstelle wenden. Der CAGE-Fragebogen unterscheidet nicht zwischen Alkoholabhängigkeit und Alkoholmissbrauch. Tatsächlich ist die Grenzziehung zwischen beiden nicht leicht zu ziehen. Hinweise auf eine Abhängigkeit geben die folgenden sechs Fragen:[234]

Frage	**ja**	**nein**
Spürten Sie (häufig) einen starken Drang, eine Art unbezwingbares Verlangen, Alkohol zu trinken?		
Kam es vor, dass Sie nicht mehr aufhören konnten zu trinken, wenn Sie einmal begonnen hatten?		
Haben Sie manchmal morgens getrunken, um Übelkeit oder das Zittern (z. B. Ihrer Hände) zu lindern?		
Brauchten Sie zunehmend mehr Alkohol, bevor Sie eine bestimmte (die gewünschte) Wirkung erzielten?		
Änderten Sie Tagespläne, um Alkohol trinken zu können, bzw. richteten Sie den Tag so ein, dass Sie regelmäßig Alkohol konsumieren konnten?		
Haben Sie getrunken, obwohl Sie spürten, dass der Alkoholkonsum schädliche körperliche, psychische oder soziale Folgen hatte?		
Summe		

[234] Nach: Siehe Fußnote 232.

Auswertung:

Haben Sie zwei oder mehr dieser Fragen mit Ja beantwortet, ist es wahrscheinlich, dass sich eine Alkoholabhängigkeit entwickelt hat. Für eine endgültige Klärung dieser Frage, vor allem aber, um sich über mögliche Hilfen informieren zu lassen, ist fachkundige Beratung dringend empfohlen. Unabhängig davon, ob eine Abhängigkeit vorliegt oder nicht, weisen ein Überschreiten der risikoarmen Trinkmenge von 12 bzw. 24 g Alkohol täglich und die Beantwortung der einen oder anderen Frage mit Ja auf ein bestehendes Alkoholproblem hin: Die durchschnittlich getrunkene Alkoholmenge stellt ein gesundheitliches Risiko dar. *Trinke ich zu viel? Ist meine Gesundheit durch zu hohen Alkoholkonsum gefährdet?* 16 Testfragen eines Onlinetests helfen Ihnen dabei, Ihren Umgang mit Alkohol zu überprüfen und Sie gegebenenfalls auf Risiken und Probleme aufmerksam machen: https://www.kenn-dein-limit.de/selbst-tests/alkohol-selbst-test/

Strategie 37: Fünfzehn Wege, sich zu erholen

2016 wurde eine der größten Studien weltweit, die je zum Thema Entspannung erarbeitet wurde, veröffentlicht: Dafür standen 18.000 Menschen in 134 Ländern Rede und Antwort, wie sie gegen den Alltagsstress ankämpfen. Im großen *Rest Test*[235] sollte geklärt werden, **was die Menschen zur Ruhe bringt und wie wichtig die Auszeiten für unser Wohlbefinden sind.** Offensichtlich ist Ruhe heutzutage ein beschränktes Gut: Zwei Drittel aller Befragten wünschten sich mehr Erholung, nur knapp ein Drittel hält seinen Bedarf an Entspannung für gedeckt. Im Schnitt hatten die Studienteilnehmer nach eigenen Angaben etwas mehr als drei Stunden pro Tag für ihre Muße zur Verfügung.

---

[235] The Rest Test, Hubbub at the Welcome Collection. Info unter: https://www.ncbi.nlm.nih.gov/books/NBK453237/ (letzter Zugriff: 01.03.2020)

Bei der Auswertung der Daten überraschten die Befragten mit einer Aktivität, die sie als die erholsamste Freizeitgestaltung beschrieben: Fast 60 Prozent entspannten sich beim Lesen. Es folgten mit etwas mehr als 50 Prozent „Zeit in der Natur verbringen" und knapp dahinter „allein sein". Rund 40 Prozent entspannten gern beim Musikhören, ebenso viele Menschen machten einfach nichts Spezielles.

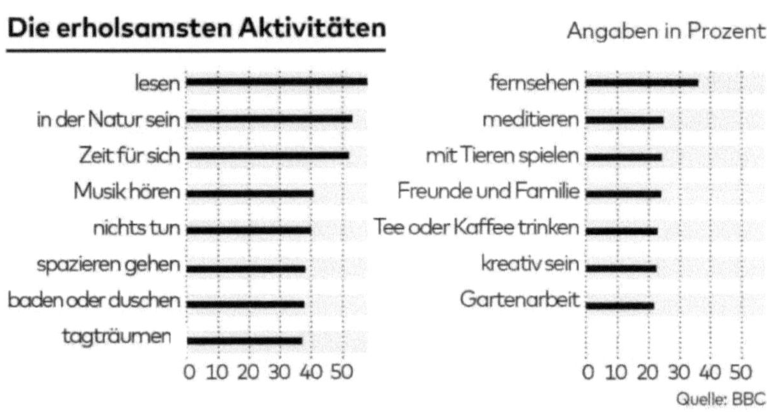

- ❖ Werfen Sie einen Blick auf die 15 angeführten Punkte und überlegen Sie, inwieweit Sie sich mit Ihren Erholungsaktivitäten darin wiederfind en. Sie können diese Liste auch als Inspirationsquelle für die eine oder andere neue oder zusätzliche Erholungsaktivität nutzen.

Tipp 127: Fünf Methoden zur Entspannung

- ❖ Sie sollten idealerweise über fünf verschiedene, gut erprobte und zuverlässig funktionierende Möglichkeiten verfügen, sich zu erholen. Gehen Sie in sich und fragen Sie sich: *Welche fünf Möglichkeiten zur*

Entspannung kann ich praktizieren? Machen Sie eine Liste und schreiben Sie Ihre Erholungsaktivitäten auf.

Strategie 38: Gewohnheiten ändern

Vermutlich ohne sich dessen bewusst zu sein, haben Sie einen Großteil Ihres Tagesablaufs ritualisiert und verhalten sich meist in immer gleicher Weise nach einem anscheinend unsichtbaren Plan, der den Ablauf diktiert: Vielleicht haben Sie die Angewohnheit, morgens zuallererst das Radio und dann die Kaffeemaschine einzuschalten, bevor Sie im Bad in einer immer gleichen Reihenfolge Ihre Körperpflege betreiben, dann lesen Sie die News am Tablet und nehmen wie gewohnt stets denselben Weg zur Arbeit. Dort angekommen, trinken Sie wie üblich als Erstes einen Kaffee, bevor Sie Ihre E-Mails checken. Nach der Arbeit wieder zu Hause angekommen, legen Sie sich auf die Couch und schalten wie ferngesteuert den Fernseher ein. Vor dem Schlafengehen surfen Sie nochmals im Internet, checken ein letztes Mal die E-Mails und stellen Ihren Wecker. **Die Macht der Gewohnheit steuert Sie wie ein Autopilot durch den Alltag.**

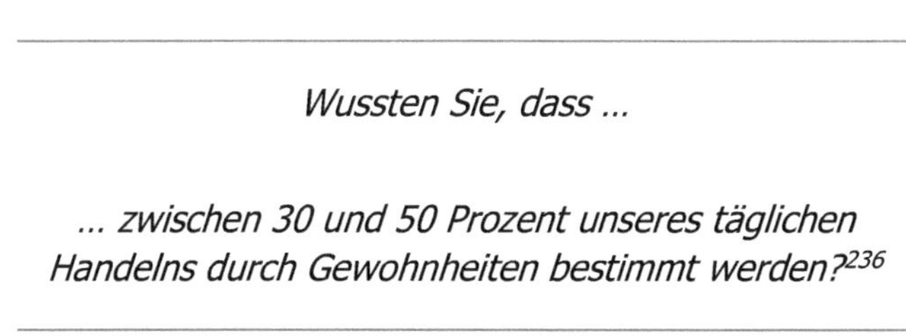

Wussten Sie, dass ...

... zwischen 30 und 50 Prozent unseres täglichen Handelns durch Gewohnheiten bestimmt werden?[236]

[236] Verplanken, B. (2006) Beyond frequency: habit als mental construct. British Journal of Social Psychology, 45, 639-656.

Gewohnheiten sind Verhaltensweisen, die Sie regelmäßig ausüben, ohne viel darüber nachzudenken. Meist basieren Sie auf Entscheidungen, die Sie einmal bewusst getroffen haben und nun meist unbewusst weiter ausführen. **Dabei gilt, je älter Sie werden, desto mehr Gewohnheiten haben Sie gebildet.**

Die Gewohnheit ist ein Seil.
Wir weben jeden Tag einen Faden, und schließlich
können wir es nicht mehr zerreißen.

Horace Mann

Aus der enormen Menge an Informationen, die laufend auf Sie einprasseln, versucht Ihr Gehirn, Sinn und Orientierung durch das Erkennen von Mustern, sprich Gewohnheiten, zu gewinnen. Gewohnheiten entlasten Ihr Gehirn, da Sie nicht Ihre gesamte Aufmerksamkeit benötigen, wenn Sie etwas zum hundertsten Mal machen und die anstehende Handlung nicht immer aufs Neue planen müssen. **Ihr Gehirn strebt danach, alles zur Routine zu machen**. Der Grund dafür liegt darin, dass die Beschäftigung mit neuen Dingen Bewusstsein, Konzentration und damit einen enormen Energieaufwand erfordert. Gewohnheiten hingegen sind sowohl stoffwechselbiologisch sparsam als auch neuronal billig.[237] **Angewöhnte Verhaltensmuster verleihen Ihnen zudem Gefühle von Stabilität und Sicherheit.** Schon für Kinder wirkt das tägliche Märchen vor dem Einschlafen beruhigend, und das alljährliche Plätzchenbacken in der Adventszeit bereitet sie auf das bevorstehende große Fest vor. Rituale geben Ihnen somit das Gefühl, dass die

---

[237] Hirnforscher Gerhard Roth in: Zeit Online vom 08.04.2013, www.zeit.de/zeit-wissen/2013/02/Psychologie-Gewohnheiten/ (letzter Zugriff: 07.03.2020)

Welt um Sie herum und Sie selbst gleichbleiben. Hat sich eine Gewohnheit einmal eingestellt, gilt Ihr Gehirn als Dauerwohnsitz. Je stärker sich eine Gewohnheit ausgebildet hat, desto automatisierter wird die Ausführung. Die Handlung, die zur Gewohnheit geworden ist, muss dann gar nicht mehr attraktiv sein, damit Sie sie ausführen.[238] **Ihr Gehirn kann nämlich nicht zwischen guten und schlechten Gewohnheiten unterscheiden.** Wie Sie vielleicht selbst festgestellt haben, ist es durchaus eine große Herausforderung, neue Gewohnheiten einzuführen oder bestehende, lieb gewonnene Gewohnheiten aufzugeben. Untersuchungen haben gezeigt, dass viele angestrebte Veränderungen sehr früh nach der sogenannten **„Flitterwochenphase"** wieder aufgegeben werden.[239] Wie lange es dauert, bis ein Verhalten zu einer Gewohnheit, also automatisiert wird, hängt von der Komplexität der gewünschten neuen Gewohnheit ab.

Studien zufolge werden Sie bei täglicher Ausführung Ihres neu gewünschten Verhaltens dieses nach frühestens 18 Tagen verinnerlicht haben und es als Ritual genauso leicht und natürlich ausführen wie das Zähneputzen. **Unser Gehirn benötigt, je nach Komplexität der Veränderung, mindestens diese rund drei Wochen, um neue Verhaltensweisen zu lernen und zu verinnerlichen. Die durchschnittliche Automatisierungsdauer liegt, je nach Komplexität des Verhaltens, bei 66 Tagen.**[240] Das ist der Zeitraum, den das Unterbewusstsein benötigt, um neue Gewohnheiten zu bilden und alte zu überschreiben. Dazu ist es jedoch erforderlich, die neue Verhaltensweise täglich anzuwenden. Der Grund dafür liegt in den vielen neuronalen Verbindungen unseres Gehirns. Je öfter Sie eine neuronale Verbindung denken und anwenden, desto stärker wird dieser „Nervenstrang". Stellen Sie sich vor, Sie machen einen Spaziergang durch den Wald.

---

[238] Kuhl, Julius (2001) Motivation und Persönlichkeit. Interaktionen psychischer Systeme. Hogrefe Verlag.
[239] Siehe Potter, John P. (1996) Leading Change, Harvard Business Review Press.
[240] Lally, P./Jaarsveld, C./Potts, H./Wardle, J. (2009) How are habits formed: Modelling habit formation in the real world. European Journal of Social Psychology, 40 (6), 998-1009. Außerdem: Roth, Gerhard (2003) Fühlen, Denken, Handeln. Klett-Cotta Verlag.

Sie nehmen immer denselben Weg. Dieser ist gut ausgetreten. An einem schönen Tag wollen Sie einen neuen Weg gehen. Dieser neue Weg ist aber mühsam, weil lauter Äste, Sträucher und Wurzeln vor Ihnen liegen. Sie müssen sich durchkämpfen. Leichter ist es natürlich, wenn Sie beim nächsten Mal wieder den alten Weg gehen. Wenn Sie aber beim neuen Weg bleiben und diesen weiter austreten, wird er nach und nach angenehmer zu gehen sein, während der alte Weg verwuchert und verschwindet.

Wussten Sie, dass ...

... unser Unterbewusstsein seine Entscheidungen mitunter bis zu sieben Sekunden vor unserem Bewusstsein fällt? Ohne verankerte Gewohnheiten würde das nicht funktionieren. [241]

Tipp 128: Neue Rituale zur Gewohnheit machen

Wie erwähnt, ist unser Gehirn darauf programmiert, Muster zu suchen und vorhandene Muster zu erkennen. Wenn Sie zum Beispiel Motivations-, Gedankenhygiene- oder Entspannungsrituale in Ihren Alltag einbauen, schaffen Sie damit neue Muster, an denen sich Ihr Gehirn orientieren kann. **Gerade wenn Sie von einem Alltags- oder Lebensbereich in einen anderen wechseln, sind feste Gewohnheiten besonders hilfreich.** Mit festen Gewohnheiten, sprich mit Ritualen, können Sie am Morgen, während der Arbeit, vor oder nach einer herausfordernden Situation, in der Pause, nach der Arbeit und vor dem Zubettgehen Ihre Ressourcen stärken.

[241] Haynes, John Dylan et al. (2008) Unconscious determinants of free decisions in the human brain. Nature Neuroscience, 11, 543-545

Mithilfe von Ritualen können Sie sich besser auf eine neue Situation einstellen und entsprechend reagieren. Rituale spielen auch bei der Stressbewältigung eine wichtige Rolle. Denn Stress erzeugt Unruhe in den neuronalen Netzwerken Ihres Gehirns und sorgt für stockenden Atem oder zitternde Hände. Rituale synchronisieren die gestörte Beziehung der Nervenzellen, und die Information fließt wieder in geordneten Bahnen. Sogar die moderne Hirnforschung bestätigt: **Rituale beruhigen und helfen, die augenblickliche Situation zu bewältigen. Dadurch verringern sie erfolgreich Stress und Angst.**[242]

Regeln für Rituale:

- Fügen Sie Ihre Rituale in einen festen Zeitablauf ein. Schreiben Sic Ihre Rituale in Ihren Terminkalender.
- Führen Sie nie mehr als ein oder zwei Rituale gleichzeitig ein.
- Achten Sie darauf, dass Sie sich Ihr Ritual zur Gewohnheit gemacht haben, bevor Sie neue angehen.

Tipp 129: Veränderungen nutzen

- Sich neue Gewohnheiten anzueignen, fällt meist dann besonders leicht, wenn eine Veränderung im privaten, beruflichen oder alltäglichen Bereich ansteht, beispielsweise ein Umzug, eine Beförderung, die Geburt eines Kindes oder der anstehende Urlaub. Solche Veränderungen machen Ihnen die gefestigten Verknüpfungen von Reiz und Reaktion

[242] Hirnforscher Gerald Hüther in: Focus Online vom 12.04.2012.

bewusst und lockern die Reiz-Reaktion-Verbindung sogar.[243] So zeigte eine Studie aus dem Jahr 2005, dass Raucher, die Ihr Laster aufgeben wollten, doppelt so erfolgreich waren, wenn Sie im Urlaub damit anfingen.[244]

Tipp 130: Auslösereiz und Belohnung

- Koppeln Sie das gewünschte Verhalten mit einem deutlichen Auslösereiz und verstärken Sie es gerade in der Anfangsphase zusätzlich mit einer Belohnung. Frühsportler etwa können sich die Laufschuhe direkt neben das Bett stellen und sie gleich nach dem Aufstehen anziehen. Die Belohnung kann dann ein besonders schönes Frühstück sein. Sie können auch eine Liste führen, auf der jedes Mal ein Haken für das ausgeführte gewünschte Verhalten gesetzt wird, und nach zehn Haken gibt es eine Belohnung.

Tipp 131: Dialog mit dem inneren Schweinehund

Neben festen Gewohnheiten gibt es noch ein weiteres Muster, das gegen Veränderungen und die Einführung neuer Gewohnheiten arbeitet: Es ist die Stimme Ihres inneren Schweinehundes, auch bekannt unter den Begriffen Bequemlichkeit, Inkonsequenz oder Trägheit. Diese Stimme sagt Ihnen zum Beispiel: *„Auf der weichen Couch mit dem Tablet in der Hand ist es jetzt viel gemütlicher als draußen bei einem Spaziergang.*" Dieses Muster hat eine bestimmte Schutzfunktion und einen Nutzen. Wenn Sie verstehen, welcher Nutzen sich hinter dem Hindernis verbirgt, können Sie das darunterliegende

---

[243] Lazarus, R. S. (1993) Coping Theory and Research – Past, Present, and Future. Psychosomatic Medicine, 55(3), 234-247.

[244] Wood/Wid/Tam (2005) Changig circumstances, disrupting habits. Journal of Personality and Social Psychology, 88 (6), 918-933.

Grundbedürfnis erkennen und konstruktiv nutzen. Wenn Ihre innere Stimme zum Beispiel sagt: *„Bleib doch sitzen, du hast heute schon so viel geleistet, außerdem kommt deine Lieblingsvorabendsendung im Fernsehen!"*, dann hat dieser typische Satz des inneren Schweinehundes den Nutzen, kurzfristig Energie zu sparen, die Sie investieren müssten, um das Sofa zu verlassen und joggen zu gehen. **Das Grundbedürfnis ist somit: Schützen vor Überlastung und kurzfristiges Energiesparen.**

- Treten Sie nun in einen inneren Dialog mit Ihrem inneren Schweinehund und fragen Sie ihn zum Beispiel: *„Was ist denn eine gute und nachhaltige Art, uns zu schützen? Eine Möglichkeit wäre doch zum Beispiel, jetzt aufzustehen und joggen zu gehen. Das schützt uns nicht nur kurzfristig, sondern nachhaltig, und wir fühlen uns danach auch besser. Die Sendung können wir ja aufnehmen und danach ansehen."* Stehen Sie dann auf *und g*ehen Sie dann gemeinsam mit Ihrem inneren Schweinehund joggen.

Während innere Sätze wie *„Du musst jetzt aber!"* oder *„Du bist so faul!"* viel von unserer Energie abziehen, richten Dialoge wie die eben angeführten die Energie auf ein Umsetzungsziel.[245]

Tipp 132: Bewusstes Denken

Bis zu 90 Prozent unserer täglichen Verrichtungen laufen im Unterbewusstsein ab. Oder können Sie auf Anhieb sagen, wie Sie gewöhnlich das Telefon halten? Und wenn Sie von einer unbewussten Gewohnheit abweichen müssen, ist das auch meist eine Herausforderung. Wenn zum Beispiel die Straße vor Ihrem Supermarkt, wo Sie immer einkaufen, wegen Bauarbeiten schon seit vier Wochen gesperrt ist und Sie dennoch zum dritten Mal

[245] Späth/Grabitzki (2012) Leben und Arbeiten in Balance. Beltz Verlag.

hineingefahren sind, ist das ein Zeichen einer **unbewusst verankerten Gewohnheit.**

❖ Eine Möglichkeit besteht darin, sich das unbewusst ritualisierte Verhalten bewusst zu machen. Am besten gelingt das mit lautem Denken. Ein Beispiel: Wenn Sie die Gewohnheit haben, stundenlang ohne Pause vor dem Bildschirm zu sitzen, könnten Sie sich zum Beispiel laut vorsagen: *„Ich werde heute darauf achten, meine Arbeit am Schreibtisch nach einer Stunde zu unterbrechen, und einige Schritte umhergehen."* Die Konsequenz daraus ist ein bewussteres Überwachen Ihres (Pausen-) Verhaltens, was die Ausführung der schädlichen Angewohnheit (keine Pause zu machen) nachweislich hemmt.[246]

Tipp 133: Wenn-dann-Pläne

Gewohnheiten werden immer von Reizen aus der Umwelt angestoßen. Raucher rauchen gerne, wenn sie ausgehen und mit anderen Rauchern unterwegs sind. Die meisten kauen Nägel, wenn sie nervös oder nachdenklich sind. Viele Ihrer Handlungen wiederholen Sie meist in einem ganz bestimmten Zusammenhang: An einem speziellen Ort, zu einer gewohnten Zeit oder in gewissen Stimmungslagen. Diese stetige Wiederholung der Handlung festigt dabei die Koppelung an den auslösenden Reiz. Tritt der Reiz auf, löst er die Gewohnheit automatisch aus.[247] So kann das Abendessen ein Reiz sein, der fest mit der Reaktion verbunden wird, anschließend noch einen kurzen Spaziergang zu machen. Oder das Niedersitzen auf dem Sofa kann der Reiz sein, der automatisch den Griff zur Fernbedienung zur Folge hat. **Insbesondere Profisportler nutzen diese Reiz-Reaktion-Koppelung.** Sie

---

[246] Quinn/Pascoe/Wood/Neal (2010) Can't control yourself? Monitor those bad habits. Personality and Social Psychology Bulletin, 36 (4), 499-511.
[247] Siehe etwa Kahnemann, D. (2003) A Perspective on Judgement and Choice. Mapping Bounded Rationality. American Psychologist, 58 (9), 697-720.

sind täglich zu genau festgelegten Zeiten im Fitnessraum oder auf dem Sportplatz. Auf eine Trainingseinheit folgt eine genau definierte nächste Einheit, wobei sich Phasen der Anspannung mit Phasen der Entspannung abwechseln. Auf diese Weise prägen Sie ihre Verhaltensweisen und ritualisieren ihr Training.[248]

- Frühsportler können sich die Laufschuhe (Reiz) direkt neben das Bett stellen und sie gleich nach dem Aufstehen anziehen (Reaktion).

- Jeden Mittwoch nach Feierabend (Reiz) steigen Sie eine Bushaltestelle später ein (Reaktion), um eine längere Strecke zu Fuß zu gehen.

Erst prägen wir unsere Gewohnheiten,
dann prägen die Gewohnheiten uns.

John Dryden

Gewohnheiten entstehen also, wenn eine Verbindung von Reiz und Reaktion entwickelt wird: WENN dieser Reiz, DANN diese Reaktion. Mit folgender Vorgehensweise können Sie sich dieses Merkmal von Gewohnheiten zunutze machen:

- Formulieren Sie „Wenn-dann-Pläne". „Wenn" steht dabei für einen bestimmten Kontext, „dann" für eine konkrete Handlung, die mit dem Kontext verknüpft werden soll. Ein Beispiel: *„Wenn ich am Mittwoch keine Überstunden mache, sondern meine Arbeit pünktlich beende,* (= wenn), *dann bin ich um 18.00 Uhr zu Hause und kann einen schönen Abend*

[248] Siehe etwa: Loehr/Schwartz (2005) The Power of Full Engagement, Free Press.

mit meinem Partner verbringen (= dann)." Nach vielfach wiederholter Ausführung löst die Situation die dazu passende Handlung automatisch aus. Das Verhalten ist zu einer Gewohnheit geworden.

Tipp 134: Immer mal was Neues

- Lassen Sie Ihren Tagesablauf nicht zum Gewohnheitstrott werden! Probieren Sie öfter mal etwas Neues aus. Einfach mal im Autoradio einen anderen Sender einstellen, einen anderen Weg zur Arbeit nehmen oder am Abend nicht den Fernseher einschalten, sondern beispielsweise Karten spielen. Achten Sie darauf, immer wieder neue Dinge auszuprobieren, um so Umleitungen um die eingefahrenen Gewohnheiten zu legen: Das hält Ihr Gehirn gesund.[249]

Eine Geschichte: Die Macht der Gewohnheit

Man sagt, nur ein einziges Buch der großen Bibliothek von Alexandria habe den Brand unversehrt überstanden. Es war ein ganz gewöhnliches Buch, langweilig und uninteressant, sodass es für ein paar Pfennige einem armen Mann verkauft wurde, der kaum lesen konnte. Dieses Buch war aber wahrscheinlich das wertvollste Buch der Welt, denn auf der hinteren Innenseite des Schutzumschlags waren in großen klaren Buchstaben ein paar Sätze hingekritzelt, die das Geheimnis des „Prüfsteins" enthielten – eines winzigen Kieselsteins, der alles, mit dem er in Berührung kam, in pures Gold verwandelte.

[249] Ryan, M. J. (2006) How to finally Change. Broadway Books.

Aus diesen Sätzen ging hervor, dass der kostbare Kieselstein irgendwo an der Schwarzmeerküste lag, unter Tausenden ähnlichen Kieselsteinen mit dem einzigen Unterschied, dass dieser sich warm anfühlte, als ob er lebendig wäre, während alle anderen kalt in der Hand lagen. Der Mann entdeckte die Notiz und freute sich über sein Glück. Er verkaufte alles, was er hatte, borgte sich eine Summe Geld und reiste ans Schwarze Meer. Er schlug sein Zelt auf und machte sich daran, den Prüfstein zu suchen. Dabei ging er folgendermaßen vor: Er hob einen Kieselstein auf, und wenn er sich kalt anfühlte, dann warf er ihn nicht etwa zurück, denn dann würde er vielleicht denselben Stein Dutzende Male aufheben, nein, er warf ihn ins Meer. So verbrachte er einen Tag, einen Monat, ein Jahr, immer in seinem geduldigen Bemühen: Stein aufheben, wenn er sich kalt anfühlte, ins Meer werfen, einen anderen aufheben ... und so weiter – kein Prüfstein war darunter. Eines Abends hob er einen Kieselstein auf, der fühlte sich warm an – aber aus purer Gewohnheit, weil er es mit vielen Hunderttausenden von Steinen so gemacht hatte, aus purer Gewohnheit warf er ihn ins Schwarze Meer.[250]

[250] Mello, Anthony (2013) Wer bringt das Pferd zum Fliegen? Weisheitsgeschichten. Herder

10. WIE FINDE ICH ZU EINEM ERHOLSAMEN SCHLAF?

Strategie 39: Den Schlaf analysieren

Der Grund, warum wir schlafen müssen, ist letztlich noch ein Geheimnis, und eine einfache Erklärung gibt es nicht. So viel ist aber sicher: Schlaf ist für die Funktionsfähigkeit unseres gesamten Organismus und insbesondere unseres Gehirns lebensnotwendig. Wir machen täglich viele neue Erfahrungen, unterhalten uns mit anderen Menschen, sehen und hören Neues. Damit wir diese Erfahrungen auch in unserem Gedächtnis behalten können, muss sie unser Gehirn abspeichern. Und genau das tut es im Schlaf. **Wir verbinden im Schlaf neue Inhalte unseres Gedächtnisses mit vorhandenem, bereits gespeichertem Wissen.** Dazu werden die neuen Inhalte während einer Tiefschlafphase in der Gehirnrinde aktiviert und dann im anschließenden Traumschlaf mit älteren Gedächtnisinhalten und Gefühlen verknüpft und zusammen analysiert.[251]

Unser Gehirn denkt dabei jede Nacht intensiv nach. Die Ergebnisse dieses Nach(t)denkens sind auch der Grund, weshalb wir manchmal in der Früh mit der Lösung für ein Problem aufwachen, über das wir uns am Tag zuvor ergebnislos den Kopf zerbrochen hatten. Bildhaft kann man sich die Tätigkeit unseres Gehirns während des Schlafs so vorstellen: Ein voller Briefkasten (unser Zwischenspeicher Hippocampus) wird geleert, die sortierten Briefe werden in einem Ordner abgelegt (Gehirnrinde), und dann folgen das Abarbeiten und Beantworten der Briefe (im REM-Schlaf). Durchschnittlich braucht ein dreißigjähriger Erwachsener zwischen sechs und acht Stunden

---

[251] Tamminen, J./Payne, J. D./Stickgold, R./Wamsley, E. J./Gaskell, M. G. (2010) Sleep spindle activity is associated with the integration of new memories and existing knowledge. The Journal of Neuroscience. Download unter: http://www.ncbi.nlm.nih.gov/pmc/articles/PMC2989532/ (letzter Zugriff: 02.03.2020)

Schlaf, Kurzschläfer weniger, Langschläfer mehr. Die Schlafdauer bleibt bis ins hohe Alter im Wesentlichen stabil und verringert sich dann geringfügig. Das Mittagsschläfchen wird dann oft zur Regel, und der Schlaf wird im Alter oberflächlicher und anfälliger für Störungen. **Wichtiger als die Schlafstundenanzahl ist jedoch, dass man sich am Morgen ausgeschlafen und erholt fühlt.**

Drei Dinge helfen, die Mühseligkeiten des Lebens zu tragen: Die Hoffnung, der Schlaf und das Lachen.

Immanuel Kant

Schlafstörungen – ein Übel unserer Zeit

Schätzungen zufolge leidet in Deutschland und Österreich jeder dritte Erwachsene an einer Einschlaf- oder Durchschlafstörung, wobei rund zehn Prozent aller Menschen einen chronischen Verlauf aufweisen.[252] Schlafstörungen zählen somit zu den häufigsten psychosomatischen Beschwerden unserer Zeit. Von einer echten Schlafstörung kann man jedoch erst dann sprechen, wenn die Ein- oder Durchschlafschwierigkeiten drei bis vier Wochen lang anhalten und die Störung zu einer Beeinträchtigung am Tag führt.[253] Da unser Schlaf durch Stress leicht beeinträchtigt werden kann, sind Schlafstörungen auch ein häufiges und ernstzunehmendes Warnsignal für Dauerstress und psychische Überlastung. Gezieltes Entspannen, gerade

---

[252] Ohayon/Reynolds (2009) Epidemological and clinical relevance of insomnia diagnoses algorithms according to the DSM-IV and the international classification of sleep disorders (ICSC). Sleep Medicine, 10, 952-960.

[253] Spiegelhalder, K./Backhaus, J./Riemann, D. (2011) Schlafstörungen. Hogrefe Verlag. Unter Hinweis auf Klassifikation der Schlafstörungen nach ICD-10 und DSM-IV.

vor dem Zubettgehen, ist deshalb das ideale Rezept für einen erholsamen Schlaf. Umfragen zufolge entspannt in Deutschland fast die Hälfte der Menschen angeblich am besten beim Fernsehen, beim Internetsurfen oder beim Spielen am Computer.[254] Eine Vielzahl von Untersuchungen beweist jedoch, dass gerade die abendliche Nutzung digitaler Medien als ein wesentlicher Auslöser für das vermehrte Auftreten von Schlafstörungen gelten kann.[255]

Tipp 135: Schlafqualität erfassen

- Neben Stress und digitalem Medienkonsum können auch andere Ursachen für wenig erholsames Schlafen verantwortlich sein. Zur diagnostischen Abklärung von Schlafstörungen eignen sich verschiedene Fragebögen. Ein international bekannter und anerkannter Fragebogen zur Erfassung der Schlafqualität ist der PSQI (Pittsburgh Schlafqualitätsindex). Er erfragt rückblickend über einen Zeitraum von vier Wochen die Häufigkeit schlafstörender Ereignisse, die Einschätzung der Schlafqualität, die gewöhnlichen Schlafzeiten, Einschlaflatenz und Schlafdauer, die Einnahme von Schlafmedikationen sowie die Tagesmüdigkeit. Der Fragebogen steht auf der Internetseite der Deutschen Gesellschaft für Schlafforschung und Schlafmedizin mit einer Anleitung zur Auswertung zum Download zur Verfügung.[256] Der Link zum Download und zum Ausdrucken: http://bit.ly/Schlaf-Fragebogen

Der QR-Code zum Download des Fragebogens:

---

[254] Kundenkompass – Stress (2009) Aktuelle Bevölkerungsbefragung: Ausmaß, Ursachen und Auswirkungen von Stress in Deutschland. Techniker Krankenkasse/F.A.Z.-Institut.

[255] Thomée, S. (2012) ICT use and mental health in young adults. Effects of computer an mobile use on stress, sleep disturbances, and symtoms of depression. Dissertation. Download unter: https://gupea.ub.gu.se/bitstream/2077/28245/1/gupea_2077_28245_1.pdf (letzter Zugriff: 01.03.2020)

[256] Website: www.dgsm.de (letzter Zugriff: 05.03.2020)

Auswertung: Mit diesem PSQI-Fragebogen ermitteln Sie, wie erwähnt, folgende sieben Komponenten: Schlafqualität, Schlaflatenz, Schlafdauer, Schlafeffizienz, Schlafstörungen, Schlafmittelkonsum und Tagesmüdigkeit. Der Gesamtwert gibt Ihnen einen Hinweis, ob Sie zu den gesunden oder schlechten Schläfern zählen bzw. ob eine chronische Schlafstörung vorliegt. Eine Anleitung zur Auswertung des Fragebogens können Sie unter folgendem Link downloaden: http://bit.ly/Auswertung-Schlaf

Der QR-Code zum Download der Auswertung:

Neben einer Selbstanalyse können Sie den ausgefüllten Fragebogen auch mit Ihrem Arzt oder Psychologen durchgehen. Dieser erhält dadurch eine sehr gute Übersicht über Art und Ausmaß der Schlafstörung und kann rasch entsprechende Behandlungsstrategien mit Ihnen besprechen.

Tipp 136: Schlafprotokoll

- **Haben Sie das Gefühl, an einer Schlafstörung zu leiden, empfehlen wir Ihnen auch das Führen eines Schlafprotokolls.** Im Rahmen der Selbstbeobachtung beantworten Sie dabei morgens und abends Fragen zur Schlafqualität, zu den nächtlichen Wachphasen und anderen diagnostisch wichtigen Themen. Vor jeder schlafmedizinischen oder psychotherapeutischen Intervention sollten sie daher über einen Zeitraum von mindestens zwei Wochen ein Schlaftagebuch führen, um ein realistisches Bild des gestörten Schlafs und seiner Schwankungen im Wochenverlauf gewinnen zu können.

Das Protokoll liefert Ihrem Arzt oder Psychologen einen guten und umfassenden Überblick, und die Analyse erbringt meist wichtige Ansatzpunkte für die Ursachen der Störung sowie Hinweise für die bestmögliche Behandlung.

Wussten Sie, dass ...

... die Ausschüttung des Stresshormons Cortisol einem biologischen Tag-Nacht-Rhythmus folgt? Die geringste Ausschüttung erfolgt in den Abendstunden und im ersten Nachtdrittel und die maximale Ausschüttung am Vormittag. Der Körper unterstützt so die Einschlafphase am Abend. Bei Personen mit Schlafstörungen deuten Untersuchungen auf eine erhöhte Ausschüttung von Cortisol hin.

Mithilfe eines Schlafprotokolls können Sie bestimmte Annahmen zu Ihrem Schlaf überprüfen. Wenn Sie zum Beispiel der Meinung sind, dass Ihnen bei schlechtem Schlaf am nächsten Tag keine gute Leistung möglich ist, dann können Sie diese Annahme mit den Eintragungen im Schlaftagebuch vergleichen und auf ihre Richtigkeit überprüfen. Oft stellt sich dabei heraus, dass die meist verallgemeinernden Annahmen nicht mit den Eintragungen im Schlaftagebuch übereinstimmen. **Das führt zu mehr Gelassenheit und Entspanntheit.** Ein Muster für ein Schlaftagebuch samt Möglichkeit zum Download und Ausdrucken finden Sie auf der website: www.schlafgestoert.de unter dem Link: https://www.schlafgestoert.de/downloads/pdf/Schlafprotokoll.pdf (letzter Zugriff am 10.03.2020)

Der Link zum Ausdrucken des Schlafprotokolls lautet: http://bit.ly/Schlaf-Protokoll

Der QR-Code zum Schlafprotokoll: 

Tipp 137: Schlafhygiene

Die gedankliche und körperliche Vorbereitung auf das Zubettgehen sollte schon einige Zeit vor dem Betreten des Schlafzimmers beginnen. **Wie in der Frühe und am Ende der Arbeitstätigkeit sollten Sie sich auch und gerade am Abend Rituale, sprich feste Gewohnheiten, aneignen.** Achten Sie dabei auf einen regelmäßigen Rhythmus.

- **Bereiten Sie etwa 30 bis 45 Minuten vor dem Schlafengehen Ihren Körper und Ihren Geist mit einem festen Ritual auf das Schlafengehen vor.** Führen Sie zum Beispiel eine Entspannungsübung durch, lesen Sie ein Buch (ohne Bezug zur täglichen Arbeit!), hören Sie Musik oder nehmen Sie ein entspannendes Bad. Auf keinen Fall sollten Sie kurz vor dem Schlafengehen noch am Computer sitzen, fernsehen oder sich mit Ihrem Smartphone beschäftigen. Verschiedenste Studien haben bewiesen, dass diese „elektronische Berieselung" ungünstig ist und sowohl die Schlafquantität als auch die Schlafqualität reduzieren kann.[257] Trotzdem schauen laut einer Studie zum Konsumverhalten von 49.000 Smartphone-Besitzern aus 30 verschiedenen Ländern 52 Prozent

[257] Bspw.: Eggermont, Steven/Van den Bulck, Jan (2006) Nodding off or switching off? The use of popular media as al sleep aid in the secondary-school children. In: Journal of Paediatrics and Child Health, 42 (7-8), 428-33.

in den letzten fünf Minuten vor dem Schlafengehen auf ihr Mobiltelefon.[258]

- **Achten Sie auch auf Ihren Alkoholkonsum am Abend.** Alkohol hat zwar eine sedierende Wirkung und wird daher auch von manchen Medizinern empfohlen, er vermindert jedoch die Tiefschlafphasen und unterdrückt den REM-Schlaf zu Beginn der Nacht. Der REM-Schlaf wird dann häufig morgens nachgeholt, was mit Albträumen einhergehen kann.[259]

- Das Schlafzimmer sollte, wie der Name schon sagt, ausschließlich dem Schlafen und der Entspannung vorbehalten sein. **Befreien Sie Ihr Schlafzimmer daher von allen Dingen, die nichts mit dem Schlaf zu tun haben, wie** Fernseher, Arbeitsunterlagen oder Smartphone. Benutzen Sie das Bett nur zum Schlafen, zum Lesen vor dem Einschlafen oder für Entspannungsübungen, aber nicht zum Arbeiten. Sorgen Sie im Schlafzimmer für eine angenehme und ruhige Atmosphäre.

- Der Wecker oder die Uhr auf dem Nachttisch hat für viele Patienten mit Schlafstörungen eine zentrale Bedeutung. Typischerweise schauen sie auf die Uhr und rechnen sich aus, wie viele Stunden sie noch schlafen könnten oder wie lange sie schon wach liegen. Sie beschäftigen sich dadurch gedanklich mit dem Thema Schlaf, setzen sich unter Druck und erhöhen die Anspannung. Die Empfehlung daher: **Schauen Sie nachts nicht auf die Uhr** und platzieren Sie Ihren Wecker so, dass Sie die Uhrzeit nicht sehen können. Stellen Sie den Wecker auf Ihre gewünschte Aufstehzeit, auch wenn Sie automatisch zu einer bestimmten Zeit

---

[258] Lee, Paul/Calugar-Pop, Cornelia (2015) Global Mobile Consumer Survey. Insights into global consumer trends. https://www2.deloitte.com/il/en/pages/technology-media-and-telecommunications/articles/global-mobile-consumer-survey.html (letzter Zugriff: 20.03.2020)
[259] Spiegelhalder, K./Backhaus, J./Riemann, D. (2011) Schlafstörungen. Hogrefe Verlag.

aufwachen. Das gibt Ihnen Sicherheit und unterstützt die Fähigkeit, auch morgens nochmals einzuschlafen.

Strategie 40: Dankbar sein

Wie schon in Strategie 2 beschrieben, bringt der Ausdruck von Dankbarkeit gegenüber dem eigenen Leben und anderen Menschen einen enormen Zuwachs an Glücksempfinden. So konnte auch nachgewiesen werden, dass dankbare Menschen zufriedener mit Ihrem Leben und ihren sozialen Beziehungen sind, als andere, dass sie besser mit Stress umgehen können und weniger unter Depressionen leiden und dass sie insgesamt ein besseres Selbstwertgefühl, sowie einen tieferen Lebenssinn haben.[260] Dankbarkeit zu empfinden ist jedoch nicht immer einfach. Gerade wenn Sie im Hamsterrad stecken und das Gefühl haben, dass das Leben an Ihnen vorbeirauscht, sind Sie oftmals blind für die vorhandenen schönen Dinge im Leben. Und doch gibt es zu jeder Zeit auch Dinge, Erlebnisse und Momente, für die Sie dankbar sein können. Zwar mag es durchaus eine Herausforderung darstellen, dankbar zu sein, wenn Misserfolge sich häufen oder wenn Sie das Glück scheinbar verlassen hat. **Jedoch hängen Dankbarkeit, Glück und innere Zufriedenheit unmittelbar zusammen, wie folgende Auflistung zeigt:** [261]

---

[260] Haller Reinhard (2019) Das Wunder der Wertschätzung. Wie wir uns stark machen und dabei selbst stärker werden. Gräfe und Unzer Verlag.

[261] In Anlehnung an: Lyubomirsky, Sonja (2008) Glücklich sein: Warum Sie es in der Hand haben, zufrieden zu leben (The How of Happiness). Campus Verlag. Sowie: Bergner, Thomas (2010) Burnout-Prävention. Sich selbst helfen – das 12-Stufen-Programm. Schattauer Verlag.

Zehn positive Wirkungen von Dankbarkeit:

1. Wer dankbar ist, lenkt seinen Fokus auf schöne und positive Dinge.
2. Dankbarkeit hilft dabei, mit Problemen besser und konstruktiver umzugehen.
3. Dankbarkeit kann Gefühle wie Ärger und Bitterkeit verringern. „Danke" ist der schönste GeDANKE.
4. Wer dankbar ist, kostet die schönen Momente des Lebens intensiver aus.
5. Wer dankbar ist, fördert das eigene Selbstbewusstsein und Selbstwertgefühl.
6. Dankbarkeit macht hilfsbereiter und rücksichtsvoller.
7. Dankbarkeit macht Sie weniger anfällig für Neid und Minderwertigkeitsgefühle.
8. Dankbarkeit hilft Ihnen dabei, länger von positiven Erlebnissen und Begegnungen zu zehren.
9. Dankbarkeit hilft Ihnen bei der Beziehungspflege.
10. Dankbarkeit ist ein wichtiges Element der Burn-out-Prophylaxe: Hilfe von anderen Menschen zu bekommen, spielt in unserem Leben eine wichtige Rolle. Diese Hilfe anzunehmen, die Helfer zu erkennen und dafür dankbar zu sein, macht Sie stressresistenter.

Studien weisen nach, dass die Beschäftigung und die bewusste Auseinandersetzung mit Dankbarkeit unmittelbar vor dem Schlafengehen auch zu einem insgesamt besserem Schlafverhalten führen.[262] Wie stark Ihre

[262] Wood, A. M./Joseph, S./Lloyd, J./Atkins, S. (2009) Gratitude influences sleep through the mechanism of pre-sleep cognitions. Journal of Psychosomatic Research, 66, 43-48.

Dankbarkeit ausgeprägt ist, erfahren Sie, wenn Sie den Dankbarkeitsfragebogen in Tipp 4 ausfüllen.

Tipp 138: Dankbarkeitsbiografie

- Nehmen Sie sich Zeit, suchen Sie sich einen ruhigen Platz, an dem Sie sich wohlfühlen, und schreiben Sie all die schönen und bereichernden Dinge Ihres bisherigen Lebens auf. Beginnen Sie z. B. mit: *„Wofür ich dem Leben, mir selbst und anderen in der Vergangenheit besonders dankbar bin: …"*

Überlegen Sie sich dazu:

- *Was waren bisher die schönsten Erlebnisse und Momente in meinem Leben?*
- *Für welche Dinge und Ereignisse in der Vergangenheit bin ich besonders dankbar?*
- *Welche Menschen haben mich unterstützt und dazu beigetragen, dass ich heute da bin, wo ich bin?*
- *Was habe ich in meinem Leben schon alles an Herausforderungen bewältigt und an Erfolgen erreicht, für die ich dankbar bin?*

Tipp 139: Dankbarkeitstagebuch

In einer Studie aus dem Jahr 2003 unterteilten US-Psychologen 192 Probanden in drei Gruppen. Die eine Gruppe sollte zehn Wochen lang in einem

Tagebuch notieren, wofür sie Dankbarkeit empfindet, die zweite Gruppe, was in der jeweiligen Woche schlecht gelaufen war, und eine dritte Gruppe reflektierte neutral über ihre Erlebnisse. Nach zehn Wochen verglichen die Wissenschaftler die Ergebnisse. **Jene, die das Dankbarkeitstagebuch geführt hatten, wiesen bei den psychologischen Befragungen messbar mehr Optimismus auf als die Probanden der anderen beiden Gruppen.** Sie fühlten sich vitaler und verspürten mehr Lebensfreude. Körperliche Symptome wie Bauch- oder Kopfschmerzen, Schwindel oder Muskelverspannungen hatten sich reduziert, sie gingen seltener zum Arzt und schliefen länger und besser. Auch ihre Fitness war besser geworden, und sie trieben messbar mehr Sport als die Vergleichsgruppen.[263] **Wofür Sie dankbar sein können. Hier ein paar Ideen zur Inspiration:**

Ich bin dankbar für:

- *die Menschen, die für mich da sind, wenn ich sie brauche*
- *meine netten Kollegen*
- *Komplimente meiner Mitmenschen*
- *die Fähigkeit, leckeres Essen zu schmecken, Musik zu hören, an Blumen zu riechen, zu lesen und zu gehen*
- *meinen liebevollen Partner*
- *meine(n) wunderbare(n) Tochter/Sohn*
- *mein gemütliches Zuhause*
- *meine Freunde, mit denen ich über alles reden kann*
- *meine Gesundheit*
- *das Lächeln einer fremden Person*
- *mein Haustier, das mir viel Freude macht*

---

[263] Emmons/McCullough (2003) Counting blessings versus burdens: An experimental investigation of gratitude and subjective well-being in daily life. Journal of Personality and Social Psychology, 84, 377-389. Download unter: https://greatergood.berkeley.edu/pdfs/GratitudePDFs/6Emmons-BlessingsBurdens.pdf (letzter Zugriff: 15.03.2020)

> - *meine Eltern und was sie für mich tun/getan haben*
> - *eine warme Dusche*
> - *jeden neuen Tag, den ich erleben darf*
> - *jeden Sonnenuntergang, den ich erleben darf*
> - *das Trinkwasser aus dem Wasserhahn*
> - ...

Sie können sich auch folgende Fragen stellen:

- *Was gibt es Gutes in meinem Leben?*
- *Was hat mich diese Woche zum Lächeln oder Lachen gebracht?*
- *In welchen Bereichen geht es mir besser als anderen Menschen?*
- *Wer sind/waren meine Helfer in den verschiedenen Situationen?*

- Führen Sie ein Dankbarkeitstagebuch und schreiben Sie jeden Tag vor dem Schlafengehen drei Dinge auf, für die Sie heute dankbar waren. Regelmäßig praktiziert, steigert das Ihr Glücksempfinden nachhaltig.[264]

Tipp 140: Der 14-Tage-Versuch

Sollten Sie vom persönlichen Nutzen eines Dankbarkeitstagebuchs noch nicht gänzlich überzeugt sein, hilft Ihnen vielleicht der Vorschlag von Professor Martin Seligman, dem Begründer der Positiven Psychologie, weiter:[265]

---

[264] Wiseman, Richard (2011) Wie Sie in 60 Sekunden Ihr Leben verändern. Fischer Taschenbuch Verlag.
[265] Seligman, Martin E. P. (2005) Der Glücks-Faktor: Warum Optimisten länger leben. Bastei Lübbe Verlag.

- Nehmen Sie sich während der nächsten zwei Wochen jeden Abend fünf Minuten Zeit. Legen Sie sich für 14 Tage je ein Blatt Papier zurecht und füllen Sie am ersten Abend den „Fragebogen zum Glückserleben" sowie den „Fragebogen zum allgemeinen Glückserleben" aus. Beide Tests finden Sie auf der auf der Website von Professor Seligman, wo Sie sie online ausfüllen können.[266]

Überdenken Sie die letzten 24 Stunden und notieren Sie bis zu fünf Dinge in Ihrem Leben, für die Sie dankbar sind. Wiederholen Sie diese Übung jeden Abend über 14 Tage hinweg. Füllen Sie dann am letzten Abend beide Fragebogen noch einmal aus und vergleichen Sie die Ergebnisse mit jenen vom ersten Tag.

Sei dankbar für wenig, und du wirst vieles finden.

Sprichwort aus Nigeria

Tipp 141: Dankbarkeitsbrief

Wenn Sie einem Menschen für irgendetwas dankbar sind, ihm bisher aber noch nie ausdrücklich gedankt haben, können Sie dies jederzeit nachholen.

- Überlegen Sie zunächst, wem Sie dankbar sind, und notieren Sie den oder die Namen der betreffenden Personen. Wenn Sie mehrere Personen notiert haben, wählen Sie nun bitte die Person aus, der Sie ganz spontan am liebsten danken möchten. Entschließen Sie sich dann,

[266] Nach kostenloser Registrierung auch in deutscher Sprache möglich unter: https://www.authentichappiness.org (letzter Zugriff: 16.03.2020)

diesem Menschen einen Brief zu schreiben, in dem Sie Ihre Dankbarkeit möglichst deutlich zum Ausdruck bringen.

Wussten Sie, dass ...

... Dankbarkeitsübungen das Glücksniveau um 25 Prozent heben und Antidepressiva bei leichten bis mittelschweren Depressionen ersetzen können? Auch posttraumatischer Stress lässt sich durch Dankbarkeitsinterventionen lindern[267] *und der Blutdruck um 25 Prozent senken.*[268]

Nehmen Sie sich dazu so viel Zeit, wie Sie brauchen. Schreiben Sie diesen Brief auch, wenn die betreffende Person schon verstorben oder für Sie nicht mehr erreichbar ist. Sprechen Sie ganz deutlich all das an, wofür Sie dankbar sind: *„Ich bin dir sehr dankbar dafür, dass du ..."* Sie können später entscheiden, ob Sie dem Adressaten diesen Brief auch tatsächlich zusenden möchten. **Studien beweisen, dass allein das Verfassen eines Dankbarkeitsbriefs zu positiven Emotionen führt.**[269] Vielleicht möchten Sie

[267] Mills, P. J./Redwine, L./Wilson, K./Pung, M. A/Chinh, K./Greenberg, B. H./Lunde, O./Raisinghani A./Wood, A./Chopra, D. (2015) The Role of Gratitude in Spiritual Well-Being in Asymptomatic Heart Failure Patients. Spirituality in Clinical Practice, 2 (1), 5-17. Download unter: https://www.apa.org/pubs/journals/releases/scp-0000050.pdf (letzter Zugriff: 10.03.2020)

[268] McCraty, Rollin/Atkinson, Mike/Tiller, William/Rein, Glen/Watkins, Alan (1995) The Effects of Emotions on Short-Term Power. Spectrum Analysis of Heart Rate Variability. The American Journal of Cardiology, Vol. 76 (14), 1089-1093, Download unter: https://www.heartmathbenelux.com/doc/American_Journal_of_Cardiology.pdf (letzter Zugriff: 10.03.2020)

[269] Seligman, Martin E. P./Stehen, T. A./Park, N./Peterson, C. (2005) Positive psychology progress: Empirical validation of interventions. American Psychologist, 60, 410-421. Oder: Jais, A. (2010) Qualitative Studie: Der Dankbarkeitsbrief: Analyse einer Interventionsmethodik zur Steigerung von positiven Emotionen. VDM Verlag Dr. Müller.

Ihren Dank auch lieber ganz persönlich aussprechen. Ihr ausformulierter Brief wird in diesem Fall eine gute Vorbereitung sein.

Tipp 142: Fünf-Tage-Tagebuch

Eine etwas andere und ebenfalls sehr effektive Art und Weise, ein Tagebuch zu führen, ist folgende Variante:[270] Schreiben Sie an fünf Abenden in der Woche Tagebuch und gliedern Sie es in diese fünf Rubriken:

Montag – Dankbarkeit: Denken Sie an die vergangene Woche oder an das Wochenende und schreiben Sie drei Dinge auf, für die Sie dankbar sind.

Dienstag – da war ich glücklich: Denken Sie an ein schönes Erlebnis oder einen glücklichen Moment der vergangenen Woche und stellen Sie sich vor, wie Sie sich dabei gefühlt haben und was um Sie herum passierte. Beschreiben Sie Ihre Gefühle und Empfindungen und notieren Sie diese.

Mittwoch – fantastische Zukunft: Schreiben Sie einige Zeilen über Ihr Leben in der Zukunft und stellen Sie sich vor, was alles gut geklappt hat. Stellen Sie sich vor, dass Ihr Privat- und Ihr Berufsleben so geworden sind, wie Sie es sich immer erträumt hatten.

Donnerstag – „Liebe ..." / „Lieber ...": Denken Sie an eine Person, die Ihnen sehr wichtig ist. Das kann Ihr Partner, ein Freund oder ein Familienmitglied sein. Stellen Sie sich vor, dass Sie nur eine einzige Gelegenheit haben, diesem Menschen zu sagen, wie wichtig er für Sie ist. Schreiben Sie Ihren Text in Briefform in Ihr Tagebuch.

---

[270] Nach: Wiseman, Richard (2013) Wie Sie in 60 Sekunden Ihr Leben verändern. Fischer Taschenbuch Verlag.

Freitag – meine Erfolge: Denken Sie an die vergangene Woche zurück und notieren Sie mindestens drei Dinge, die gut für Sie gelaufen sind. Schreiben Sie dazu, welche Ihrer Stärken zu diesem Erfolg betragen haben.

Wussten Sie, dass …

… Untersuchungen beweisen, dass Dankbarkeit wie ein Muskel trainiert werden kann? Nach einiger Zeit sind die Wirkungen sogar als neurobiologische Veränderung im Gehirnscan sichtbar.[271]

Wissenschaftlichen Untersuchungen zufolge sollte sich Ihre Stimmungslage mit diesem Fünf-Tage-Tagebuch bald verbessern und Ihr Glückempfinden für längere Zeit positiv beeinflusst werden.[272] Wenn Sie schon ein Tagebuch führen, ergänzen Sie Ihre Einträge einfach um die oben skizzierten Inhalte.

Wichtiger Hinweis: Wenn Sie etwas in Ihr Tagebuch notieren, dann konzentrieren Sie sich ganz auf das Schreiben. Erleben Sie zum Beispiel das Gefühl der Dankbarkeit und sehen Sie in Ihrer Vorstellung das, wofür Sie dankbar sind. Empfinden und fühlen Sie es mit all Ihren Sinnen. Der Schlüssel zu mehr Glücksempfinden ist nicht, einfach nur etwas aufzuschreiben, sondern es bewusst aufzuschreiben, sich darauf zu konzentrieren, es sich vorzustellen und in der Vorstellung nochmals zu erleben.

---

[271] Kini, P./Wong, J./McInnis, S./Gabana, N./Brown, W. (2015) The effects of gratitude expression on neural activity. Neuroimage 2016, 128, 1-10. Abstract unter: https://www.ncbi.nlm.nih.gov/pubmed/26746580 (letzter Zugriff: 08.03.2020)

[272] Seligman, Martin E./Steen, T. A./Park, N./Peterson, C. (2005) Positive psychology progress: Empirical validation of interventions. American Psychologist, 60, 410-421.

Tipp 143: Dem Körper danken

Wenn Sie möchten, können Sie auch Ihrem Körper danken. Ein schönes Beispiel ist dieser Dankesbrief an den eigenen Körper:[273] *„Lieber Körper, danke! Ich sag es dir immer wieder. Doch eigentlich nicht oft genug. Du bist toll und schön, genauso wie du bist. Danke, dass du jeden Tag für mich da bist. Jeden Morgen stehst du mit mir auf. Du beginnst den Tag mit mir. Deine Beine tragen mich auf meinem Weg. Du atmest. Du schenkst mir Leben. Du funktionierst wie ein kleines Ökosystem. Jede Zelle, jedes Organ, jeder Körperteil hat seine Aufgabe, und alles arbeitet wunderbar zusammen. Du bist der Wahnsinn. Das nenne ich Teamwork. Du bist mal stärker, mal schwächer. Doch du gehst für mich auch an deine Grenzen. Ich kann mich auf dich verlassen. Du hältst es aus, wenn ich Stunden lang tanze oder den ganzen Tag sitze. Ich will auf dich achten. Wir sind ein Team. Wir halten zusammen. Du bist so einzigartig, und deine Haut, deine Augen, das Zusammenspiel von allem, was du bist, fasziniert mich. Und weißt du, lieber Körper, wenn wir zusammen tanzen, dann ist das ein Ausdruck von uns beiden. Es ist Freiheit, Liebe, Spaß, Magie ... Hör nie auf, mit mir zu kommunizieren. Ich höre dich. Ich fühle dich. Lass uns gemeinsam lachen, lieben, tanzen, schreien, weinen, essen, singen, krank sein, heilen und die Welt entdecken. Du bist so stark. Ich danke dir von Herzen."*

Wenn Sie nicht gerne schreiben, so können Sie Ihrem Körper mit folgender Übung danken:[274]

- Gehen Sie zunächst mit der Aufmerksamkeit zu Ihrem Kopf. Überlegen Sie sich und machen Sie sich bewusst, welche Teile Ihres Kopfes Ihnen in irgendeiner Weise Freude bereiten – kleine, alltägliche oder auch größere Freuden. Stellen Sie sich diese Freuden so konkret wie möglich vor,

[273] Aus: https://cusilife.de/lieber-koerper/ (letzter Zugriff: 08.03.2020)

[274] Übung nach Luise Reddemann aus dem Seminar: Psychodynamisch-Imaginative Traumatherapie (PITT®) in Bernried, März 2007.

z. B. dass Sie Farben sehen oder das Zwitschern der Vögel hören können. Spüren Sie, was diese Sinneswahrnehmungen für Sie bedeuten ...

Dann gehen Sie mit Ihrer Aufmerksamkeit zu allem, was zu Ihrem Bewegungsapparat gehört, also zu den Knochen, Muskeln und Sehnen. Sie können sich auch auf Ihre Hände, Arme oder Beine konzentrieren. Welche Freuden verdanken Sie diesen Teilen Ihres Körpers? ... Dann befassen Sie sich mit Ihren inneren Organen. Wählen Sie die Organe, die Ihnen in den Sinn kommen ... Welche Freuden können Sie mithilfe Ihrer inneren Organe erleben? Oder welche Voraussetzungen schaffen diese Organe, dass Sie mit Ihrem Körper Freude erleben können? Und wenn Sie darüber etwas wissen, dann beziehen Sie auch die Drüsen ein ... Da bis jetzt längst nicht alles erwähnt wurde, was zum Körper gehört, beispielsweise die Haut, denken Sie nochmals nach, welche Körperteile für Sie von großer Bedeutung für Ihre Erfahrung von Freude sind. Wenn Sie möchten, nehmen Sie sich einen Augenblick Zeit, sich bei Ihrem Körper und seinen Teilen zu bedanken. Kommen Sie dann mit der vollen Aufmerksamkeit wieder in Ihre Umgebung zurück.

Derjenige ist weise, der sich nicht um das sorgt, was er nicht hat – sondern sich über das freut, was er hat.

Epiktet

Machen Sie Dankbarkeitsübungen zu Ihrer täglichen Routine. Mit der Zeit werden sie Ihnen immer leichter fallen, und Sie werden spüren, wie sich Ihr Fokus verstärkt auf das Gute und Schöne richtet und wie sich dadurch Ihre Einstellung und Ihre Art, Dingen und Menschen zu begegnen, und damit Ihr Lebensgefühl ändern.

Tipp 144: An einer Dankbarkeitsstudie teilnehmen

- Sie können auch bei der Studie „Dankbarkeitstraining" der Leuphana Universität Lüneburg mitmachen. Unter dem Link: https://www.positivepsychologie.eu/news/Dankbarkeitstraining (letzter Zugriff am 10.03.2020) erhalten Sie nähere Infos zur Studie. Die Teilnahme am Dankbarkeitstraining mittels einer Dankbarkeits-App ist kostenlos. Sie können das Training nutzen, um negative Gedanken und Grübeleien zu reduzieren und um Ihre Aufmerksamkeit bewusst auf positive Erlebnisse und Gefühle zu lenken.

Schlafstörungen entstehen oftmals aufgrund einer belastenden Lebenssituation oder einer anstehenden Entscheidung, über die dann nachts im Bett nachgedacht wird. Ein solches Grübeln hat sich bei vielen Menschen automatisiert. Geht man ins Bett, beginnt wie auf Knopfdruck das Nachdenken über Probleme, Entscheidungen, Ärgernisse oder Misserfolge des Tages. Dieses Problemwälzen und Nachdenken können das Ein- und Durchschlafen erheblich stören. Kognitive Techniken und Entspannungsverfahren helfen dabei, mit dem Grübeln erst gar nicht zu beginnen bzw. es zu unterbrechen, und unterstützen das Ein- und Durchschlafen. Näheres dazu erfahren Sie in den folgenden Tipps.

Strategie 41: Erfolge nochmals erleben

Unser Tagesablauf wird oft von Routinen und Pflichten beherrscht. Allem, was diesen Ablauf stört oder unseren Plänen im Wege steht, schenken wir meistens viel Aufmerksamkeit. Wir regen uns dann schon morgens auf, weil der Zug mal wieder Verspätung hat, oder fühlen uns gestresst, weil der Kopierer so kurz vor der wichtigen Besprechung nicht funktioniert. Und abends sitzen wir dann mit dem Partner am Tisch, sprechen über all die unerfreulichen Erlebnisse des Tages und über all die Ungerechtigkeiten des Lebens.

Tipp 145: Erfolgschronik

Woran erinnern Sie sich am Abend? Viele Menschen erinnern sich vor allem an die unangenehmen Momente ihres Tages und haben die vielen kleinen positiven Situationen und Erlebnisse vergessen. Gerade nach einem anstrengenden und stressigen (Arbeits-) Tag, wenn man im Bett liegt und das erste Mal die Augen schließt, achtet man meist aus Gewohnheit auf das, was nicht so gut gelaufen ist oder was einen geärgert hat.

Angenommen, Sie erleben an einem Tag 20 verschiedene Situationen am Arbeitsplatz, zu Hause oder sonst wo. 19 Situationen verlaufen gut, zufriedenstellend oder zumindest durchschnittlich, nur eine Situation, das Gespräch mit Herrn Müller, ist schlecht gelaufen. An welche der 20 Situationen werden Sie sich wohl erinnern, wenn Sie am Abend gefragt werden, wie der Tag gelaufen ist? Vermutlich ergeht es Ihnen wie 95 Prozent aller Menschen: Das negative Erlebnis mit Herrn Müller fällt Ihnen sofort ein, die 19 anderen Erlebnisse treten in den Hintergrund. Viele Menschen haben sich zur Angewohnheit gemacht, sich gerade am Abend im Bett nochmals die Erlebnisse vor Augen zu führen, die weniger gut gelaufen sind. Der verpatzte Kundentermin, das unangenehme Gespräch mit dem Vorgesetzten, die Auseinandersetzung mit dem Nachbarn, der verpasste Bus und so weiter. Wie soll Ihr Geist da zur Ruhe kommen?

Eine nützliche Methode, um sich am Abend ganz bewusst an die positiven und erfolgreichen Dinge des Tages zu erinnern und den Tag mit motivierenden Gedanken abzuschließen, ist **das Führen einer Erfolgschronik.** Eine Erfolgschronik richtet den Fokus ausschließlich auf erfolgreiche Erlebnisse des Tages.

- Besorgen Sie sich ein Notizbuch oder ein Tagebuch und notieren Sie darin alle erreichten Ziele sowie alle positiven Ergebnisse des vergangenen Tages. Machen Sie es sich zur Angewohnheit, täglich mindestens drei bis fünf Dinge zu notieren, die Ihnen zum Beispiel bei der Arbeit oder im Haushalt gut gelungen sind. Stellen Sie sich dazu jeden Abend folgende Fragen:

  - *Was habe ich heute gut gemacht?*
  - *Worauf bin ich heute stolz? Was durfte ich heute lernen?*
  - *Welche Menschen haben mich heute bereichert?*

Vermerken Sie vor allem kleinere Erfolge und Erlebnisse wie endlich erledigte Aufgaben, ein Kompliment vom Kunden, ein Lob vom Vorgesetzten, eine neue Bestzeit auf Ihrer Lieblingslaufstrecke, ein erreichtes Etappenziel usw. **Auch jeder noch so kleine Erfolg zählt.** Seien Sie dabei so konkret wie möglich: Anstelle von: *„Heute war ein guter Tag, mein Chef hat mich gelobt"*, schreiben Sie: *„Heute hat mich der Chef für meinen Entwurf des neuen Kundenmailings gelobt. Er sagte, dass meine Nutzenformulierungen perfekt zum neuen Produkt passen und genau seinen Vorstellungen entsprechen."* Eine täglich oder wöchentlich geführte Erfolgschronik beweist Ihnen, dass es viele schöne Erfolgserlebnisse in Ihrem Leben gibt, und führt Ihnen eindrucksvoll und motivierend vor Augen, was Sie alles realisiert und geschafft haben. **Sie verbessern damit Ihr Gefühl für Ihre eigenen Leistungen und werden sich Ihrer eigenen Stärken bewusst.**

Zusätzlich hat eine solche Chronik positive Auswirkungen auf Ihre Selbstwahrnehmung und fördert Ihr Selbstvertrauen. Mit einer regelmäßig geführten Erfolgschronik schulen Sie Ihre Fähigkeit, sich über bereits Erreichtes und Vorhandenes zu freuen, und lernen, Ihre Aufmerksamkeit auf motivierende Aspekte des eigenen Lebens zu richten. Je mehr Sie sich mit Ihren Erfolgen auseinandersetzen, desto stärker wird auch Ihr Selbstwertgefühl. **Die positive psychologische Wirkung einer Erfolgschronik zeigt**

sich in der Regel nach wenigen Wochen. Sie werden beim Durchlesen überrascht sein, wie viele Erfolge Sie im Laufe der Zeit erzielen konnten, die Sie schon längst vergessen hatten. Die Erfolgschronik hilft Ihnen auch, sich über längere Zeit zu motivieren und Sie aus Stimmungstiefs herauszuholen, indem Sie sich das bereits Erreichte bewusst machen. Ein Blick in Ihre Erfolgschronik kann genügen, Ihre Stimmung zu verbessern, denn die Summe all Ihrer kleinen und größeren Erfolge vermittelt ein angenehmes Zufriedenheitsgefühl.

Wussten Sie, dass ...

... unser Gehirn vorrangig negative Emotionen schnell und dauerhaft speichert? Dagegen werden positive Eindrücke und Reize wesentlich seltener abgespeichert, weil sie nicht die nötige Reizstärke für eine dauerhafte Verankerung im Gehirn erreichen. Eine Konsequenz daraus ist, dass wir uns oft zuerst an die negativen Ereignisse erinnern.

Strategie 42: Glückmomente sammeln

Ein wichtiger Punkt, um positive Gefühle zu stärken, ist, Ihre Aufmerksamkeit auf die positiven Erlebnisse und Freuden des Tages zu richten und sich zu überlegen: *Worüber habe ich mich heute gefreut? Welche Komplimente habe ich heute bekommen? Wem habe ich geholfen? ...* Manchmal droht dies jedoch, in der Hektik des Tages unterzugehen. Mit dem Fokus auf den positiven Ereignissen (seien sie noch so klein, aber natürlich dürfen es auch die großen sein!) geben wir jedem Tag seinen besonderen Wert. Geleitet von der Erfahrung, dass es guttut, sich etwas von der Seele zu schreiben, führen die meisten Menschen nur dann Tagebuch, wenn es ihnen schlecht geht. Wenn Sie mal ein (altes) Tagebuch durchblättern, werden Sie vermutlich feststellen, dass Sie fast nur die negativen Erlebnisse und Begebenheiten aufgeschrieben haben. Der Nachteil dieser Methode ist, dass das eigene Leben beim nochmaligen Lesen oder Durchblättern furchtbar negativ erscheint. Mögliche Folgen sind Gefühle der Niedergeschlagenheit, Traurigkeit oder Wut.

Gerade bei der Behandlung von Personen, die an depressiven Verstimmungen oder Depressionen litten, **erzielte der Psychologe Giovanni Fava durch eine einfache Übung erstaunliche Erfolge:**[275] Er ließ seine Patienten ein Büchlein führen, in dem sie alle Augenblicke der Freude notieren sollten. Vor dem Versuch waren sich die meisten Teilnehmer darin einig, dass sie wenig Erfreuliches erleben würden. Die Patienten machten mit der Zeit jedoch interessante Erfahrungen: Die selbstauferlegte Aufgabe des Aufschreibens ihrer positiven Eindrücke schulte ihre Achtsamkeit und schenkte ihnen Augenblicke des Glücks und der Freude: Die strahlenden Augen eines Kindes, ihre Ergriffenheit über die Schönheit der Natur, die Freude über einen Besuch eines Angehörigen usw. In Zeiten, in denen der Stress im Alltag immer stärker zunimmt und der gesamte Tagesablauf straff durchgeplant ist, mögen solch kleine Glücksgefühle unbedeutend und unwichtig erscheinen. In der Glücksforschung ist jedoch schon lange bekannt, dass Menschen mit Glücksgefühlen das Potential Ihrer geistigen, körperlichen und seelischen Fähigkeiten wesentlich ausbauen können. Man geht dabei von 200 Prozent und mehr aus. Menschen, die hingegen unter Stress quasi keine Zeit für Glücksgefühle haben oder sie einfach nicht mehr wahrnehmen, sinken in allen Bereichen weit unter 50 Prozent ihrer Leistungsfähigkeit.

---

[275] Fava, Giovanni A. (2018) Well-Being Therapie (WBT): Eine Kurzzeittherapie zur psychischen Stabilisierung. Behandlungsmanual – Arbeitsmaterialien – Klinische Anwendungen. Mit Downloadmaterialien. Taschenbuch, Schattauer Verlag.

Erwiesen ist auch, dass Menschen die ihre Aufmerksamkeit gezielt auf das Schöne im Leben richten, zufriedener und glücklicher sind als jene, die vor allem auf die Schattenseiten der Dinge achten. [276] Sich eher auf Positives als auf Negatives zu konzentrieren, fällt manchen leichter, andere dagegen tun sich damit etwas schwerer. Die gute Nachricht: Sie können es lernen: Schreiben Sie (wie im nächsten Tipp beschrieben) ein Glücksjournal!

Wussten Sie, dass ...

... bewusstes Empfinden von Freude auch direkte Auswirkungen auf Ihren Körper hat? Wohlbefinden entsteht erst dann, wenn das Gehirn die richtigen Signale von Herz, Haut und Muskeln empfängt. In Glücksmomenten pulsiert unser Blut schneller, und die Hauttemperatur steigt um 0,1 Grad, weil sich die Durchblutung verbessert.[277]

Tipp 146: Das Glücksjournal

Ein Glücksjournal oder Glückstagebuch ist eine Sammlung von Glücksgedanken und freudigen Erlebnissen des Tages. Es ist dafür da, sich immer wieder bewusst zu machen, wie viel Schönes in unserem ganz alltäglichen Leben geschieht. Entscheidend ist, dass Sie ausschließlich solche Inhalte festhalten, die mit Freude oder Glück zu tun haben. *„Glück ist die Summe unserer täglichen Gedanken und Handlungen, halten Sie also Ihre kleinen*

[276] Seligman, Martin E. P. (2005) Der Erfolgsfaktor – Warum Optimisten länger leben. Bastei Lübbe Verlag.

[277] Klein, Stefan (2002) Die Glücksformel oder Wie die guten Gefühle entstehen. Rowohlt, 12. Auflage.

Glücksmomente fest. Denn Glück ist eine Frage der Übung, nur meistens üben wir das Falsche."[278] **Manchmal genügt ja bereits ein Kuss, ein guter Cappuccino oder ein sonniger Morgen, um Glücksgefühle zu erzeugen.** Die wohlige Wärme der Sonne, das gute Buch, das unerwartete Lächeln von einem anderen Menschen, das Treffen mit einem Freund, ein nettes Gespräch – all das können Momente des Glücks sein. Machen Sie sich daher täglich Ihre glücklichen Momente des Tages bewusst. Wenn Ihr Kind sagt *„Papa, ich hab' dich lieb"*, gehört das genauso dazu, wie wenn Sie Ihr Lieblingslied im Radio hören. Das Glücksjournal ist auch eine gute Wahrnehmungsschulung, um sich wieder vermehrt dem Gefühl von Freude und dem Glücksempfinden anzunähern. Was Sie nicht wahrnehmen, löst kein Gefühl in Ihnen aus! Ein Glücksjournal hilft Ihnen, sich für die kleinen, frohen Momente zu sensibilisieren.

Die eigentlichen Geheimnisse auf dem Weg zum Glück sind Entschlossenheit, Anstrengung und Zeit.

Dalai Lama

Ein weiterer Vorteil eines Glückjournals ist, dass Sie sich durch das Aufschreiben auch später noch jeden glücklichen Moment in Erinnerung rufen können, der sonst allzu schnell in Vergessenheit geraten würde. Sie erleben dadurch schöne Momente immer wieder aufs Neue, und der Glücksspeicher in Ihrem Gehirn wird immer weiter gefüllt. Dadurch wächst sowohl das innere Zufriedenheitsgefühl als auch eine freudige Erwartungshaltung. **Damit nimmt eine positive Glückspirale ihren Lauf und hilft Ihnen, dauerhaft zu einer positiven inneren Einstellung zu gelangen.** In einer

[278] Von Hirschhausen, Eckart (2011) Mein Glück kommt selten allein. Rowohlt.

Krise können Ihnen die Notizen auch dabei helfen, sich an Ihre glücklichen Momente zu erinnern und gute Tage lebhaft ins Gedächtnis zu rufen. Wenn Sie schon ein Tagebuch führen, bleiben Sie dabei. Achten Sie jedoch darauf, dass dabei auch immer wieder das Positive im Vordergrund steht. So empfehlen auch Meditationslehrer, vor dem Einschlafen die positiven Ereignisse des Tages noch einmal Revue passieren zu lassen. *„Wenn wir während des Tages heilsamen Beschäftigungen nachgegangen sind, ist es wichtig darüber Freude und Befriedigung zu empfinden."*[279]

❖ Besorgen Sie sich ein Notizbuch und notieren Sie in Ihrem persönlichen Glücksjournal jeden Abend mindestens drei Dinge, die Sie an diesem Tag gefreut, zum Lachen gebracht oder positiv überrascht haben. Wenn Sie jeden Tag nur drei kleine Glücksmomente einfangen, haben Sie am Jahresende bereits über tausend eingesammelt. Nehmen Sie sich daher täglich fünf Minuten Zeit und stellen Sie sich dabei folgende Fragen:

- *Wer oder was hat mir heute eine Freude bereitet?*
- *Was war heute besonders schön?*
- *Worüber habe ich mich heute gefreut?*
- *Was hat mir heute besonders gut gefallen?*

In unserem Gehirn gibt es ein Zentrum für positive Gedanken und Gefühle, quasi ein Glücksareal, das man trainieren kann. Wichtig dafür ist, Ihr Glücksjournal konsequent zu führen und die frohen Augenblicke des Tages schriftlich festzuhalten. Auch hilft die motorische Tätigkeit des handschriftlichen Aufschreibens, die positiven Erinnerungen intensiver im Unterbewusstsein zu verankern.[280] **Ihre freudigen Momente erhalten damit eine höhere Priorität und Abrufbarkeit.** Mit der Zeit werden Sie feststellen, dass sich

---

[279] Gesche/Rabten (2007) Lerne zu meditieren – Meditation im Alltag. Le Mont-Pèlerin.

[280] Reddemann, Luise (2009) Positive Psychologie, Grundlagen, aktuelle Erkenntnisse, Anwendung bei Störungen. Audio-CD, Auditorium Netzwerk.

die als positiv empfundenen Momente häufen. Wenn Sie vermehrt Ausschau nach Glücksmomenten halten, werden Ihnen auch mehr auffallen, weil Sie Ihre Wahrnehmung dafür geschult haben.

Tipp 147: Stimmungstagebuch-App

- Wenn Sie weniger schreiben, dafür aber lieber Ihr Smartphone für Ihr Glücksjournal verwenden möchten, **können Sie sich auch eine entsprechende App herunterladen.** So ermöglicht Ihnen z. B. die Gratis-App *„Daylio"*, ein digitales Tagebuch auf Ihrem Android-Smartphone zu führen, ohne eine einzige Zeile schreiben zu müssen. Dabei beschreiben Sie Ihre Stimmung mit Emojis und stellen Ihre Aktivitäten und Erlebnisse des Tages mit Icons dar. Neben der innovativen und zeitsparenden Möglichkeit, Ihr Tagebuch nur mit Emojis und Icons zu füllen, können Sie auch ausführliche Notizen hinzufügen und so wahlweise auch ein klassisches Tagebuch führen. *Daylio* sammelt Ihre angegebenen Stimmungen und Aktivitäten in den Statistiken und in einem Kalender. Dieses Schema soll Ihnen dabei helfen, Ihre Gewohnheiten besser zu verstehen und zu analysieren. Die Daten werden über einen PIN-Code geschützt, wie es sich für ein Tagebuch gehört.

Tipp 148: Glückstagebuch to go

- Sie können sich für wenig Geld auch ein Glückstagebuch besorgen, das speziell für den Eintrag positiver Erlebnisse gemacht ist (so z. B. das Glückstagebuch von Eckhard von Hirschhausen).[281] Ein solch kleines Büchlein können Sie überall mitnehmen. Wenn Sie einen Glücksmoment oder eine Begebenheit tiefer Freude erleben, notieren Sie es sofort.

---

281 Von Hirschhausen, Eckart/Wienand, Esther (2009) Mein Glück kommt selten allein. Glück kommt mit deinem persönlichen Glücks-Tagebuch! Rowohlt.

Tipp 149: Schubladendenken und Tresor

Wenn am Abend oder in der Nacht belastende Gedanken im Kopf kreisen und Sie vom (Ein-) Schlafen abhalten, können Ihnen folgende Übungen helfen:

- Stellen Sie sich vor, wie sich in Ihrem Kopf ein großer Schrank mit Schubladen aufbaut. Jede dieser Schubladen hat ein Schlüsselloch. Den imaginären Schlüssel zu den einzelnen Schubladen haben Sie in Ihrer Hand. Sammeln Sie nun Ihre Gedanken und teilen Sie sie in Kategorien ein. Jeden Gedanken, der Ihnen im Moment lästig ist, legen Sie in eine der Schubladen und schließen diese dann mit dem Schlüssel ab. Verstauen Sie einen Gedanken nach dem anderen, bis alle gut im Schrank abgelegt sind. Sagen Sie zu Ihren Gedanken: *„So, ihr Gedanken, hier seid ihr gut untergebracht und fest verschlossen."*

- **Als Variante können Sie auch die „*Tresorübung*" anwenden.**[282] Auch dabei geht es darum, belastende Gedanken vorerst sicher zu verstauen. Errichten Sie vor Ihrem geistigen Auge einen Tresor nach Ihren Bedürfnissen. Geben Sie dann Ihre negativen Gedanken, Ihre inneren Bilder und Filme und alles andere Unangenehme in diesen imaginären Tresor. Dort ist alles sicher aufbewahrt und kann so lange dortbleiben, bis Sie sich wieder damit beschäftigen wollen. Und sollten Ihre Gedanken nicht im Tresor bleiben, machen Sie die Übung einfach ein paar Mal. Weitere Tipps und Übungen, mit denen Sie sich von negativen Gedanken und Grübeleien befreien können, finden Sie in Kapitel 6: Was tun, wenn negative Gedanken aufkommen?

[282] Nach Reddemann, Luise (2001) Imagination als heilsame Kraft. Pfeiffer Verlag.

Strategie 43: Probleme bearbeiten

Tipp 150: Grübelstuhl

Ein häufiger Grund für Schlafstörungen sind ungelöste Probleme, die unsere Gedanken in der Nacht beschäftigen. Dies kann sehr zermürbend sein und Sie vom Ein- bzw. Durchschlafen abhalten. Dabei ist es besonders wichtig, dass Sie längere Wachphasen nicht im Bett verbringen. Als eine längere Wachphase gilt eine Richtzeit von ca. 20 Minuten.[283] Dabei ist es wichtig, dass Sie die im Bett verbrachte Wachzeit schätzen und nicht auf die Uhr sehen. Wenn Sie in der Nacht längere Zeit wach liegen und Ihre Gedanken und Probleme Sie nicht in Frieden lassen, stehen Sie auf und gehen Sie aus dem Schlafzimmer. **Der Grübelstuhl – auch Gedankensessel genannt – kann Ihnen weiterhelfen.**

- Suchen Sie sich einen Sessel oder Stuhl in Ihren eigenen vier Wänden und verwenden Sie diesen künftig als Ihren Grübelstuhl. Fortan grübeln Sie nur noch an diesem Ort (möglichst problemlösend, nicht sorgenvoll: Lesen Sie dazu den Tipp 152: Strukturiertes Problemlösen). Wichtig: Der Grübelstuhl darf einzig und allein zum Nachdenken aufgesucht werden. Daher sollte es nicht Ihr Lieblingsplatz sein. Sie können auch einen Notizblock auf Ihrem Grübelstuhl bereitlegen. Notizen sind erlaubt und können helfen (Siehe dazu den nachfolgenden Tipp 151: Grübelbuch). Wenn Sie ausreichend nachgedacht haben, lassen Sie Ihre Gedanken und den Notizblock auf dem Grübelstuhl, stehen auf und gehen anderen Dingen nach bzw. in der Nacht wieder ins Bett.

---

[283] Empfehlungen im Rahmen der Stimuluskontrolle gehen von 10 Minuten bei Erwachsenen bis zu einem Alter von 60 Jahren und 20 Minuten für Menschen über 60 Jahren aus. Bootzin, R. R. (1972) A stimulus control treatment for insomnia. Proceedings of the American Psychological Association, 395-396.

Sollten Sie sich wenig später dabei ertappen, wieder über etwas nachzudenken, suchen Sie den Grübelstuhl erneut auf. **Kurz vor dem Schlafengehen sollten Sie den Grübelstuhl ein letztes Mal aufsuchen.** Danach können Sie beruhigt schlafen legen. Sollten Sie im Bett noch einmal ins Grübeln kommen, suchen Sie bitte sofort Ihren Grübelstuhl auf. Denn nicht vergessen: Nur dort wird nachgedacht! Auch wenn es hart ist – nachts gilt dasselbe. Achten Sie dabei darauf, dass die Wohnung möglichst dunkel bleibt.

Tipp 151: Grübelbuch

Wenn Sie der Grübelkreislauf fest im Griff hat und Ihnen den Schlaf raubt, dann kann Ihnen die Methode des Grübelbuchs weiterhelfen.

- Besorgen Sie sich ein Notizbuch und betiteln Sie es als „Grübelbuch". Setzen Sie sich auf Ihren Grübelstuhl und schreiben Sie alle Dinge, Themen und Probleme hinein, die Sie beschäftigen und die Sie um den Schlaf bringen. Notieren Sie daneben eine Zeit, zu der Sie am nächsten Tag oder zu einem anderen Termin wieder an diese Themen denken werden. Klappen Sie das Grübelbuch zu, **verabschieden Sie sich von Ihren aufgeschriebenen belastenden Gedanken** und legen Sie das Buch zur Seite. Sagen Sie sich: *„So, ihr Gedanken und Probleme – jetzt habe ich mir euch von meiner Seele geschrieben und im Grübelbuch festgehalten. Wenn ich mich um euch kümmern will, weiß ich, wo ich euch finde. Bis dahin bleibt ihr in diesem Grübelbuch!"*

Tipp 152: Strukturiertes Problemlösen

Mithilfe der Methode des strukturierten Problemlösens ordnen Sie Ihre Gedanken und bringen aktuelle Probleme und anstehende Entscheidungen geordnet zu Papier. Das aktive Auseinandersetzen mit Problemen und Entscheidungen ist auch ein wichtiges Element im Rahmen der Psychohygiene. **So sind Menschen, die sich bewusst mit Lebensproblemen auseinandersetzen, zufriedener als diejenigen, die diese Probleme verdrängen.**[284] Durch die Verschriftlichung erinnern Sie sich auch noch am nächsten Tag an die Ergebnisse. Nehmen Sie dazu Stift und Papier zur Hand und machen Sie sich handschriftliche Notizen entsprechend folgender Struktur:[285]

Vorgang beim strukturierten Problemlösen:

- Beschreiben Sie Ihr Problem konkret – legen Sie dabei den Fokus auf ein einziges Problem.
- Schreiben Sie Ihre kurz- und langfristigen Ziele auf, die mit diesem Problem zusammenhängen.
- Sammeln Sie alle möglichen Lösungen, die Ihnen in den Sinn kommen.
- Lassen Sie Ihrer Fantasie freien Lauf und nehmen Sie keine Bewertung vor.
- Bewerten Sie nun die möglichen Lösungsvarianten hinsichtlich ihrer Realisierbarkeit und ihrer wahrscheinlichen Auswirkungen.
- Entscheiden Sie sich für eine Lösung, die machbar und für die angestrebten Ziele aus Ihrer Sicht am sinnvollsten ist.
- Überlegen Sie, welche Handlungen Sie für die Lösung durchführen müssen.
- Führen Sie die Handlungen in den nächsten Tagen durch.
- Bewerten Sie das Ergebnis.

[284] Diener et al. (2006) Beyond the hedonic treadmill. American Psychologist, 305-314.
[285] Nach Spiegelhalder, K./Backhaus, J./Riemann, D. (2011) Schlafstörungen. Hogrefe Verlag.

Tipp 153: Die Mischung macht's

Die meisten Menschen profitieren von einer Kombination der angeführten Einschlaftipps und Übungen. **Ergebnisse von Metaanalysen bestätigen die Sinnhaftigkeit, verschiedene Methoden anzuwenden.**[286] Zusätzlich zur psychischen Entspannung ist es auch empfehlenswert, sich untertags oder früh abends körperlich zu bewegen und Sport zu betreiben. Durch Sport wird das Stresshormon Cortisol abgebaut, zugleich wird mehr vom Schlafhormon Melatonin produziert, und das fördert einen geruhsamen Schlaf. Achten Sie jedoch darauf, dass Ihr Körper nach intensivem Sport bis zu drei Stunden braucht, bis er schlafbereit ist.

Sobald du die Antwort hast,
ändert das Leben die Frage.

Graffito

Kombinationsmöglichkeiten:

- Abendspaziergang oder sportliche Betätigung
- Abendritual einführen, zum Beispiel spätestens 45 Minuten vor dem Schlafengehen den Fernseher ausschalten, mit der Arbeit aufhören und entspannende Musik hören oder ein Buch lesen
- Schreiben des Glücks- oder Dankbarkeitstagebuchs

[286] Murtagh, D. R./Greenwood, K. M. (1995) Indentifying effective psychological treatments for insomnia: a meta-analysis. Journal of Clinical and Consulting Psychology, 63, 79-89.

Strategie 44: Mit Entspannung Energie tanken

Schlaf kann man nicht erzwingen, sondern er stellt sich in aller Regel ganz automatisch ein. Entspannung, innere Ruhe und Gelassenheit sind dabei Voraussetzungen, um einschlafen zu können. Diese Erkenntnis ist deshalb von Bedeutung, weil viele von uns den Schlaf herbeizwingen wollen. Nimmt man den Schlaf hingegen nicht so wichtig, wird er sich in der Regel ganz automatisch einstellen. Entspannungsmethoden helfen dabei, Körper, Geist und Seele in einen entspannten Zustand zu versetzen und die notwendige Ruhe und Gelassenheit herbeizuführen. **Die meisten Entspannungsverfahren bieten auch speziell für die Einschlafphase geeignete Übungen an.** Von Progressiver Muskelentspannung über Autogenes Training bis hin zu Schlaf-Yoga gibt es viele Möglichkeiten, sich auf den Schlaf einzustimmen.

Tipp 154: Tiefenmuskelentspannung

Die in Tipp 100 angeführte Entspannungsmethode der Progressiven Muskelentspannung nach Jacobson (auch Progressive Muskelrelaxation oder Tiefenmuskelentspannung genannt) ist **eine bewährte Entspannungstechnik gegen Schlafstörungen.** Bei diesem Verfahren werden nach und nach die Muskeln in jedem Teil des Körpers angespannt und danach bewusst wieder entspannt. Die Progressive Muskelentspannung lässt sich in einem Kurs oder mithilfe einer Audio-Aufnahme erlernen. Buchempfehlungen sowie den Link zu einer Audio-Anleitung finden Sie weiter vorn in Tipp 100.

Tipp 155: Autogenes Training

Eine besonders wirksame Methode, sich auf den Schlaf vorzubereiten, ist die vom deutschen Nervenarzt Johannes Heinrich Schultz entwickelte

Entspannungsmethode des Autogenen Trainings. Sie gilt als eine **Form der Selbsthypnose** und hat einen direkten Einfluss auf das vegetative Nervensystem. Das Autogene Training wird auch erfolgreich bei Angst- und Stresserkrankungen, Verspannungszuständen sowie bei körperlichen Beschwerden, wie z. B. Migräne, Herz-Kreislauf-Erkrankungen und Erkrankungen des Magen-Darm-Trakts sehr erfolgreich angewendet. Durch die Wiederholung von Gedankenformeln werden Körper und Psyche in einen Entspannungszustand versetzt. Wenn der Entspannungszustand am intensivsten ist, können persönliche Affirmationen eingebaut werden. Studien zeigen, dass diese sogenannte *formelhafte Vorsatzbildung* am besten bei psychosomatischen Krankheiten funktioniert. Wer also unter Dauerstress steht und mit der Zeit zu hohen Blutdruck, Magen- und Darmprobleme oder Spannungskopfschmerzen entwickelt, kann sich mit dieser Methode selbst helfen. Auch bei Raucherentwöhnung und anderen Verhaltensänderungen können entsprechende Suggestionen die Umstellung auf neue Gewohnheiten unterstützen.

Die Grundübungen zum Autogenen Training (Grundstufe mit den Formeln zu Ruhe, Schwere, Wärme und Atmung) sind mit Büchern, CDs oder Videos erlernbar.[287] Für die fortgeschrittene Anwendung (Organstufe mit Formeln zu Herz, Sonnengeflecht und Stirn), in der dann auch mit Affirmationen (formelhafte Vorsatzbildung) gearbeitet wird, empfehlen wir jedoch ein Erlernen bei dafür ausgebildeten Fachleuten. Wer das Autogene Training lieber gleich von Anfang an mit Unterstützung erlernen möchte, besucht am besten einen Kurs. Die Kurse dauern rund sechs bis acht Wochen mit meist wöchentlichen Einheiten. **Damit die optimale Wirkung erreicht werden kann, ist es auch hier besonders wichtig, regelmäßig zu üben** – anfangs möglichst dreimal täglich. Im Laufe einiger Wochen ist die eigene Entspannungs-

[287] Ein gutes Lehrvideo finden Sie unter: https://www.apotheken-umschau.de/Entspannung/Video-Autogenes-Training--so-gehts-mit-Uebungen-32888.html (letzter Zugriff: 15.03.2020) Buchtipps: Derra, Claus (1998) Autogenes Training für zwischendurch. Georg Thieme Verlag; Krapf, M./Krapf, G. (2004) Autogenes Training. Springer Verlag.

fähigkeit meist so weit entwickelt, dass die Umschaltung auf Entspannung und Erholung immer schneller erfolgt.

Das Einzige, was zwischen dir und deinem Erfolg steht,
ist die Geschichte, die du dir immer wieder erzählst.

Anthony Robbins

Tipp 156: Autogenes Training in Fantasie- und Märchenreisen

Die Vorstellung angenehmer Bilder vor Ihrem inneren Auge kann zur seelischen und körperlichen Entspannung beitragen. Sogenannte Ruhebilder ermöglichen dabei einen leichten Einstieg in die Entspannung und sind auch am Abend und in der Nacht einfach anwendbar. Entspannung anregende Fantasie- und Märchenreisen machen ganz einfach Freude und Freude ist eine wichtige Voraussetzung für die körperlich-seelische Gesundheit.[288] Lesen Sie dazu auch die Tipps 109 und 110.

Märchenreise: Boot mit gläsernem Boden[289]

❖ Machen Sie es sich bequem und entspannen Sie sich. Schließen Sie die Augen und stellen Sie sich Folgendes vor: (Wahlweise können Sie den Text der Märchenreise auch auf Ihr Smartphone aufnehmen und sich

---

[288] Müller, Else (2010) Du spürst unter deinen Füßen das Gras – Autogenes Training in Phantasie- und Märchenreisen. Fischer Taschenbuch Verlag. Hinweis: Die im Buch angeführten Geschichten entfalten ihre entspannende Wirkung auch dann, wenn Sie nicht im Autogenen Training geschult sind.

[289] Nach: FN 288.

dann anhören, oder Sie lassen sich den Text von einer anderen Person vorsprechen.)

Sie sind in einem fernen Land ...
Sie liegen in einem Boot mit gläsernem Boden ...
Das Meer ist ganz ruhig ...
Das Boot schaukelt ganz sacht ...
Ihr Atem geht ruhig ... ein und aus ... ein und aus ...
Sie fühlen sich gelöst ... entspannt ...
Sie schauen durch den gläsernen Boden ...
Ihr Blick durchdringt das Wasser ...
Fische, ganze Schwärme von Fischen ziehen vorüber ...
Kleine, große, bunte, bizarre ...
Sie bewegen sich flink ...
Sie flitzen hin und her ...
Nach einem geheimen Kommando kehren sie um ...
Die großen bewegen sich anmutig, langsam ...
Seetang schwingt hin und her ... hin und her ...
Sie schauen bis zum Grund ...
Sie schauen sich alles an ...
Sie sehen so viel ...
Sie fühlen sich wohl ...
In Ihnen ist eine große Ruhe ...
Sie sind ganz ruhig und entspannt ...

Genießen Sie noch eine Weile die angenehme Entspannung. Dann recken und strecken Sie sich, atmen tief durch, öffnen langsam die Augen und kommen mit Ihrer Aufmerksamkeit wieder in den Raum zurück.

Strategie 45: Zehn Schlafmythen entlarven

Um den Schlaf ranken sich viele Mythen. Die meisten davon stammen aus vergangenen Zeiten und wurden von der modernen Schlafforschung inzwischen als Irrtümer entlarvt. Hätten Sie's gewusst?[290]

1. Jeder Mensch braucht täglich acht Stunden Schlaf zur Erholung – falsch! Die optimale Schlafdauer, die man braucht, um sich erholt zu fühlen, ist individuell unterschiedlich ausgeprägt. Natürlich gibt es Kurz- und Langschläfer, Morgen- und Abendtypen. Albert Einstein schlief angeblich täglich 14 Stunden, und Napoleon wiederum soll täglich nur vier Stunden im Bett verbracht haben. Entscheidend ist, dass Sie den Schlaf als erholsam empfinden.

2. Der Schlaf vor Mitternacht ist der gesündeste – falsch! Für die Erholung besonders wichtig ist das erste Drittel des Schlafs mit seinem überwiegenden Tiefschlafanteil. Diese Phase tritt weitgehend unabhängig vom Einschlafzeitpunkt auf.

3. Ein gesunder Schläfer schläft durch – falsch! Mehrmaliges Aufwachen gehört zu einem gesunden Schlaf und ist physiologisch sinnvoll. Die Gründe für die nächtlichen Leichtschlaf- und kurzen Wachphasen werden in den Anfängen der Menschheit vermutet: Damals wäre es lebensgefährlich gewesen, die ganze Nacht hindurch tief zu schlafen!

4. Wenn ich heute nicht genug schlafe, bin ich morgen nicht leistungsfähig – falsch! Die Leistungsfähigkeit am Tag ist von einer Vielzahl von Faktoren abhängig. So sind im Sport zum Beispiel beim Marathonlauf Höchstleistungen möglich, obwohl der Läufer in der Nacht zuvor vor lauter Aufregung kein Auge zugemacht hat.

---

[290] Nach: Stress – Techniker Krankenkasse (2013) Stress – wie Sie Stressoren erkennen und Belastungen besser erkennen können.

5. Nach einer schlechten Nacht muss man in der nächsten Nacht mehr schlafen – falsch! Sogar das Schlafdefizit einer Woche lässt sich kompensieren, indem man am Wochenende ausschläft. Vorschlafen nützt hingegen nichts. Entscheidend ist vor allem die Schlafqualität. Der Körper reguliert dabei einen Schlafverlust nicht durch vermehrte Schlafdauer in der folgenden Nacht, sondern durch bessere Schlafqualität mit einem höheren Anteil an Tiefschlaf.

6. Der Großteil der Nacht besteht aus Tiefschlaf – falsch! Der Tiefschlaf findet nur in der ersten Hälfte der Nacht statt und macht insgesamt maximal 15 bis 20 Prozent der Nacht aus. 50 Prozent der Nacht bestehen aus Leichtschlaf.

7. Im Laufe des Tages nimmt die Müdigkeit stetig zu – falsch! Die Müdigkeit schwankt im Tagesverlauf in einem circa vierstündigen Rhythmus.

8. Regelmäßiger nächtlicher Schlaf ist lebensnotwendig – falsch! Regelmäßiger Schlaf ist wichtig, aber verpasster Schlaf ist unschädlich. Auch haben Schlafstörungen nur geringe oder keine negativen Auswirkungen auf die Lebenserwartung.

9. Der Schlaf verläuft nach dem Einschlafen geradlinig abfallend und steigt bis zum Erwachen in der Früh wieder an – falsch! Schlafen ist ein aktiver, meist in 90-Minuten-Zyklen ablaufender Prozess.

10. Bei Vollmond schläft man schlecht – falsch! Untersuchungen und Studien beweisen, dass der Vollmond keine Auswirkungen auf unseren Schlaf hat. Die einzig plausible Wirkung des Vollmondes auf den Schlaf ist sein helles Licht und da helfen Vorhänge oder Jalousien.

Tipp 157: Schlaf-Glaubenssätze hinterfragen

Nachdem Sie die Liste mit den Schlafmythen gelesen haben, hinterfragen Sie einmal Ihre Schlaf-Glaubenssätze. Welche der angeführten und als falsch entlarvten Aussagen haben Sie vielleicht als Ihre Überzeugung übernommen und verhindern ein erholsames Schlafen?

11. WIE KANN ICH MEINE LEBENSTRÄUME VERWIRKLICHEN?

Strategie 46: Fähigkeiten und Stärken einsetzen

Zufriedene und glückliche Menschen akzeptieren sich selbst. Sie sind sich ihrer Schwächen durchaus bewusst, kennen aber genauso ihre Fähigkeiten und Talente. Sie vertrauen auf Ihre Stärken und nutzen diese, um anstehende Herausforderungen zu meistern. **Leider sind sich viele Menschen ihrer Stärken nicht bewusst oder fokussieren sich nur auf Ihre Schwächen.** Dabei gilt: Nur wenn Sie sich Ihren persönlichen Stärken zuwenden und sich ihrer bewusst sind, können Sie mental gestärkt an Herausforderungen herangehen und diese erfolgreich lösen. Auch kann sich Ihr Selbstwert nur dann entwickeln, wenn Sie Ihre Stärken nicht als selbstverständlich betrachten, sondern diese auch wertschätzen.

Man kann meist viel mehr tun,
als man sich gemeinhin zutraut.

Aenne Burda

Es gilt also, Ihre individuellen Stärken zu (er-) kennen und dann bestmöglich einzusetzen. Mit dem Erkennen von individuellen Stärken befasst sich unter anderem die Positive Psychologie, begründet vom amerikanischen Psychologen Professor Martin Seligman. Er ist der Überzeugung, dass ein glückliches und erfolgreiches Leben nur dann möglich ist, wenn man seine grundlegenden Charakterstärken kennt und auch täglich einsetzt.

Tipp 158: Stärkenfragebogen

Um die persönlichen Stärken herauszufinden, haben Wissenschaftler um Professor Martin Seligman den sogenannten *Charakterstärken-Test* entwickelt. Der Fragebogen ermittelt Ihre persönliche Rangfolge von 24 definierten Charakterstärken, die zu einem gelungenen Leben beitragen können, wie zum Beispiel Kreativität, Neugier, Liebe, Gerechtigkeit oder soziale Intelligenz. Die fünf ausgeprägtesten Stärken sind Ihre sogenannten **Signaturstärken.** Diesen „Top 5" sollten Sie besondere Aufmerksamkeit schenken und herausfinden, wie Sie diese noch häufiger und in möglichst allen Lebensbereichen einsetzen können.

Die 24 Signaturstärken, verteilt auf sechs Kardinaltugenden, lauten:

I. Weisheit und Wissen

1. Kreativität, Einfallsreichtum und Originalität
2. Neugier und Interesse
3. Urteilsvermögen, kritisches Denken und Aufgeschlossenheit
4. Liebe zum Lernen
5. Weisheit, Weitsicht bzw. Tiefsinn

II. Mut

6. Tapferkeit und Mut
7. Ausdauer, Beharrlichkeit und Fleiß
8. Authentizität, Ehrlichkeit, Aufrichtigkeit und Integrität
9. Enthusiasmus, Tatendrang und Begeisterungsfähigkeit

III. Liebe und Humanität/Menschlichkeit
10. Bindungsfähigkeit und die Fähigkeit, zu lieben
11. Freundlichkeit, Großzügigkeit, Fürsorge und Altruismus
12. Soziale Intelligenz bzw. soziale Kompetenz

IV. Gerechtigkeit
13. Teamwork, Zugehörigkeit und Loyalität
14. Fairness, Gleichheit und Gerechtigkeit
15. Führungsvermögen

V. Mäßigung
16. Vergebungsbereitschaft/Verzeihung und Gnade
17. Bescheidenheit und Demut
18. Vorsicht, Klugheit und Diskretion
19. Selbstregulation, Selbstkontrolle und Selbstdisziplin

VI. Spiritualität und Transzendenz
20. Sinn für das Schöne
21. Dankbarkeit
22. Hoffnung, Optimismus und Zuversicht
23. Humor und Verspieltheit
24. Spiritualität, Religiosität und Glaube

Den VIA-Fragebogen zu den Signaturstärken – und noch weitere Fragebogen – finden Sie im Testcenter von Martin Seligman unter: https://www.authentichappiness.sas.upenn.edu/de/home (letzter Zugriff: 15.03.2020)

Der QR-Code zum Testcenter von Martin Seligman:

Einfach oben rechts auf der Website die gewünschte Sprache auswählen, kostenlos registrieren, und los geht's. Sie können zwischen dem „Kurztest zu Stärken" mit 24 Fragen und der langen Testvariante (VIA Fragebogen zu Signaturstärken) mit 240 Multiple-Choice-Fragen wählen. Bei beiden Varianten erhalten Sie sofort Ihr Ergebnis, das Ergebnis des „VIA Fragebogen zu Signaturstärken" wird allerdings nur auf Englisch angezeigt. Eine andere Möglichkeit zur genauen Erfassung Ihrer Stärken ist die deutsche Fassung des VIA-IS (Values in Action, Inventory of Strength).[291] Als Internetversion finden Sie diesen Fragebogen der Universität Zürich unter https://www.charakterstaerken.org/. Eine ähnliche Fassung gibt es auf http://www.viacharacter.org/ Zur deutschen Version gelangen Sie durch einen Klick auf „Language" ganz links oben auf der Website.

Tipp 159: Meine Signaturstärken

Schritt 1: Ermitteln Sie Ihre „Top 5"-Stärken, indem Sie die Liste mit den 24 Signatur-Stärken im Tipp 158: Stärkefragebogen durchgehen und diejenigen ankreuzen, die Sie am meisten ansprechen. Wenn sie bei einer Stärke so etwas wie *„Genau das ist mir wichtig!"* denken, dann ist das sehr wahrscheinlich eine Ihrer Top-Stärken. Wenn Sie den „VIA Fragebogen zu Signaturstärken" ausgefüllt haben, nehmen Sie Ihre fünf ausgewiesenen Signaturstärken. Notieren Sie hier ihre fünf Top-Stärken:

1. ______________________________
2. ______________________________
3. ______________________________
4. ______________________________
5. ______________________________

[291] Jungo, D./Ruch, W./Zihlmann, R. (2008) Das VIA-IS („Values in Action Inventory of Strengths"), ein Instrument zur Erfassung von Charakterstärken. Informationen und Interpretationshilfen für die Berufs-, Studien- und Laufbahnberatung. SDBB Verlag.

Schritt 2: Überlegen Sie, wann Sie diese fünf Top-Stärken einsetzen können. Hier ein Beispiel: Die Stärke *„Soziale Intelligenz"* umfasst sowohl eine gute Selbstkenntnis als auch das Gespür für andere Menschen. Diese Stärke brauchen Sie zum Beispiel für den Aufbau einer guten Beziehung oder bei der Lösung von Konflikten.

Schritt 3: Überlegen Sie, welche Erfolge Sie bereits mit Hilfe dieser Stärken erzielt haben. Seien Sie stolz auf Ihre Erfolge und übertragen Sie diese am besten gleich in Ihr Erfolgstagebuch. (Wie Sie eine Erfolgschronik erstellen können, erfahren Sie in Tipp 145.)

Tipp 160: Meine Stärkenwoche

Mit folgender Übung können Sie Ihre Signaturstärken möglichst gut und möglichst oft einsetzen:

- Ordnen Sie jedem Wochentag eine Ihrer „Top 5"-Stärken zu. Zum Beispiel Montag = *Neugierde,* Dienstag = *Begeisternder Tatendrang,* Mittwoch = *Freundlichkeit,* Donnerstag = *Fairness,* Freitag = *Sinn für das Schöne und Wunderbare.*

Wochentag	Stärke
Montag	
Dienstag	
Mittwoch	
Donnerstag	
Freitag	

Jetzt geht es darum, an dem jeweiligen Tag der Woche Ihre „Tagesstärke" möglichst intensiv und häufig einzusetzen. Am besten schauen Sie sich bereits am Abend vorher die Termine und Aufgaben des nächsten Tages an und überlegen sich zum Beispiel:

- *Wie kann ich morgen am Montag besonders neugierig sein?*
- *Wobei könnte mir das helfen?*
- *Welche Aufgaben könnten ich mit Hilfe meiner Neugierde kreativ und anders lösen?*

Am Abend überlegen Sie sich dann:

- *Wie habe ich mich durch den Einsatz meiner Signaturstärke gefühlt?*
- *Welche Erfolge hat mir der Einsatz der Stärke heute ermöglicht?* (Tragen Sie die Erfolge dann in Ihr Erfolgstagebuch ein)
- *Wann nehme ich mir vor, diese Stärke wieder ganz bewusst einzusetzen?*

Tipp 161: Stärkenliste

- Beschäftigen Sie sich mit Ihren Stärken und Fähigkeiten und machen Sie sich diese bewusst. Nehmen Sie sich ein Blatt Papier und erstellen Sie eine Liste all Ihrer persönlichen Fähigkeiten und Stärken. Notieren Sie auch vermeintliche Kleinigkeiten.

Folgende Fragen helfen Ihnen dabei, sich Ihre Stärken und Fähigkeiten bewusst zu machen:

- *Was kann ich gut? Was sind meine Fähigkeiten?*
- *Was tue ich besonders gern? Was sind meine Hobbys?*
- *Was fällt mir im Umgang mit meinen Arbeitskollegen oder Freunden leicht?*
- *Welche Fähigkeiten haben zu meinen Erfolgen geführt?*

> ➢ *Welche Charaktereigenschaften und Stärken schätzen andere an mir besonders?*
> ➢ *Was sind meine positiven Seiten?*
> ➢ *Was kann ich besser als andere?*

Sollten Ihnen keine oder nur wenige Stärken und Fähigkeiten einfallen, lesen Sie die Auflistung verschiedener Stärken auf den folgenden Seiten durch.

Alphabetische Auflistung von Stärken und Fähigkeiten

anpassungsfähig	antriebskräftig	aufmerksam
ausgeglichen	authentisch	abgrenzungsfähig
aktiv	anständig	aufgeschlossen
aufopfernd	ausgewogen	achtsam
anteilnahmefähig	aufgeweckt	aufrichtig
analytisch	ausdauernd	ausdrucksfähig
barmherzig	beharrlich	bindungsfähig
bedachtsam	begeisterungsfähig	beherrscht
beliebt	bescheiden	beziehungsfähig
bodenständig	behutsam	besonnen
charmant	direkt	dominant
durchhaltefähig	denkfähig	diszipliniert
differenziert	dogmatisch	durchblickend
durchsetzungsfähig	demütig	delegationsfähig
echt	eifrig	edelmütig
ehrgeizig	eigenständig	einfach
einfühlsam	ehrfürchtig	ehrlich
einfallsreich	einsichtig	entschlossen
entscheidungsfreudig	eigeninitiativ	einsatzfreudig

experimentierfreudig
einzigartig
emphatisch
enthusiastisch
entschlusskräftig
elegant
entscheidungskompetent
ernst
extravagant
empfindungsfähig
engagiert
entspannungsfähig
fingerfertig
flexibel
freizügig
freundlich
frohsinnig
furchtlos
fair
feinfühlig
fürsorglich
feinsinnig
fleißig
freigiebig
fröhlich
fügsam
führungsfähig
fantasievoll
gastfreundlich
geduldig
gelassen
gemütlich
geradlinig
geschickt
gleichmütig
gutmütig
gefühlvoll
gelehrsam
gerecht
gesellig
gewissenhaft
großmütig
gefühlvoll
genügsam
geruhsam
gestaltungskräftig
gewitzt
gründlich
glaubwürdig
gutes Gedächtnis
gebildet
gutes Auftreten
genussfähig
hingebungsvoll
hartnäckig
herzlich
höflich
hilfsbereit
humorvoll
harmonisch
herzensgut
improvisationsfähig
intuitiv
individuell
integer
idealistisch
innovativ
kritikfähig
korrekt
kinderliebend
kommunikationsfähig
kräftig
klar
kompetent
kontaktfreudig
kreativ
kameradschaftlich
klug
konfliktfähig
konzentrationsfähig
lehrfähig
leistungsfähig
logisch
lebendig
lernfähig
lösungskompetent
lernwillig
leidenschaftlich
leistungsbereit
lässig
mitfühlend
musikalisch
maßvoll
menschlich
mutig
moralisch

mütterlich
motivationsfähig
motivierend
naturverbunden
nachdrücklich
nachsichtig
neugierig
nachgiebig
nüchtern
nachhaltig
objektiv
ordentlich
offen
ordnungsliebend
optimistisch
organisationstalentiert
pfiffig
partnerschaftlich
präzise
pünktlich
pflichtbewusst
problemlösungsorientiert
pflichteifrig
rational
redlich
risikobereit
realistisch
rücksichtsvoll
rechtschaffend
respektvoll
ruhig
sanftmütig
scharfsinnig
schlau
schöpferisch
selbständig
selbstbestimmt
selbstbewusst
selbstdiszipliniert
selbstkritisch
selbstlos
selbstsicher
sensibel
seriös
sinnlich
sorgfältig
sorgsam
souverän
spontan
sportlich
stabil
standfest
stark
stetig
stilvoll
stilsicher
sympathisch
selbstmotivationsfähig
taktvoll
tapfer
tatkräftig
tiefgründig
tolerant
treu
tüchtig
teamfähig
überlegt
überzeugungskräftig
umsichtig
unabhängig
unbeirrbar
unbekümmert
unternehmungslustig
unverzagt
urteilsvermögend
verantwortungsvoll
verantwortungsbewusst
verbindlich
verlässlich
vernünftig
verschwiegen
verständnisvoll
vorsichtig
vielseitig
wahrnehmungsfähig
weise
willensstark
weitsichtig
witzig
zuversichtlich
zielstrebig
zufrieden
zuverlässig

- Greifen Sie mindestens fünf Stärken heraus und formulieren Sie dazu ganze Sätze. Zum Beispiel: *„Ich kann besonders gut ...*" oder *„Was mich auszeichnet, ist ...*". Finden Sie dann zu jeder Stärke eine Situation, in der Sie diese Stärke schon bewiesen haben, und schreiben Sie diese auf. Beispiel: *„Was mich besonders auszeichnet, ist meine Gewissenhaftigkeit. Das habe ich während meiner Tätigkeit im Verlag, beispielsweise beim Verfassen von Zeitungsbeiträgen, wiederholt gezeigt.*"

- **Sollten Sie immer noch Mühe haben, Ihre Stärken und Fähigkeiten zu benennen, holen Sie Fremdeinschätzungen ein:** Bitten Sie drei Personen Ihres Vertrauens um ihre Mithilfe und geben Sie jeder Person die Liste mit den Beispielen für Stärken. Ersuchen Sie jede Person, spontan anzukreuzen, welche der angeführten Fähigkeiten auf Sie zutreffen. Bitten Sie sie abschließend, jeweils die fünf Fähigkeiten zu markieren, die Sie besonders auszeichnen. Gleichen Sie die Listen der anderen Personen mit Ihrer Liste ab. Sie werden erstaunt sein, welche Stärken andere an Ihnen wahrnehmen.

Wenn Sie die Liste mit den Stärken und Fähigkeiten ausdrucken möchten, geben Sie einfach diesen Link in Ihren Browser ein: http://bit.ly/Stärken-Fähigkeiten

Hier der dazugehörige QR-Code zum Download:

Tipp 162: Mit vorhandenen Fähigkeiten Probleme lösen

- Nehmen Sie Ihre persönliche Stärkenliste zur Hand und ergänzen Sie diese mit Dingen, die Sie gut beherrschen. Notieren Sie auch Dinge, die Sie für ganz selbstverständlich halten. Die Dinge, die Sie gut beherrschen, können Sie nämlich allesamt als Ressourcen nutzen. Nun denken Sie an eine derzeit bestehende berufliche oder private Herausforderung und überlegen, welche Ihrer Stärken oder Fähigkeiten Ihnen bei der Lösung dienlich sein könnte.[292]

Ausgeprägte Fähigkeiten und Stärken sind oft gelebte Werte. Wenn Sie sich auf Ihre Stärken konzentrieren, bedeutet das, auch im Einklang mit Ihrem persönlichen Wertesystem zu leben. Wenn Sie eine Aufgabe oder Situation verunsichert, konzentrieren Sie sich auf Ihre Stärken!

Tipp 163: Meine Stärkenpyramide

- **Wenn Sie eher kreativ sein wollen, zeichnen Sie sich eine Stärkenpyramide:** Die Pyramide soll drei Ebenen enthalten. Die unterste Ebene ist Ihre solideste Stärke, eine Stärke, die Sie immer abrufen können. Schreiben Sie die Stärke in die unterste Ebene. Die mittlere Ebene soll mit jener Stärke gefüllt werden, die Sie zeigen, wenn es richtig gut läuft. Ganz oben in die Spitze der Pyramide schreiben Sie die Stärke, die Sie von anderen Menschen unterscheidet. Was können Sie, was andere nicht können? Wenn Sie sich Ihrer drei Stärken bewusst sind, prägen Sie sich diese Wörter gut ein. Sie können die Wörter auch durch Symbole ersetzen. Nur Sie kennen die Bedeutung des Symbols und werden so an Ihre Stärken erinnert. Sie können sich dann zum Beispiel das Bild Ihrer Stärkenpyramide mit Ihren drei Symbolen auf ein Post-it auf Ihren PC-Bildschirmrand kleben. **So erinnern Sie sich immer wieder an Ihre Stärken.**[293]

---

[292] Nach Reddemann, Luise (2002) Imagination als heilsame Kraft. Pfeiffer bei Klett-Cotta Verlag.

[293] Nach: Raschke, Friederike (2011) Sportpsychologie im Triathlon.

Strategie 47: Eine Lebensvision kreieren

Um ein glückliches und erfolgreiches Leben zu führen, kann es sinnvoll sein, einer Vision und daraus abgeleiteten Ziele nachzueifern. Die meisten Menschen brauchen Ziele und Visionen, etwas, wohin sie in die Zukunft blicken, etwas, das sie antreibt und motiviert. **Ziele können Ihrem Leben Energie und Leidenschaft geben.** Viele Menschen, die langfristig unglücklich sind, haben Ihre Vision vom Leben und ihre Ziele aus den Augen verloren.

Wenn das Leben keine Vision hat, nach der man strebt, nach der man sich verzehrt, die man verwirklichen möchte, dann gibt es auch kein Motiv, sich anzustrengen.

Erich Fromm

Wenn Sie Ihre Bekannten oder Freunde fragen, was diese für Aktivitäten am Wochenende oder für den Urlaub planen, erhalten Sie vermutlich spontan eine klare Antwort. Was, wenn Sie dieselben Personen fragen würden, welche Vision sie von ihrem (Berufs-) Leben haben? Die Antworten wären wohl weniger spontan und eindeutig. Zwar sind wir es gewohnt, alle möglichen Dinge zu planen, doch das Wichtigste überhaupt, die eigene langfristige Berufs- oder Lebensplanung, sprich das Formulieren einer Vision, vergessen viele. **Eine ernsthaft ausgearbeitete Vision des beruflichen oder privaten Lebens beantwortet in aller Regel die Frage nach dem (beruflichen) Sinn Ihres Lebens.** Sie zeigt Ihnen das kreative Vermögen, sich Ihre eigene Zukunft und sich selbst darin vorzustellen. Ihre Vision ist

Ihr Leitfaden und Ihr Wegweiser auf der Landkarte Ihres Lebens. Sie ist auch die Basis von konkreten kurz-, mittel-, und langfristigen Zielen, die sich allesamt an Ihrer Vision orientieren sollten.

Tipp 164: Meine Wünsche

Eine Vision stellt eine grobe Orientierungshilfe dar, die Sie daran erinnern soll, wie Sie Ihr (Berufs-) Leben führen wollen und welche übergeordneten Wünsche Sie dabei verfolgen. Insbesondere für eine dauerhafte Motivation sind Ihre langfristigen Pläne und Vorstellungen vom eigenen Leben von großer Bedeutung.

Beginnen Sie damit, folgende Sätze zu vervollständigen:

- *Wenn Geld und Zeit keine Rolle spielen würden, dann würde ich ...*
- *Davon habe ich bereits als Kind geträumt ...*
- *Was ich wirklich bereuen würde, wenn ich es nicht tue ...*

Dann machen Sie sich zu folgende Fragen Gedanken:

- *Wie stelle ich mir mein (Berufs-) Leben in Zukunft vor?*
- *Was will ich in meinem (Berufs-) Leben erreichen?*
- *Welchen Stellenwert nimmt die Arbeit in meinem Leben ein?*

Ihr Stufenplan

Stellen Sie sich nun Ihr Leben als eine Entwicklung in Stufen vor, schreiben Sie genau auf, wie Sie Ihr Leben in fünf Jahren führen möchten, dann in zehn Jahren, in 20 Jahren und in 30 Jahren. **Wo werden Sie sein, wie**

werden Sie sich fühlen und welche beruflichen oder privaten Ziele haben Sie bis wann erreicht? Überlegen und fühlen Sie genau, warum Sie diesen Weg gehen möchten – und schreiben Sie dies auf. Auch wenn das Leben immer Überraschungen mit sich bringt – mit dieser Übung programmieren Sie Ihr Unterbewusstsein darauf, die Chancen wahrzunehmen, die Sie zu Ihrem Wunsch(berufs)leben führen.

❖ Keine Änderung in Sicht

Stellen Sie sich nun Ihre (berufliche) Zukunft vor, wenn Sie einfach so weitermachen wie bisher. Wie sieht Ihr Leben in fünf, zehn, zwanzig und in 30 Jahren aus, wenn Sie die Dinge auf sich zukommen lassen und alles so laufen lassen wie bisher? Wird Sie das zu Ihrem (beruflichen) Wunschleben führen? Werden Sie beruflich oder privat das tun, was Sie gern machen? Werden Sie ein zufriedenes und glückliches Leben führen?

❖ Ihr 75. Geburtstag

Nur mal angenommen, Sie feiern in Kürze Ihren 75. Geburtstag. Dazu möchten Sie all die Menschen einladen, die Ihnen etwas bedeuten oder bedeutet haben. Sie können auch bereits Verstorbene einladen und Menschen, die Sie auf andere Weise aus den Augen verloren haben. **Nun steht es Ihnen bevor, eine Rede zu halten.** In dieser Rede erwähnen Sie, was die wirklich besonderen Momente Ihres (Berufs-)Lebens waren. Da Sie das heute nur zum Teil wissen können, ergänzen Sie den Rest einfach so, wie Sie ihn gern hätten. In Ihrer Rede können Sie dabei auch intensiver auf Ihre berufliche Tätigkeit eingehen und Ihren Gästen erläutern, weshalb Sie diesen Beruf ergriffen haben und was er Ihnen bedeutet hat. Möglicherweise erkennen Sie an Ihrem 75. Geburtstag, weshalb Sie früher Ihren Beruf gewechselt haben oder wechseln wollten. Ob Sie Ihre Rede niederschreiben oder mit Ihrem Smartphone aufnehmen, ist Ihnen überlassen.

Eines Tages kam Alice an eine Weggabelung und sah die Grinsekatze auf einem Baum sitzen. *„Welchen Weg muss ich nehmen?"*, fragte sie. Als Antwort erhielt sie eine Gegenfrage: *„Wohin willst du denn?"* *„Das weiß ich nicht!"*, antwortete Alice. *„Dann kommt es nicht darauf an, welchen Weg du nimmst!"*, sagte die Katze.

Aus: Alice im Wunderland

Tipp 165: Meine Vision aufschreiben

- Nachdem Sie sich nun ausführlich mit Ihren langfristigen Wünschen auseinandergesetzt haben, nehmen Sie Block und Stift zur Hand und formulieren Sie Ihre Vision von Ihrem (Berufs-) Leben.

Achten Sie dabei auf folgende Merkmale:

- Formulieren Sie Ihre Vision aus der Ich-Perspektive und in der Gegenwartsform.
- Das zentrale Element Ihrer Vision sollte eine Beschreibung Ihrer eigenen Zukunft sein, die begeisternd wirkt und Ihre Vorstellungskraft stimuliert.

Verwahren Sie Ihre niedergeschriebene persönliche Vision gut. Überprüfen Sie regelmäßig, ob Ihre daraus abgeleiteten Ziele nach wie vor Ihrer Vision entsprechen. Wenn Sie der Überzeugung sind, dass sich wesentliche Leitplanken geändert haben, formulieren Sie eine neue Vision. Mit einer auf diese Weise formulierten (beruflichen) Lebensplanung erhöhen Sie erheblich die Wahrscheinlichkeit, auch ein genau solches (Berufs-) Leben zu führen. Sie treffen Ihre kurz-, mittel-, und langfristigen Entscheidungen bewusster, weil Sie Ihr großes Bild vor Augen haben. Bedenken Sie: *„Wer keine Vision hat, wer die Entwicklung der mentalen Intelligenz mit ihrer Schöpfungskraft vernachlässigt, verfällt fast immer in eine Opfermentalität."*[294] Wer hingegen seine (berufliche) Lebensvision kennt, dem fällt das Treffen von Entscheidungen leichter und der wird eher aktiv agieren als nur passiv zu reagieren.

Strategie 48: Ziele setzen und erreichen

Wenn wir gefragt werden, was wir nicht wollen, können wir oft sehr lange darüber sprechen. Auf die Frage, was unsere kurz-, mittel-, und langfristigen Ziele sind, fällt uns meist deutlich weniger ein. Dabei unterscheiden den Menschen zwei Dinge am deutlichsten von den anderen Lebewesen: Zum einen die menschliche, grammatikalische Sprache und zum anderen, die Fähigkeit, Handlungen mittel- und langfristig zu planen und sich Ziele zu setzen.[295] **Motivationsforscher sagen: Ohne Ziele gibt es keine Motivation!**[296] Wenn Sie sich motivieren wollen, ist es wichtig, sich Ziele zu setzen, für die es sich lohnt, sich anzustrengen. Mittlerweise ist auch erwiesen, dass Menschen, die sich Ziele setzen, mehr Erfolg im Leben haben als andere.

---

[294] Covey, Stephan R. (2006) Der 8. Weg – Mit Effektivität zu wahrer Größe. Gabal Verlag.
[295] Vgl. Roth, Gerhard (2007) Persönlichkeit, Entscheidung und Vertrauen. Klett-Cotta Verlag.
[296] Siehe etwa: Martens, J. U./Kuhl, J. (2011) Die Kunst der Selbstmotivierung. Kohlhammer Verlag.

Zehn Gründe für Zielsetzungen:

- Wenn Sie sich mit Ihren Zielen auseinandersetzen, befassen Sie sich automatisch mit Ihren Wünschen und Motiven.
- Indem Sie sich vorstellen, wie gut es Ihnen nach Erreichen des Ziels gehen wird, erhalten Sie Energie und Durchhaltevermögen.
- Ziele geben Ihnen die Richtung vor. Wenn Sie ein Ziel haben, dann können Sie überlegen, wie Sie dorthin gelangen, was Sie dazu benötigen und was Sie ganz konkret dafür tun müssen.
- Die Motivation, durchzuhalten und Rückschläge und Frustrationen in Kauf zu nehmen, ist größer, wenn Sie sich lohnende Ziele setzen.
- Mit einem klaren Ziel vor Augen überwinden Sie Hindernisse und Schwierigkeiten besser.
- Ein Ziel ermöglicht es Ihnen, auf dem Weg dorthin ein Gefühl für sich selbst zu entwickeln.
- Der Sinn längerfristiger Ziele besteht auch darin, sich von ständigem Grübeln zu befreien und das Hier und Jetzt genießen zu können.
- Mit einem Ziel vor Augen können Sie feststellen, wann Sie vom Weg abkommen, und Ihr Vorgehen entsprechend anpassen.
- Das Erreichen eines selbstdefinierten Ziels erhöht Ihre Selbstachtung und Ihr Selbstvertrauen.
- Und schließlich wissen Sie auch ganz genau, wann Sie Ihr Ziel erreicht haben und stolz auf sich sein können.

Finanzieller Erfolg als Ziel?

Ein Ziel vieler Menschen ist es, Wohlstand und Reichtum zu erlangen, und manche ordnen ihr Leben dem Wunsch nach finanziellem Erfolg gänzlich unter. Weltweite Untersuchungen beweisen jedoch, dass es negative Folgen haben kann, wenn finanzieller Erfolg das zentrale Ziel und Leitprinzip im Leben ist: Diejenigen, für die viel Geld zu verdienen an oberster Stelle steht, entwickeln in aller Regel nicht ihr volles Potenzial. Sie führen generell ein angespanntes Leben und sind anfälliger für Depressionen und Angstzustände. Und schließlich sind sie weniger gesund und vital.[297] Ob und wie Geld glücklich macht, lesen Sie in Kapitel 1 unter dem Punkt: Macht Geld glücklich?

Wenn du ein glückliches Leben führen willst,
verbinde es mit einem Ziel.

Albert Einstein

Deshalb ist es von großer Wichtigkeit, Ihre (beruflichen) Ziele so zu wählen, dass Sie diese auch emotional attraktiv empfinden. Es gilt also, bewusst und aus vollem Herzen darauf hinzuarbeiten, was Ihr unbewusstes Selbst, Ihre unbewusste Persönlichkeit wirklich will.[298] Je emotional attraktiver, je motivorientierter und je wertekonformer Ihre Ziele sind,

[297] Kasser, T./Ryan, R. M. (1993) A Dark Side of the American Dream: Correlates of Financial Success as a Central Life Aspiration. Journal of Personality and Social Psychology, 65, 410-422, Download unter: http://selfdeterminationtheory.org/SDT/documents/1993_Kasser-Ryan_DarkSide.pdf (letzter Zugriff: 10.03.2020)

[298] Siehe Roth, Gerhard (2007) Persönlichkeit, Entscheidung und Verhalten, Klett-Cotta Verlag.

desto höher ist auch die Umsetzungswahrscheinlichkeit. **Die Motivationspsychologie unterscheidet deshalb auch zwischen Zielen und Motiven.** Ziele entsprechen dabei dem, was Menschen sich bewusst vornehmen, zu tun. Motive sind uns Menschen hingegen meist weniger bewusst. Sie bestehen aus einem ausgedehnten Netzwerk von Erfahrungswissen, das sich im Laufe des Lebens im Unterbewusstsein angesammelt hat. Während also Ziele insbesondere durch bewusste Vorstellungen über zu erreichende Zustände geprägt sind, sind Motive immer tief in der Persönlichkeit verwurzelt. Motive sind wie Schlüssel. Wenn sie passen, schließen sie die emotionale Tür zur Motivation auf. **Und motiviert, leistungsfähig und zufrieden sind Sie nur dann, wenn ein Zusammenspiel von unbewussten Motiven, Ihrem Wertesystem und Ihren bewusst gesetzten Zielen besteht.**

Starke Gründe bringen starke Handlungen hervor.

William Shakespeare

Tipp 166: Meine Werte

Eine dauerhafte und in der Regel stabile Grundlage für Ihre Motive sind Ihre Werte und Wertstrukturen. Werte sind Vorstellungen, die Sie als wünschenswert und erstrebenswert ansehen. Ihre innere Motivation, Ihre Antriebs-WERTE bestimmen in hohem Maße die Art und Weise, wie stark Sie sich engagieren und in Ihr (Arbeits-) Umfeld einfügen können und wollen. Ihre Werte sind Anstöße, die Sie zu einem bestimmten Verhalten bewegen, Ihnen Orientierung für Ihr Handeln geben und Ihnen die Sinnsuche im Leben erleichtern. Sie beeinflussen und prägen sowohl Ihre

Persönlichkeitsbildung als auch Ihre Identität und Authentizität. Einen Katalog mit allgemein geltenden Werten gibt es nicht, da der Zeitwandel die gesellschaftlichen Prioritäten ständig verändert.[299] Gängige, aktuelle gesellschaftliche Werte sind beispielsweise Freundschaft, Verantwortung, Ehrlichkeit, Zuverlässigkeit, Treue, Fairness, Gerechtigkeit, Tradition, Beständigkeit, Liebe, Herzlichkeit, Disziplin, Toleranz, Höflichkeit, Taktgefühl, Rücksichtnahme, Familie und Gesundheit. **Willens- und umsetzungsstarke Menschen mobilisieren ihre Energie durch eine konsequente Fokussierung auf klare Ziele, die sie auch aus Ihren Werten herleiten.** Das gibt Ihnen die Kraft, Schwierigkeiten und Hindernisse zu überwinden. Wenn Sie ständig gegen Ihre eigenen Wertvorstellungen verstoßen müssen, erzeugt das Stress und Demotivation. Wenn Sie hingegen im Einklang mit Ihren Werten handeln, setzt das viel Energie frei.

Fragen Sie sich daher:

- *Worauf lege ich in meinem (Berufs-) Leben WERT?*
- *Welche Werte sind für mich von Bedeutung?*
- *Stimmen meine Ziele mit meinen persönlichen Werten überein?*

Fremdes oder eigenes Ziel

Die Eltern eines jungen Mannes hatten immer gesagt: „*Du sollst einmal studieren, damit du es besser hast als wir!*" Dieser Wunsch leitete den jungen Mann in seiner Lebensplanung so lange, bis er sich schließlich nach dreimaligem Studienfachwechsel entschloss, Tischler zu werden. Die in diesem Beispiel erfolgte Übernahme von fremden Zielen in die eigene Persönlichkeit

[299] Aktuelle Grundwerte sind aufgelistet in: Haller Reinhard (2019) Das Wunder der Wertschätzung. Wie wir uns stark machen und dabei selbst stärker werden. Gräfe und Unzer Verlag.

nennen Psychologen *„Selbstinfiltration"*.[300] Wie bei einer Viruserkrankung schleicht sich der Fremdkörper – das fremde Ziel – ein. Die Folge ist, dass von Selbstinfiltration befallene Menschen eine geringere Lebenszufriedenheit sowie einen schlechteren körperlichen Zustand aufweisen.[301]

Erfolgreich zu sein, setzt zwei Dinge voraus:
Klare Ziele zu haben und den brennenden Wunsch,
sie zu erreichen.

Johann Wolfgang von Goethe

Wenn fremde Ziele Ihren eigenen Bedürfnissen widersprechen, wirken Sie auf Dauer sogar gesundheitsschädlich. Wenn Sie Ziele nur verfolgen, weil sie von Ihnen verlangt werden, ohne dass sie in Ihren eigenen Motiven und Werten verankert sind, hat das besonders dann ungünstige Auswirkungen auf Ihr Wohlbefinden und Ihre Gesundheit, wenn Sie zusätzlich unter Stress geraten. Menschen, die mit Belastungen im beruflichen oder privaten Leben nicht so gut fertig werden, verfolgen oft Leistungsziele, die nicht zu Ihren Motiven passen. Das erhöht das Risiko, psychosomatische Symptome, wie Kopf-, Rücken-, oder Magenschmerzen, Depressionen oder eine erhöhte Infektanfälligkeit, zu entwickeln.[302] **Leider lassen sich viele Menschen aufgrund vermeintlicher Zwänge oft fremd steuern.** Hinweise darauf liefern Gedanken und Aussagen wie: *„Eigentlich würde ich ja gern ..., aber ..."*, *„Wenn ich könnte, dann würde ich ..."*, *„Wenn ich noch*

---

[300] Kuhl/Kazen (1994) Self-discrimination and memory: State orientation and false self-ascription of assigned acitivities. Journal of Personality and Social Psychology, 66, 1103- 1115.
[301] Baumann/Kaschel/Kuhl (2005) Striving for unwanted goals: Stress-dependent discrepancies between explicit and implicit achievement motives reduce subjective well-being and increase psychosomatic symptoms. Journal of Personality and Social Psychology, 89, 781-799.
[302] Martens, J. U./Kuhl, J. (2011) Die Kunst der Selbstmotivierung. Kohlhammer Verlag.

einmal auf die Welt kommen sollte, dann ...". Trauen Sie sich, wahrzunehmen, in welchen Bereichen Ihres (Berufs-) Lebens und durch welche Menschen Sie sich fremd gesteuert fühlen.

- Stellen Sie sich folgende Frage: *Wer sagt mir auf meiner (beruflichen) Lebensreise, was ich zu tun oder zu lassen habe?*

Denken Sie bewusst darüber nach, wie Sie Ihre Selbstbestimmung stärken können, und treffen Sie Ihre Entscheidungen. Nur wenn die Ziele mit Ihren eigenen Wünschen übereinstimmen, sind es solche Ziele, die aus Ihrer tiefsten persönlichen Überzeugung entstehen. Ob Sie sich mit Ihrer Arbeit wohl fühlen oder nicht, hängt wesentlich davon ab, ob Sie materiellen Wohlstand oder emotionales Wohlbefinden anstreben und ob Sie die Erwartungen anderer erfüllen oder etwas tun, was Ihnen selbst am Herzen liegt.[303]

Hin zu oder weg von?

Bei der emotionalen Attraktivität von Zielen gibt es zwei Seiten: Auf der einen Seite die *„Hin-zu-Ziele"*, das sind Ziele, die mit positiv bewerteten Gefühlen belegt sind. Beispiele sind ein Mehr an Zufriedenheit, Anerkennung, Erfolg oder Glück. Auf der anderen Seite sind die *„Weg-von-Ziele"*, das sind Ziele, bei denen der aktuelle Zustand als so leidvoll empfunden wird, dass man davon weg möchte. Beispiele sind weniger Frust, Sorgen oder Angst. Der Unterschied dieser beiden Zielarten liegt im Motivationsgrad zur Zielerreichung. ***„Hin-zu-Ziele"* verfügen über einen höheren Motivationsgrad, weil Sie sich mit diesen Zielen emotional attraktive Perspektiven vor Augen führen.** Die moderne Hirnforschung belegt, dass allein durch die Vorstellung und Erwartung einer attraktiven Perspektive ein ganzer Cocktail an Hormonen und Neurotransmittern wie Dopamin oder Endorphine ausgeschüttet wird und uns so in Handlungsbereitschaft versetzen.

---

[303] Ben-Shahar, Tal (2010) Glücklicher – Lebensfreude, Vergnügen und Sinn finden. Goldmann Verlag.

Und je größer die emotionale Attraktivität des Ziels, desto wahrscheinlicher gelingen die Umsetzung und die Zielerreichung.[304]

Alle großen Errungenschaften beruhen auf einer winzigen Gemeinsamkeit: Dem ersten Schritt.

Francis Paul Wilson

Tipp 167: Hin zu statt weg von

- Notieren Sie ganz spontan drei Dinge, die Sie in nächster Zeit verändern oder erreichen möchten:

1. ____
2. ____
3. ____

Nun schauen Sie auf die Dinge, die Sie aufgeschrieben haben. Wenn Sie zum Beispiel aufgeschrieben haben: *„Nicht mehr so hektisch sein"* oder *„weniger arbeiten"* dann sind das „weg-von-Ziele". Formulieren in diesem Fall Ihre Liste in „Hin-zu-Ziele" um. Zum Beispiel: *„Regelmäßig Entspannungsübungen durchführen"* oder *„Mehr Zeit mit meinem Partner verbringen"*.

1. ____
2. ____
3. ____

---

[304] Siehe Späth/Grabitzki (2012) Leben und Arbeiten in Balance. Beltz Verlag.

Tipp 168: Ziele schriftlich festhalten

Dass das Aufschreiben von Zielen bei deren Verwirklichung hilft, bestätigt eine Studie der Psychologin Gail Matthews von der Dominican Universität in San Rafael, Kalifornien.[305] Dazu rekrutierte sie 267 Probanden aus unterschiedlichen Sozialschichten und Kulturkreisen im Alter von 23 bis 72 Jahren. Dann bat sie diese, sich ein paar Ziele zu überlegen, die sie in den nächsten Wochen erreichen wollten: die eigene Leistung steigern, das Einkommen verbessern, ein Projekt beenden, ein Blog beginnen und ähnliches. Schließlich unterteilte sie die Teilnehmer in fünf Gruppen: Die erste Gruppe sollten ihre Ziele mündlich formulieren und priorisieren. Die zweite Gruppe sollte ihre Ziele schriftlich fixieren und priorisieren. Die dritte Gruppe wurde gebeten, nur Maßnahmen zur Zielerreichung aufzuschreiben. Die vierte Gruppe sollte die Ziele und die konkreten Maßnahmen aufschreiben sowie einem Freund davon erzählen. Die fünfte Gruppe schließlich sollte handeln wie Gruppe vier und zusätzlich den Fortschritt schriftlich festhalten.

Das Ergebnis nach vier Wochen: Wer seine Ziele nur mündlich formulierte, erreichte diese nur zu 43 Prozent. Nur etwas mehr schafften die Teilnehmer aus Gruppe drei, welche die Maßnahmen zur Zielerreichung schriftlich festgehalten hatten. Von denen, die ihre Ziele dagegen aufgeschrieben hatten (Gruppe zwei), erreichten 60 Prozent die gesetzten Ziele. Bei Gruppe vier waren es sogar 64 Prozent – nahezu zwei Drittel. Und jene, die zusätzlich Protokoll geführt hatten (Gruppe fünf), **kamen auf ganze 76 Prozent Zielerreichung.**

Die Erklärung der Studienleiterin für diesen deutlichen Effekt: Wer nur an seine Ziele denkt, nutzt allein seine Vorstellungskraft – seine rechte Gehirnhälfte, sozusagen die Imaginationshemisphäre des Gehirns. Wer hingegen seine Ziele zudem aufschreibt, nutzt beide Gehirnhälften, indem er diesen

---

[305] Zusammenfassung der Studie auf der Website der Dominican University of California ersichtlich: https://www.dominican.edu/ (letzter Zugriff: 25.02.2020)

noch eine logisch-analytische Realität hinzufügt. Die Verschriftlichung der Idee sorgt für eine Art innere Vereinbarung: *„Ich will das und ich meine es ernst damit!"* Beides zusammen sendet unablässig Signale an unser Unterbewusstsein, an diesem Ziel zu arbeiten.

Wenn Sie sich ein Ziel setzen, dann:

- schreiben Sie dieses gemeinsam mit den erforderlichen Maßnahmen zur Zielerreichung auf,
- definieren Sie Zwischenziele,
- dokumentieren Sie Etappensiege,
- und erzählen Sie anderen davon.

Wussten Sie, dass ...

... klare, fest umrissene und herausfordernde Ziele mit einem genauen Zeitplan und einer exakten Auflistung der einzelnen Schritte zu besserer Leistung und größerem Erfolg führen?[306]

Tipp 169: Ziele smart definieren

Wie erwähnt, motiviert kaum ein Anreiz so sehr wie ein klares Ziel. Allerdings nur, wenn das Ziel bestimmte Kriterien erfüllt. Verwenden Sie zur

[306] Locke, E. A./Latham, G. P. (2002) Building a Practically Useful Theory of Goal Setting and Task Motivation: A 35-Year Odyssey. American Psychologist, 57 (9), 705-717.

Zielformulierung am besten die SMART-Formel. Dieser Name setzt sich aus den Anfangsbuchstaben folgender Worte zusammen:

S	spezifisch (konkret, präzise formuliert)
M	messbar (überprüfbar)
A	attraktiv (akzeptiert, aktionsorientiert)
R	realistisch (erreichbar, angemessen, herausfordernd)
T	terminiert (Etappenziele mit Datum versehen)

S wie spezifisch

Definieren Sie ein Ziel, das Ihnen sehr am Herzen liegt und das Sie unbedingt erreichen wollen, und formulieren Sie es in knapper und klarer Sprache. Achten Sie dabei auf eine konkrete, eindeutige und präzise Formulierung.

M wie messbar

Das Erreichen des Ziels muss für Sie überprüfbar und kontrollierbar sein. Deshalb schreiben Sie Ihr definiertes Ziel am besten auf. Etwas niederzuschreiben zwingt Sie, intensiv darüber nachzudenken.

A wie attraktiv, akzeptiert und aktionsorientiert

Das Ziel soll eine Bedeutung für Sie haben und von Ihnen wirklich akzeptiert, sprich selbst gewählt, sein. Aktionsorientiert bedeutet, dass das Ziel einen Ansatzpunkt für eine positive Veränderung im Sinne eines *„Hin-zu-Ziels"* haben soll.

R wie realistisch

Das heißt, das Ziel soll erreichbar, angemessen schwierig und herausfordernd sein. Realistisch gesteckte Ziele sind wichtig, um Ihre Motivation zu erhalten und Stress zu vermeiden. **Dabei sollte Ihr Ziel durchaus herausfordernd sein.** Das Anspruchsniveau Ihres Ziels sollte so hoch sein, dass Sie glauben, Sie können es gerade noch erreichen. (Mehr zum Zusammenspiel von Stress und Motivation lesen Sie in der Strategie 25.)

Wenn Sie Ihren Geist jeden Tag anspruchsvolle Dinge tun lassen, egal ob beruflich oder aus Spaß – am besten in Kombination – dann haben Sie eine gute Chance, noch bis ins hohe Alter hinein geistig leistungsfähig zu sein. Dabei gilt: Je anstrengender die geistige Tätigkeit, desto besser – außer sie artet in Stress aus![307] Also setzen Sie sich ehrgeizige, aber auch realistische Ziele.

T wie terminierbar

Sie sollten einen konkreten Zeitpunkt, einen Zeitraum oder ein Datum für das Erreichen des Ziels festsetzen. Bei einem umfangreicheren Vorhaben ist es zusätzlich ratsam, Ihr Ziel in einzelne Unterziele aufzuteilen. **Das Aufteilen in Etappenziele hilft Ihnen auch, eine bessere Zeiteinschätzung für den Termin Ihrer Zielerreichung zu treffen.** Untersuchungen zeigen, dass Menschen eine starke Tendenz haben, die Dauer eines Projekts oder Vorhabens zu unterschätzen.[308] Schließlich ist jeder Schritt auf dem richtigen Weg in Richtung Ziel genauso entscheidend wie das schlussendliche Gelingen. Und die Gewissheit, auf dem richtigen Weg zu sein, ist

---

[307] Roth, Gerhard (20007) Persönlichkeit, Entscheidung und Verhalten. Klett-Cotta Verlag.
[308] Buehler, R./Griffin, D./Ross, M. (2002) Inside the planning fallacy: The causes of consequences of optimistic time prediction. In: Gilovich, T./Griffin, D./Kahneman, D. (Hrsg.) Heuristics and Biases: The Psychology of Intuitive Judgement. Cambridge University Press, 250-270.

vermutlich die bedeutendste Quelle innerer Motivation. Also: Planen Sie realistische Vorhaben und arbeiten Sie sie Schritt für Schritt ab. Unterteilen Sie Ihre Ziele auch in kurz-, mittel- und langfristige Ziele.

Tipp 170: Mehr Kongruenz

Durch folgende Maßnahmen erhöhen Sie die Übereinstimmung zwischen Ihren Zielen, Ihren Werten und Ihren Motiven:

- **Ziele richtig formulieren:** Formulieren Sie Ihr Ziel so, dass Sie es mit ganzem Herzen verfolgen können. (Lesen Sie dazu auch den Tipp 169: Ziele smart formulieren)
- **Stressbewältigungs- und Entspannungstraining:** Durch bewusstes Entspannen können Sie den Zugang zur emotionalen Unterstützung Ihrer eigenen Ziele herstellen. So kann zum Beispiel die formelhafte Vorsatzbildung beim Autogenen Training helfen, das Unterbewusstsein verstärkt auf das Erreichen des Ziels einzustellen.
- **Emotionales Verankern:** Verankern Sie Ihre Ziele, in dem Sie sich die Zielerreichung bewusst vorstellen. Lesen Sie dazu den Tipp 176: Ziele visualisieren.
- **Richten Sie Ihre Ziele an Ihrer Vision und an Ihren Werten aus.**

Die Übereinstimmung unserer Ziele mit unseren Emotionen, Werten und Motiven ist von zentraler Bedeutung. Folgende Geschichte soll Ihnen aufzeigen, wie sinnlos es ist, wenn unsere Ziele oder Handlungen nicht zu dem passen, was wir in Wahrheit suchen:

Mullah Nasrudin und der Schlüssel

Mullah Nasrudin hat seinen Schlüssel verloren. Sein Nachbar findet ihn, wie er auf den Knien herumrutscht und sucht. *„Was habt Ihr verloren, Mullah?" „Meinen Schlüssel"*, sagt Nasrudin. Eine Weile suchen beide zusammen, dann sagt der andere: *„Wo ist er Euch denn heruntergefallen?" „Zu Hause." „Ja, um Himmels Willen, warum sucht Ihr denn hier?" „Na, hier ist doch mehr Licht."*

Tipp 171: Erfolgsjournal

- Damit Sie sich über längere Zeit motivieren und sich aus etwaigen Stimmungstiefs herausholen können, empfehlen wir Ihnen das Führen eines Erfolgsjournals. Nehmen Sie dazu ein Heft oder ein Tagebuch und verzeichnen Sie darin Ihre Zwischenerfolge und Etappenziele auf dem Weg zum Hauptziel. So motivieren Sie sich für die nächsten Schritte und machen sich das bereits Erreichte bewusst. **Denn Erfolg ist die Summe vieler kleiner Schritte auf dem Weg zu einem großen Ziel.** Lesen Sie dazu auch den Tipp 145.

Tipp 172: Ziele öffentlich machen

- Wenn Sie sich für ein Ziel motivieren wollen, kann es hilfreich sein, Ihren Bekannten und Freunden davon zu erzählen. Sprechen Sie dabei nicht in der Möglichkeitsform, sondern stellen Sie Ihr Vorhaben so dar, als ob kein Zweifel daran bestünde, dass Sie Ihr Ziel erreichen. **Stellen Sie Ihr Ziel positiv dar und lassen Sie Ihr emotionales Engagement spüren.** Durch diese Selbstäußerungen identifizieren Sie sich stärker mit Ihrem Vorhaben.[309]

Tipp 173: Rational und emotional

Wenn Sie sich ein Ziel setzen, fassen Sie einen Entschluss, etwas in Angriff zu nehmen und es nach Möglichkeit auch zu erreichen. **Einen eigenen, selbstbestimmten Entschluss zu fassen, ist der beste Weg zu einer starken Motivation.** Gerade bei langfristigen Zielen stellt sich oft die Frage, ob Sie bei der Abwägung der Argumente für oder gegen die Entscheidung rational oder emotional orientiert vorgehen sollen. Die Antwort ist einfach: Wenn Sie aus Ihren Gefühlen und Emotionen heraus entscheiden und diese Bauchentscheidung dann bewusst mit den eigenen rationalen Überlegungen überprüfen und verknüpfen, werden Sie in aller Regel die richtige Entscheidung treffen.

- Um herauszufinden, ob Ihr Entschluss auch wirklich gut emotional und ebenso gut rational begründet ist, beantworten Sie für sich folgende Fragen:

> - *Habe ich mir für die Entscheidung genügend Zeit gelassen?*
> - *Identifiziere ich mich mit dieser Entscheidung voll und ganz?*

[309] Vgl. Martens, J. U. (2012) Praxis der Selbstmotivierung. Kohlhammer Verlag.

> *Fühle ich mich frei von äußeren Zwängen oder fremden Erwartungen?*
>
> *Spüre ich die Kraft und die Energie, diesen Entschluss umzusetzen?*
>
> *Bin ich mir sicher, dass ich mich nicht anders entscheiden möchte?*

Je mehr Fragen Sie mit Ja beantworten können, desto sicherer können Sie sein, dass Ihre Zielsetzung von der Intelligenz Ihres unbewussten Selbst mit Kreativität und Energie unterstützt wird.[310]

Wann soll ich starten?

Die beste Zeit einen Baum zu pflanzen, war vor zwanzig Jahren. Die nächstbeste Zeit ist jetzt.

Sprichwort aus Uganda

Viele von Ihnen kennen das Phänomen: Sie haben einen Vorsatz gefasst, haben ein bestimmtes Ziel vor Augen, und Sie nehmen sich ganz fest vor, morgen mit der Umsetzung zu beginnen. Und morgen denken Sie dann wieder, *„Morgen fange ich aber sicher an"*, usw. Sie schieben den Beginn einer Tätigkeit immer wieder auf. Die Gründe für dieses Aufschieben sind unterschiedlich: Vielleicht fürchten Sie sich vor der Größe der Aufgabe, weil Sie

---

[310] Nach Martens, J. U.; Kuhl, J. (2011) Die Kunst der Selbstmotivierung. Kohlhammer Verlag.

sie nicht in kleinere, leichter erreichbare Unterziele aufgeteilt haben, oder Sie haben Versagensängste, weil Sie sich Ihrer Stärken und Erfolge nicht bewusst sind.

Tipp 174: Die „Ein paar Minuten"-Regel

- Wenn Sie sich mit der Umsetzung von Zielen schwertun, machen Sie Folgendes: Gliedern Sie Ihr Ziel in möglichst kleine Unterziele, wobei gerade das erste Unterziel relativ leicht und einfach zu erreichen sein sollte. Beginnen Sie dann einfach mit der Umsetzung Ihres ersten Unterziels. Wenn Sie ein paar Minuten an Ihrer Aufgabe arbeiten, spüren Sie mitunter einen Drang, weiterzuarbeiten, bis Sie das Ziel erreicht haben. Der Grund liegt darin, dass die wenigen Minuten anfänglicher Tätigkeit eine Unruhe in Ihr Gehirn bringen und Ihr Geist nicht eher ruht, als bis die Aufgabe erledigt ist. **Untersuchungen zufolge ist die „Ein paar Minuten"-Regel eine äußerst wirksame Methode, den Aufschiebedrang zu überwinden.**[311] Starten Sie noch heute mit der Umsetzung Ihres Ziels und bedenken Sie bitte Folgendes: Wenn die meisten Menschen auf ihr Leben zurückblicken, neigen sie dazu, Dinge zu bedauern, die sie nicht getan haben.[312]

[311] Fritzsche, B. A./Young, B./Hickson, K. C. (2003) Individual differences in academic procrastination tendency und writing success. Personality & Individuality Differences, 35 (7) 1549-57.

[312] Ben-Shahar, Tal (2010) Glücklicher – Lebensfreude, Vergnügen und Sinn finden. Goldmann Verlag.

Eine Tragödie

Ein älterer Mann liegt allein in seinem Bett in den letzten Tagen seines Lebens. Er erwacht und sieht eine große Gruppe von Menschen, die sich um sein Bett versammelt haben. Ihre Gesichter strahlen Liebe aus, aber sie sind traurig. Verwirrt lächelt der ältere Mann und flüstert: *„Ihr müsst die Freunde meiner Kindheit sein, die gekommen sind, um sich von mir zu verabschieden. Ich bin euch so dankbar, dass ihr gekommen seid!"* Da tritt die größte Person näher, nimmt sanft die Hand des alten Mannes und antwortet: *„Ja, wir sind deine besten und ältesten Freunde, aber du hast uns schon vor langer Zeit aufgegeben. Wir sind die nicht wahrgenommenen Chancen deines Lebens. Wir sind die nicht realisierten Hoffnungen, Träume und Pläne, die du einst tief in deinem Herzen gefühlt hast, die du aber niemals verfolgt hast. Wir sind deine einzigartigen Talente, die du niemals in dir großgezogen hast, deine besonderen Begabungen, die du niemals entdeckt hast. Alter Freund, wir sind nicht gekommen, um dich zu trösten, sondern um mit dir zu sterben."*[313]

Der Langsamste, der sein Ziel nicht aus den Augen
verliert, geht immer noch schneller als der,
der ohne Ziel herumirrt.

Gotthold Ephraim Lessing

---

[313] Les Brown, zitiert nach Martens; Kuhl (2011) die Kunst der Selbstmotivierung. Kohlhammer Verlag 2011.

Tipp 175: Mein Umsetzungsvertag

❖ Wenn Sie Ihr gesetztes Ziel sich selbst gegenüber noch verbindlicher machen wollen, können Sie mit sich selbst einen schriftlichen Vertrag zur Umsetzung Ihres Ziels vereinbaren. Hier ein Beispiel:

Umsetzungsvertrag:

Mein Hauptziel: ______________________________

Mein Ziel werde ich erreicht haben bis/am: ______________________________

Ich will dieses Ziel erreichen, weil: ______________________________

____

Meine 3 Vorteile, wenn das Hauptziel erreicht ist, sind:

1. ______________________________
2. ______________________________
3. ______________________________

Wem werde ich von meinem Ziel erzählen? ______________________________

Wer kann mich dabei unterstützen? ______________________________

Mögliche Hürden oder Widerstände sind: ______________________________

Meine Gegenmaßnahmen: ______________________________

Mein erstes Unterziel/Etappenziel ist: ______________________________

Um dieses Ziel zu erreichen werde ich: ______________________________

Bis zu folgendem Datum werde ich es erreicht haben: ______________________________

Meine Belohnung dafür wird sein: ______________________________

Mein zweites Unterziel/Etappenziel ist: ______________________________

Um dieses Ziel zu erreichen werde ich: ______________________________

Bis zu folgendem Datum werde ich es erreicht haben: ______________________

Meine Belohnung dafür wird sein: ______________________________

Mein drittes Unterziel/Etappenziel ist: ______________________________

Um dieses Ziel zu erreichen werde ich: ______________________________

Bis zu folgendem Datum werde ich es erreicht haben: ______________________

Meine Belohnung dafür wird sein: ______________________________

Datum und meine Unterschrift: ________________

Wenn Sie das Formular des Umsetzungsvertrags ausdrucken möchten, geben Sie einfach diesen Link in Ihren Browser ein: http://bit.ly/Umsetzungsvertrag

Hier der dazugehörige QR-Code zum Download:

Nicht weil es schwer ist, wagen wir es nicht,
sondern weil wir es nicht wagen, ist es schwer.

Seneca

Tipp 176: Ziele visualisieren

Um sich selbst zu motivieren, sollten Sie sich mentale Bilder von dem machen, was Sie erreichen wollen. Visualisieren Sie Ihre Ziele! Ein Sprichwort lautet: *„Aus den Augen – aus dem Sinn."* Das gilt auch für Ihre Ziele. Wenn Sie sich nicht regelmäßig daran erinnern, verblasst der motivierende Effekt. Rufen Sie sich daher Ihre Ziele immer wieder vor Augen und machen Sie sich „ein Bild" von Ihrem Ziel. Folgendes Experiment soll Ihnen aufzeigen, **dass Bilder vor Ihrem geistigen Auge sogar einen Einfluss auf Ihren Körper haben:** Stellen Sie sich vor, Sie hätten vor sich eine wunderschöne, saftige gelbe Zitrone liegen. Stellen Sie sich weiter vor, wie Sie die Frucht in die Hand nehmen und daran riechen. Sie können durch die Schale hindurch das Säuerliche der Zitrone wahrnehmen. Nun nehmen Sie ein Messer und schneiden die Zitrone in zwei Hälften. Der Zitronensaft spritzt heraus, und Sie nehmen die eine Hälfte in Ihre Hand und riechen wieder daran. Nun können Sie schon sehr viel deutlicher die Säure riechen. Nun stellen Sie sich vor, Sie beißen herzhaft in die Zitrone.

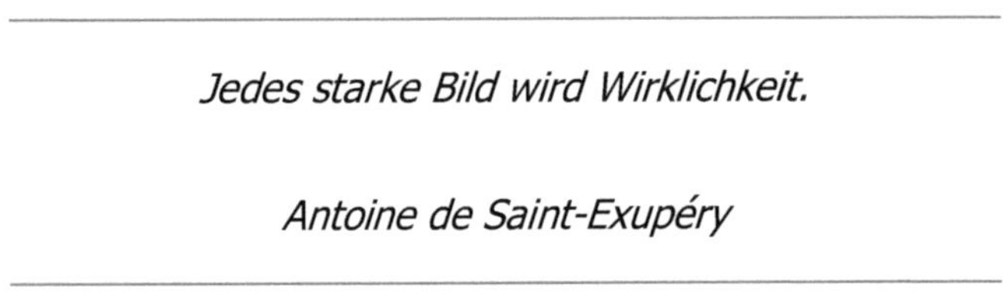

Jedes starke Bild wird Wirklichkeit.

Antoine de Saint-Exupéry

Haben Sie sich das bildhaft vorgestellt? Dann haben Sie mit hoher Wahrscheinlichkeit zweierlei bei sich festgestellt: Erstens: Ihr Mund hat vermehrt Speichel produziert, und zweitens: Sie haben Ihr Gesicht verzogen. Dieser kleine Selbstversuch zeigt Ihnen, dass Ihre **Vorstellungen keine harmlosen Gedanken sind, sondern Kräfte, die Ihren Körper beeinflussen.** Ihr Körper hat so reagiert, als würde das, was Sie sich vorgestellt haben, tatsächlich geschehen. Durch Ihre Vorstellungen und Gedanken können Sie also Ihren Körper und Ihre Psyche zum Schlechten, aber auch zum Guten beeinflussen. (Lesen Sie auch das Kapitel 6: Was tun, wenn negative Gedanken aufkommen?)

Im Jahr 1996 entdeckten Giacomo Ruizzolatti und sein Team zufällig die Spiegelneuronen.[314] **Spiegelneurone** sind Nervenzellen, die im Gehirn während der Betrachtung eines Vorgangs die gleichen Prozesse auslösen, die entstünden, wenn dieser Vorgang nicht bloß passiv betrachtet, sondern aktiv gestaltet würde. Sobald wir einen anderen Menschen sehen, erzeugen Spiegelneurone in unserem Gehirn eine Simulation der Situation, in der sich der von uns beobachtete andere Mensch gerade befindet. **Spiegelneurone geben uns so eine intuitive Information über das, was in anderen Menschen vor sich geht.** So kommt es beispielsweise, dass wir meistens sehr schnell ein Gefühl dafür haben, ob uns jemand die Wahrheit sagt oder nicht. Unser Gehirn hat automatisch arbeitende Systeme, welche die „Bilder" der Körpersprache anderer Menschen fortlaufend analysieren und dechiffrieren.[315] Visualisieren ist das bewusste Erzeugen von eindrucksvollen und lebendigen Bildern vor dem eigenen geistigen Auge, auf das die Spiegelneurone ebenfalls reagieren. Denn bei der Visualisierung passiert sehr viel im Unterbewusstsein. Unser Unterbewusstsein kann nämlich nicht zwischen einer realen Situation und einer Vorstellung in unserem Kopf unterscheiden. **Wenn Sie sich etwas intensiv vorstellen, laufen im Gehirn die gleichen Prozesse ab, die auch beim tatsächlichen Tun entstünden.**[316]

Inzwischen ist die Wirksamkeit der mentalen Arbeit mit inneren Bildern auch neurowissenschaftlich belegt. Wolf Singer vom Frankfurter Max-Planck-Institut für Hirnforschung betont die Effektivität dieser Übungsform:

---

[314] Rizzolatti, G./Craighero, L. (2004) The Mirror-Neuron System. Annual Rev. Neurosci. 27, 169-192.

[315] Siehe ausführlich in: Bauer, Joachim (2008) Warum ich fühle, was du fühlst. Intuitive Kommunikation und das Geheimnis der Spiegelneurone. Heyne Verlag.

[316] Benson, Herbert (1997) Heilung durch Glauben. Heyne Verlag.

Bewusste Visualisierungen können externe Bilder ersetzen. Wie Kernspintomografie-Untersuchungen zeigen, ähneln diese Muster bis ins Detail jenen, die man findet, wenn die Probanden dasselbe Objekt mit offenen Augen betrachten.[317] **Die Szenen, die wir uns vorstellen, sind für das Gehirn real.** Für unser Gehirn ist es gleichgültig, ob wir einen Gegenstand oder ein Ereignis real vor uns sehen, oder ob wir den Gegenstand als inneres Bild betrachten. Unser Gehirn unterscheidet nicht zwischen äußerer und innerer Wirklichkeit, wenn die Bilder der inneren Wirklichkeit klar und stark genug sind.

Das Gehirn unterscheidet nicht zwischen dem,
was ich tatsächlich gesehen und erlebt habe,
und dem, was ich mir visualisiere.

Gerhard Roth

Wenn Sie sich ein Ziel setzen, empfiehlt es sich, auch dieses Ziel zu visualisieren. **Versuchen Sie, die Bilder Ihres Ziels in Ihrem Kopf zu sehen.** Sehen Sie vor Ihrem geistigen Auge, wie sich Ihr Leben verändert, wenn Sie Ihr Ziel erreichen. Schaffen Sie sich ein mentales Bild oder einen kurzen geistigen Film über Ihre Zielvorstellung. **Aus diesem Grund nutzen auch Spitzensportler die Visualisierung als festen Bestandteil ihres Mentaltrainings**. So hatte sich die australische Turmspringerin Laura Ann Wilkinson bei der Vorbereitung auf die Olympischen Spiele 2000 drei Zehen gebrochen und konnte daher keine Sprünge üben. Sie soll sich jeden Tag stundenlang auf die Sprungrampe gesetzt haben und jeden ihrer Sprünge

[317] Singer, Wolf/Ricard, Matthieu (2008) Hirnforschung und Meditation. Edition Unseld.

bis ins kleinste Detail vor ihrem geistigen Auge durchgegangen sein. Trotz des enormen Trainingsrückstandes gewann sie die Goldmedaille.

Erfolgreiches Visualisieren

Um Ihre Visualisierungsfähigkeit zu verbessern, trainieren Sie am besten Ihr Vorstellungsvermögen. Versuchen Sie sich zum Beispiel Ihr Fahrrad oder das Gesicht eines Freundes ganz genau vorzustellen und in Erinnerung zu rufen. Ebenso können Sie von Ihrer Umgebung ein geistiges Foto machen. Schließen Sie dann die Augen und versuchen Sie, sich möglichst genau an alle Details der Umgebung zu erinnern.

Ein wesentlicher Schlüsselfaktor dabei ist die Lebhaftigkeit der Vorstellung. Dabei gilt: Übung macht den Meister. Bei Ihren ersten Versuchen einer Visualisierung wird die Lebendigkeit dieser inneren Bilder womöglich noch nicht so stark ausgeprägt sein. Mit folgender Übung können Sie die Lebendigkeit trainieren: Schließen Sie die Augen und stellen Sie sich vor, Sie sind zuhause in Ihrem Wohnzimmer. Schauen Sie sich im Zimmer um und achten Sie dabei auf alle Details. Welche Geräusche hören Sie? Was riechen Sie? Wie fühlt es sich an, wenn Sie auf Ihrem Sofa sitzen oder auf der Couch liegen?

Visualisierungsübung: Die Treppe

Stellen Sie sich zunächst eine Treppe vor.
Eine einfache Holztreppe mit etwa zehn Stufen.
Stellen Sie sich die Stufen vor, das Geländer, die Farbe des Holzes.
Wenn Ihnen das gelingt, gehen Sie zum Fuß der Treppe.
Greifen Sie nach dem Geländer und spüren Sie das alte, massive Holz in Ihrer Hand.
Setzen Sie vorsichtig einen Fuß auf die alten Stufen.
Lauschen Sie dabei auf Ihre Schritte.

Lauschen Sie auf das Knarren des Holzes unter Ihren Füßen.
Lassen Sie das Knarren als Echo widerhallen.
Gehen Sie die Treppe ruhig ein paar Mal hinauf und hinunter.
Variieren Sie Ihre Geschwindigkeit und achten Sie darauf, wie die Bretter unter Ihren Füßen knarren.

Visualisierungsübung: Der Ball

Stellen Sie sich zunächst einen Kreis vor.
Füllen Sie diesen Kreis mit Farbe, zum Beispiel einem kräftigen Rot.
Halten Sie den Kreis einige Augenblicke in Gedanken fest.
Allmählich verwandelt sich der Kreis in einen Ball.
Greifen Sie danach und nehmen Sie den Ball in die Hand.
Sie können ihn in der Hand ein paar Mal hin- und herdrehen.
Lassen Sie den Ball über den Boden hüpfen.
Schauen Sie ihm nach, wie er auf den Boden prallt.
Lauschen Sie dabei auf das Geräusch des Aufpralls.
Lassen Sie den Ball ruhig noch einige Male auf und nieder hüpfen.

Visualisierungstipps:

- Um gut visualisieren zu können, sollten Sie Ihre **Augen schließen** oder einen Punkt auf dem Boden fixieren.
- Visualisieren Sie zu Beginn nur in **entspanntem Zustand.**
- Generell gilt: Je **konkreter und detaillierter** Sie sich etwas vorstellen, desto besser.
- Wenn Sie an das „Ziel-Bild" denken, beziehen Sie **alle Sinne** ein. Was können Sie sehen, hören, riechen, schmecken, tasten? Je mehr Sie diese Gedanken mit Ihren Sinnen verknüpfen, desto wirksamer wird die Visualisierung sein.

- **Verknüpfen Sie Ihre Bilder möglichst mit Emotionen.** Nehmen Sie zum Beispiel den Stolz wahr, den Sie beim nächsten Karriereschritt oder nach der erfolgreichen Prüfung verspüren. Je stärker Ihre Bilder mit Emotionen verbunden sind, desto effektiver das Visualisieren.
- Begeben Sie sich **geistig in das Bild hinein** und nehmen Sie in Ihrer Vorstellung aktiv am Geschehen teil. Stellen Sie sich also lebhaft und gefühlsintensiv vor, dass Sie selbst gerade dabei sind, das Gewünschte zu erleben!
- Visualisieren Sie dieses Bild oder diesen Film am besten **morgens** nach dem Aufwachen und **abends** vor dem Schlafengehen. Der Morgen legt die Grundstimmung für den Tag fest. Der Abend steuert die Lernprozesse, die im Schlaf ablaufen.

Tipp 177: Vorbilder suchen

Achtundachtzig Prozent der Deutschen sind davon überzeugt, dass Vorbilder zur beruflichen Orientierung dringend gebraucht werden. [318] Vorbilder verkörpern Werte und Charaktermerkmale, die als nachahmenswert empfunden werden. Sie können Ihnen als Impulsgeber, Wertevermittler oder Quell der Inspiration dienen. Sie machen Mut, helfen Ihnen, Krisensituationen durchzustehen, Selbstzweifel zu überwinden sowie Ziele zu definieren und zu erreichen. Sei es der erfolgreiche Unternehmer, dessen Strategie den Weg für Ihre eigene Karriere weist, oder schlicht die Tatkraft und Einsatzbereitschaft des Verkäuferkollegen aus der anderen Abteilung – Vorbilder

[318] Borghardt, Liane in: Wirtschaftswoche vom 06.08.2010: Wie stark Vorbilder die Karriere beeinflussen und wo erfolgreiche Menschen ihre Vorbilder gesucht und gefunden haben.

fordern und fördern Sie bei Ihrer beruflichen und persönlichen Entwicklung. **Vorbilder haben für Sie vor allem dann eine positive Wirkung, wenn Sie sich ihnen ähnlich fühlen.** Wichtig für die Motivation durch Ihr Vorbild ist somit, dass das Ideal im Vergleich mit Ihrem eigenen Selbstbild bestimmte Ähnlichkeiten aufweist. Dies ist umso mehr der Fall, je mehr Gemeinsamkeiten zwischen Ihnen und dem Vorbild vorhanden sind. Wir Menschen haben nämlich die Neigung, Personen, die mit unserem erweiterten Selbst zusammenhängen oder derselben Gruppe angehören, zu der man sich selbst zählt, positiv zu bewerten. Beispiele dafür sind das gleiche Geschlecht oder Alter oder ein ähnliches berufliches Ziel.[319] In einer Untersuchung erwies sich allein derselbe Geburtstag als eine solche Verbindung.[320]

Es kommt nur immer darauf an, dass derjenige,
von dem wir lernen wollen, unserer Natur gemäß sei.

Johann Wolfgang von Goethe

Suchen Sie sich für verschiedene Bereiche auch verschiedene Vorbilder. Eine Mehrzahl von zwei oder mehreren Vorbildern ist durchaus ein Indiz für Ihre Reife und Ihre fortgeschrittene Entwicklung. Und wechseln Sie Ihre Vorbilder bei neuen Zielen, Herausforderungen oder Umbruchsituationen ruhig wieder aus.

❖ Notieren Sie auf einem Blatt Papier für verschiedene Ziele oder Bereiche je eine Person, die sich Ihrer Meinung nach als Vorbild eignet, und

---

[319] Lockwood, P./Kunda, Z. (1997) Superstars and Me: Predicting the Impact of Role Models on the Self. Journal of Personality and Social Psychology, 73. Jg. 1997, H.1, 91-103.
[320] Finch, J. F./Cialdini, R. B. (1989) Another indirect tactic of (self-)image management: Boosting. In: Personality an Social Psychology Bulletin.

schreiben Sie auf, welche Gemeinsam- oder Ähnlichkeiten Ihrer Meinung nach bestehen. Sie können dabei auch an fiktive Vorbilder, also Gestalten, Figuren, Charaktere aus Büchern, Film oder Fernsehen denken. Figuren also, die Sie für bestimmte Eigenschaften, Wesenszüge, Rollen oder Positionen bewundern.

- Anstelle verallgemeinernder Aussagen, wie *„Das ist eine tolle Frau"* oder *„Er kann gut überzeugen"*, überlegen und notieren Sie so genau wie möglich, was Sie bewundern, wie beispielweise *„Sie hat die Fähigkeit sich in andere hineinzuversetzen und zeigt dies auch im Gespräch. Dabei spiegelt sie immer nonverbal die Empfindungen ihres Gegenübers."* Wenn Sie Ihre Lehrmeister derart konkret beschreiben, hilft es Ihnen, in herausfordernden Situationen Ihrem Beispiel zu folgen.

- Durch das Konkretisieren Ihrer Bewunderung führen Sie sich vor Augen, welches Talent oder welche Eigenschaft Sie bei sich selbst fördern möchten. Listen Sie nun die einzelnen Bewunderungseigenschaften auf. Notieren Sie neben jede, weshalb Sie diese Fähigkeit gerne selbst entwickeln möchten. Fragen Sie sich: *Was verspreche ich mir davon? Welchen Nutzen bringt es mir bei ...? Wie, wann und wo würde ich das gerne einsetzen?*

- Wählen Sie nun aus Ihrer Liste der bewundernswerten Eigenschaften ein Talent oder Merkmal aus, das Sie in den nächsten Wochen bei sich fördern möchten. Überlegen Sie, wie Sie sich selbst coachen können. Fragen Sie sich: *Was benötige ich, um diese Eigenschaft zu stärken? Wäre vielleicht eine Schulung oder ein Seminarbesuch sinnvoll?*

- Überlegen Sie, welche Schwierigkeiten Ihnen bei der Verwirklichung Ihres Ziels begegnen könnte. Fragen Sie sich: *Wie würde mein Vorbild jetzt reagieren? Was würde er oder sie an meiner Stelle in genau dieser*

Situation machen? Was hätte er/sie jetzt getan? Wie würde er/sie sich jetzt verhalten und motivieren? Was würde er/sie mir jetzt raten? Zu welcher Lösung würde er/sie jetzt greifen? Was hat mein Vorbild getan, um dieses Ziel zu erreichen oder diese Herausforderung zu lösen? Sie können Ihre Fragen und Probleme entweder allgemein Ihrer ganzen Gruppe von Vorbildern stellen, oder Sie überlegen, welches Vorbild wohl für welches Problem besonders berufen wäre.

❖ Zusätzlich können Sie Bilder oder Zitate Ihrer Vorbilder an Ihre Pinwand heften. Denken Sie daran: Ein Vorbild hat auch eine Vor-BILD-Funktion im eigentlichen Sinn. Das heißt, in dieser Person erkennen Sie ein Bild von Ihrem zukünftigen Ich – und genau dorthin sollte Sie auch Ihre Bewunderung führen. Lassen Sie sich von dem, was Ihre Vorbilder getan haben, inspirieren und lesen Sie ihre Biografien. Ihre Vorbilder fest im Blick, können Sie gezielt und bewusst auf deren motivierende Kraft setzen. Und bewahren Sie sich Ihre Freiheit, indem Sie entscheiden, was Sie davon übernehmen wollen und was nicht.

Strategie 49: Die Arbeit als Ressource sehen

Arbeitsfreude ist ein wahrer Energiespender. Und Freude an der Arbeit ist eng verbunden mit der eigenen Kompetenz und den eigenen Stärken: Wir lieben die Tätigkeiten, die wir gut können, und Tätigkeiten, die wir lieben, können wir meistens gut. **So kann auch jede Stärke zu einer Quelle der Motivation werden.** Wenn Sie Freude an Ihrer Tätigkeit haben, sind Sie auch widerstandsfähiger, sollten einmal Hürden oder Hindernisse auftauchen. Dazu ist es auch erforderlich, dass Sie sich in Ihrer Arbeit mit den richtigen Aufgaben beschäftigen, sich der Bedeutung Ihrer Arbeit bewusst sind und generell positive Gefühle verspüren.

Wussten Sie, dass ...

... wir Menschen zwar die Freizeit mehr schätzen als die Arbeit, aber die Erfahrung des Flows öfter bei der Arbeit machen als zu Hause?[321]

Tipp 178: Stundenplan

- Damit Sie Klarheit darüber erhalten, welche Aufgaben Sie zufrieden stellen und motivieren und welche nicht, schreiben Sie eine Woche lang alle Tätigkeiten auf, die Sie bei der Arbeit oder im Haushalt zu erfüllen haben. Führen Sie also eine Woche lang einen *„Arbeits-Stundenplan"* und notieren Sie, was Sie an welchem Tag wie lange gemacht haben (siehe das Beispiel auf der nächsten Seite).

- Überlegen Sie, welche Aufgaben und Tätigkeiten Ihnen in welchem Ausmaß Freude bereitet haben. Verwenden Sie dazu eine Skala von 1 bis 10, wobei 1 *„absolut keine Freude"* und 10 *„große Freude"* bedeutet. Dann betrachten Sie Ihren Stundenplan und vergleichen Ihre Motivationstätigkeiten und Demotivationstätigkeiten.

Wie zufrieden und glücklich Sie sind, hängt stark vom richtigen Verhältnis zwischen Tätigkeiten, die Sie ausführen wollen, und solchen, die Sie tun müssen, ab. Was überwiegt in Summe, die positiven oder die negativen Tätigkeiten? Freuen Sie sich überhaupt auf einen neuen Arbeitstag oder eine neue Arbeitswoche?

---

[321] Csikszentmihalyi, M./ Selega Csikszentmihalyi, I. (2000) Optimal experience – Psychological Studies of Flow in Consciousness, Cambridge University Press.

Tag	Tätigkeit	Zeit	Macht mir Freude 1-10
	Kundentermine	4 Stunden	8
Montag	Projektvorbereitung	3 Stunden	3
	Akquisition/Telefon	1 Stunde	7
	Administrative Aufgaben	4 Stunden	3
Dienstag	Berichtswesen	2 Stunden	5
	Meeting vorbereiten	2 Stunden	2

Tipp 179: Fragebogen zur Arbeitszufriedenheit

Füllen Sie den folgenden Fragebogen zur Arbeitszufriedenheit aus. Dieser Fragebogen wird weltweit eingesetzt und beruht auf 15 Hauptmerkmalen.

Anleitung:

Geben Sie an, wie zufrieden oder unzufrieden Sie mit den jeweiligen Merkmalen Ihres gegenwärtigen Jobs sind. Schreiben Sie jeweils eine Zahl zwischen 1 und 7 neben jedes Merkmal. Die Zahlen bedeuten:

1 = Ich bin höchst unzufrieden
2 = Ich bin sehr unzufrieden
3 = Ich bin etwas unzufrieden
4 = Ich weiß nicht genau
5 = Ich bin einigermaßen zufrieden
6 = Ich bin sehr zufrieden
7 = Ich bin höchst zufrieden

Fragebogen: Allgemeine Arbeitszufriedenheit[322]

Merkmal	**Zufriedenheit/ Unzufriedenheit 1-7**
Physische Arbeitsbedingungen	
Freiheit, die Arbeit selbst zu gestalten	
Kollegen	
Anerkennung für gute Arbeit	
Direkte Vorgesetzte	
Verantwortung	
Bezahlung	
Möglichkeiten, die eigenen Fähigkeiten zur Geltung zu bringen	
Verhältnis zwischen Management und Mitarbeitern	
Aufstiegschancen	
Art und Weise der Unternehmensführung	
Umgang mit Verbesserungsvorschlägen	

322 Nach: Warr, P./Cook, J./Wall, T. (1979) Scales for the measurement of some work attitudes and aspects of psychological well-being. Journal of Occupational Psychology, Nr. 52, 129-148.

Arbeitszeit	
Vielfalt und Abwechslung bei der Arbeit	
Sicherheit der Arbeitsstelle	
Summe	
Summe aller Spalten / 15	

Auswertung:

Sie erhalten das Ergebnis, den Wert für Ihre durchschnittliche Arbeitszufriedenheit, indem Sie die erreichten Punktzahlen der 15 Fragen addieren und diese Summe anschließend durch 15 dividieren. Bei einer Befragung von ca. 50.000 Beschäftigten in britischen Unternehmen ergab sich ein durchschnittlicher Wert von 4,47, wobei Frauen im Durchschnitt einen leicht höheren Wert als Männer erzielten.[323] Dann schauen Sie sich die Aspekte an, die Sie lediglich mit *„Ich bin höchst unzufrieden"* oder *„Ich bin sehr unzufrieden"* bewertet haben. Fragen Sie sich:

- *Welche Bedeutung haben diese Punkte für mich?*
- *Wie wichtig wären mir diese Aspekte in Bezug auf meine Arbeits-motivation?*

Bewerten Sie diese Punkte wiederum auf einer Skala von 1 bis 10, wobei 1 *„unwichtig für mich"* und 10 *„ganz besonders wichtig für mich"* bedeutet.

[323] Stride, C./Wall, T. D./Catley, N. (2007) Measures of job satisfaction, organizational commitment, mental health and job related well-being: A benchmark manual. Chicester. Zitiert nach: Warr, P./Clapperton, G. (2011) Richtig motiviert mehr leisten. Schäffer-Poeschl Verlag.

Und schließlich machen Sie das Gleich mit den Aspekten, die Sie mit *„Ich bin höchst zufrieden"* und *„Ich bin sehr zufrieden"* bewertet haben. Fragen Sie sich:

- *Wie wichtig sind mir diese Bereiche bei meiner Arbeit?*
- *Wie selbstverständlich ist es, dass diese Punkte in einem Unternehmen vorherrschen?*

Überlegen Sie, welche Veränderungen in den Bereichen mit hoher Unzufriedenheit realistisch und machbar sind, und versuchen Sie, entsprechende Maßnahmen in die Wege zu leiten. Nehmen Sie die Aspekte Ihrer Arbeit, mit denen Sie sehr zufrieden sind, nicht als selbstverständlich hin. Führen Sie sich Ihre (hohe) Zufriedenheit immer wieder vor Augen und schätzen Sie, dass Ihre Arbeit Ihnen diese Möglichkeiten bietet.

Wenn Sie den Fragebogen zur Allgemeinen Arbeitszufriedenheit ausdrucken möchten, geben Sie einfach diesen Link in Ihren Browser ein: http://bit.ly/Zufriedenheit-Arbeit-allgemein

Hier der dazugehörige QR-Code zum Download: 

Tipp 180: Arbeitsbezogene Gefühle ermitteln

Um herauszufinden, ob Sie bei Ihrer Arbeit eher glücklich oder unglücklich sind, können Sie den folgenden Fragebogen ausfüllen. Dieser misst vornehmlich Ihre arbeitsbezogenen Gefühle. Welche Gefühle hatten Sie in den letzten paar Wochen in Bezug auf Ihre Arbeit? Entscheiden Sie sich bei jeder

der nachfolgenden zwölf Beschreibungen für eine der angebotenen fünf Möglichkeiten.[324]

Fragebogen: Arbeitsbezogene Gefühle ermitteln

	Ich war/ Ich fühlte mich	über-haupt nicht	nur ein wenig	ziemlich	sehr	extrem	Summe
1	begeistert						
2	zufrieden						
3	ängstlich						
4	bedrückt						
5	aufgeregt						
6	behaglich						
7	angespannt						
8	deprimiert						
9	interessiert						
10	entspannt						

[324] Der Fragebogen beruht auf den Ergebnissen zahlreicher Studien. Siehe: Stride Chris/Wall Toby/Catley (2007) Measures of job satisfaction, organizational commitment, mental health an job-related well-being: A benchmarking manual. Chichester. Die ursprüngliche Version des Fragebogens wurde von Peter Warr in einem Aufsatz im Journal of Occupational Psychology (Nr. 60, 1990, S. 193-210) veröffentlicht.

<table>
<tr><td>11</td><td>besorgt</td><td></td><td></td><td></td><td></td><td></td><td></td></tr>
<tr><td>12</td><td>elend</td><td></td><td></td><td></td><td></td><td></td><td></td></tr>
<tr><td colspan="8" align="right">Summe „Glück“ (graue Felder) dividiert durch 6 =____</td></tr>
<tr><td colspan="8" align="right">Summe „Unzufriedenheit“ (weiße Felder) dividiert durch 6 =____</td></tr>
</table>

Auswertung des Fragebogens:

Für die positiven Gefühle addieren Sie die Punkte zu den Begriffen Nr. 1, 2, 5, 6, 9 und 10, für die negativen Gefühle addieren Sie die Punkte für die Begriffe Nr. 3, 4, 7, 8, 11 und 12 und teilen beide Male die jeweilige Summe durch die Zahl 6. Schauen Sie dann, wo sich Ihre beiden Durchschnittswerte bei den fünf Antwortmöglichkeiten einordnen lassen. So erhalten Sie einen Anhaltspunkt dafür, wie zufrieden Sie mit Ihrer Arbeit sind.

Wenn Sie den Fragebogen zur allgemeinen Arbeitszufriedenheit ausdrucken möchten, geben Sie einfach diesen Link in Ihren Browser ein: http://bit.ly/Arbeitsbezogene-Gefühle

Hier der dazugehörige QR-Code zum Download:

Tipp 181: Meine Gefühle kennen lernen

Wenn Sie sich mit der Wahrnehmung und Einschätzung Ihrer Gefühle bei der Arbeit schwertun, kann Ihnen diese Übung weiterhelfen. Stellen Sie sich für einen Zeitraum von einer bis zwei Wochen täglich am frühen Abend folgende Fragen und beantworten Sie diese schriftlich:[325]

- *In welchen Situationen habe ich heute deutliche Gefühle verspürt?*
- *Welche Gefühle waren das?* (Benennen Sie diese so präzise wie möglich.)
- *Was war der Auslöser für diese Gefühle?*
- *Wie haben meine Gefühle mein Verhalten beeinflusst?*
- *Habe ich meine Emotionen zum Teil oder ganz unterdrückt?*

Sollten Sie anfangs nicht viele Situationen einschätzen können, so ist dies ganz normal. Es kommt der Moment, in dem Ihnen bewusst wird, welche Gefühle es sind und was diese mit Ihnen machen. Sie werden mit dieser Übung empfindsamer und steigern Ihre Selbstwertwahrnehmung.

Tipp 182: Job oder Berufung[326]

Lesen Sie die folgenden drei Aussagen durch:

[325] Nach: Bergner, Thomas (2010) Burnout-Prävention, Sich selbst helfen: das 12-Stufen-Programm. Schattauer Verlag.
[326] Nach Seligman, Martin E. P. (2010) Der Glücks-Faktor – Warum Optimisten länger leben. Bastei Lübbe Verlag.

A: *Ich empfinde meinen Job meist nur als lästige Pflicht, es geht mir vornehmlich ums Geldverdienen. Ich gehe arbeiten, weil ich muss, und nicht, weil ich will. Die einzige Erwartung an den Job besteht darin, am Monatsende mein Geld zu erhalten. Ich freue mich hauptsächlich auf den Freitag und den nächsten Urlaub. Meinen Freunden und Kindern würde ich von dieser Arbeit abraten.*

B: *Ich freue mich auf die nächste Beförderung als nächsten Schritt auf der Karriereleiter. Manchmal kommt mir meine Arbeit wie Zeitverschwendung vor, aber ich weiß, dass ich in meiner jetzigen Position ein gutes Bild abgeben muss, um vorwärtszukommen. Für mich bedeutet ein nächster Karriereschritt die Anerkennung meiner guten Arbeit und ist Zeichen für meinen Erfolg im Wettbewerb mit meinen Kollegen.*

C: *Zwar sind mir Gehalt und der berufliche Aufstieg auch wichtig, ich arbeite jedoch hauptsächlich deshalb, weil mir die Beschäftigung Spaß macht. Ich finde meine Arbeit gut und glaube, dass meine Arbeit die Welt in einen besseren Ort verwandelt. Ich werde durch meine inneren Antriebe motiviert und erlebe eine persönliche Befriedigung. Meine Kinder und Freunde würde ich ermutigen, eine vergleichbare Arbeit auszuüben.*

Welcher der drei Beschreibungen würden Sie am ehesten beipflichten? Die Beschreibung A beschreibt einen Job, B eine Karriere und C eine Berufung. Und jetzt stellen Sie sich folgende Frage: *Sehe ich meine Arbeit als Job, Karriere oder Berufung?* Wenn das, was Sie tun, Ihnen etwas bedeutet, genießen Sie es auch mehr. Und wenn Ihnen eine bestimmte Tätigkeit Spaß und Freude bereitet, bekommt diese auch eine größere Bedeutung für Sie.[327]

---

[327] King, L. A./Hicks, J. A./Krull, J. L./Del Gaiso, A. K. (2006) Positive Affect and the Experience of Meaning in Life. In: Journal of Personality and Social Psychology, 90, 179-196, Download unter: http://www.drpaulwong.com/index.php?view=article&catid=52:positive-psychology&id=149:the-positive-psychology-of-meaning-in-life-and-well-being&tmpl=component&print=1&page (letzter Zugriff: 15.03.2020)

Wenn du als Straßenfeger arbeitest, dann fege die Straßen so, wie Michelangelo malte, wie Beethoven komponierte oder wie Shakespeare dichtete. Fege die Straßen so gut, dass die Menschen innehalten und sagen: Hier lebt ein großer Straßenfeger, der sich auf seine Arbeit versteht.

Martin Luther King

Tipp 183: Meine Stellenbeschreibung

Die innere Einstellung gegenüber Ihrer Arbeit ist ausschlaggebend dafür, wie Sie Ihre Arbeit erleben.

- Beschreiben Sie Ihre Arbeit so, dass andere dadurch angeregt werden, sich für diese Stelle zu bewerben und in ihr etwas Erstrebenswertes sehen. Lassen Sie dazu die Motivationstätigkeiten aus dem Tipp 178 und die Merkmale, mit denen Sie sehr zufrieden sind, aus dem Tipp 179: Fragebogen zur Arbeitszufriedenheit in Ihre Stellenbeschreibung einfließen.

Betonen Sie also das Positive und geben Sie Ihrer Tätigkeit eine größere Bedeutung. So sind zum Beispiel Reinigungskräfte, die einfach erkennen, dass ihre Tätigkeit einen Sinn hat und anderen Menschen etwas bedeutet, motivierter und zufriedener als Ärzte, die nicht die Erfahrung machen, dass ihnen ihre Arbeit wichtig ist.[328]

[328] Studie von Wrzesnieskif, A./Dutton, J. E. (2011) Job crafting and meaningful work.

Tipp 184: Klarer Zeitplan

Sind Sie überwiegend unzufrieden oder stehen Veränderungen im Unternehmen an, von deren Nutzen Sie noch nicht überzeugt sind oder die Ihnen mögliche Nachteile bringen, geben Sie sich und Ihrem Umfeld Zeit.

- Füllen Sie den *Fragebogen zur Arbeitszufriedenheit* wie oben beschrieben aus und legen Sie ihn ab. Dann definieren Sie einen Zeitraum, zum Beispiel bis zum Jahresende oder bis zu Ihrem Geburtstag. In diesem Zeitraum können Sie versuchen, Veränderungen herbeizuführen, über für Sie wichtige Dinge mit Ihrem Vorgesetzten zu sprechen oder einfach abwarten, was auf Sie zukommt.
- Am Ende des gesetzten Zeitraums füllen Sie erneut den Fragebogen aus und vergleichen diesen mit dem zu Beginn ausgefüllten Fragebogen. Jetzt können Sie ein objektives Fazit ziehen. Fragen Sie sich:

  - *Was hat sich verändert?*
  - *In welche Richtung haben sich die Aspekte verschoben?*
  - *Welche Aspekte haben sich zum Positiven, welche zum Negativen hin entwickelt?*
  - *Entwickeln sich die Dinge in die richtige Richtung?*
  - *Geht es mir schnell genug?*

Nun können Sie Ihre Entscheidung treffen. Wenn Sie überlegen, eine andere Stelle anzunehmen, prüfen Sie im Vorfeld anhand des Fragebogens zur Arbeitszufriedenheit, welche Punkte Ihnen besonders wichtig und an Ihrem neuen Arbeitsplatz jedenfalls erfüllt sein sollten.

Setzen Sie sich zudem mit folgenden Fragen auseinander:

- *Was sind meine Stärken, und wie kann ich diese in meine Arbeit integrieren?*
- *Was gibt mir das Gefühl, dass ich etwas Sinnvolles tue?*
- *Welche Aufgaben mache ich mit Freude?*
- *Welche Möglichkeiten, Veränderungen herbeizuführen, nutze ich?*
- *Sehe ich meine Arbeit als Job oder als Berufung?*

12. WIE FINDE ICH ZU MEHR GLÜCK UND LEBENSFREUDE?

Strategie 50: Wichtige Lebensbereiche stärken

Das Ziel eines jeden Menschen ist, ein glückliches, zufriedenes, gesundes und ausgeglichenes Leben zu führen. Voraussetzung dafür ist eine Ausgeglichenheit und Balance in allen wichtigen Bereichen des Lebens. Wenn Sie sich in Ihrem Leben mit sich selbst oder mit Ihrem Umfeld zurzeit nicht wohl fühlen, gibt es verschiedene Möglichkeiten, wie Sie Ihren aktuellen Lebenszustand analysieren, bewerten und gegebenenfalls zum Positiven hin verändern können. Folgende Tipps helfen Ihnen dabei:

Tipp 185: Fragebogen zur Lebenszufriedenheit

Die ***Skala zur Lebenszufriedenheit*** des US-Psychologen Edward Diener ist das weltweit am häufigsten verwendete Instrument zur Messung der Lebenszufriedenheit.[329] Der Fragebogen besteht aus nur fünf Fragen und gibt Ihnen in einer Minute Auskunft darüber, wie zufrieden Sie im Allgemeinen mit Ihrem eigenen Leben sind. Er misst also das sogenannte „Lebensglück". Der Fragebogen kann Ihnen – auch bei Stimmungsschwankungen – ein genaueres Bild vom Ausmaß Ihrer allgemeinen Lebenszufriedenheit vermitteln.

---

[329] Pavot, W./Diener, E. (2009) Review of the Satisfaction with Life Scale. In: Diener, E. (Ed.), Assessing well-being: The collected works of Ed Diener, 101-117, Springer Verlag.

Sie können diesen Fragebogen auch online unter: https://www.psychotherapiepraxis.at/surveys/test_lebenszufriedenheit.phtml ausfüllen. [330] (Letzter Zugriff am 15.03.2020)

Der QR-Code zum Fragebogen: 

Anleitung zum Fragebogen:

Unten stehen fünf Aussagen, denen Sie zustimmen können oder auch nicht. Drücken Sie mit den folgenden Zahlenwerten den Grad Ihrer Zustimmung aus und tragen Sie die Ziffer links neben den Aussagen ein:

7 = starke Zustimmung
6 = Zustimmung
5 = geringe Zustimmung
4 = weder Zustimmung noch Ablehnung
3 = geringe Ablehnung
2 = Ablehnung
1 = starke Ablehnung

[330] Das Original in englischer Sprache ist unter folgendem Link zu finden: http://webcache.googleusercontent.com/search?q=cache:http://labs.psychology.illinois.edu/~ediener/SWLS.html (letzter Zugriff: 15.03.2020)

Zustimmung 1-7	Aussagen
	Mein Leben kommt in so ziemlich jeder Hinsicht meinen Idealvorstellungen nahe.
	Meine Lebensumstände sind ausgezeichnet.
	Ich bin mit meinem Leben rundum zufrieden.
	Bisher habe ich die wichtigen Dinge im Leben, die ich haben wollte, bekommen.
	Wenn ich mein Leben noch einmal leben dürfte, würde ich nichts anders machen.
	Summe der Punkte

Ergebnis:

30 bis 35:	extrem zufrieden, sehr deutlich über dem Durchschnitt
25 bis 29:	sehr zufrieden, über dem Durchschnitt
20 bis 24:	einigermaßen zufrieden, entspricht dem Durchschnitt
15 bis 19:	leicht unzufrieden, knapp unter dem Durchschnitt
10 bis 14:	unzufrieden, deutlich unter dem Durchschnitt
5 bis 9:	sehr unzufrieden, drastisch unter dem Durchschnitt

Zehntausende von Menschen aus verschiedensten Kulturen haben diesen Fragebogen ausgefüllt. Hier einige repräsentative Normwerte: Unter älteren Amerikanern erreichen Männer 28 und Frauen 26 Punkte. Nordamerikanische College-Studenten erreichen zwischen 23 und 25, osteuropäische und chinesische Studenten im Durchschnitt zwischen 16 und 19 Punkten. Männliche Gefängnisinsassen erreichen im Durchschnitt 12 Punkte, genauso viel wie Menschen in Krankenhäusern. Menschen in psychologischer Behandlung erreichen im Durchschnitt zwischen 14 und 18 Punkten. Nonnen sind mit einem Wert von 25 überdurchschnittlich zufrieden. Menschen, die für andere Menschen sorgen, erreichen im Durchschnitt 21 Punkte.[331]

Als Onlineversion finden Sie den auf der vorigen Seite abgedruckten Fragebogen zur Lebenszufriedenheit auch auf der Website der Universität Zürich unter https://www.charakterstaerken.org. Nach einer kostenlosen Registrierung erhalten Sie Zugang zu rund **25 unterschiedlichen psychologischen Fragebogen rund um Ihre Persönlichkeit samt Auswertung.**

Der QR-Code zur Website der Univ. Zürich:

Tipp 186: Mein Lebensrad

Mit der Übung *„Mein Lebensrad"* können Sie sich Klarheit darüber verschaffen, in welchen Lebensbereichen eine Veränderung sinnvoll sein könnte. Mit dem Lebensrad können Sie eine aktuelle Standortbestimmung in Bezug auf die Zufriedenheit mit Ihren wichtigen Lebensbereichen vornehmen. Die Übung macht ein mögliches Ungleichgewicht Ihrer Lebensbalance sichtbar und zeigt Ihnen Ansatzpunkte für Veränderungen auf. *Das Lebensrad* gibt

[331] Pavot, W./Diener E. (1993) Review of the satisfaction with life scale. In: Psychological Assessment, 5, 164-172.

Ihnen Hinweise, in welchen Lebensbereichen der größte Handlungsbedarf besteht, und hilft Ihnen so bei der Entscheidung, wo Sie ansetzen sollten, um wieder mehr Zufriedenheit und Lebensfreude zu erreichen.

Gehen Sie dazu folgendermaßen vor:

Schritt 1: Bereiche definieren: Bestimmen Sie als erstes Ihre wichtigen Lebensbereiche und tragen diese in das Rad (Abbildung 1) ein. Üblicherweise sind acht Bereiche ausreichend. Im Allgemeinen werden folgende Lebensbereiche genannt: Körper & Gesundheit, Familie, Freunde, Spaß & Erholung, (Wohn-) Umfeld, Finanzen und persönliche Weiterbildung. Alternativ können Sie auch Bereiche wählen, die für Sie persönlich wichtig sind. Wenn es Ihnen leichter fällt, können Sie auch die verschiedenen Rollen, die Sie täglich einnehmen benennen. Zum Beispiel: Ehemann/Ehefrau, Vater/Mutter, Chef, Kollege, Teammitglied (Sport), Freund(in) etc. Wichtig ist nur, dass es Rollen sind, die für Sie von Bedeutung sind.

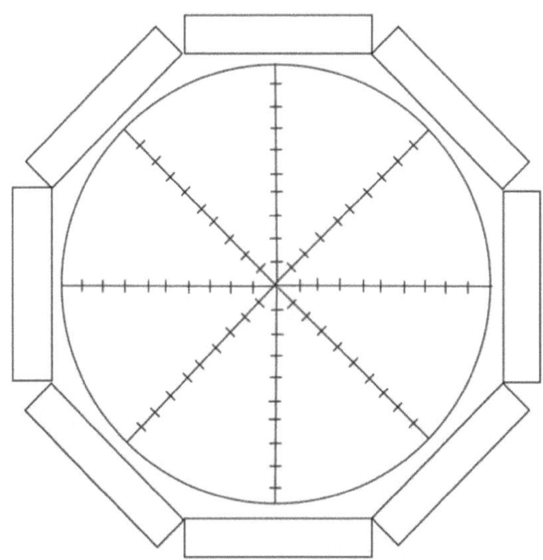

Abb. 1: Lebensrad

Der Downloadlink zum Ausdrucken des Lebensrads lautet: http://bit.ly/Lebens-Rad

Hier der entsprechende QR-Code: 

Schritt 2: Ist-Analyse: Gehen Sie die Bereiche/Rollen nacheinander durch und bewerten Sie Ihre Zufriedenheit von 1 (wenig zufrieden = nahe an der Mitte des Kreises) bis 10 (sehr zufrieden = am äußeren Rand des Kreises). Hilfreiche Fragen bei der Bewertung der Zufriedenheit können z. B. sein:

- *Würde ich mir in diesem Bereich / dieser Rolle eine Veränderung wünschen oder kann es so bleiben, wie es ist?*
- *Wie viel Zeit / Aufmerksamkeit nimmt der Lebensbereich / die Rolle ein? Ist dies zu viel / zu wenig / genau richtig?*
- *Wie intensiv lebe ich diesen Lebensbereich / diese Rolle? Ist dies zu viel / zu wenig / genau richtig?*
- *Wie viel Energie investiere ich in diesen Lebensbereich / diese Rolle? Wie viel Energie gibt mir dieser Bereich / diese Rolle?*

Schritt 3: Punkte verbinden: Nachdem Sie jeden Bereich für sich bewertet haben, verbinden Sie die Punkte mit Linien, so dass Sie ein Spinnennetz-Diagramm erhalten, in etwa wie in Abbildung 2:

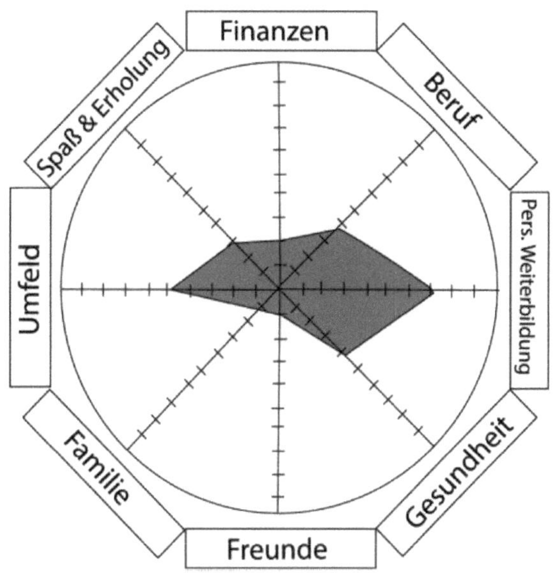

Abb. 2: Beispielhaftes Spinnennetz-Diagramm nach Verbinden der Punkte aus der Ist-Analyse

Schritt 4: Zielwert festlegen. Im nächsten Schritt gehen Sie nochmals alle Bereiche durch und überlegen sich, welcher Wert für Sie der jeweils wünschenswerte des jeweiligen Lebensbereichs wäre. Hierbei geht es nicht darum, dass Sie in jedem Bereich 10 Punkte ankreuzen. Es kann zum Beispiel sein, dass Ihnen Ihr *„Beruf"* nicht so wichtig ist, sodass ein Zufriedenheitswert von 6 aus Ihrer Sicht für Sie bereits ideal wäre. Möglicherweise ist Ihnen jedoch der Bereich *„Spaß & Erholung"* wichtiger, so dass Sie hier einen Zielwert von 9 anstreben. Bitte bedenken Sie: Es geht dabei immer um Ihre individuelle Bewertung der Bereiche. Es gibt kein Richtig oder Falsch! Hilfreiche Fragen bei der Festlegung eines Zielzustands sind beispielsweise:

> - *Welche Bereiche / Rollen möchte ich erweitern oder verändern?*
> - *In welchen Bereichen / Rollen gibt es noch unerfüllte Bedürfnisse?*
> - *Woraus kann ich Kraft schöpfen?*
> - *Wo möchte ich mehr Energie investieren?*
> - *Wie viel Zeit sollte dieser Bereich / diese Rolle einnehmen?*

Schritt 5: Zielpunkte verbinden: Nachdem Sie Ihre Idealwerte für jeden Bereich definiert haben, verbinden Sie auch diese Punkte miteinander, sodass Ihr Lebensrad-Diagramm in etwa so aussieht wie in Abbildung 3.

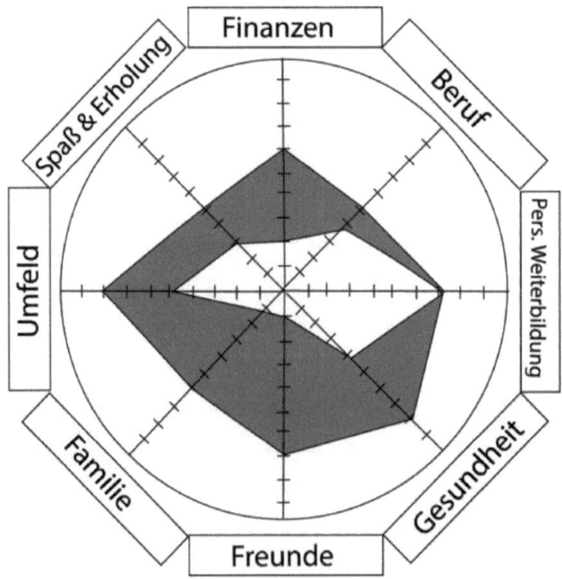

Abb. 3: Beispielhaftes Lebensrad nach Einzeichnen der Zielwerte

Schritt 7: Bereiche auswählen: Ihr Lebensrad zeigt Ihnen nun deutlich, in welchen Bereichen Sie von Ihrem Idealwert entfernt sind und auf welche Bereiche Sie künftig mehr achten sollten. Dort, wo Ist- und Zielzustand am weitesten auseinander liegen, wünschen Sie sich am ehesten eine Veränderung. Wählen Sie jene Bereiche aus, die Sie angehen möchten.

Schritt 8: Was gilt es, zu verändern? Im letzten Schritt überlegen Sie sich nun, was Sie konkret verändern möchten. Wenn Sie beispielsweise im Bereich *„Freundschaften"* noch weit von Ihrem Idealwert entfernt sind, könnten Sie sich dazu entschließen, anstatt abends vor dem Fernseher zu sitzen, regelmäßig etwas mit Ihren Freunden zu unternehmen oder einem Sportverein beizutreten, um neue Menschen kennen zu lernen.

Dazu können Sie sich auch folgende Fragen stellen:

- *Was bräuchte ich, um eine Veränderung zu bewirken?*
- *Welche Fähigkeiten, Ressourcen, Informationen habe ich bereits?*
- *Wer kann mich unterstützen?*
- *Auf welche Erfahrungen aus der Vergangenheit kann ich zurückgreifen, um mein Wunschziel zu erreichen?*
- *Was wäre das nächste Etappenziel?*
- *Was könnte der erste kleine Schritt sein?*

Egal in welchen Bereichen Sie eine Veränderung erreichen möchten, wichtig ist, dass Sie diese Veränderung auch wirklich angehen. (Mit welchen Methoden und Techniken Sie sich Ziele setzen und diese auch erreichen können, lesen Sie in Strategie 48: Ziele setzen und erreichen.)

Tipp 187: Analysieren der täglichen Aktivitäten

Obwohl es nicht immer leicht ist, mentale und emotionale Zustände zu beschreiben, ist es doch möglich, zu sagen, ob wir glücklich und zufrieden sind. Um festzustellen, was Sie glücklich oder unglücklich macht, können Sie Ihre täglichen Aktivitäten festhalten und danach bewerten, welche Bedeutung sie für Sie haben und wie viel Freude sie Ihnen machen.

- Halten Sie mindestens zwei Wochen lang Ihre täglichen Aktivitäten fest. Schreiben Sie am Abend auf, wie Sie Ihren Tag verbracht und wofür Sie wie viel Zeit aufgewendet haben. Erstellen Sie quasi einen Stundenplan Ihrer Aktivitäten. Sie brauchen dabei nicht jede Minute Ihres Tagesablaufs wiederzugeben. Es genügt, wenn Sie einen Eindruck davon erhalten, wie Ihre Tage im Einzelnen aussehen.

Einen solchen Aktivitätenplan zum Ausfüllen finden Sie unter: http://bit.ly/Aktivitätenlisten

Der entsprechende QR-Code dazu:

- Machen Sie dann am Ende jeder Woche eine Aufstellung zu Ihren Aktivitäten, was sie Ihnen bedeuten, wie viel Freude sie Ihnen machen und wie viel Zeit Sie mit den Aktivitäten verbracht haben. Dazu können Sie auch eine Skala von 1 bis 5 nutzen, wobei 1 keine Bedeutung und kein Vergnügen anzeigt und 5 viel Bedeutung und viel Vergnügen. Halten Sie neben der Zeitangabe fest, ob Sie gern weniger oder mehr Zeit mit dieser Aktivität verbrächten.

Wenn Sie gern mehr Zeit mit ihr verbrächten, vermerken Sie ein „+" daneben. Wollen Sie viel mehr Zeit damit verbringen, notieren Sie „++". Wenn Sie weniger Zeit damit verbringen wollen, schreiben Sie entsprechend „- " und „- -" daneben. Sind Sie mit dem Zeitaufwand für die einzelne Aktivität zufrieden oder gibt es im Moment keine Möglichkeit, diese nach oben oder unten hin zu verändern, dann schreiben Sie einfach ein „= " daneben.

Eine solche Aufstellung könnte in etwa so aussehen:

Aktivität	Bedeutung	Lebens-freude	Zeit pro Woche
Zeit mit der Familie verbringen	5	4	2,2 Stunden ++
Treffen mit Arbeitskollegen	4	2	11 Stunden =
Fernsehen	2	3	8,5 Stunden -
Sport	3	4	2 Stunden ++
Lesen	3	4	1 Stunde ++
......			

Überlegen Sie nun, welche Tätigkeiten Sie künftig verstärkt ausüben und welche Sie reduzieren können und möchten. Treffen Sie eine Auswahl und setzen Sie Ihr Vorhaben in die Tat um. Ihre Lebensfreude und Ihre Zufriedenheit werden steigen, wenn Sie sich vermehrt mit jenen Menschen und Dingen befassen, die Ihnen guttun und aus denen Sie positive Energie ziehen können.

Tipp 188: Zufriedenheit mit den derzeitigen Lebensbereichen

Eine Variante der Analyse ist folgende Vorgehensweise:[332] Betrachten Sie Ihren momentanen Alltag und geben Sie an, in welchen Lebensbereichen Sie sich in der letzten Woche engagiert haben. (Kreuzen Sie dazu die Ziffer vor dem jeweiligen Bereich an.) Ergänzen Sie Bereiche, die außerdem in Ihrem Leben eine Rolle spielen, in der Aufzählung jedoch nicht angeführt sind. Geben Sie dann an, wie zufrieden Sie mit Ihrem derzeitigen Engagement in dem jeweiligen Bereich sind: 0 = unzufrieden, 1 = zufrieden, 2 = sehr zufrieden.

Lebensbereiche, in denen ich mich in der letzten Woche engagiert habe ...	**Zufriedenheit (0-2)**
in meiner Familie	
in meiner Partnerschaft/Ehe	
in meiner Verwandtschaft	
für meinen Körper, mein Aussehen	
für meine Gesundheit	
in meiner Nachbarschaft	

[332] Nach Frank, R.: Wohlbefinden fördern. Positive Therapie in der Praxis. Download unter: https://www.klett-cotta.de/media/44/Buch10389_Frank_Wohlbefinden_Zusatzmat.pdf (letzter Zugriff: 14.03.2020)

bei meinen Freunden	
in meiner Wohnung (Haushalt, Alltagsorganisation)	
bei meiner Arbeit / in meinem Beruf	
in der Schule / für Bildung bzw. Weiterbildung	
in der Freizeit	
bei Vereinstätigkeiten	
in der Kirche	
in einem Ehrenamt	
sonstiges ...	

Überlegen Sie, welche Möglichkeiten es gibt, Ihre Zufriedenheit in den niedrig bewerteten Bereichen zu erhöhen, und ändern Sie Ihr Verhalten entsprechend. Stellen Sie sich dazu folgende Fragen:

- *Woran würde ich erkennen, dass sich meine Zufriedenheit verbessert?*
- *Woran würde mein Umfeld bemerken, dass ich zufriedener bin?*
- *Was bräuchte ich, um eine Veränderung zu bewirken?*
- *Wofür lohnt es sich, diesen Weg zu gehen?*
- *Was ist meine größte Motivation, die Umsetzung anzugehen?*
- *Was wäre das nächste Etappenziel?*
- *Was könnte der erste kleine Schritt sein?*

Tipp 189: Was mir wichtig ist

- Erstellen Sie eine Liste jener Aktivitäten, die für Sie eine große Bedeutung haben und die Ihnen viel Spaß machen. Auf einer solchen Liste könnte zum Beispiel stehen: Zusammensein mit der Familie, Sport treiben, Musik hören *usw.* Schreiben Sie auch hier neben die einzelnen Punkte, wie viel Zeit in der Woche oder im Monat Sie damit verbringen.

- Vergleichen Sie diese Liste mit der Aufstellung Ihrer *„Analyse der täglichen Aktivitäten"* oder der *„Zufriedenheit mit derzeitigen Lebensbereichen"-Liste* und fragen Sie sich, ob Sie zum Beispiel genügend Zeit mir Ihrer Familie verbringen, ob Sie ausreichend Sport treiben oder ob Sie sich die Zeit nehmen, Musik zu hören.

- Wenn nicht, gilt es, Prioritäten zu setzen und zu überlegen, wie Sie Ihre freudvollen Tätigkeiten ausbauen können. Die folgende Geschichte soll Sie diesbezüglich zum Nachdenken anregen.[333]

Das Glas der Zeit

Ein Professor wird gebeten, seinen Studenten innerhalb einer Vorlesungsstunde das Thema Zeit- und Selbstmanagement näher zubringen. Er tut dies in Form eines Experiments: Er holt einen Glaskrug aus seiner Tasche und stellt diesen für alle sichtbar auf sein Pult. Zuerst legt er vorsichtig faustgroße Steine nacheinander bis zum Glasrand in den Krug. Er blickt zu seinen Studenten und fragt: *„Ist das Glas aus Ihrer Sicht voll?"* Alle Studenten antworten mit einem Ja. Ohne weitere Worte holt er eine Tüte mit Kieselsteinen aus seiner Tasche, schüttet diese über die faustgroßen Steine und rührt leicht um.

---

[333] Aus: Heß, Hans (Hrsg.) (2011) Erzählbar, 111 Top-Geschichten für den professionellen Einsatz in Seminar und Coaching. managerSeminare Verlags GmbH.

Die Kieselsteine fallen zwischen den großen Steinen hindurch und füllen so das Gefäß aus. Wieder blickt der Professor seine Studenten an: *„Ist das Glas aus Ihrer Sicht jetzt voll?"* Die Studenten sind verunsichert, und einer sagt: *„Wahrscheinlich nicht ..."*

Wieder holt der Professor wortlos einen Becher mit Sand aus seiner Tasche und kippt diesen in das Gefäß, sodass der Sand die Zwischenräume auffüllt. Er sieht seine Studenten an: „Ist das Glas nun voll?" Dieses Mal antwortet ein Großteil der Studenten mit einem Nein. Der Professor zieht lächelnd eine Wasserflasche aus seiner Tasche und füllt ihren Inhalt in das vor ihm stehende Gefäß.

Nach einer kurzen Pause fragt der Professor: *„Nun, was können Sie aus diesem Experiment lernen?"* Eine besonders clevere Studentin meint daraufhin: *„Wir lernen, dass wir auch dann, wenn unser Zeitplan bis zum Rand mit Terminen und Aufgaben gefüllt ist, immer noch etwas dazwischenschieben können."* *„Nein"*, sagt der Professor, *„darum geht es nicht. Wir lernen daraus, dass wir niemals alle faustgroßen Steine in das Gefäß bekommen, wenn wir Sie nicht als allererstes hineinlegen."*

Ein großes Schweigen setzt im Kurs ein, denn jedem wird klar, wie recht der Professor mit seiner Aussage hat. Die Vorlesung neigt sich dem Ende zu, und der Professor verabschiedet sich mit den Worten:

„Vergessen Sie nie, sich die Frage nach den wichtigen und bedeutsamen großen Steinen Ihres Lebens zu beantworten. Sonst laufen Sie Gefahr, dass Sie Ihr Leben mit den kleinen Dingen, dem Sand oder dem Kies, verbringen und Ihnen keine Zeit mehr verbleibt für die wichtigen Dinge Ihres Lebens, wie zum Beispiel Ihre Familie oder Ihre Träume." Mit langsamen Schritten und seiner Tasche unter dem Arm verlässt der Professor den Hörsaal.

Strategie 51: Mein soziales Umfeld nutzen

An fast alles, das unser Glückszentrum auf Trab bringt, gewöhnen wir uns sehr schnell, mit einer wichtigen Ausnahme: Andere Menschen. Ein Lächeln, ein gutes Gespräch, ein gemeinsames Essen oder ein gemeinsamer Theaterbesuch bescheren uns glückliche Stunden. Ein Abendessen mit drei Freunden macht viel glücklicher und bewirkt viel mehr als dreihundert virtuelle Kontakte in Facebook.[334] **Eine ganze Reihe von Studien zeigt zudem einen deutlichen Zusammenhang zwischen Einsamkeit und der Internetnutzung.**[335] Eine funktionierende Beziehung zu einem anderen Menschen und soziale Kontakte zu anderen sind wichtig für unser Wohlbefinden und zählen als wesentliche Ressourcen.

Wussten Sie, dass ...

... Menschen, die in einer glücklichen Partnerschaft leben, auch seltener an Burn-out erkranken?[336]

In zwei Langzeitstudien über 75 Jahre hinweg befragten Forscher der Harvard Universität US-Amerikaner, was für sie Glück bedeutet.[337] *In The Grant-Study wurden 268 Harvard-Absolventen aus den Jahrgängen 1939* bis

---

334 Spitzer, Manfred (2012) Digitale Demenz. Droemer.

335 Bonetti, L./Campbell, M. A./Gilmore, L. (2010) The relationship of loneliness and social anxiety with children's and adolescents online communications. CyberPsychology, Behavior and Social Networking 2010. Download unter: http://www.deepdyve.com/lp/mary-ann-liebert/the-relationship-of-loneliness-and-social-anxiety-with-children-s-and-NcYSr0dlYL (letzter Zugriff: 04.03.2020)

336 Bergner, Thomas (2010) Burnout bei Ärzten. Arzt sein zwischen Lebensaufgabe und Lebens-Aufgabe. Schattauer Verlag.

337 https://www.adultdevelopmentstudy.org/datacollection (letzter Zugriff: 05.03.2020)

1944 regelmäßig befragt, in der *Glueck Study* 456 Männer, die alle als Kinder in den ärmeren Vierteln von Boston aufgewachsen waren. Die Forscher um den Studienleiter Robert Waldinger, Direktor der Harvard Study of Adult Development, befragten die Teilnehmer über Jahrzehnte, verfolgten ihre Lebensgeschichten, ihre beruflichen Karrieren sowie ihren Gesundheitszustand. Viele Probanden verstarben seitdem, rund 60 leben aber noch und halten Kontakt mit den Wissenschaftlern.

Waldinger: *„Gute Beziehungen machen uns glücklicher und gesünder. Die Betonung liegt dabei auf ‚gut'. Es geht nicht um die Anzahl der Freunde. Es ist die Qualität der nahen Beziehungen, die zählt."* **Die Studie beweist eindrucksvoll, welche positiven Auswirkungen die Liebe auf unsere emotionale Stabilität und unsere Gesundheit hat.** Menschen, die sich lange Zeit sehr einsam fühlten und keine stabilen zwischenmenschlichen Beziehungen führten, fühlten sich nicht nur unglücklich; ihre Gesundheit wurde im Alter merklich schlechter, ihre Gehirnfunktionen nahmen eher ab, und sie starben früher als jene, die ihre Beziehungen als gut und stabil einschätzten. **Die Teilnehmer, die im Alter von 50 Jahren von glücklichen zwischenmenschlichen Beziehungen berichteten, waren im Alter von 80 Jahren am gesündesten.**

Tipp 190: Mein soziales Umfeld

- Überlegen Sie sich, wer alles zu Ihrem sozialen Umfeld gehört. Das können sein: Ihr Partner, Ihre Kinder, Ihre Eltern, Ihre Verwandten, Ihre Freunde und Bekannten, Ihre Arbeitskollegen, Ihr Frisör, Ihr Zeitschriftenverkäufer usw.

- Schreiben Sie dann auf, welche Menschen Ihr soziales Umfeld positiv beleben. Dies sollten jene Menschen sein, mit denen Sie gern Kontakt haben oder gerne hätten. Schreiben Sie die Namen untereinander in eine Liste und bilden Sie daneben noch drei weitere Spalten. Über die erste Spalte schreiben Sie: *Dauer seit dem letzten Kontakt.* Notieren Sie dann die Zeitspanne seit dem letzten Kontakt zu jeder Person in dieser Spalte.

- Über die zweite Spalte schreiben Sie: *Passt mir/Passt mir nicht.* Das heißt, Sie sind mit der verstrichenen Zeit seit dem letzten Kontakt einverstanden oder nicht.

- Über die dritte Spalte schreiben Sie: Was ich wann konkret tun werde, um das zu ändern. Für diese dritte Spalte beachten Sie ausschließlich die Namen, bei denen Sie „Passt mir nicht" notiert haben, und überlegen, was Sie konkret tun möchten. Nehmen Sie dann Kontakt zu diesen Menschen auf und bereichern Sie Ihr soziales Leben. Das hebt Ihr Glückniveau und macht Sie zufriedener.

Hier sehen Sie ein Beispiel einer solchen Auflistung:

Name	**Dauer seit dem letzten Kontakt**	**Passt mir / Passt mir nicht**	**Was ich wann konkret tun werde, um das zu ändern:**
Manfred	2 Tage	Passt mir	nichts
Michael	3 Wochen	Passt mir nicht	Anruf kommenden Dienstag nach der Arbeit
Melitta und Johanna	2 Wochen	Passt mir nicht	WhatsApp-Nachricht sofort: Einladung zum Essen am Wochenende

Tipp 191: Das soziale Atom

Um sich Ihres sozialen Netzwerks bewusst zu werden, können Sie auch ein sogenanntes soziales Atom zeichnen.[338] Als Analysewerkzeug hilft das soziale Atom, Ihr eigenes Beziehungsnetzwerk zu visualisieren und zu hinterfragen. Vielfach kommt dabei Spannendes und Überraschendes heraus. Im Folgenden sehen Sie in Abbildung 4 eine beispielhafte schematische Darstellung eines sozialen Atoms:

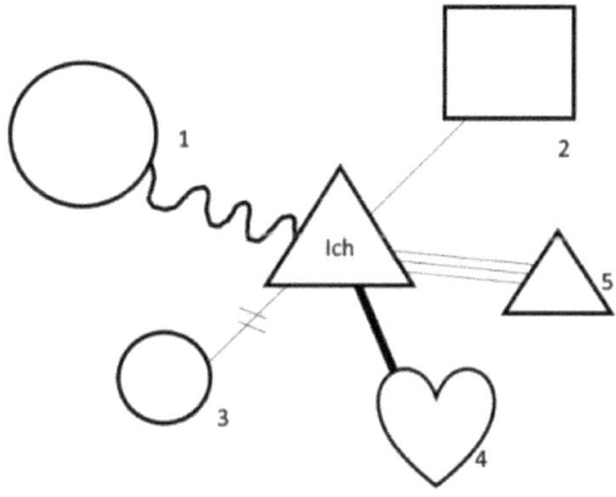

Abb. 4: Soziales Atom

Für die Erstellung des sozialen Atoms sind der Fantasie grundsätzlich keine Grenzen gesetzt. Mit wenigen Strichen, Formen oder Symbolen lassen sich in rund 15 Minuten inhaltsreiche Netzwerkvisualisierungen erstellen. Einige Leitlinien und Anleitungen sind jedoch hilfreich, damit die Darstellung aussagekräftig wird. Nachfolgend ein paar Tipps, wie Sie ein soziales Atom zeichnen können.

---

[338] Siehe z. B. Migge, Björn (2018) Handbuch Coaching und Beratung: Wirkungsvolle Modelle, kommentierte Falldarstellungen, zahlreiche Übungen. Mit E-Book inside und Online-Material. Beltz Verlag.

Mit wenigen Strichen das eigene soziale Atom zeichnen

- Zeichen Sie zuerst ein Symbol für sich irgendwo auf ein Blatt Papier (DIN-A4 oder größer) oder schreiben Sie Ihren Namen oder das Wort „Ich" darauf. Dieses Symbol ist das Selbstsymbol. Aus Platzgründen ist es vorteilhaft, in der Mitte des Blattes zu beginnen.

- Dann zeichnen Sie weitere Menschen auf das Blatt: Am besten Personen, die Ihnen spontan einfallen und zu denen es eine emotionale Bindung gibt. Wählen Sie für jede Person ein passendes Symbol. (z. B. Kreis, Herz, Fantasiesymbol, Quadrat, Dreieck ...) und tragen Sie darin den Vornamen ein. Sie können auch dasselbe Symbol (z. B. Kreis) für alle Personen verwenden.

- Die Symbole werden nummeriert: Eine 1 für das Symbol, das zuerst gesetzt wurde, eine 2 für das zweite Symbol und so weiter.

- Die emotionale Nähe oder Ferne zu Ihrem Selbstsymbol können Sie durch die Entfernung der Symbole zueinander andeuten. Die Größe des einzelnen Symbols sagt etwas über seine Bedeutung aus.

- Die jeweiligen Symbole werden mit Ihrem Selbstsymbol durch Linien oder Striche verbunden. Ein dicker Strich oder mehrere Linien eng nebeneinander stehen für eine starke Beziehung. Eine dünne Linie oder Strich steht für eine schwache.

- Positive Beziehungen werden mit durchgängigen Linien dargestellt. Negativ empfundene Beziehungen werden als solche gekennzeichnet: Hier können Linien oder Striche geschlängelt oder mit kurzen Querstrichen durchgestrichen sein (siehe Abbildung 4).

Auswertungshinweise für Ihr soziales Atom (bitte erst lesen, wenn Sie es gezeichnet haben!)

- Durch die Art der Verbindungsstriche wird die Qualität der emotionalen Beziehung angegeben. Ein dicker Strich zeigt eine sehr enge emotionale Verbindung, Querstriche in der Verbindungslinie zeigen gestörte oder belastende Aspekte in der Beziehung.

- Fragen Sie sich, weshalb Sie Ihre Bezugspersonen in genau dieser Reihenfolge gezeichnet haben. Was zeigt Ihnen diese „spontane" Reihenfolge auf?

- Durch den Abstand zum Selbstsymbol wird die Stärke der Beziehung dargestellt. Je näher das Symbol einer Person am Selbstsymbol liegt, desto stärker ist Ihre emotionale Beziehung zu dieser Person.

- Wenn Symbole ausradiert oder verändert wurden, kann das auf Unklarheiten, Angst oder Unerledigtes hindeuten.

- Große oder vom Selbstsymbol weit entfernte Symbole können etwas mit Autoritätskonflikten oder Angst zu tun haben.

- Kleine und nah am Selbstsymbol gelegene Symbole können negative Übertragungen oder Konkurrenz bedeuten.

- Überlappungen von Symbolen weisen auf ungenügende Differenzierung oder Abgrenzung hin.

Die Auswertung und Interpretation Ihres sozialen Atoms kann allein erfolgen, aber auch mit einem Coach oder Therapeuten. Diese setzen das soziale Atom häufig ein, um das soziale Netzwerk bzw. Beziehungsgeflecht ihrer KlientInnen zu visualisieren. Gemeinsam können sie dann Einblicke in tiefere

Schichten des Netzwerks erarbeiten. Dabei spielen unter anderem die Anzahl wichtiger Bezugspersonen sowie Intensität und Qualität der jeweiligen Beziehung zu Ihnen eine Rolle.

Tipp 192: Das Kontakte-ABC[339]

Überdenken Sie doch mal Ihre Prioritäten und nehmen Sie sich mehr Zeit für Ihre Liebsten, auch um Ihre eigene Gesundheit und Ihr eigenes Glückniveau zu fördern. Wie wäre es, wenn Sie die Zeit, die Sie üblicherweise vor dem Fernseher verbringen, einfach mit anderen Menschen, zum Beispiel guten Freunden, verleben? Oder eine eingerostete Beziehung wiederbeleben, indem Sie einfach etwas Neues zusammen unternehmen? Sie können dazu das Kontakte-ABC nutzen:

- Wählen Sie einen Buchstaben aus dem Alphabet aus, jeden Tag einen anderen.

- Überlegen Sie dann, welche Menschen Sie kennen, deren Namen mit diesem Buchstaben anfangen. Wichtig ist dabei allerdings, dass Sie nur solche auswählen, die **angenehme oder hilfreiche Lebensbegleiter für Sie sind.**

- Notieren Sie sich die Namen dieser Personen und überlegen Sie, was Sie bei diesen Menschen angenehm oder hilfreich finden. (z. B. Buchstabe M: Marion: *grüßt immer freundlich;* Frau Meier: *bringt mir immer mal einen selbstgebackenen Kuchen;* Herr Müller: *hilft mir, wenn mein PC streikt*).

---

[339] Nach Diegelmann, C. (2007) (Hrsg.) Trauma und Krise bewältigen. Hör-CD mit Texten, Übungen und Gedichten zur Ressourcenstärkung. Reihe Leben lernen. Klett-Cotta Verlag.

- Überlegen Sie dann, mit welcher dieser Personen Sie gern wieder einmal Kontakt aufnehmen möchten, und planen Sie, wie Sie das tun könnten (z. B. eine E-Mail schreiben, telefonieren, einen Kaffee trinken, spazieren gehen ...).

- Setzen Sie den geplanten Kontakt bei mindestens einer Person pro Buchstabe um. Wenn Sie dieses ABC täglich durchführen, dann haben Sie im Laufe einer Woche mit sieben Personen in einer von Ihnen gewählten Form Kontakt aufgenommen.

Tipp 193: Liebevolles Schreiben

Wissenschaftler der Arizona State University haben Versuchsteilnehmer gebeten, an jemanden zu denken, den sie liebten, und 20 Minuten lang darüber zu schreiben, warum Ihnen diese Person so viel bedeutet. Als Kontrollgruppe fungierte eine Gruppe, die gebeten wurde, einfach über die Ereignisse der vergangenen Woche zu schreiben. Jede Gruppe wiederholte ihre Schreibübung im Verlauf von fünf Wochen dreimal. **Das Ergebnis: Diejenigen, die nur wenige Minuten mit liebevollem Schreiben verbrachten, konnten ihr Glücksempfinden deutlich steigern, ihren Stress reduzieren und sogar eine bedeutende Senkung ihres Cholesterinspiegels verzeichnen.**[340]

- Denken Sie an eine Person in Ihrem Leben, die Ihnen sehr wichtig ist. Es könnte der Partner sein, ein enger Freund oder ein Familienmitglied. Stellen Sie sich vor, dass Sie nur eine einzige Gelegenheit haben, dieser Person zu sagen, wie viel sie Ihnen bedeutet. Schreiben Sie jetzt einen

---

[340] Floyd, K./Mikkelson, A. C./Hesse, C./Pauley, P. M. (2007) Affectionate Writing Reduces Total Cholesterol: Two Randomized, Controlled Trials. Human Communication Research, 33, 119-142.

kurzen Brief an diese Person, in dem Sie darlegen, wie sehr Sie sie schätzen oder lieben und welchen Einfluss sie auf Ihr Leben hat oder hatte. Wenn Sie wollen, können Sie den Brief dann auch absenden.

Tipp 194: Liebevolle Berührungen

Zwischen Smartphone, Facebook und Singlehaushalt scheint uns zuweilen der simple Hautkontakt abhanden zu kommen. **Dabei spielen Zärtlichkeiten und Berührungen nicht nur für das Wohlbefinden, sondern auch für die Gesundheit eine wichtige Rolle.** Kaum etwas tröstet so sehr wie eine Umarmung, nichts ermuntert mehr als ein Schulterklopfen. Berührungen machen glücklich. Jede zärtliche oder wohlwollende Berührung aktiviert nämlich unser Gehirn. Dort wird das Hormon Oxytocin ausgeschüttet. Dieser Botenstoff schützt vor Stress, stärkt die Widerstandskräfte des Körpers und ist Grundlage dafür, dass Menschen glücklich sein, lieben und vertrauen können. Regelmäßige Umarmungen können sogar das Immunsystem stärken und weniger anfällig für Erkältungsviren machen. Psychologen der Carnegie Mellon University in Pittsburgh befragten Probanden nach ihren sozialen Kontakten und infizierten sie dann mit Erkältungsviren. Die Teilnehmer, die oft in den Arm genommen worden waren, bekamen seltener einen Schnupfen als andere.[341]

Auf der Frühchenstation des Universitätskrankenhauses in Miami wurde eine Testgruppe zu früh geborener Babys nicht nur steril, warm und mit perfekter Nährsättigung im gläsernen Inkubator aufgepäppelt, sondern auch dreimal täglich aus dem Brutkasten herausgenommen und gestreichelt. Die Vergleichsgruppe hatte dagegen kaum Körperkontakt. Das Ergebnis: Die Gestreichelten entwickelten sich 50 Prozent schneller, konnten eine Woche

---

[341] Nach: https://www.zeit.de/2015/52/beruehrung-koerperkontakt-gesundheit-massage?print (letzter Zugriff: 10.03.2020)

früher aus dem Krankenhaus entlassen werden und gediehen auch noch Monate später besser als die wenig berührten Säuglinge.[342]

- Nehmen Sie sanfte, liebevolle Berührungen bewusster wahr und schenken Sie Ihren Liebsten immer wieder eine Umarmung, einen Kuss oder eine zärtliche Berührung. Das macht glücklich und stärkt zudem die Beziehung.

- Neben liebevollen Berührungen kann auch eine Massage nachweislich Stress lindern und die Stimmung aufhellen. Gönnen Sie sich daher hin und wieder eine Massage. Egal ob Klangschalen-, Ayurveda- oder Aromamassage, Ganz- oder Teilkörpermassage – wählen Sie aus den vielen Möglichkeiten die Variante aus, die Ihnen zusagt.

Strategie 52: Mit Heiterkeit durchs Leben

Bei einer Langzeitstudie der norwegischen Universität für Wissenschaft und Technologie verfolgten die Wissenschaftler das Leben von mehr als 50.000 Norwegern über mehrere Jahre hinweg. **Ergebnis: Humor hat positive Auswirkungen auf die Lebensdauer.** Da Menschen mit Humor seltener krank wurden, lebten sie bis zu 20 Prozent länger.[343] Ein Ergebnis, das auch andere Studien bestätigen: Menschen, die spontan Humor zeigen, um Stress abzubauen, haben ein besonders gesundes Immunsystem, erleiden 40 Prozent weniger Herzinfarkte und Schlaganfälle, spüren weniger Schmerzen bei

[342] Field, T., et al. (1986) Tactile-kinesthetic stimulation effects on pre-term neonates. Pediatrics, 77, 654.
[343] Svebak, S./ Romundstad, S./Holmen, J. (2010) A 7-year prospective study of sense of humor and mortality in an adult county population: the HUNT-2 study. Int J Psychiatry Med. 2010/40(2): 125-46.

Zahnoperationen und leben viereinhalb Jahre länger als der Durchschnitt.[344] Menschen mit Sinn für Humor haben gegenüber den Widrigkeiten des Lebens eine Art Puffer, der ihnen hilft, auch schwierige Situationen durchzustehen, ohne dass es an ihrer Stimmung nagt.[345] Schließlich stärkt Humor die Psyche, und wer Komik schätzt, ist glücklicher.[346]

Tipp 195: Humortest

- ❖ Neben anderen interessanten Fragebogen, finden Sie auf der Website der Universität Zürich auch folgende drei Humorfragebogen: 1. Den Sense of Humor Fragebogen (SHS) mit 64 Fragen. Dieser erfasst zwei Voraussetzungen, um Humor wahrzunehmen und zu verarbeiten (spielerische Haltung und positive Stimmung), sowie sechs verschiedene Facetten des Sinnes für Humor. 2. Den Fragebogen zum Lachen und Auslachen mit 45 Fragen. Er erfasst das Fühlen, Handeln und Wahrnehmen in Situationen, in denen gelacht wird. 3. Den Humorfragebogen 8FHS mit 48 Fragen, dieser erfasst die Art, Komik und Humor im Alltag zu erleben bzw. auszudrücken. Die Anmeldung auf der Website ist kostenlos.

Der Link zur Website der Universität Zürich: www.charakterstaerken.org. (Letzter Zugriff am 10.03.2020)

Der QR-Code dazu:

[344] Lefcourt H. M. (2005) Humor. In: Snyder/Lopez (Hrsg.) Handbook of positive psychology, 619-631. Oxford University Press.

[345] Lachforscher Willibald Ruch in: von Münchhausen, Marco (2006) Wo die Seele auftankt – Die besten Möglichkeiten, Ihre Ressourcen zu aktivieren. Goldmann Verlag, 193.

[346] Ruch, Willibald (2007) The Sense of Humor: Explorations of a Personality Characteristic. Verlag Mouton de Gruyter.

Tipp 196: Lachen lernen

Lachen ist eine Gefühlsäußerung, deren wir uns immer mit Freude erinnern. Wenn wir an einen gelungenen Abend mit Freunden denken, – *„was haben wir gelacht"* – zaubert uns allein die Erinnerung daran ein Lächeln aufs Gesicht. Das Lachen oder seine Verkleinerung – das Lächeln – ist ein universelles Ausdrucksmittel, das überall auf der Welt das Gleiche bedeutet. Überall verstehen Menschen ein lachendes Gesicht als Ausdruck positiver Gefühle wie Lebensfreude, körperlichen Wohlbefindens, Humors oder zumindest Zufriedenheit.

Jeder Tag, an dem du nicht lächelst,
ist ein verlorener Tag.

Charlie Chaplin

Mit den körperlichen und psychischen Auswirkungen des Lachens beschäftigt sich mittlerweile die weltweit etablierte Wissenschaft der „Gelotologie" (von griechisch *gelos* = das Lachen). **Das Lachen ist uns Menschen angeboren. So lächeln oder lachen Kinder von Geburt an.** Doch im Laufe unseres Lebens vergeht uns das Lachen: Kinder lachen 300- bis 400-mal am Tag, Erwachsene nur noch durchschnittlich 20-mal, wobei das Lachen selbst selten länger als sieben Sekunden dauert, wenn kein neuer Anlass zum Fortfahren geboten wird. Dabei lachen wir in Gesellschaft 30-mal häufiger, als wenn wir allein sind.[347] Allerdings beruht nur etwa jeder fünfte der durchschnittlich 20 Lacher, die ein Erwachsener am Tag ausstößt, auf

---

[347] US-Psychologe Robert Provine im ORF Ö1-Radiokolleg vom 05.01.2009.

Humor. Der Großteil übermittelt Botschaften: **Indem wir lächeln oder lachen, signalisieren wir Zustimmung, Sympathie und Offenheit, überspielen Aggressionen oder Langeweile, stiften ein Gefühl der Zusammengehörigkeit oder grenzen andere aus.**[348] Wie groß das Bedürfnis nach Lachen und Heiterkeit ist, zeigt sich auch in den Medien: Jeden Tag bietet das Fernsehen dem Publikum fast rund um die Uhr Comedy-, Slapstick- oder Humorsendungen. Wir brauchen das Lachen mehr denn je.

Wussten Sie, dass …

… in den 1950er Jahren die Menschen knapp 20 Minuten am Tag lachten – heute lachen wir nicht länger als 8 Minuten täglich, und das trotz gestiegenem Lebensstandard.[349]

Was passiert beim Lachen im Körper? [350]

- Beim Lachen wird das Herz-Kreislauf-System aktiviert: Man muss zehn Minuten rudern, um die gleiche Herzfrequenz wie nach einer Minute Lachen zu erzielen. Bei herzlichem Gelächter kann der **Puls auf 120** Schläge pro Minute ansteigen, was im aeroben Bereich liegt. Die Atmung ist beschleunigt, die Lunge nimmt viermal so viel Sauerstoff auf

[348] Neurowissenschaftler und führender Lachforscher Robert Provine von der University of Maryland in: Bitte recht fröhlich! In: Geist und Gehirn 11/2008, 17.
[349] Handelsblatt unter Hinweis auf eine Studie des Magazins Men's Health aus 2005. Download unter: https://www.handelsblatt.com/arts_und_style/aus-aller-welt/studie-in-deutschland-lachen-die-koelner-am-haeufigsten/2550934.html?ticket=ST-5694091-pXgaap-osDZ3cYCKpczPi-ap5 (letzter Zugriff: 25.02.2020)
[350] Gueguen, Nicolaus (2011) Die Lachkur. In: Gehirn und Geist, 7-8/2011.

wie gewöhnlich. Nach Lachanfällen sind im Blut mehr Abwehrstoffe nachweisbar, ein Beweis für eine Verstärkung der Immunabwehr.

- Lachen erzeugt durch die Ausschüttung von **Endorphinen** Glücksgefühle. Diese körpereigenen morphinähnlichen Opiatverbindungen lösen im Gehirn Lustgefühle aus und dämpfen die Weiterleitung von Schmerzreizen. Folge ist, dass der Spannungszustand der Muskeln noch bis zu 45 Minuten nach dem Lachen vermindert ist. Der Körper befindet sich in einem entspannten Zustand, und gute Laune stellt sich ein.

- **Lachen bewirkt eine Entspannung.** Das Gehirn hat beim Lachen eine Erholungspause, bei der es Alltagsprobleme ausblendet. Lachen steigert Kreativität und Effizienz, indem es Nervenzellen im Gehirn aktiviert. Den damit einhergehenden Entspannungseffekt kennzeichnet unter anderem ein Absinken der Pulsfrequenz sowie des arteriellen Blutdrucks.

- Wenn Sie ein Lächeln in sozialen Stresssituationen einsetzen, bauen Sie mit diesem positiven Signal Spannung ab. Dabei wirkt das Lächeln sowohl nach außen als auch nach innen. In der Außenwirkung signalisiert es eine **positive Einstellung zum Gegenüber,** und nach innen steigert ein Lächeln Ihr Selbstbewusstsein.

- Außerdem wirken Lachfalten den Kummerfalten entgegen und haben daher auch eine kosmetische Auswirkung. **Wer herzhaft lacht, bewegt 15 der 21 Gesichtsmuskeln sowie weitere 60 Muskeln**.

Erkenntnisse der Gelotologie bestätigen zudem: Lachen macht gesund und glücklich. So bremst unser Gehirn beim Lachen die Produktion der Stresshormone Cortisol und Adrenalin und schüttet vermehrt das

Glückshormon Serotonin aus. Wer viel lacht, fühlt sich also besser[351]. Aus diesem Grund besuchen zum Beispiel in Krankenhäusern Klinik-Clowns Schwerstkranke und sorgen für heilsame Ablenkung. Die Strategie ist nachvollziehbar: Lachen bewirkt Entspannung; Entspannung bewirkt Regeneration; Regeneration fördert den Heilungsprozess und das Ansprechen auf therapeutische Maßnahmen. Lachen steigert das Glücksempfinden und klingt nach, auch nachdem man mit dem Lachen aufgehört hat.[352]

Wussten Sie, dass ...

... Freuden- oder Lachtränen biochemisch ganz anders zusammengesetzt sind als Tränen der Trauer und des Schmerzes?[353]

Zum Beispiel kann eine Humortherapie seelische Leiden reduzieren. So werden humortherapeutische Maßnahmen zur Behandlung von Depression, Zwängen, Sucht oder Angststörungen erfolgreich eingesetzt.[354] Viele Mediziner empfehlen mittlerweile sogar, die Humortherapie in die ärztliche Ausbildung zu integrieren, etwa in Form von Lachyoga oder Übungen zur

[351] Sommer, Markus (2012) Lachen als Gesundheitsverhalten? Effekte von Lachen auf die physische und psychische Gesundheit – eine Zusammenfassung vorliegender Studien der letzten 25 Jahre, Diplomica Verlag.

[352] Schnall, S./Laird, J. D. (2003) Keep smiling: Enduring effects of facial expressions and postures on emotional experience. Cognition and Emotion, 17, 787-797.

[353] Faust, Volker (o. J.) Psychohygiene – Zur Psychologie des Alltags. Download unter: http://www.psychosoziale-gesundheit.net/psychohygiene/lachen.html mit Literaturhinweisen im Anhang. (Letzter Zugriff: 10.03.2020)

[354] Gelkopf, Marc (2011) The Use of Humor in Serious Mental Illness: A Review. In: Evidence-Based Complementary and Alternative Medicine 10,1093/ecam/nep106.

gezielten kognitiven Umstrukturierung.[355] **Außerdem ist eine Minute Lachen so erfrischend wie 45 Minuten Entspannungstraining.**[356]

Tipp 197: Erheiternde Tätigkeiten

Im Rahmen einer neuroimmunologischen Studie wurden Schlaganfallpatienten ein Jahr lang beobachtet. Die Hälfte erhielt eine normale Behandlung, die andere Hälfte sollte jeden Tag 30 Minuten lang humorvolle Videos ansehen. Nach einem Jahr hatte die „Humorgruppe" weniger Herz-Rhythmus-Störungen, einen niedrigen Blutdruck, weniger Stresshormone im Blut, und die Teilnehmer benötigten eine geringere Dosis an Medikamenten. Lachen begünstigt die Produktion von Killerzellen und stärkt so das Immunsystem. Tumorzellen, Bakterien und virusinfizierte Zellen haben dann weniger Chancen zu überleben.[357]

- ❖ Erheitern Sie sich regelmäßig, indem Sie humorvolle Filme und Fernsehsendungen ansehen, Witze erzählen, lustige Bücher lesen oder ins Kabarett oder Theater gehen.

Tipp 198: L. m. a. a. – Lächle mehr als andere

- ❖ Lächeln Sie mehrmals täglich. Schon eine Minute Lächeln hilft Ihnen, sich wohler zu fühlen. Lächeln Sie am besten 15 Minuten am Tag. Stellen Sie sich eine Situation vor, die ein echtes Lächeln hervorrufen würde.

---

[355] Gueguen, Nicolaus (2011) Die Lachkur. In: Gehirn und Geist 7-8/2011.
[356] Faust, Volker (o. J.) Psychohygiene – Zur Psychologie des Alltags. Download unter: http://www.psychosoziale-gesundheit.net/psychohygiene/lachen.html mit Literaturhinweisen (letzter Zugriff: 10.03.2020)
[357] http://gbitterich.wcoaching.net/lachen/verlorenes_lachen/ (letzter Zugriff: 10.03.2020)

- Lächeln Sie, auch wenn Ihnen vielleicht gerade nicht danach ist. Unser Gehirn nimmt Informationen aus dem Körper auf und erschafft sich so den eigenen Gefühlszustand. Wer lächelt – auch ohne Grund – unterstützt damit die für gute Gefühle zuständigen Gehirnareale.[358]

- Umgeben Sie sich mit Bildern von lachenden Menschen. Wählen Sie zum Beispiel für Ihren Bildschirmschoner ein Motiv mit einem lachenden Menschen. Oder geben Sie einen Smiley-Aufkleber in Ihre Brieftasche. Jedes Mal, wenn Sie hinschauen, erfasst Sie das Lächeln.

Tipp 199: Lachen Sie über sich selbst

Eine Umfrage aus dem Jahr 2009 ergab, dass lediglich zwölf Prozent der Befragten ab und zu über sich selbst lachen.[359] Dabei ist Selbstironie nicht nur eine Kunst, sondern tatsächlich gesund. Menschen, die über sich selbst lachen können, haben ein entspannteres Verhältnis zu sich selbst und sind schneller geneigt, Ärger und Frust in Humor umzuwandeln. Die beste Medizin gegen stressige Momente ist tatsächlich, einem kleinen Missgeschick auch mal mit Heiterkeit zu begegnen. Nehmen Sie die Dinge nicht so ernst und lachen Sie ruhig mal über sich selbst.

Glücklich sind die, die über sich selbst lachen können,
denn sie werden nie aufhören, sich zu vergnügen.

Sankt Thomas Morus

---

[358] Spitzer, Manfred (2012), Digitale Demenz. Droemer.
[359] https://de.statista.com/statistik/daten/studie/173975/umfrage/faehigkeit-ueber-sich-selbst-zu-lachen/ (letzter Zugriff: 12.03.2020)

13. WIE KANN ICH HÄUSLICHE ISOLATION UND QUARANTÄNE GUT ÜBERSTEHEN?

Ängste, Sorgen, Isolation – die Coronavirus-Pandemie und die damit einhergehende häusliche Isolation betroffener Menschen stellt uns alle im Jahr 2020 vor völlig neue Herausforderungen. COVID-19 beeinflusst nicht nur unser aller Leben, sondern auch den Umgang mit unseren Partnern, Kindern, Familien und Freunden.

Aus diesem Grund legen wir Ihnen auf den folgenden Seiten Tipps und Maßnahmen ans Herz, die Ihnen helfen sollen, mit dieser herausfordernden Situation bestmöglich umzugehen. Die Tipps entstammen zum Teil dem im März 2020 veröffentlichten Informationsblatt des Berufsverbands Österreichischer PsychologInnen (BÖP). Der Link zum Download des Informationsblattes: http://bit.ly/Merkblatt-Corona-Virus

Der QR-Code zum Merkblatt:

Da sich die Ratschläge aus diesem Informationsblatt vielfach auf die in diesem Buch angeführten Strategien beziehen, haben wir Verweise zu den entsprechenden Tipps und Übungen angeführt. Wandeln Sie diese bei der Anwendung so ab, dass sie zu den jeweiligen Rahmenbedingungen passen. (So sind z. B. die Tipps zur Aufrechterhaltung und Gestaltung sozialer Kontakte auf die Kontaktaufnahme via Telefon oder Videotelefonie einzugrenzen.)

Psychologie der Angst

Nudeln, Reis und Konservendosen: Im Zuge des Coronavirus hat sich das Einkaufsverhalten vieler Menschen verändert. Nicht nur die Produktwahl, sondern auch das Kaufen auf Vorrat leerte vorübergehend die Regale bestimmter Produktgruppen im Supermarkt.

Wissenschaftlich lässt sich dieses Verhalten auf zwei Phänomene zurückführen.[360] Erstens: **Wir imitieren sehr häufig das Verhalten anderer** oder nutzen die Beobachtung anderer als Informationsquelle. Im Laufe der Evolution des Menschen war es wichtig, schnell auf Gefahren zu reagieren oder Ressourcen zu erschließen. Die Orientierung am Verhalten anderer war dabei hilfreich. Imitation und die Orientierung an anderen sind auch heute noch in vielen Fällen sinnvoll. So lernen Kinder über Imitation, und Erwachsene verschaffen sich so Sicherheit in unsicheren Situationen.

Zweitens: Das **Coronavirus** ist ein unsichtbarer Feind. Wir können es nicht sehen. Und wer seinen Feind nicht sehen kann, verliert das Gefühl von Kontrolle. Und wer sein Kontrollgefühl verliert, versucht Dinge zu kompensieren, um dieses **Gefühl von Kontrolle wiederzuerlangen.** Bestimmte Dinge (z. B. Toilettenpapier) zu kaufen, ist eine solche Kompensation. Dabei spielt es keine Rolle, ob diese Maßnahmen wirksam sind. Wir fühlen uns einfach besser und sicherer, wenn wir aktiv sind und etwas tun.

Dieses Verhalten bestätigten auch psychologische Untersuchungen: Im Jahr 2017 ging ein Team um den Sozialpsychologen Andy Yap der Frage nach, was genau passiert, wenn Menschen Stress und Angst erleben. Die Forscher stellten dabei fest, dass das Gefühl, die Kontrolle zu behalten bzw. wiederzuerlangen, ein grundlegendes Element der Angst- und Stressbewältigung

---

[360] Siehe etwa: Konsumforscher Univ.-Prof. Dr. Arnd Florack am 11.03.2020 auf: https://www.news.at/a/corona-hamsterkauf-11381392 (letzter Zugriff: 13.03.2020)

ist. So fanden die Psychologen heraus, dass Menschen bei einem Kontrollverlust mehr funktionelle Produkte (im Supermarkt) kaufen. Produkte also, die ihnen (vermeintlich) helfen sollen, die Kontrolle wiederzuerlangen.[361]

Weshalb wir Angst haben

Angst ist eines jener Grundgefühle, die jeder Mensch empfinden kann, und entsteht bei realen oder angenommenen Bedrohungen. Als Bedrohung wird z. B. die Möglichkeit gesehen, körperlich Schaden zu nehmen oder die Lebensgrundlage zu verlieren. Angst ist auch als Überbegriff einer Gefühlsfamilie zu sehen, in der das Spektrum der Abstufungen von Verunsicherung bis hin zur Panik reicht. Panik ist eine extreme Form der Angst, sozusagen die stärkste innere Alarmsirene, die wir haben. Panik lässt uns emotional überreagieren (etwa mit Hamsterkäufen), verengt unser Blickfeld und lässt uns oft irrational handeln.

Ganz ohne Angst gäbe es uns heute jedoch alle nicht, diente sie doch unseren Vorfahren seit jeher als Warnung, zu fliehen, in Deckung zu gehen oder auch anzugreifen, um das eigene Überleben zu sichern. Somit hat Angst eine sehr wichtige Funktion in unserem Leben: Sofern es eine situationsbedingte und nicht persönlichkeitseigene Angst ist, dient sie dazu, Situationen einzuschätzen und abzuwägen, was ein guter nächster Schritt sein könnte. Menschen haben vor allem dann Angst, wenn sie uninformiert sind oder Fakten bzw. Sachlagen nicht beurteilen können, wenn sie also das Gefühl haben, die Kontrolle abgeben zu müssen, und die Auswirkungen nicht einschätzen können. *„Angst ist etwas sehr Sinnvolles, weil sie dazu führt, dass Leute sich schützen und aktiv werden. Alles was ich weiß, macht weniger Angst, weil ich damit meine Emotionen ein Stück weit unter Kontrolle bekomme."*[362]

---

361 Sozialpsychologe Andy Yap am 15.03.2020 auf: https://www.dw.com/de/coronavirus-die-psychologie-hinter-den-hamsterk%C3%A4ufen/a-52738492 (letzter Zugriff: 16.03.2020)

362 Univ.-Prof. Brigitte Lueger-Schuster (Traumapsychologin) am 06.03.2020 auf:

Tipps gegen Ängste und Sorgen

Tipp 200: Faktencheck

Je fremdbestimmter wir uns selbst erleben, desto unangenehmer fühlt es sich an. Daher gilt: Wir benötigen Informationen. Wir müssen verstehen, was passiert, um welchen Virus es sich handelt, wie wir uns infizieren können und wie wir uns davor schützen. Klare Informationen helfen gegen überschwemmende Gefühle und geben Orientierung und Sicherheit.

Dazu empfiehlt sich ein Faktencheck anhand der von den offiziellen Internetseiten empfohlenen Kriterien: *War ich in einem Risikogebiet? Gehöre ich zu einer Risikogruppe? Was wird von offizieller Seite konkret empfohlen? Was kann jemandem wie mir nach aktuellem Wissensstand schlimmstenfalls passieren? Was kann ich konkret tun, um mich zu schützen?* Die meisten Menschen sind nach so einem Faktencheck orientiert und somit beruhigt. Sie wissen, was in ihrem individuellen Fall zu tun ist, und das gibt Sicherheit.

Tipp 201: Informationspause

Information ist wichtig, doch verbringen manche Menschen viel Zeit damit, auf die neuesten Nachrichten zu lauern und ständig im Internet bzw. auf Social-Media-Plattformen zu recherchieren. Dabei gilt: Je mehr Zeit Sie damit verbringen, umso präsenter wird das Thema auch in Ihrem Leben. Immer wieder mit bestimmten Bildern und Schilderungen konfrontiert zu werden, auch wenn sie von seriösen Medien vermittelt werden, ist nicht hilfreich, sondern belastend. Daher ist es wichtig, sich auch Auszeiten von der Berichterstattung zu nehmen und mit Familie und Freunden bewusst über

---

https://psychologie.univie.ac.at/news-medienbeitraege/medienbeitraege/details/news/angst-etwas-sinnvolles/?tx_news_pi1%5Bcontroller%5D=News&tx_news_pi1%5Baction%5D=detail&cHash=47df97eef2e0b7ee7f0bcc8b8223b865 (letzter Zugriff: 10.03.2020)

andere Themen zu sprechen. Denn es braucht auch Zeiten, in denen man von möglichen Sorgen oder Ängsten abgelenkt wird, um sich zu beruhigen. Schränken Sie die Zeit, in der Sie Nachrichten herausfordernden Situation hören oder lesen, ein. Einmal am Tag die Nachrichten einzuschalten genügt. Lesen Sie dazu auch die Tipps in *Strategie 9: Gute Nachrichten suchen*.

Tipp 202: Sprechen Sie über Ihre Gefühle

Nehmen Sie Ihre Gefühle wahr! Wir alle haben unterschiedlichste Gefühle in dieser ungewohnten Situation, z. B. Verwirrung, Angst oder Stress. Diese Gefühle sind absolut verständlich, aber bei einem Zuviel wird man von ihnen übermannt. Nehmen Sie sich Zeit, um wahrzunehmen und auszudrücken, was Sie fühlen. Manche Menschen schreiben ihre Gefühle gern nieder oder werden kreativ (z. B. beim Malen, Musizieren oder Meditieren). Wenn Sie das Bedürfnis verspüren, mit jemandem über Ihre Gefühle zu sprechen, dann wenden Sie sich an eine hilfreiche Bezugsperson. Sollte diese im näheren Umfeld nicht vorhanden sein, holen Sie sich professionelle Hilfe, z. B. bei einer Helpline oder einem Psychologen, der Hilfe (z. B. über Telefon oder Skype) anbietet.

Tipp 203: Das Positive im Negativen sehen

Keine Fußballspiele, keine Theateraufführungen und auch keine Schule mehr: Das Coronavirus legt das öffentliche Leben lahm. Das aber muss nicht nur schlecht sein. Ob Gärtnern oder Zeit mit der Familie, laut Stephan Grünewald (Psychologe, Bestsellerautor des Werks „Wie tickt Deutschland?" und Leiter des psychologischen Marktforschungsinstituts rheingold in Köln) wird es Menschen geben, die in der Corona-Zeit wieder zu sich selbst finden. Und er kann einer teilweisen Lahmlegung des öffentlichen Lebens durch das Coronavirus auch positive Seiten abgewinnen. Dieser Zustand könne zu einer Besinnungspause führen: *„Wir erkennen zum Beispiel: Die Welt geht nicht unter, wenn wir eine Reise weniger machen. Wir können es auch mit uns selber aushalten. Das ist eine Erfahrung, die bereichern kann. ‚Weniger ist mehr' kann zu einer neuen Souveränität führen."*[363]

Corona bietet uns auch die Möglichkeit, persönlich zu wachsen. Es kann beispielsweise bedeuten, die Zeit, die wir so gewinnen, intensiver mit der Familie zu verbringen und uns darauf zu besinnen, was wir gern machen: Backen, basteln und spielen, den Garten auf den Frühling vorbereiten, die Wohnung umgestalten oder einfach endlich die Bücher lesen, die sich wegen des Alltagsstresses seit Monaten auf dem Nachttisch stapeln. Diesbezüglich gilt es, auch das Positive im Negativen zu sehen. Lesen Sie dazu auch den Tipp 41 in Strategie 18 sowie den Tipp 48 in Strategie 19.

Tipp 204: Realistischer Optimismus

Viele Menschen haben mittlerweile eingesehen, dass es sich beim Coronavirus um eine besondere Herausforderung handelt, wollen an ihren Plänen aber (noch) nichts ändern. Sie halten am Gedanken der nahenden Urlaubsreise oder der Hochzeitseinladung im Wonnemonat Mai fest – und spüren doch insgeheim, dass daraus nichts wird. Pandemische Ambivalenz nennen das die Experten. *„Starke Angst und mangelnde Reaktion sind seltsame Covid-19-Bettgenossen"*, beschreiben Peter Sandmann und Jody Lanard, US-Experten für Risikomanagement, die aktuelle Situation.[364] Ihre Empfehlung: Vermeiden Sie falschen Optimismus, aber bleiben Sie zuversichtlich. Denn eine positive Sicht der Dinge verdrängt negative Gedanken, macht das Leben leichter und stärkt auch Körper und Geist. So zeigen Studien, dass

---

[363] https://www.welt.de/regionales/nrw/article206532119/Psychologe-ueber-Coronavirus-Die-Welt-geht-nicht-unter-wenn-wir-eine-Reise-weniger-machen.html (letzter Zugriff: 17.03.2020)

[364] https://science.orf.at/stories/3200239/ (letzter Zugriff: 20.03.2020)

Menschen mit einer positiven Grundeinstellung länger und glücklicher leben sowie tendenziell gesünder sind als zum Pessimismus neigende Personen. Lesen Sie dazu auch die Strategie 23: Den Optimismus trainieren.

Tipp 205: Umgang mit Grübeln und negativen Gedanken

Grübeln ist eine der vielen Strategien im Umgang mit Stresssituationen. Ein Zuviel ist jedoch kontraproduktiv, da es zusätzlichen Stress verursacht. Die aktuellen Vorgänge rund um das Coronavirus sind für viele Menschen besorgniserregend. Manche stecken regelrecht in den Grübeleien über die damit verbunden Probleme fest und können sich, selbst wenn sie es wollten, kaum von diesen belastenden Gedanken und den damit verbundenen Gefühlen lösen. Welche Möglichkeiten Sie dafür haben, lesen Sie in Kapitel 6: Was tun, wenn negative Gedanken aufkommen? sowie in Strategie 4: Mit positiven Affirmationen durchstarten.

Tipp 206: Lieblingsmusik hören

Jeder für sich, aber alle zusammen: Millionen Italiener müssen im März 2020 wegen des Coronavirus zu Hause bleiben – aber auf Balkonen musizieren dürfen sie noch. Von Nord bis Süd stellten sich daher am Abend des 13. März zur selben Zeit Menschen mit Instrumenten oder singend auf ihre Balkone oder an die Fenster, um Lieder gegen Angst, Einsamkeit und Langeweile in der Isolation anzustimmen. Musik ist für das mentale und physische Wohl des Menschen sehr wichtig. Sie kann uns tief berühren, entspannen und uns zu Höchstleistungen anspornen. Lesen Sie deshalb die Strategie 8: Lieblingsmusik hören.

Tipp 207: Einfache Entspannungsübungen

Angst und Entspannung können nicht gleichzeitig auftreten. Praktizieren Sie daher Entspannungsübungen; diese reduzieren Ängste. Lesen Sie dazu die Strategie 32: Entspannungsübungen to go.

Tipp 208: Sich in Dankbarkeit üben

Dankbarkeit ist eine sehr intensive Form positiven, konstruktiven und praktischen Denkens und das Immunsystem für unsere Gefühle. Lesen Sie dazu die Strategie 2: Mit Dankbarkeit in den Tag sowie die Strategie 40: Dankbar sein.

Tipp 209: Das kleine Glück sammeln

Gerade in Krisenzeiten denken wir, Welten würden uns trennen vom Glücklichsein, dabei gibt es auch in diesen Phasen direkt vor unseren Augen viele kleine Glücksmomente. Lesen Sie dazu die Strategie 3: Kleine Glücksmomente erleben sowie die Strategie 42: Glücksmomente sammeln.

Tipp 210: Auf die eigenen Stärken besinnen

Ressourcen helfen, Krisensituationen durchzustehen. Innere Ressourcen sind alles, was Sie an positiven Erfahrungen in Ihrem Leben gemacht haben, alle Probleme, die Sie schon überwunden und gelöst haben, Ihre Stärken und Talente, alles, was an Fähigkeiten, Neigungen etc. vorhanden ist. Ressourcen sind Kraftquellen. Aktivieren und nutzen Sie diese. Lesen Sie dazu die Tipps in Strategie 46: Fähigkeiten und Stärken einsetzen.

Tipp 211: Sozialer Vergleich

Wie negativ Sie die aktuelle Situation erleben, hängt auch stark davon ab, wie Sie diese in Relation zu Ihrem sozialen Umfeld bewerten. Lesen Sie dazu den Tipp 49 in Strategie 19: Mit Rückschlägen oder Niederlagen positiv umgehen.

Tipp 212: Sich selbst zulächeln

Ein strahlendes Lächeln, das Sie dem eigenen Spiegelbild schenken, kann Ihren restlichen Tag positiv beeinflussen. Lesen Sie dazu die Strategie 7: Sich selbst zulächeln.

Tipps bei häuslicher Isolation und Quarantäne

Solange weder Medikament noch Impfstoff gegen das Coronavirus gefunden wurde, sind im Frühjahr 2020 Ausgangsbeschränkungen und Isolation infizierter und potenziell angesteckter Menschen eine der wenigen Möglichkeiten, dessen Ausbreitung einzudämmen. Direkte Kontakte zur Außenwelt müssen eingestellt, die eigenen vier Wände dürfen nicht verlassen werden.

Häusliche Isolation und Quarantäne sind Ausnahmesituationen, die die meisten Menschen noch nicht erlebt haben. Dabei können vorübergehender Hausarrest oder Quarantäne schnell zur Belastungsprobe werden. Typische Stressfaktoren sind Infektionsängste oder Schuldgefühle, jemand anderen angesteckt zu haben, Langeweile, Frust, Versorgungsängste, berufliche Unsicherheiten oder die Stigmatisierung von außen. Die gute Nachricht: Es gibt klare, wissenschaftlich erforschte und bewährte Verhaltensmaßnahmen sowie mentale Strategien, die es ermöglichen, diese Ausnahmesituation zu meistern.

Tipp 213: Tagesstruktur einhalten

Struktur hilft gegen Chaos, gibt Sicherheit und stärkt in Stresssituationen. Unsere Tagesstruktur ist mit einem Ritual vergleichbar. Deshalb empfiehlt es sich, dieses Ritual beizubehalten: Also nicht im Pyjama bleiben, sondern wie immer aufstehen, sich anziehen, die üblichen Essens-, Schlafens-, Arbeits- oder Lernzeiten einhalten. Passen Sie Ihre Tagesstruktur dabei an die aktuelle Situation an und fragen Sie sich: *„Brauche ich einen sehr strukturierten, organisierten Tagesablauf oder lasse ich den Tag eher auf mich zukommen?"*

Planen Sie Ihren Tag möglichst genau. Geplantes Handeln beugt Kontrollverlust und Hilflosigkeit vor. Durch geplantes Handeln erzeugen Sie das Gefühl, einer Situation nicht hilflos ausgeliefert zu sein, sondern diese aktiv zu gestalten. So können Sie zum Beispiel eine To-do-Liste erstellen, auf der Sie eintragen, was Sie die kommenden Tage alles erledigen möchten: z. B. Montag: Fenster reinigen, Dienstag: Fotoalbum erstellen, Mittwoch: Keller aufräumen usw.

Achten Sie auch darauf, Freiraum für sich einzuplanen. So können Sie z. B., sofern möglich, die Betreuung der Kinder mit Ihrem Partner aufteilen und sich so kleine Auszeiten für sich herausnehmen.

Tipp 214: Maßnahmen gegen Langeweile

Es kann sein, dass Sie plötzlich außergewöhnlich viel Zeit haben, da Sie möglicherweise nicht zur Arbeit gehen oder gewohnten Freizeitbeschäftigungen nachgehen können. Wichtig ist, dass Sie sich in der beschränkten Umwelt das Leben organisieren. Nehmen Sie sich täglich fixe Arbeiten vor und starten Sie Projekte, die Sie bisher aufgeschoben haben. Auch kleine Arbeiten können jetzt erledigt werden. Zur Beschäftigung bieten sich Bücher an, genauso wie das Aufräumen vollgestopfter Schränke oder das Ausmisten vernachlässigter Schubladen. Man kann auch eine alte DVD zur Hand nehmen, Gesellschaftsspiele herauskramen, Urlaubsfotos anschauen oder ein Puzzle beginnen.

Achten Sie auch trotz eingeschränktem Bewegungsradius auf Ihre körperliche Fitness. Bewegung bewirkt Wunder im Kopf und wirkt sich, wissenschaftlich nachgewiesen, positiv auf unsere Psyche aus. Sport ist auch auf engem Raum möglich: Videos im Internet liefern Anregungen und Trainingsprogramme. Lesen Sie dazu auch den Tipp 122 in Strategie 9: Wie komme ich nach einem Stresstag zur Ruhe?

Tipp 215: Richtiger Umgang mit Kindern und Jugendlichen

Isolation ist eine Belastung. Das oberste Ziel in der Isolation ist daher, diese Zeit möglichst stressfrei zu bewältigen. Die Isolation ist nicht dazu da, die Familie besser zu machen. Zudem sollen in dieser Zeit die Erziehung der Kinder oder die Konfliktbewältigung mit dem Partner nicht im Fokus stehen. Beachten Sie folgende Empfehlungen:

- Halten Sie die gewohnte Tagesstruktur ein.
- Planen Sie klare Lern- und Freizeiten.
- Definieren Sie klar abgegrenzte Stunden, in denen sich jede/r allein beschäftigt.
- Machen Sie gemeinsame Aktivitäten.
- Eröffnen Sie Rückzugsmöglichkeiten, um Konflikte zu verhindern bzw. zu reduzieren.
- Bieten Sie Ihrem Kind im Rahmen der aktuellen Möglichkeiten die Gelegenheit zur körperlichen Betätigung.

- Erarbeiten Sie gemeinsam Regeln, wie die gewonnene Zeit bestmöglich genutzt werden kann.
- Limitieren Sie mit dem Kind gemeinsam die „Screen-Zeiten“ für Fernsehen, Mobiltelefon oder Computer.
- Erklären Sie Ihrem Kind in altersgerechten Worten die aktuelle Situation.
- Akzeptieren Sie, wenn Ihr Kind anhänglicher ist als sonst, und kommen Sie diesem Bedürfnis Ihres Kindes nach. Es braucht gerade jetzt Sicherheit und Geborgenheit.
- Verzichten Sie darauf, gerade jetzt große Erziehungsmaßnahmen umzusetzen, und sehen Sie möglichst von Strafen ab. Versuchen Sie, ihr Kind durch Lob positiv zu bestärken und zu erwünschtem Verhalten zu motivieren.

Tipp 216: Soziale Kontakte pflegen

Gerade bei Ausgangsbeschränkungen und Quarantäne sollten Sie ganz bewusst Kontakt zu Ihrer Familie und Ihren Freunden halten. Dank der modernen Technik gibt es heutzutage viele Möglichkeiten, trotz der räumlichen Isolation am sozialen Leben teilzunehmen. Nutzen Sie daher das Telefon und die Videotelefonie, um den Mangel an persönlichem Austausch zu kompensieren. Verbundenheit mit der Familie oder dem Freundeskreis gibt Halt. Achten Sie dabei darauf, auch über positive Themen zu sprechen. So lenkt z. B. die Frage *„Was hat dich heute gefreut?"* auf positive Erlebnisse. Der Fokus auf positive Gesprächsinhalte beruhigt und stabilisiert. Diese Zeit eignet sich auch besonders dafür, Personen zu kontaktieren, mit denen Sie schon länger keinen Kontakt mehr hatten. Lesen Sie dazu den Tipp 191 in Strategie 51: Mein soziales Umfeld nutzen und passen Sie die Kontaktaufnahme an Telefon oder Videoanruf an.

Tipp 217: Routinetätigkeiten bewusst ausführen

Auch wenn Sie den ganzen Tag zu Hause sind, führen Sie eine Vielzahl an Routinetätigkeiten aus. Dabei sind viele Menschen in Gedanken abwesend oder grübeln über Probleme, während sie diese Tätigkeiten ausführen. Dabei kann achtsames Verhalten helfen, den Geist zu beruhigen. Lesen Sie dazu den Tipp 60 in Strategie 21: Sich in Achtsamkeit üben.

Tipp 218: Sich belohnen

Trotz Ausgangsbeschränkung und Quarantäne können Sie sich das Leben zu Hause schön machen und sich belohnen: Ein warmes Bad, ein gutes Buch, ein aufwendiges selbstgekochtes Gericht oder sich Ihre Lieblingspizza direkt nach Hause liefern zu lassen sind Beispiele dafür, wie sich die Zeit in Ihren vier Wänden positiv gestalten lässt.

Tipp 219: Maßnahmen gegen das Auftreten von Konflikten

In engen räumlichen Verhältnissen entsteht sogenannter Dichtestress, und durch die ungewohnt viele gemeinsame Zeit können Konflikte in der Partnerschaft oder im Familienleben entstehen. All dies kann sich in Streit bis hin zu Gewalthandlungen entladen. Folgende Tipps können Ihnen helfen:

- Definieren Sie klar abgegrenzte Stunden, die jede/r für sich allein verbringt.
- Eröffnen Sie allen Familienmitgliedern Rückzugsmöglichkeiten.
- Sprechen Sie Ärger an, noch bevor die Situation eskaliert.
- Äußern Sie Ihre Wünsche, anstelle Vorwürfe zu machen. Lesen Sie dazu den Tipp zur VW-Regel auf Seite 91.

- ❖ Machen Sie allein einen Spaziergang um den Häuserblock oder durch den Wald.
- ❖ Halten Sie einen täglichen Familien-Mini-Krisenstab oder -Konferenz ab: Wie geht's jedem/r Einzelnen, wer braucht was, welche Ideen und Wünsche haben die Einzelnen?
- ❖ Seien Sie nachsichtiger als sonst, sich selbst und den anderen gegenüber! Das ist durchaus eine Herausforderung für alle Familien.
- ❖ Holen Sie sich im Bedarfsfall professionelle Hilfe bei entsprechenden Hotlines oder Krisentelefonen.

Tipp 220: Maßnahmen gegen Aggression und Gewalt

Räumliche Enge, fehlende Rückzugsmöglichkeiten und der Mangel an Intimität können zu Aggression und Gewalt führen. Steuern Sie einer Eskalation der Situation aktiv und bewusst entgegen.

- ❖ Erkennen und benennen Sie Gewalt, auch bei sich selbst! Gewalt hat viele Formen: Schlagen, Anschreien, Abwerten, längeres Ignorieren ... Seien Sie sich selbst gegenüber ehrlich und reagieren Sie, wenn Sie merken, vollkommen überfordert zu sein, und in der Folge gewalttätig werden.
- ❖ Telefonieren Sie zur eigenen Entlastung! Telefonieren Sie mit einem Freund / einer Freundin, und sei es nur, um mal wieder mit jemand anderem zu sprechen. Wenn möglich, gehen Sie in ein anderes Zimmer. Atmen Sie tief durch. Wenn das nicht reicht, wenden Sie sich an Krisentelefone.
- ❖ Leben Sie Gewalt nicht aus! Negative Emotionen, Anspannung und Aggressionen sind in Ausnahmesituationen normal. Es ist nicht schlimm,

jemandem gegenüber aggressive Gefühle zu haben; gefährlich wird es erst, wenn man sie auslebt.

- Wenn Gewalt passiert: Reden Sie! Wenn Sie bemerken, dass andere Erwachsene zu Hause gewalttätig werden – gerade gegenüber Kindern oder Jugendlichen – reden Sie mit ihnen. Vielleicht sind Sie in dieser Situation der oder die Einzige, der/die den Schutz des Kindes herstellen kann. Lassen Sie sich dabei unterstützen: von der Telefonberatung eines Gewaltschutzzentrums, eines Kinderschutzzentrums oder vom psychosozialen Dienst. Dasselbe gilt natürlich, wenn Sie selbst von Gewalt betroffen sind: Holen Sie sich Hilfe. Es ist wichtig, dass Sie nicht allein bleiben. Sie sind nicht allein, auch wenn es gerade in einer Isolationssituation so erscheint.
- Holen Sie Hilfe: Bei Freunden, Beratungseinrichtungen, bei der Telefonberatung eines Gewaltschutz- oder Kinderschutzzentrums, bei massiver Gewalt auch bei Polizei oder Kinder- und Jugendhilfe.

SCHLUSSWORT

Lebensfreude ist das Empfinden von Frohsinn, Vitalität, Optimismus, Kreativität und Glück. Aber genauso, wie nicht jeden Tag die Sonne vom blauen Himmel scheint, ist es nicht möglich, 365 Tage im Jahr in absoluter Glückseligkeit zu verbringen. So wie es immer wieder mal regnet oder stürmt, so wird auch unsere Stimmung am einen oder anderen Tag gedämpft oder sogar niedergeschlagen sein.

Die gute Nachricht ist jedoch, dass Sie nach den Erkenntnissen der Positiven Psychologie rund 40 Prozent Ihres persönlichen Glückempfindens selbst beeinflussen können! Sie haben es also zu einem Großteil selbst in der Hand, mit welcher Stimmung, Motivation und welchem Ausmaß an Lebensfreude Sie einen Tag erleben. Auch wenn Sie vielleicht gerade eine Niederlage zu verkraften haben, Sie auf jemanden wütend sind oder negative Gedanken Ihre Fröhlichkeit trüben, können Ihnen die Methoden der Positiven Psychologie wieder mehr Zuversicht und Lebensfreude verschaffen.

Wählen Sie aus den angeführten Tipps und Übungen diejenigen für sich aus, die Sie am meisten ansprechen und von denen Sie denken, dass sie Ihnen zu mehr Glücksempfinden und Lebensfreude verhelfen.

Wir wünschen Ihnen dafür alles Gute und viel Glück!

Dr. Beate Guldenschuh-Feßler
Dr. Roman Feßler

ANHANG

Anhang 1: Antreiber-Fragebogen

Entlarven Sie Ihre inneren Antreiber!

Vielleicht haben Sie schon einmal etwas von inneren Antreibern gehört. Diese prägen unsere Denk- und Verhaltensmuster. *„Sei perfekt! Sei schnell! Sei stark! Sei gefällig! Streng dich an!"* Kommen Ihnen diese Sätze bekannt vor? Kein Wunder, denn diese fünf Antreiber begleiten uns mitunter seit der frühen Kindheit als „Stimme" unserer Eltern oder anderer wichtiger Bezugspersonen. Heute, Jahrzehnte später, wirken sie noch immer auf unser Denken, unsere Entscheidungen und damit natürlich auch auf unseren Lebens- und Arbeitsstil. Meist positiv. In Belastungssituationen können sich die inneren Antreiber, die Eric Berne, der Begründer der Transaktionsanalyse, eingeführt hat, jedoch als Schwächen entpuppen. Wenn Sie Ihre inneren Antreiber falsch nutzen, werden sie zu Bremsen. Nur wenn Sie wissen, nach welchem Muster Sie agieren, können Sie den Fuß von der Bremse des Lebens nehmen und diese Antreiber zu Ihrem Vorteil nutzen. Mit dem folgenden Fragebogen finden Sie heraus, warum und wo Sie sich manchmal selbst im Weg stehen.[365] So geht's: Beantworten Sie die 50 Fragen so ehrlich und spontan wie möglich! Bewerten Sie anhand der nachfolgenden Skala, in welchem Maße die Aussagen auf Sie zutreffen.[366]

Den Antreiber-Fragebogen können Sie auch ausdrucken, wenn Sie folgenden Link in Ihren Browser eingeben: http://bit.ly/Fragebogen-Antreiber

---

[365] Online ausfüllen möglich unter: http://www.lerncoaching-berlin.com/antreibertest.html (letzter Zugriff: 14.03.2020)

[366] Die auf der Transaktionsanalyse beruhende deutsche Fassung des Antreibertests ist von Dr. K. Kälin (Lachen/Schweiz) entwickelt und im Buch „Sich und andere führen" von K. Kälin und P. Müri (in erster Auflage 1985 erschienen im Ott Verlag, Thun/Schweiz) erstmals veröffentlicht worden (15. Auflage 2005).

Der entsprechende QR-Code lautet: 

Fragebogen:

Die Aussage trifft auf mich zu:

voll und ganz	=	5
ziemlich	=	4
etwas	=	3
kaum	=	2
gar nicht	=	1

1. __ Wenn immer ich eine Arbeit mache, dann mache ich sie gründlich.
2. __ Ich fühle mich verantwortlich, dass diejenigen, die mit mir zu tun haben, sich wohlfühlen.
3. __ Ich bin ständig auf Trab.
4. __ Anderen gegenüber zeige ich meine Schwächen nicht gerne.
5. __ Wenn ich raste, roste ich.
6. __ Häufig gebrauche ich den Satz: *„Es ist schwierig, etwas so genau zu sagen."*
7. __ Ich sage oft mehr, als eigentlich nötig wäre.
8. __ Ich habe Mühe, Leute zu akzeptieren, die nicht genau sind.
9. __ Es fällt mir schwer, Gefühle zu zeigen.
10. __ *„Nur nicht lockerlassen"* ist meine Devise.
11. __ Wenn ich eine Meinung äußere, begründe ich sie auch.
12. __ Wenn ich einen Wunsch habe, erfülle ich ihn mir schnell.

13. __ Ich liefere einen Bericht erst ab, wenn ich ihn mehrere Male überarbeitet habe.
14. __ Leute, die „herumtrödeln“, regen mich auf.
15. __ Es ist für mich wichtig, von anderen akzeptiert zu werden.
16. __ Ich habe eine eher harte Schale, aber einen weichen Kern.
17. __ Ich versuche oft, herauszufinden, was andere von mir erwarten, um mich danach zu richten.
18. __ Leute, die unbekümmert in den Tag hineinleben, kann ich nur schwer verstehen.
19. __ Bei Diskussionen unterbreche ich die anderen oft.
20. __ Ich löse meine Probleme selbst.
21. __ Aufgaben erledige ich möglichst rasch.
22. __ Im Umgang mit anderen bin ich auf Distanz bedacht.
23. __ Ich sollte viele Aufgaben noch besser erledigen.
24. __ Ich kümmere mich persönlich auch um nebensächliche Dinge.
25. __ Erfolge fallen nicht vom Himmel; ich muss sie hart erarbeiten.
26. __ Für dumme Fehler habe ich wenig Verständnis.
27. __ Ich schätze es, wenn andere auf meine Fragen rasch und bündig antworten.
28. __ Es ist mir wichtig, von anderen zu erfahren, ob ich meine Sache gut gemacht habe.
29. __ Wenn ich eine Aufgabe einmal begonnen habe, führe ich sie auch zu Ende.
30. __ Ich stelle meine Wünsche und Bedürfnisse zurück.
31. __ Ich bin anderen gegenüber oft hart, um von ihnen nicht verletzt zu werden.
32. __ Ich trommle oft ungeduldig mit den Fingern auf den Tisch.
33. __ Beim Erklären von Sachverhalten verwende ich gerne die klare Aufzählung: Erstens...; zweitens...; drittens...
34. __ Ich glaube, dass die meisten Dinge nicht so einfach sind, wie viele meinen.
35. __ Es ist mir unangenehm, andere Leute zu kritisieren.

36. __ Bei Diskussionen nicke ich häufig mit dem Kopf.
37. __ Ich strenge mich an, um meine Ziele zu erreichen.
38. __ Mein Gesichtsausdruck ist eher ernst.
39. __ Ich bin oft nervös.
40. __ So schnell kann mich nichts erschüttern.
41. __ Meine Probleme gehen die anderen nichts an.
42. __ Ich sage oft: *„Das geht zu langsam."*
43. __ Ich sage oft: *„genau", „exakt", „klar", „logisch"*.
44. __ Ich sage oft: *„Das verstehe ich nicht ..."*.
45. __ Ich sage eher: *„Könnten Sie es nicht einmal versuchen?"* als *„Versuchen Sie es einmal."*
46. __ Ich bin diplomatisch.
47. __ Ich versuche, die an mich gestellten Erwartungen zu übertreffen.
48. __ Beim Telefonieren erledige ich nebenbei oft noch andere Arbeiten.
49. __ *„Die Zähne zusammenbeißen"* heißt meine Devise.
50. __ Trotz enormer Anstrengung will mir vieles einfach nicht gelingen.

Auswertung des Fragebogens

Zur Auswertung des Fragebogens übertragen Sie Ihre Bewertungszahlen für jede entsprechende Fragenummer auf den folgenden Auswertungsschlüssel. Zählen Sie dann die Bewertungszahlen zusammen.

Antreiber 1: SEI PERFEKT										
1	8	11	13	23	24	33	38	43	47	total

Antreiber 2: SEI STARK										
4	9	16	20	22	26	31	40	41	49	total

Antreiber 3: SEI GEFÄLLIG										
2	7	15	17	28	30	35	36	45	46	total

Antreiber 4: STRENG DICH AN										
5	6	10	18	25	29	34	37	44	50	total

Antreiber 5: SEI SCHNELL										
3	12	14	19	21	27	32	39	42	48	total

Übertragen Sie die Summen der einzelnen Antreiber in die folgende Tabelle. Die Kategorien, die bei Ihnen am häufigsten vorkommen, zählen zu Ihren persönlichen Antreibern. Lesen Sie dann, wie Sie Ihre Antreiber zu Ihrem eigenen Vorteil umfunktionieren können.

		1. SEI PERFEKT	2. SEI STARK	3. SEI GEFÄLLIG	4. STRENG DICH AN	5. SEI SCHNELL
SEHR STARK	50					
	45					
	40					
	35					
	30					
SEHR SCHWACH	25					
	20					
	15					
	10					

Auswertung:[367]

Bis 30 Punkte: leistungsförderlich
31 bis 39 Punkte: mögliche Leistungsbeeinträchtigung
Ab 40 Punkten: mögliche Gesundheitsgefährdung

Der Perfektionist – Ihr Antreiber: *Sei perfekt!*

Wer diesem Antreiber folgt, fürchtet Fehler und ortet stets Verbesserungsmöglichkeiten. Ob etwas gut genug ist, dafür fehlt jegliche Richtschnur. Die Folgen: Diese Personen agieren oberlehrerhaft, verlieren sich in Details, neigen zur Übererfüllung von Zielen. Arbeiten werden nicht abgeschlossen. Und viel Energie fließt in Rechtfertigungen. Könnten folgende Sätze von Ihnen stammen? *„Gründlichkeit und Vollkommenheit sind die Devisen meines Arbeitens."* *„Was ich nach außen gebe, muss bis ins Detail fehlerlos sein."* *„Fehler empfinde ich als Bloßstellung, ich versuche, sie nach Kräften zu vermeiden."* Sie erkennen sich wieder? Dann antworten Sie Ihrem Antreiber mit dem Erlauber: *„Ich bin gut genug, so wie ich bin. Genug ist genug."* Versuchen Sie, sich zu entspannen – niemand ist perfekt. Setzen Sie sich machbare Richtwerte für Leistung und Genauigkeit. Überlegen Sie: Welche Folgen hätte ein Fehler wirklich? Lohnt sich der Aufwand, Verbesserungen vorzunehmen? Fehler sind immer auch eine Chance, zu lernen.

Innerer Glaubenssatz: *„Ich muss alles noch besser machen, es ist nie gut genug."*

---

[367] Nach: https://www.hernstein.at/newsroom/blog/die-inneren-antreiber-neutralisieren/ (letzter Zugriff: 20.03.2020)

Beispiele für eine Transformation in einen förderlichen Glaubenssatz: *„Ich darf Fehler machen und aus ihnen lernen." „Es können manchmal auch 80 Prozent genügen."*

Tipp: Gehen Sie die nächste Aufgabe spontan und ohne Angst vor einem schlechten Ergebnis an. Fürchten Sie sich nicht vor Fehlern und Pannen, sondern sehen Sie diese als Chance, daraus zu lernen. Verabschieden Sie sich vom Perfektionismus.

Der Hektiker – Ihr Antreiber: *Mach schnell!*

Wer diesem Antreiber folgt, legt gleich los – oft auch ohne klares Ziel. Ein klassischer Schnellschuss, der das Gefühl unterdrückt, nicht alles unter Kontrolle zu haben. Doch dieser Antreiber ruft zur Hektik auf. Die Folgen: Gespräche finden zwischen Tür und Angel statt. Und wichtige Informationen bleiben auf der Strecke. Prüfen Sie sich selbst: Sie sind ständig in Eile? Sie wollen möglichst viel schaffen? Und am besten so, dass Sie mehrere Aufgaben gleichzeitig zu bewältigen versuchen? Sie verzetteln sich, setzen weder zeitlich noch inhaltlich Schwerpunkte? Zeit für Sie selbst bleibt schon gar nicht? Womit auch immer Sie sich beschäftigen: Sie bleiben an der Oberfläche, denn es muss schnell gehen? Ein möglicher Grund ist die Angst, etwas zu verpassen, aber auch jene vor Nähe kann eine Rolle spielen. Was tun? Setzen Sie Ihrem Antreiber Ihren Erlauber entgegen: *„Ich nehme mir Zeit."* Planen Sie Ihre Arbeit, indem Sie Zwischenziele setzen. Hören Sie anderen genau zu – und zwar so lange, bis sie fertig sind. Sprechen Sie selbst bewusst langsamer und fragen Sie nach, ob Ihr Gegenüber Sie versteht.

Innerer Glaubenssatz: *„Ich muss schnell sein, sonst werde ich nicht fertig."*

Beispiele für eine Transformation in einen förderlichen Glaubenssatz: *„Ich darf mir Zeit nehmen und auch Pausen machen. Manches darf auch länger dauern."*

Tipp: Nehmen Sie sich bewusst Zeit für sich und setzen Sie in allen Lebensbereichen Prioritäten. Streichen Sie die Termine, die Sie Ihren Zielen nicht wirklich näherbringen. Lassen Sie sich bewusst auf intensive Beziehungen mit anderen Menschen ein, denn das ständige Hetzen ist zum guten Teil auch die Angst vor zu viel Nähe.

Das Arbeitstier – Ihr Antreiber: *Streng dich an!*

Wer diesem Antreiber folgt, sitzt spät abends noch im Büro. Man will schließlich zu den Besten gehören, und dafür heißt es, mehr zu leisten. Hauptsache, nicht lockerlassen! So werden aber oft falsche Prioritäten gesetzt oder wichtige Dinge übersehen. Führungskräfte wirken belastet, geben kurze Sätze von sich, bringen sie oft nicht zu Ende. Seien Sie ehrlich zu sich selbst: Stecken Sie Unmengen an Energie in alle Arbeitsbereiche? Zählt für Sie nur ein Ergebnis, das Sie mit viel Mühe und Anstrengung erreicht haben? Bleibt sonst das Gefühl: Wenn es leicht gegangen ist, war es nichts wert? Auch für Sie steht ein persönlicher Erlauber bereit: *„Ich tu's und habe Erfolg."* Wie das gelingt? Planen Sie eine Aufgabe bis zum letzten Schritt – und halten Sie sich penibel daran. Prüfen Sie die Anforderungen. So können Sie sicher sein, nur das Vereinbarte zu tun. Schreiben Sie andererseits eine Checkliste, damit Sie nichts übersehen. Seien Sie kreativ und gestalten Sie langweilige Aufgaben interessant.

Innere Glaubenssätze: *„Ich muss mich immer anstrengen, egal wobei." „Das Leben ist hart." „Ohne Fleiß kein Preis." „Ich schaffe es nicht, aber ich muss mich wenigstens bemühen."*

Beispiele für eine Transformation in einen förderlichen Glaubenssatz: *„Ich kann meine Arbeit auch locker und entspannt tun. Ich muss nicht alles ernst nehmen."*

Tipp: Ihre Maxime sollte lauten: *„Am Ende zählt nur das Ergebnis."* Arbeiten Sie nicht länger an Ihren Schwächen, sondern nutzen Sie Ihre Stärken, um einfacher zum Ziel zu kommen. Lassen Sie bewusst eine Aufgabe liegen und warten Sie ab, ob dadurch eine Katastrophe eintritt. Lassen Sie sich Ihr Leben nicht länger von anderen oder von Sachzwängen schwer machen.

Everybody's Darling – Ihr Antreiber: *Mach es allen recht!*

Wer diesem Antreiber folgt, verspricht gern viel, um Konflikten möglichst aus dem Weg zu gehen. Man kommuniziert freundlich, aber wenig eindeutig. Antworten sollen vor allem dem Gegenüber gefallen: Be everybody's darling. Die anderen sind stets wichtiger als man selbst. Und die Versprechen? Die bleiben meist auf der Strecke. Prüfen Sie sich selbst: Nichts fürchten Sie so sehr wie Ablehnung. Sie versuchen stets, es allen anderen recht zu machen. Den Menschen um Sie herum soll es gut gehen. Auch wenn das große Belastung und Stress mit sich bringt. Wichtig ist Ihnen vielmehr, dass es keine Auseinandersetzungen gibt und die Stimmung nicht in den Keller rutscht. Halten Sie sich lieber an Ihren Erlauber: *„Ich darf Nein sagen."* Fragen Sie andere nach ihrer Meinung und ihren Wünschen, anstatt sich den Kopf darüber zu zerbrechen. Tun Sie sich öfter selbst etwas Gutes und bitten Sie um einen Gefallen. Üben Sie, Nein zu sagen, und sprechen Sie aus, was Ihnen nicht gefällt. Setzen Sie Grenzen – freundlich, aber bestimmt.

Innere Glaubenssätze: *„Ich bin dann wertvoll, wenn alle mit mir zufrieden sind." „Wenn ich Nein sage, werde ich abgelehnt." „Ich muss immer alle zufriedenstellen, sonst bin ich wertlos."*

Beispiele für eine Transformation in einen förderlichen Glaubenssatz: *„Ich darf meine Bedürfnisse und Standpunkte ernst nehmen."* *„Ich bin okay, auch wenn jemand unzufrieden mit mir ist."* *„Ich darf es auch mir recht machen."*

Tipp: Nehmen Sie sich das Recht, einmal schlechte Laune zu zeigen, wenn Sie nicht gut drauf sind. Stehen Sie dazu, wenn Sie bestimmte Menschen nicht besonders mögen. Vertreten Sie klar Ihre Meinung. Arbeiten Sie an Ihrem persönlichen Profil. Wenn Sie jedem gefallen wollen, werden Sie es auf die Dauer niemandem recht machen.

Der Kraftprotz – Ihr Antreiber: *Sei stark!*

Wer diesem Antreiber folgt, holt sich auch bei größtem Druck keine Unterstützung. Alles selbst erledigen, kühl bleiben, Haltung bewahren, sich nur keine Blöße geben: Der Sei-stark-Antreiber ist ein Aufruf zum Heldentum und zur Unterdrückung von Gefühlen. Das wirkt sich auch auf die Kommunikation aus: Fehlende emotionale Signale erzeugen beim Gegenüber oft Unsicherheit. Üben Sie sich in Selbstreflexion. Für Sie ist klar: Stärke bedeutet Unabhängigkeit. Sie schlüpfen gern in eine Rolle, die es Ihnen erlaubt, in jeder Situation die Kontrolle zu behalten. So fühlen Sie sich scheinbar sicher. Verletzung und Kränkung? Nicht mit Ihnen! *„Denn niemand darf merken, dass ich schwach, empfindlich, ratlos bin"* – so Ihr innerer Glaubenssatz. Auch dagegen wirkt ein Erlauber: *„Ich bin offen und drücke meine Wünsche aus."* Schaffen Sie sich zunächst Pufferzonen in Ihrer Arbeit. Bitten Sie andere Menschen um Hilfe. Sorgen Sie für Ausgleich – etwa in Form von Freizeitbeschäftigungen, die einfach nur Spaß machen. Und beobachten Sie: Ist die Beziehung zu anderen nicht viel besser geworden, seit Sie sich helfen lassen?

Innere Glaubenssätze: *„Niemand darf merken, dass ich schwach, empfindlich oder ratlos bin." „Gefühle zeigt man nicht. Gefühle sind ein Zeichen von Schwäche und machen verletzlich." „Indianer kennen keinen Schmerz."*

Beispiele für eine Transformation in einen förderlichen Glaubenssatz: *„Ich darf offen sein für Zuwendung." „Ich darf mir Hilfe holen und sie annehmen." „Gefühle zu zeigen ist erlaubt und ein Zeichen von Stärke."*

Tipp: Sie sollten Ihren Beziehungen mehr Beachtung schenken. Veranstalten Sie doch einfach einmal ein Fest, bei dem Sie Ihren Mitarbeitern und Kollegen Ihre menschliche Seite zeigen. Öffnen Sie sich Menschen, zu denen Sie Vertrauen haben. Entdecken Sie Ihr tiefes Bedürfnis nach Nähe und Unterstützung von anderen. Nutzen Sie Ihre Stärke, um sich für andere einzusetzen.

Anhang 2: Alle Tests und Fragebogen im Überblick

Hier finden Sie alle im Buch angeführten Tests und Fragebogen in alphabetischer Reihenfolge:

Alkoholselbsttest: Tipp 126, Seite 270
Antreiber-Fragebogen: Anhang 1, Seite 429
Arbeitsbezogene Gefühle ermitteln: Tipp 180, Seite 374
Arbeitszufriedenheit: Tipp 179, Seite 370
Ärgertest: Tipp 43, Seite 114
Dankbarkeitsfragebogen: Tipp: 4, Seite 35
Emotionale Erschöpfung: Tipp 76, Seite 187
Entspannungstyp herausfinden: Tipp 99, Seite 229
Humortest: Tipp 195, Seite 406
Internetabhängigkeit testen: Tipp 125, Seite 267
Lebensrad: Tipp 186, Seite 384
Lebenszufriedenheit-Fragebogen: Tipp 185, Seite 381
Motivatoren-Selbsteinschätzung: Tipp 71, Seite 168
Optimismustest: Tipp 69, Seite 157
Persönliches Gleichgewicht: Tipp 70, Seite 162
Selbstbewusstsein ermitteln: Tipp 83, Seite 203
Schlafprotokoll: Tipp 136, Seite 289
Schlafqualität erfassen: Tipp 135, Seite 288
Stärkenfragebogen: Tipp 158, Seite 326
Stressradar: Tipp 73, Seite 177
Stresstest: Tipp 75, Seite 183
Überlastungssignale erkennen: Tipp 77, Seite 194

LITERATURVERZEICHNIS

Abel/Kruger (2010) Smile Intensity in Photographs predicts Longevity, Psychological science

Abramowitz, Jonathan S. (2012) The stressless workbook. The Guilford Press

Achor, Shawn (2011) The Happiness Advantage: The Seven Principles of Positive Psychology that Fuel Success and Performance at Work, Virgin Books

Albrecht, Gerlinde/Fries, Sabine (2016) Achtsamkeit im Job, Verlag Herder GmbH

Annesley, Mike (2015) Anleitung zur Achtsamkeit, Dorling Kindersley Verlag GmbH

Anticevic, Alan et al. (2010) The role of the default mode network deactivation in cognition and disease. Trends in Cognitive Sciences 16: 584-592 (212)

Arias Carrion/Pöppel (2007) Dopamin, learning and reward-seeking behaviour. Acta Neurobiol Exp, 67, (4) 481-488

Ayan, Steve (2006) Achtsamkeit – Willkommen im Jetzt! Gehirn & Geist 12/2006

Bandler, Richard/Grinder, John (2010) Reframing: Neurolinguistisches Programmieren und die Transformation von Bedeutung, Junfermann Verlag

Bargh, J./Chen, M./Burrows, L. (1996) The automaticity of social behavior: Direct effects of trait concept and stereotype activation on action. Journal of Personality and Social Psychology, 36, 14-168

Baron, R. A. (1976) The reduction of human aggression: A field study of the influence of incompatible reactions. Journal of Applied Social Psychology, 6, 260-274

Bauer, Joachim (2006) Prinzip Menschlichkeit. Warum wir von Natur aus kooperieren, Hoffman und Campe Verlag

Bauer Joachim (2013) Arbeit – Warum unser Glück von ihr abhängt und wie sie uns krank macht, Blessing Verlag

Baumeister, R. F./Bratslavsky, E./Finkenauer, C./Vohs, K. D. (2001) Bad is stronger than good. Review of General Psychology, 5, 323-370

Beckman, J./Gröpel, P./Ehrlenspiel, F./Heiss, C. (2008) Interventionen zur Leistungsstabilisierung unter Druck. Technische Universität München. BISp-Jahrbuch, Forschungsförderung 2008/2009

Ben-Shahar, Tal (2010) Glücklicher – Lebensfreude, Vergnügen und Sinn finden mit dem populärsten Dozenten der Harvard University, Goldmann Verlag

Bergner, Thomas (2010) Burnout bei Ärzten. Arzt sein zwischen Lebensaufgabe und Lebens-Aufgabe, Schattauer Verlag

Bergner, Thomas (2010) Burnout-Prävention, Sich selbst helfen – das 12-Stufen-Programm, Schattauer Verlag

Bergsma, A./Veenhoven, R. (2011) The happiness of people with mental disorder in modern society. Psychology of Well-Being: Theory, Research and Practice, 1, 1-6

Bieswas-Diener, R./Diener, E. (2001) Making the best of a bad situation: Satisfaction in the slums of Calcutta. Social Indicators Research, 55, 329-352

Bieswas-Diener, R./Vitterso, J./Diener, E. (2005) Most people are pretty happy, but there is cultural variation: The Inughiti, the Amish, and the Massai. Journal of Happiness Studies, 6, 205-226

Birbaumer, Niels (2015) Dein Gehirn weiß mehr als du denkst. Neueste Erkenntnisse aus der Hirnforschung, Ullstein Verlag

Blood, A. J./Zatorre, R. J. (2001) Intensely pleasurable responses to music correlate with activity in brain regions implicated with reward and emotion. Proceedings of the National Academy of Sciences, 98, 11818-11823

Bohus, M./Wolf-Arehult, M. (2013) Interaktives Skilltraining für Borderline-Patienten – Das Therapeutenmaual, Schattauer Verlag

Bonetti/Campbell/Gilmore (2010) The relationship of loneliness and social anxiety with children's and adolescents online communications. CyberPsychology, Behavior and Social Networking 2010.

Bonini, A. N. (2008) Cross-national variation in individual life satisfaction: Effects of national wealth, human developement, and environmental conditions. Social Indicators Research, 87, 223-236

Bootzin, R. R. (1972) A stimulus control treatment for insomnia. Proceedings of the American Psychological Association, 395-396

Borghardt, Liane in: Wirtschaftswoche vom 06.08.2010: Wie stark Vorbilder die Karriere beeinflussen und wo erfolgreiche Menschen ihre Vorbilder gesucht und gefunden haben. Download unter: http://www.wiwo.de/erfolg/trends/erfolg-wie-vorbilder-karrieren-beeinflussen/5666262.html (letzter Zugriff: 10.03.2020)

Borton, J. L. S./Casey, E. C. (2006) Suppression of negative self-referential thoughts: A field study. Self and Identity, 5, 203-246

Bucher, Anton (2018) Psychologie des Glücks, Beltz Verlag

Burkhard, Alois (2015) Achtsamkeit – Entscheidung für einen neuen Weg, Schattauer Verlag

Bushman, B. J. (2002) Does venting anger feed or extinguish the flame? Catharsis, rumination, distraction, anger, and aggressive responding. Personality and Social Psychology Bulletin, 28, 724-731

Bryant, F. B./Veroff, J. (2007) Savoring. A new model of positive experience. Mahwah, NJ: Lawrence Erlbaum Associates, Publishers. Abgedruckt bei: Frank, Renate (2010) Wohlbefinden fördern. Positive Therapie in der Praxis. Leben-Lernen, Klett-Cotta Verlag

Camfield, L./Choudhury, K./Devine, J. (2006) Relationships, happiness and well-being: Insights from Bangladesh. WeD – Wellbeing in Developing Countries ESCR Research Group, WeD Working Papers, 14

Cannon, Walter B. (1914) The Interrelations of Emotions as suggested by recent Physiological Researchers. American Journal of Physiology, 25, 256-282

Caria, S. A./Falco, P. (2013) Does the risk of poverty reduce happiness? University of Oxford: Developmental Studies Working Papers, 363

Csikszentmihalyi/Selega (2000) Optimal experience – Psychological Studies Of Flow in Consciousness, Cambridge University Press

Csikszentmihalyi, Mihaly (2012) FLOW im Beruf – Das Geheimnis des Glücks am Arbeitsplatz, Klett-Cotta Verlag

Cohen, S. et al. (1983) A global measure of perceived stress. Journal of Health and Social Behavior, 24, 1983 zit. Nach: Abramowitz, Jonathan S. (2012) The stressless workbook. The Guilford Press

Collard, Patrizia (2016) Das kleine Buch vom achtsamen Leben, Wilhelm Heyne Verlag

Colzato, L. S. et al. (2009) Dopamin and inhibitory action control: evidence from spontaneous eye blink rates. Experimental Brain Research, 196 (3), 467-474

Dalai Lama (2002) Das Buch der Menschlichkeit. Eine neue Ethik für unsere Zeit, Bastei Lübbe Verlag

Dalai Lama (Hrsg. Jeffrey Hopkins) (2003) Der Weg zum Glück – Sinn im Leben finden, Herder Verlag

Danner, D./Snowdon, David A./Friesen, Wallace V. (2013) Positive Emotions in Early Life an Longelivety: Findings from the Study, in: Journal of Personality and Social Psychology, Ausgabe 80,5

Delhey, J. (2010) From materialist to post-materialist happiness? National affluence and determinants of life satisfaction in cross-national perspective. Social Indicators Research, 97, 65-84

De Mello, A. (2013) Wer bringt das Pferd zum Fliegen? Weisheitsgeschichten, Herder Verlag

Demoskopisches Institut Allensbach (2003) Glücksdefinitionen und -erfahrungen der Bevölkerung, Ergebnisse einer qualitativen und quantitativen Befragung, Allensbach

Derra, Claus (1998) Autogenes Training für zwischendurch, Georg Thieme Verlag

Diener et al. (1997) Recent findings on subjective well-being. Indian Journal of Clinical Psychology, 24, 25-41

Diener, E./Oishi, S. (2004) Are Scandinavians happier than Asians? Issues in comparing nations on subjective well-being. In: Columbus, F. (Ed.), Asian Economic and Political Issues 10, 1-25, Nova Science

Diener, E./Oishi, S./ Lucas, R. E. (2015) National accounts of subjective well-being. American Psychologist, 70, 234-242

Diegelmann, C. (Hrsg.) (2007) Trauma und Krise bewältigen. Hör-CD mit Texten, Übungen und Gedichten zur Ressourcenstärkung. Reihe Leben lernen, Klett-Cotta Verlag

Diener et al. (1997) Recent findings on subjective well-being. Indian Journal of Clinical Psychology, 24, 25-41

Diener et al. (2006) Beyond the hedonic treadmill. American Psychologist, 305-314

Eggermont, Steven/Van den Bulck, Jan (2006) Nodding off or switching off? The use of popular media as a sleep aid in the secondary-school children. In: Journal of Paediatrics and Child Health 42(7-8):428-33

Eggertsberger, Gerhard/Eggertsberger, Markus, Psychonetik – FlowZoning und andere psychonetische Techniken, www.eggertsberger.com (letzter Zugriff: 10.03.2020)

Ekman, Paul (2011) Gefühle lesen – Wie Sie Emotionen erkennen und richtig interpretieren, Spektrum Akademischer Verlag

Ellis, A. (1977) How to live with – and without – anger, Reader's Digest Press

Emmons/Hölsken (2008) Vom Glück, dankbar zu sein – Eine Anleitung für den Alltag, Campus Verlag

Emmons/McCullough (2003) Counting blessings versus burdens: An experimental investigation of gratitude and subjective well-being in daily life. Journal of Personality and Social Psychology, 84, 377-389

Erskine, J. A. K. (2007) Resistance can be futile: Investigating behavioural rebound. Appetite, 50, 415-421

Faust, Volker, Psychohygiene – Zur Psychologie des Alltags. Download unter: http://www.psychosoziale-gesundheit.net/psychohygiene/lachen.html (letzter Zugriff: 10.03.2020)

Fava, Giovanni A. (2018) Well-Being Therapie (WBT): Eine Kurzzeittherapie zur psychischen Stabilisierung. Behandlungsmanual – Arbeitsmaterialien – Klinische Anwendungen. Mit Downloadmaterialien. Schattauer Verlag

Field, T. et al. (1986) Tactile-kinesthetic stimulation effects on pre-term neonates. Pediatrics, 77, 654

Fischer, J. (2009) Stress, Produktivität und Gesundheit. In: Kromm/Frank (Hrsg.)

Floyd, K./Mikkelson, A. C./ Hesse, C./ Pauley, P. M. (2007) Affectionate Writing Reduces Total Cholesterol: Two Randomized, Controlled Trials. Human Communication Research, 33, 119-142

Frank, G./Storch, M. (2010) Die Mañana-Kompetenz. Auch Powermenschen brauchen Pause, Piper Verlag

Frank, G./Storch, M. (2011) Entspannung als Schlüssel zum Erfolg, Piper Verlag

Frank, Renate (2010) Wohlbefinden fördern. Positive Therapie in der Praxis. Leben-Lernen, Klett-Cotta Verlag

Frobeen, Anne (2018) So bleiben Sie bei der Sache, Website der Techniker Krankenkasse. www.tk.de (letzter Zugriff: 05.03.2020)

Furnham, A./Cheng, H. (2000) Lay theories of happiness. Journal of Happiness Studies, 1, 227-240

Gebel Matthias (2012) Stress und Motivation im Job – Ein Zusammenspiel? Diplomica Verlag GmbH

Gelkopf, Marc (2011) The Use of Humor in Serious Mental Illness: A Review. In: Evidence-Based Complementary and Alternative Medicine 10.1093/ecam/nep106

Glaser/Kiecolt-Glaser (2005) Stress-induced immune dysfunction: implications for health. Nature Reviews Immunology, 5, 243-251

Grillparzer, Marion (2013) Ich hab Rücken, Südwest Verlag

Gueguen, Nicolaus (2011) in: Die Lachkur. In: Gehirn und Geist 7-8/2011

Häusel, Hans-Georg (2010) Brain View – Warum Kunden kaufen, Haufe Verlag

Hajek, A. (2013) Der Einfluss von Armut und Reichtum auf die Lebenszufriedenheit. Eine empirische Analyse mit dem SOEP unter besonderer Berücksichtigung des Capability Approach, Utz-Verlag

Haller Reinhard (2019) Das Wunder der Wertschätzung. Wie wir uns stark machen und dabei selbst stärker werden. Gräfe und Unzer Verlag

Harris, Thomas (2010) Ich bin o.k. - Du bist o.k.: Wie wir uns selbst besser verstehen und unsere Einstellung zu anderen verändern können - Eine Einführung in die Transaktionsanalyse. Rowohlt Taschenbuch Verlag.

Haynes, John Dylan et al. (2008) Unconscious determinants of free decisions in the human brain, Nature Neuroscience 11, 543-545

Heckhausen (2010) Motivation und Handeln, Springer Verlag

Heß, Hans (Hrsg.) (2011) Erzählbar, 111 Top-Geschichten für den professionellen Einsatz in Seminar und Coaching, managerSeminare Verlags GmbH

Von Hirschhausen, Eckhard/ Wienand, Esther (2009) Mein Glück kommt selten allein. Glück kommt mit deinem persönlichen Glücks-Tagebuch! Rowohlt Verlag

Hainbuch, Friedrich (2005) Mehr Gelassenheit durch Tiefmuskelentspannung. Progressive Muskelentspannung. Trias Verlag

Holden, Constance (2010) Future brightening for depression treatments. Science 2010

Hunt, Melissa/Marx, R./Lipson, C./Young, J. (2018) No More FOMO: Limiting Social Media Decreases Loneliness and Depression. Journal of Social and Clinical Psychology, Vol. 37, No. 10, 751-768

Huppertz, Michael (2015) Achtsamkeitsübungen: Experimente mit einem anderen Lebensgefühl 99 Anleitungen für die Praxis, Junfermann Verlag

Ising, Marcus (2012) Stresshormonregulation und Depressionsrisiko – Perspektiven für die antidepressive Behandlung, Forschungsbericht, Max-Planck-Institut für Psychiatrie.

Jacobs Bao, K./Lyubomirsky, S. (2013) The rewards of happiness. In David, S. A./Boniwell, I./Conley Ayers, A. (Eds.) The Oxford handbook of happiness, 119-133, Oxford University Press

Jordan, Michael (1994) I can't accept not trying, Harper San Francisco

Juli/Schulz (1998) Stressverhalten ändern lernen, Rowohlt Verlag

Kabat-Zinn, J. (1990) Full catastrophe living: The program of the stress reduction clinic at the University of Massachusetts Medical Center, Delta

Kabat-Zinn, J. (2013) Gesund durch Meditation – Das große Buch der Selbstheilung mit MBSR (vollst. überarb. Neuausgabe 2013), Knaur Verlag

Kahnemann, D. (2003) A Perspective on Judgement and Choice. Mapping Bounded Rationality. American Psychologist, 58 (9), 697-720

Kaluza, Gerd (1996) Gelassen und sicher im Stress, Springer Verlag

Kaluza, Gerd (2011) Stressbewältigung. Trainingsmanual zur psychologischen Gesundheitsförderung, Springer Verlag

Kaufmann, Barry Neil (2011) zitiert nach: Stürmer, Ernst, Glücksgold – Die Glücksrezepte der Völker, Kulturen und Religionen, Tredition Verlag

Keck, E./Martin (2008) Vom Stress zur Depression und zurück – ein Teufelskreis. Entstehung und therapeutische Konzepte. In: Psychiatrie 3/2008

Keller, M. C. et al. (2005) A warm heart and a clear head. The contingent effects of weather on mood and cognition. Psychological Science, 16, 724-731

Kienbaum (2007) Motivation, Instrumente zur Führung und Verführung, Haufe Verlag

Kim-Prieto, C. et al. (2005) Integrating the diverse definitions of happiness: A time-sequential framework of subjective well-being. Journal of Happiness Studies, 6, 261-300

Kini, P./Wong, J./McInnis, S./ Gabana, N./ Brown, W. (2015) The effects of gratitude expression on neural activity. Neuroimage 2016, 128, 1-10.

Killingworth, Gilbert (2010) A wandering mind is an unhappy mind, Science 2010

Kirn/Echelmeyer/Engberding (2009) Imagination in der Verhaltenstherapie, Springer Verlag

Klein, Stefan (2002) Die Glücksformel oder Wie die guten Gefühle entstehen, Fischer Verlag

Köcher, R./ Raffelhüschen, B. (2011) Glücksatlas Deutschland 2011, Knaus

Koole, S. L./Jostmann, N. B. (2004) Getting a grip on your feelings: Effects of action orientation an external demands on intuitive affect regulation, Journal of Personality and Social Psychology, 87, 974-990

Kotikalapudi/Chellappan et al. (2012) Associating depressive symptoms in college students with interest usage using real internet data

Krapf, Günter (1980) Autogenes Training aus der Praxis. Ein Gruppenkurs, Springer Verlag

Krapf, M./Krapf, G. (2004) Autogenes Training, Springer Verlag

Kuhl, Julius (2001) Motivation und Persönlichkeit: Interaktionen psychische Systeme, Hogrefe Verlag

Kuhn, P. et al. (2010) The effects of lottery prizes on winners and their neighbors: Evidence from the Dutch postcode lottery, IZA Paper 4950

Langner, Ellen J. (2015) Mindfulness, Franz Vahlen GmbH Verlag

Lally/ Jaarsveld/Potts/Wardle (2009) How are habits formed: Modelling habit formation in the real world. European Journal of Social Psychology, 40 (6), 998-1009

Lam/Peng (2010) Effect of pathological use of the internet on adolescent mental Health. Arch Pediatr Adolesc Med. 2010

Lazarus, R. S. (1993) Coping Theory and Research – Past, Present, and Future. Psychosomatic Medicine, 55 (3), 234-247

Lee, D.Y. et al. (1999) What makes you happy? A comparison of self-reported criteria for happiness between two cultures. Social Indicators Research, 50, 351-362

Lee, Paul/Caluga-Pop, Cornelia (2015) Global Mobile Consumer Survey. Insights into global consumer trends. Deloitte Insights.

Lee Paul/Calugar-Pop Cornelia (2015) Global Mobile Consumer Survey. Insights into global consumer trends.

Lefcourt, H. M. (2005) Humor. In: Snyder/Lopez (Hrsg.) Handbook of positive psychology, 619-631, Oxford University Press

Leith, K. P./Baumeister, R. F. (1996) Why do bad moods increase self-defeating behavior? Emotion, risk tasking, and self-regulation. Journal of Personality and Social Psychology, 71, 1250-1267

Locke, E. A./Latham, G. P. (2002) Building a practically useful theory of goal setting an task motivation, A 35-year odyssey. American Psychologist, 57, 705-717

Lockwood/Kunda (1997) Superstars and Me: Predicting the Impact of Role Models on the Self. In: Journal of Personality and Social Psychology, 73, Jg. 1997, H. 1, 91-103

Loehr/Schwartz (2005) The Power of Full Engagement, Free Press

Lykken, David T. (1999) Happiness: What Studies on Twins Show Us about Nature, Nurture, and the Happiness Set Point, Golden Books

Lyubomirsky, Sonja (2008) Glücklich sein: Warum Sie es in der Hand haben, zufrieden zu leben (The How of Happiness), Campus Verlag

MacQueen, Michael (2016) Momentum: How to Build it, Keep it or Get it Back, John Wiley & Sons Australia Ltd

Malouff, John M./Schutte, Nicola S. (2017) Can psychological interventions increase optimism? A meta-analysis. The Journal of Positive Psychology, 12:6, 594-604

Martens, Jens-Uwe (2012) Praxis der Selbstmotivierung, Kohlhammer Verlag

Martens/Kohl (2013) Die Kunst der Selbstmotivierung – Neue Erkenntnisse der Motivationsforschung praktisch nutzen, ContentPlus Verlag

McKay, Matthew (2008) Starke Emotionen meistern. Dialektische Verhaltenstherapie in der Praxis: Wege zu mehr Achtsamkeit, Stresstoleranz und einer besseren Beziehungsfähigkeit, Junfermann Verlag

McCraty, Rollin/Atkinson, Mike et al. (1995) The Effects of Emotions on Short-Term Power. Spectrum Analysis of Heart Rate Variability. The American Journal of Cardiology Vol. 76 (14) 1089-1093

McEwen, Bruce (2000) Allostasis and allostatic laod: Implications für Neuropsychopharmacology. Neuropsychopharmacology 22: 108-124

McEwen, Bruce, in: Psychologie Heute, April 2013

Mc Lean, Jay (2010) Psychological Eustress: An Exploratory Regulated Process. An empirical examination of positive stress – what it looks like and how to foster it, VDM Verlag

Medzhitov, Ruslan (2008) Origin and physiological roles of inflammation. Nature, 454, 428-435

Meermann, Rolf/Okon, Eberhard (2006) Angststörungen: Agoraphobie, Panikstörung, spezifische Phobien. Ein kognitiv-verhaltenstherapeutischer Leitfaden für Therapeuten, Kohlhammer Verlag

Mehnert et al. (1990) Correlates of life satisfaction in those with disabling conditions. Rehabilitation Psychology, 35, 3-17

Memedovic, S./ Grisham, J. R./ Denson, T. F./ Moulds, M. L. (2010) The effects of trait reappraisal and suppression on anger and blood pressure in response to provocation. Journal of Research in Personality, 44, 540-543

Michalek, J./Heidenreich, T./Williams, J. (2012) Achtsamkeit – Fortschritte der Psychotherapie, Hogrefe Verlag

Migge, Björn (2018) Handbuch Coaching und Beratung: Wirkungsvolle Modelle, kommentierte Falldarstellungen, zahlreiche Übungen. Mit E-Book inside und Online-Material, Beltz Verlag

Miller, T. Q./Smith, T. W./Turner, C. W./Guijarro, M. L./Hallet, A. J. (1996) A meta-analytic review of research on hostility and physical health. Psychological Bulletin, 119, 322-348

Mills, P. J./Redwine, L./Wilson, K./Pung, M. A./Chinh, K./Greenberg, B. H./Lunde, O./Raisinghani, A./Wood, A./Chopra, D. (2015) The Role of Gratitude in Spiritual Well-Being in Asymptomatic Heart Failure Patients. Spirituality in Clinical Practise, 2 (1), 5-17.

Morgenroth, Olaf/Schaller, Johannes (2010) Misserfolg und Scheitern aus psychologischer Sicht. In: Pechlauer, Harald/Stechhammer, Brigitte/Hinterhuber, Hans: Scheitern. Die Schattenseite des Daseins, Erich Schmidt Verlag

Mostofsky, E./Penner, E. A./Mittleman, M. A. (2014) Outbursts of anger as a trigger of acute cardiovascular events: a systematic review and meta-analysis. Eur Heart J, 1/35 (21): 1404-10

Müller Else (2010) Du spürst unter deinen Füßen das Gras – Autogenes Training in Phantasie- und Märchenreisen, Fischer Taschenbuch Verlag

Murtagh/Greenwood (1995) Indentifying effecitive psychological treatments for insomnia: a meta-analysis. Journal of Clinical and Consulting Psychology, 63, 79-89

Nakamura/Csikszentmihalyi (2002) The concept of flow. In: Snyder/Lopez (Hrsg.), Handbook of positive psychology, Oxford University Press

Nolting, Hans-Peter (2015) Psychologie der Aggression – Warum Ursachen und Auswege so vielfältig sind, Rowohlt Verlag

Ohayon/Reynolds (2009) Epidemological and clinical relevance of insomnia diagnoses algorithms according to the DSM-IV and the international classification of sleep disorders (ICSC). Sleep Medicine, 10, 952-960

Ohm, Dietmar (2007) Stressfrei durch Progressive Relaxation. Mehr Gelassenheit durch Tiefmuskelentspannung, Trias Verlag

Olbiers, R./Vogel, G./von Scheidt, J. (1996) Alltagshandeln. In: Kuhl, J./Heckhausen, H. (Hrsg.), Motivation, Volition und Handlung, Enzyklopädie der Psychologie, Themenbereich C, Serie IV, Bd. 4, 69-100, Hogrefe Verlag

Olschewski, Adalbert (2011) Progressive Muskelentspannung. Stress abbauen mit klassischen Übungen nach Jacobsen, Trias Verlag

Ophir/Nass/Wagner (2009) Cognitive control in media multitaskers. Proceedings of the national Academy of Sciences of the USA

Owen et al. (2009) Sedentary Behavior: Emerging Evidence for a new Health Risk. Mayo Clinic Proceedings 2009, 85 (12), 1138-1141

Pavot, W./Diener, E. (1993) Review of the satisfaction with life scale. In: Psychological Assessment, 5, 164-172

Pavot, W./Diener, E. (2009) Review of the Satisfaction with Life Scale, in: Diener, E. (Ed.), Assessing well-being: The collected works of Ed Diener, 101-117, Springer Verlag

Pennebaker, J. W./Beall, S. K. (1986) Confronting a traumatic event. Toward an understanding of inhibition and disease. Journal of Abnormal Psychology, 95, 274–281

Pennebaker, James W. (2009) Heilung durch Schreiben. Ein Arbeitsbuch zur Selbsthilfe, Huber Verlag

Peseschkian, Nossrat (2012) Der Kaufmann und der Papagei: Orientalische Geschichten in der Positiven Psychotherapie, Fischer Taschenbuch

Pew Research (2006) Are we happy yet?

Piazza, Jennifer R. et al. (2012) Affective reactivity to daily stressors and long-term risk of reporting a chronic physical health condition. Annals of Behavioral Medicine, 10/2012

Potter, John. P. (1996) Leading Change, Harvard Business Review Press

Provine, Robert (2008) Bitte recht fröhlich! In: Geist und Gehirn 11/2008, 17

Prior, Manfred (2015) MiniMax-Interventionen – 15 minimale Interventionen mit maximaler Wirkung, Carl-Auer Verlag

Quinn/Pascoe/Wood/Neal (2010) Can't control yourself? Monitor those bad habits. Personality and Social Psychology Bulletin, 36 (4), 499-511

Rabte/Gesche (2007) Lerne zu meditieren – Meditation im Alltag, Le Mont-Pèlerin

Raichle, Marcus (2010) Two views of brain function. Trends in Cognitive Sciences 14: 180-190

Raffelhüschen/Schöppner (2012) Deutsche Post Glücksatlas, Albert Knaus Verlag

Reddemann, Luise (2009) Positive Psychologie, Grundlagen, aktuelle Erkenntnisse, Anwendung bei Störungen, Audio-CD, Auditorium Netzwerk

Reddemann, Luise (2019) Imagination als heilsame Kraft, Klett-Cotta Verlag

Reinecke, Leonard/Hartmann, Tilo/Eden, Allison (2014) The Guilty Couch Potato: The Role of Ego Depletion in Reducing Recovery Through Media Use. Journal of Communication Volume 64, Issue4, August 2014, Pages 569-589

Rensing/Koch/Rippe (2006) Mensch im Stress, Spektrum Verlag

Revenstorf, Peter (2001) Hypnose in Psychotherapie, Psychosomatik und Medizin – Manual für die Praxis, Springer, unter Hinweis auf Bassmann u. Wester (in Wester/Smith 1984)

Roger, Ulrich (1984) View through a window may influence recovery from surgery. Science 1984

Rossi/Nimmons (2007) 20 Minuten Pause. Wie Sie seelischen und körperlichen Zusammenbruch verhindern können, Junfermann Verlag

Roth, Gerhard (2003) Fühlen, Denken, Handeln, Suhrkamp Verlag

Roth, Gerhard (2008) Persönlichkeit, Entscheidung und Verhalten, Klett-Cotta Verlag

Roth, Gerhard (2013) in: Zeit Online vom 08.04.2013 www.zeit.de/zeit-wissen/2013/02/Psychologie-Gewohnheiten/ (letzter Zugriff: 10.03.2020)

Rothermund/Eder (2011) Motivation und Emotion, VS Verlag

Rothlin/Werder (2007) Diagnose Boreout – Warum Unterforderung im Job krank macht, Redline Verlag

Roysamb, E./Nes, R. B./Vitterso, J. (2014) Wellbeing: heritable and changeable. In: Sheldon, K. M./Lucas, R. E. (Eds), Stability of happiness. Theories and evidence on whether happiness can change, 9-36

Ruch, Willlibald (2006) in: von Münchhausen, Marco (2006) Wo die Seele auftankt – Die besten Möglichkeiten, Ihre Ressourcen zu aktivieren, Goldmann Verlag

Ruch, Willibald (2007) The Sense of Humor: Explorations of a Personality Characteristic, Mouton de Gruyter Verlag

Rüegg, J. C. (2012) Die Herz-Hirn-Connection: Wie Emotionen, Denken und Stress unser Herz beeinflussen, Schattauer Verlag

Ryan, M. J. (2006) This year I will ... How to finally change a habit, keep a resolution, or make a dream come true, broadway books

Salimpoor, V. et al. (2011) Anatomically distinct dopamine release during anticipation and experience of peak emotion to music. Neuroscience, volume 14, 257-262

Sapolsky, Robert M. (2000) Stress hormones: good and bad. Neurobiol Dis, 7, 540-542

Sammi, R. C. et al. (2018) Association between physical exercise and mental health in 1·2 million individuals in the USA between 2011 and 2015: a cross-sectional study. The Lancet Psychiatry, Volume 5, Issue 9, 739-746, September 01/2018

Scarpa, A./Raine, A. (2000) Violence associated with anger and impulsivity. In: Borod, J. C. (Ed.), The neuropsychology of emotion, 320-339, Oxford University Press

Schmajuk/DiCarlo (1992) Stimulus configuration, classical conditioning, and hippocampal function. Psychological Review, 99, 268-305

Schnall/Laird (2003) Keep smiling: Enduring effects of facial expressions and postures on emotional experience. Cognition and Emotion, 17, 787-797

Schnauber, Anna (2017) Medienselektion im Alltag: Die Rolle von Gewohnheiten im Selektionsprozess, Springer Verlag

Schnohr, P. et al. (2013) Longevity in Male and Female Joggers: The Copenhagen City Heart Study. American Journal of Epidemiology 2013/ online 28.02.2013

Schultheiss/Brunstein (2001) Goal imagery: Bridging the gap between implict motives and explicit goals. Journal of Personality, 67, 1-38

Schulz, H./Vögele, C./Meyer, B. (2009) Optimism, Self-Efficacy, and Perceived Stress as Predictors of Self-Reported Health Symptoms in College Students. Zeitschrift für Gesundheitspsychologie, 17, 4, 2009, 185-195

Schulz/Gold (2006) Psychische Belastung, Immunfunktionen und Krankheitsentwicklungen. Bundesgesundheitsblatt – Gesundheitsforschung, 8, 2006, 759-772

Schwelk, Annette (2018) Wut und Ärger – Gut umgehen mit starken Gefühlen, Haufe TaschenGuide

Secunda, Al (2004) The 15-Second Principle – Short, Simple Steps to achieve Long-term Goals, Carreer Press

Seligman, Martin E. P. (2005) Der Glücks-Faktor, Warum Optimisten länger leben, Bastei Lübbe Verlag

Seligman/Stehen/Park/Peterson (2005) Positive psychology progress: Empirical validation of interventions. American Psychologist, 60, 410-421

Seligman, M. E. P./Steen, T. A./ Park, N./Peterson, C. (2005) Positive psychology progress: Empirical validation of interventions. American Psychologist, 60, 410-421

Seligman, Martin E. P./Rashid, T./Parks, A. C. (2006) Positive Psychotherapy. American Psychologist, 61, 774-788

Seligmann, Martin E. P. (2017) Authentic Happiness: Using the New Positive Psychology to Realize Your Potential for Lasting Fulfillment, Nicholas Brealey Publishing

Sheldon, K. M./ Lyobomirsky, S. (2006) Achieving sustainable gains in happiness: Change your actions, not your circumstances. Journal of Happiness Studies, 7, 55-86

Selye, Hans A. (1976) The Stress of Life, McGraw-Hill

Shojai, Pedram (2018) Die Kunst, die Zeit anzuhalten: 100 Achtsamkeitsübungen gegen Stress, Ullstein Leben

Singer, Wolf/Ricard, Matthieu (2008) Hirnforschung und Meditation – ein Dialog, Suhrkamp Verlag

Smith, S./Razell, P. (1975) The pools winners, Caliban

Sommer, Markus (2012) Lachen als Gesundheitsverhalten? Effekte von Lachen auf die physische und psychische Gesundheit – eine Zusammenfassung vorliegender Studien der letzten 25 Jahre, Diplomica Verlag

Späth, Thomas/Grabitzki, Sylvana (2012) Leben und Arbeit in Balance, Beltz Verlag

Spiegelhalder/Backhaus/Riemann (2011) Schlafstörungen, Hogrefe Verlag

Spitzer, Manfred (2012) Digitale Demenz, Droemer Verlag

St. John, Noah (2008) The Great Little Book of Affirmations, Metapublishing

Stoeber, Joachim/Janssen, Dirk (2011) Perfectionism and coping with daily failures: Positive reframing helps achieve satisfaction at the end of the day http://www.ncbi.nlm.nih.gov/pubmed/21424944 (letzter Zugriff: 01.03.2020)

Stöckl, Barbara (2012) Wofür soll ich dankbar sein? Ecowin Verlag

Storch, Maja et al. (2012) Embodiment. Die Wechselwirkungen von Körper und Psyche verstehen und nutzen, Hans Huber Verlag

Svebak, S./Romundstad, S./Holmen, J. (2010) A 7-year prospective study of sense of humor and mortality in an adult county population: the HUNT-2 study, Int J Psychiatry Med. 2010/ 40(2) 125-46

Techniker Krankenkasse (2013) Stress – Wie Sie Stressoren erkennen und Belastungen besser bewältigen können

Tamminen/Payne/Stickgold/Wamsle/Gaskell (2010) Sleep spindle acitivity is associated with the integration of new memories and existing knowledge. The Journal of Neuroscience, October 2010, 30 (43) 14356-14360

Tennen, H./Affleck, G. (2001) Benefit-finding and benefit-remindin. In: Snyder, C. R./Lopez, S. J. (Hrsg.) Handbook of Positive Psychology, Oxford University Press, 584-597

Thich Nhat Hanh (2007) Ich pflanze ein Lächeln. Mit einem Vorwort des Dalai Lama, Goldmann Verlag

Thomée (2012) ICT use and mental health in young adults. Effects of comuputer an mobile use on stress, sleep disturbances, and symtoms of depression, Dissertation 2012

Van der Ham/Wezel/Oleksiak/Postma (2007) The time course of hemispheric differences in categorical and coordinate spatial processing. Neuropsychologia, 45, 2492-2498

Verplanken, B. (2006) Beyond freqency: habit als mental construct. British Journal of Social Psychology, 45, 639-656

Watkins, Philip C. (2014) Gratitude and the Good Life – Toward a Psychology of Appreciation, Springer Verlag

Wegner, D. M. (1989) White bears and other unwanted thoughts: Suppression, obsession, and the psychology of mental control, Viking

Wendemuth/Jung/ Peterman (2010) Praxishandbuch psychische Belastungen im Beruf, Universum Verlag

Weinert, Ansfried (2004) Organisations- und Personalpsychologie, Beltz Verlag

Weinstein/Przybylski/Ryan (2009) Can Nature Make Us More Caring? Effects of Immersion in Nature on Intrinsic Aspirations and Generosity. Personality and Social Psychology Bulletin

Wetter, Nadja/Furtmeier, Karin (2017) Achtsamkeit – bewusste Momente leben, BLV Buchverlag

Wiseman, Richard (2013) Wie Sie in 60 Sekunden Ihr Leben verändern, Fischer Verlag

Wood, A. M./Joseph, S./ Maltby, J. (2009) Gratitude predicts psychological well-being above the Big Five facets (PDF/ 192 kB). Personality and Individual Differences, 45, 655-660

Wood/Joseph/Lloyd/Atkins (2009) Gratitude influences sleep through the mechanism of pre-sleep cognitions. Journal of Psychosomatic Research, 66, 43-48

Wood/Wid/Tam (2005) Changing circumstances, disrupting habits. Journal of Personality and Social Psychology, 88 (6), 918-933

Wunderer/Küpers (2003) Demotivation – Remotivation. Wie Leistungspotenziale blockiert und reaktiviert werden, Luchterhand Verlag

Yusuf et al. (2004) Effect of potentially modifiable risk factors associated with myocardial infarction in 52 countries (the Interheart Study)

DIE AUTOREN

Dr. Beate Guldenschuh-Feßler ist promovierte Psychologin und als Psychotherapeutin (Verhaltenstherapie), Klinische und Gesundheitspsychologin und Lehrtherapeutin in eigener Praxis tätig.

www.psychotherapie-bgf.at

Ihre Schwerpunkte sind:

- Behandlung psychischer Erkrankungen
- Psychologisches Coaching
- Lehrtherapie
- Burn-out-Prävention
- Entspannungsverfahren

Dr. Roman Feßler arbeitet branchenübergreifend als selbständiger Berater, Trainer und Coach. Zu seinen Kunden zählen namhafte Unternehmen aus den Bereichen Bankwesen, Industrie und Handel.

Seine Schwerpunkte sind:

- Persönlichkeitsentwicklung
- Motivation und Stressmanagement
- Burn-out-Prävention
- Entwicklung von Führungskräften
- Customer-Relationship- und Beziehungsmanagement

WEITERE BÜCHER DER AUTOREN

GLAUBENSSÄTZE
IHRE PERSÖNLICHE FORMEL FÜR MEHR GLÜCK UND ERFOLG

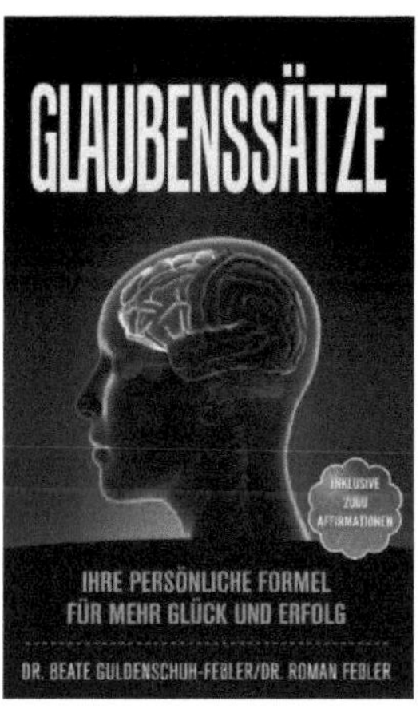

- Suchen Sie nach wirkungsvollen Techniken, mit denen Sie positive Gedanken effektiv in Ihr Leben integrieren können?
- Haben Sie Überzeugungen in Ihrem Unterbewusstsein verankert, die sich negativ auf Ihre emotionale Verfassung auswirken?
- Möchten Sie negative Glaubenssätze aus Ihrem Leben verbannen, um Ihre Lebensqualität deutlich zu erhöhen?

Wenn Sie eine dieser Fragen mit einem Ja beantwortet haben, dann erfahren Sie in diesem Buch, wie Sie Ihre persönliche Formel für mehr Glück und Erfolg entwickeln und Ihre Lebensqualität steigern können.

Praxisorientiert lernen Sie, Ihre einschränkenden Gedanken und Glaubenssätze zu erkennen, zu löschen und durch positive Affirmationen zu ersetzen.

Sie erfahren unter anderem:

- Woher Ihre Glaubenssätze kommen und wie sie wirken.
- Was die Merkmale effektiver Affirmationen sind.
- Wie Sie Ihre einschränkenden Glaubenssätze entschlüsseln.
- Mit welchen acht Techniken Sie negative Glaubenssätze auflösen können.
- Wie Sie selbst positive Glaubenssätze entwickeln können.
- Wie und wann Sie Affirmationen am besten rezitieren.
- Mit welchen fünf Techniken Sie die Effektivität von Affirmationen erhöhen können.
- Welche Hilfsmittel es gibt, damit Ihre Affirmationen zur täglichen Routine werden.
- Typische Fehler und was Sie tun können, wenn keine positive Wirkung eintritt.
- Fünf Methoden, wie Psychotherapeuten mit Affirmationen arbeiten.

Das Buch enthält zudem **2000 Affirmationen aus über 40 verschiedenen Lebensbereichen** (z. B. Frieden und Harmonie, Körper und Gesundheit, Kraft schöpfen, Liebe und Beziehungen, Selbstwert und Selbstliebe, Wohlstand und Erfolg), die Sie für sich individuell anpassen können.

Erhältlich als E-Book und Taschenbuch auf amazon unter: http://bit.ly/Buch-Glaubenssätze

Als gebundenes Buch ist es unter der ISBN: 978-3-7482-2324-5 auch im Buchhandel erhältlich.

Notizen:

Notizen:

Notizen:

Impressum

www.verlagmensch.com
info@verlagmensch.com
Bregenzer Straße 64
6900 Bregenz, Österreich